高等院校公共管理教材新系

政府经济学

Economics of Government

（第六版）

赵建国 主编 李佳 副主编

东北财经大学出版社
Dongbei University of Finance & Economics Press

大连

图书在版编目（CIP）数据

政府经济学 / 赵建国主编. —6版. —大连：东北财经大学出版社，2024.12. —（高等院校公共管理教材新系）. —ISBN 978-7-5654-5473-8

Ⅰ. F20

中国国家版本馆CIP数据核字第2024N73J53号

东北财经大学出版社出版

（大连市黑石礁尖山街217号　邮政编码　116025）

网　　址：http://www.dufep.cn

读者信箱：dufep@dufe.edu.cn

大连图腾彩色印刷有限公司印刷　东北财经大学出版社发行

幅面尺寸：170mm×240mm　　字数：501千字　　印张：24　　插页：1

2024年12月第6版　　　　　　　　　　2024年12月第1次印刷

责任编辑：时　博　　　　　　　　　　责任校对：刘贤恩

封面设计：潘　凯　　　　　　　　　　版式设计：原　皓

定价：56.00元

教学支持　售后服务　　联系电话：（0411）84710309

版权所有　侵权必究　　举报电话：（0411）84710523

如有印装质量问题，请联系营销部：（0411）84710711

总　序

随着我国社会主义市场经济的不断发展、行政管理体制的不断改革、社会治理的不断深化，如何培养高质量的公共管理人才、如何不断提升一个国家或地区的公共管理水平，日益成为社会关注的重大事务。

在我国，公共管理是一个新兴的、不断发展壮大的学科。许多高校为了适应经济社会发展对专业化的公共管理人才的需要，设置了公共管理专业，致力于培养能够适应政府组织及其他公共组织需求的高水平管理人才。事实上，由于"管理主义"的发展，公共管理硕士（master of public administration，MPA）教育在西方国家如火如荼，迄今已有几十年的历史，早已成为培养公共管理专业人才的最重要途径。在国际上，取得了公共管理硕士、公共事务硕士（master of public affairs）和公共政策硕士（master of public policy）学位，就等于获得了进入公共管理领域的一个"准入证"以及事业成功的基本条件。公共管理硕士与工商管理硕士、法律硕士在一些发达国家被视为文科高层次职业研究生教育的三大支柱。目前，我国公共管理学科和MPA教育的发展态势良好。政府如何在市场经济发展中发挥作用、如何为民众和社会提供高质量的公共服务、如何协调政府间的关系实现区域的协同治理和发展、如何应对和处理各种突发性的危机事件等，这些问题也成为不断推动公共管理学科发展的强大动力。东北财经大学公共管理学院组织编写的这套教材正是在这样的背景下推出的。

目前，在我国虽然已有不同版本的公共管理教材问世，但是，鲜有将公共管理理论与现代经济学、管理学理论结合起来，运用通俗的语言向广大读者全面、系统、详细地阐述公共管理的主要内容及运行规律的教材。东北财经大学作为全国最早发展公共管理学科、培养公共管理人才的财经院校，在经济、管理学科方面优势突出。这套公共管理教材试图有所创新和突破：

这套公共管理教材的主要特色体现在三个方面：（1）前瞻性。密切关注国内外公共管理学界的最新研究成果，试图把公共管理理论和实践领域的新成果推介给读者，既保留国外公共管理学之精华，又体现"本土化"的特点，内容系统、新颖、规范。（2）融合性。力求突破一些同类教材单纯从行政学、政治学角度研究公共管理的狭隘视角，而将行政、政治学与经济学、管理学、社会学理论融为一体，尽可能体现基于经济学、管理学知识进行公共管理的特色。（3）适用性。除了对一般性的公共管理理论进行阐述、分析之外，力求最大限度地与中国国情结合起来，以适应中国公共管理的体制改革和公共管理实践的发展。

　　这套公共管理教材的选题涵盖了公共管理的主要领域，不同题材之间既有一定的联系和呼应，又相对独立，可以作为高等院校公共管理各专业本科生、研究生教学用书，也可以作为MPA教育用书，还可以作为各级政府部门公务员和各类公共组织工作人员的培训教材。

第六版前言

党的二十大报告指出，"从现在起，中国共产党的中心任务就是团结带领全国各族人民全面建成社会主义现代化强国、实现第二个百年奋斗目标，以中国式现代化全面推进中华民族伟大复兴"。这极大鼓舞了我国社会主义市场经济改革的持续深化、行政管理体制改革的系统推进，对公共管理的理论和政策研究以及人才培养提出了更高的时代要求，也为公共管理学科的发展提供了新视角和新机遇。如何使政府在建立、发展和完善社会主义市场经济体制的过程中更好地发挥作用，是亟待解决的重要问题。顺利推进这一庞大而复杂的社会系统工程，需要我们进一步结合习近平新时代中国特色社会主义思想，研究和探索政府经济的相关理论。

政府经济学是一门运用经济学的方法来研究市场经济条件下政府经济行为、政府经济政策和政府经济职能的学科，属于经济学的一个分支。政府经济学产生于20世纪60年代，其研究对象、框架结构、体系、内容仍在不断发展完善之中。在政府经济学的框架下研究政府行为，首先要对政府的经济行为以及与政府经济行为密切相关的其他行为的范围做出界定。因此，政府应该做什么、不应该做什么、可以做什么、不可以做什么，即政府的职能及其限度问题是政府经济学研究的基本问题。著名经济学家、诺贝尔经济学奖获得者斯蒂格利茨曾把政府经济学的主要研究内容分为三类：（1）搞清公共部门从事哪些活动以及这些活动是如何组织的；（2）尽可能地理解和预测政府活动的全部结果；（3）评价各种政策。更为具体地说，政府经济学所研究的主要问题包括：政府对社会经济资源配置的干预是否得当和有效？政府的干预是否能够以及用什么方法实现社会经济目标？政府经济行为的准则是什么？政府在弥补市场缺陷的同时，是否又带来了新的问题？政府经济作用的合理界限在哪里？这一界限是通过什么途径确定的？这些问题，在理论和实践上都具有根本性的重要意义。另外，政府由于事实上已经成为一个拥有大量资本投入，向全社会提供产品、服务和大量就业机会的"公共部门"，它也面临与私人部门相类似的一系列基本问题，即生产什么、如何生产和为谁生产等。政府与私人部门的投资、管理和运作方式显然是不同的，那么，如何评价它的绩效？它的成本与收益如何定义？如何确定合理的规模与效率？对于以上问题的研究和回答，直接关系到政府的管理体制和现实政策。

基于以上因素并充分虑及政府经济学的最新发展，本书共分十一章。第一章"政府与市场"，首先明确了政府与市场的含义，然后从经济学说史的发展角度分析了政府与市场关系的变化历程，在此基础上明确了市场经济条件下的政府职能定位。第二章"促进竞争、限制垄断"，首先从理论上明确了完全竞争市场的有效性以及垄断所导致的问题，然后分析了市场经济发达国家在促进竞争、限制垄断方面的经验，并结合中国的实际介绍了限制垄断政策下的可操作竞争。第三章"自然垄断及其规制"，首先，明确了自然垄断的定义、特点和自然垄断经营产品的范围；其次，分析了政府为什么要对自然垄断进行规制，在此基础上介绍了主要的规制方式和规制措施的利弊；最后，在研究发达国家放松自然垄断规制实践的基础上，明确其对中国的借鉴意义。第四章"提供公共物品"，首先对公共物品的定义与性质进行界定，然后分析了公共部门提供公共物品的必要性，以及政府如何合理而有效地提供公共物品以解决市场失灵问题。第五章"抑制外部性"，首先，明确外部性的概念、分类和后果；其次，分析了正、负外部性对资源配置效率的影响，以及外部性为何导致市场失灵；最后，在理论分析的基础上介绍了私人部门与政府部门纠正外部性的策略与措施。第六章"消除信息不对称"，首先，讨论信息不对称及其普遍性；其次，讨论由信息不对称引起的逆向选择与道德风险问题；再次，探讨利用市场机制缓解信息不对称的途径；最后，讨论信息不对称与政府管制问题。第七章"政府支出理论与政策"，首先对政府支出的结构进行了分类，然后具体分析了政府支出的各种政策效应，以及政府支出与政府职能之间的关系。第八章"政府税收理论与制度"，主要介绍了税收理论、原则和制度的一般性原理，分析了税收的经济效应和税负的转嫁及归宿问题。第九章"调控宏观经济"，首先明确了宏观经济调控的必要性和目标，然后分析了宏观经济调控的手段和作用机理，并通过严谨的数学模型分析了调控政策的作用机制。第十章"促进社会公平"，首先，明确了收入分配的公平标准；其次，分析了政府调节收入分配的必要性和原则；最后，提出政府促进社会公平的政策措施。第十一章"政府失败及其规避"，首先分析了政府失败的主要表现及产生的原因，然后基于公共选择理论和政策分析理论提出规避政府失败的具体对策。

政府经济学是行政管理专业和公共事业管理专业的核心课，在公共管理学科体系建设中具有重要的地位。本书是为公共管理专业的本科生、研究生和MPA学员编写的，读者在学习本书之前应具有一定的现代经济学（微观经济学和宏观经济学）基础。本书是作者在长期的教学实践中不断积累和思考的成果。本书第六版在前五版的基础上，结合学生的反馈和学科的最新发展，对全书内容进行了修订和完善，特别是对书中的绝大多数专栏进行了更新，并增设了"二十大专栏"和"思政专栏"。本书受到了兄弟院校的广泛肯定，曾获得辽宁省"十二五"普通高等教育本科省级规划教材、辽宁省优秀教材奖等多项荣誉。尽管如此，不当甚至错误之处在所难免，敬请读者多多指正。

本书的具体分工为：主编赵建国教授，副主编李佳副教授，苗莉教授、张磊讲师、关文博士后、慕彧玮讲师以及博士生韩苗苗、张宇涵、孙逸凡、薛凯文、李轩、金冬雪、王雪晴、金栩等帮助完成了部分专栏的搜集和数字教材整理校对工作。在写作过程中，东北财经大学公共管理学院和东北财经大学出版社各位领导给予了很多支持与帮助，在此一并表示感谢。在本书写作过程中，我们参考了大量国内外的相关文献，有些在注释或参考文献中已列出，有些没有列出，在此，谨致以诚挚的谢意。

赵建国

2024 年 10 月

目　录

第一章　政府与市场

→ 本章学习目标

→ **本章学习目标**

　　理解政府与市场定义的界定；了解政府与市场关系的演变历程；了解对政府与市场关系的新认识；掌握政府的经济职能与作用。

→ **本章知识结构**

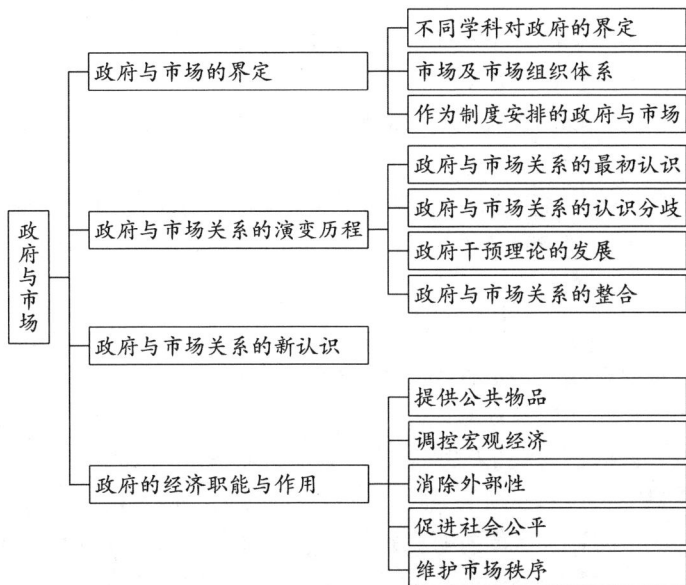

```
                          ┌─────────────────────┐
              ┌──────────┤ 不同学科对政府的界定 │
              │          ├─────────────────────┤
   政府与市场的界定──────┤ 市场及市场组织体系   │
              │          ├─────────────────────┤
              │          │ 作为制度安排的政府与市场 │
              │          └─────────────────────┘
              │          ┌─────────────────────┐
              │          │ 政府与市场关系的最初认识 │
              │          ├─────────────────────┤
   政府与市场关系的演变历程┤ 政府与市场关系的认识分歧 │
政   │        │          ├─────────────────────┤
府   │        │          │ 政府干预理论的发展   │
与───┤        │          ├─────────────────────┤
市   │        │          │ 政府与市场关系的整合 │
场   │        └──────────└─────────────────────┘
     │
     ├── 政府与市场关系的新认识
     │
     │                   ┌─────────────────────┐
     │                   │ 提供公共物品         │
     │                   ├─────────────────────┤
     │                   │ 调控宏观经济         │
     │                   ├─────────────────────┤
   政府的经济职能与作用───┤ 消除外部性           │
                         ├─────────────────────┤
                         │ 促进社会公平         │
                         ├─────────────────────┤
                         │ 维护市场秩序         │
                         └─────────────────────┘
```

　　政府与市场的关系既是政治学又是经济学的核心问题。一个政府同另一个政府的最大不同，在于市场取代政府或政府取代市场的程度。在现代市场经济条件下，由于市场失灵的存在，客观上要求政府介入进行干预。但是，就像市场机制不是万能的一样，政府调控也并非完美无缺。作为经济运行的两个调节主体，政府与市场的组合关系如何，将直接制约市场经济体制运转的效率。因此，如何正确理解政府与市场的含义，如何正确认识政府与市场的关系，如何正确认识市场经济条件下政府的职能，将作为本章的主要内容加以探讨。

第一节　政府与市场的界定

一、不同学科对政府的界定

政治学、法学、经济学、行政学、社会学等不同的社会科学均涉及政府，但在不同的学科中，对政府的认识却有很大的区别。在国际法意义上，政府是主权国家的要件之一，它指的是某一国家或地区的合法代表者，它是国际法主体——主权国家的代理者。例如，《奥本海国际法》规定，国际法的主体是国家，当人们在他们自己的主权政府下定居在一块土地上时，一个国家就存在了。一个国家必须具备四个条件：一是必须有人民。二是必须有定居的土地，流浪的民族不是国家。三是必须有一个政府，有一个或更多的人来代表人民，并且按照本国的法律进行统治。一个无政府状态的社会不是一个国家。四是必须有一个主权政府。主权是最高权威，即一个独立于世界上任何其他权威之外的权威。①

在国内法意义上，它一般是指行政机关。例如，中国的国务院、各级人民政府，美国以总统为首的行政机关，英国以首相为首的内阁等。

政治学意义上的政府，是指统治集团借以实现其统治意志的政治统治机关，它与国家有密切的关系。政府是国家实体的一部分，即核心部分，它自然也是政治组织的组成部分。在行政学意义上，政府则专指根据官僚制原则组织起来的国家行政机关，即行政组织。

社会学一般不怎么研究政府，但如果涉及政府，往往将其看成社会组织的一种。当然，与一般社会组织如家庭等相比，政府自然也有其自身的特点，即政治性，这与政治学对政府的界定有类似的地方。

本书所涉及的政府是经济学意义上的政府。从经济学意义来看，政府是经济生活中的一个特定的主体，它是各种经济组织中的一类，它与一般经济组织的区别是具有强制性和公共性（或者普遍性）两大特征。除此之外，一般还有几个基本的假定：一是功能方面的假定，假定政府的功能是处理整个社会提出的公共事务问题，其目标是实现整个社会的福利最大化；二是经济方面的假定，假定政府的所有行为均是需要经济成本的，政府的所有支出均由公共收入提供，政府的公共支出均用于管理公共事务，进而实现整个社会的福利最大化。总之，政府就是为人民服务的政府。同时，我们可以进一步区分政府与纯经济组织（如企业）：一是企业的规范目的是利润，而政府的规范目的是社会福利的最大化；二是企业收入来自企业为社会提供的服务，而政府的收入主要来自依靠公共权威强制征收的税收以及借助公共权威举借的公债等；三是企业所提供的都是私人物品（也称私人品、私人产品），而政府所提供的主要是公共物品（也称公共品、公共产品）或准公共物品。当然，政府是为社会服务的，其目标是社会福利的最大化。在进一步的公共选择分析中，可

---

① 奥本海. 奥本海国际法 [M]. 王铁崖，陈体强，译. 北京：商务印书馆，1971：96~97.

以将政府视为一种公共物品，并采用一般公共物品的选择原则来进行决策。同时，政府也有自身的利益，因此就需要对政府进行法律约束，使其在为自身利益服务的同时为社会利益服务。

概括起来说，政府组织具有以下特性：

（一）公共性

政府是为了满足社会公共需要而产生的，因而它具有公共的性质。恩格斯把公共权力的产生视为国家区别于氏族的根本标志，并认为这种公共权力是凌驾于社会之上的力量。尽管政府的机构由社会的个体所组成，但是政府的公共特性决定了政府的一般功能在于维护社会的公共利益，解决社会的公共问题。

（二）普遍性

作为行使公共权力的政府，其功能涉及社会的所有领域和所有个体。一定地域范围内的社会个体和组织，无论其多么复杂多么丰富多彩，都只能在同一个政府下生活，接受政府的管辖。因此政府之于社会，无论是施以利益还是加以强制，都具有普遍的意义。

（三）强制性

强制性是公共权力得以成立并运行的基本保证，因而作为公共权力主体的政府，无论它代表着什么阶级的利益，其行为的强制性特征总是显而易见的。这种强制性，又是以国家暴力为后盾的。正是由于政府掌握了这种强制性的权力，才能维系社会的正常秩序。离开了强制性，政府将无法充当公共权力的角色，也无法履行政府的功能。

（四）非营利性

是否以营利为目的，是区分市场行为与政府行为的重要标志。政府代表公共权力，从事社会的公共管理，因而政府的行为必须以非营利性政策目标为依据，也就是说，政府在履行其社会职责时，并不能完全只考虑直接成本和收益。如果某一政府在兴办教育时考虑能赚多少钱，在维护社会治安时考虑能有多少利润，那么这不仅使这些事情办不好或根本就办不成，而且还扭曲了政府的形象，使政府不成其为真正的政府。

（五）阶级性

依据马克思的观点，国家是占统治地位的阶级意志的体现，政府在履行国家职能，实施公共权力时，总是以维护占统治地位的阶级的利益为根本宗旨。政府在实施公共权力时也不能无视被统治阶级的利益，因为无视被统治阶级的利益，否则将导致阶级矛盾的尖锐化，不利于维护统治阶级的利益。

政府的上述特性决定了它在社会经济活动中比其他组织（包括市场自组织）具有以下三大优势：

（一）保持社会经济秩序稳定

市场通过其内在要素的有机结合，可以形成一种良好的经济秩序，这是市场自组织的重要功能，但这一功能的实施必须具备一个重要的前提条件：人人都能自觉遵守市场规则。如果有人采取非经济手段（如暴力）无偿占有他人的劳动成果，市场原则就会遭到破坏，而市场自身对这种行为却是无能为力的。市场当事人依靠私人势力或民间组织也能在一定范围内和一定程度上维护市场规则，保障个人权益，形成一种秩序，但它面对非经济的强制，必须采取与之相适应的反强制手段，即依靠一种暴力去对付另一种暴力，否则就不能形成稳定的秩序。问题是私人势力或民间组织通过自己的力量实施暴力行为，不仅成本很高，而且维持秩序的效果不理想，暴力与反暴力的周而复始会严重破坏社会经济活动的正常运行，导致社会经济秩序的更大混乱。政府组织具有这方面的明显优势，它获得了社会赋予它的行使公共权力的合法地位，从而凌驾于社会之上，可以通过法律的形式规定社会成员和社会组织能够做什么、不能够做什么，通过系统的、合法的暴力强制所有社会成员和社会组织必须遵守统一的规则，从而维系了社会的正常秩序，保证了社会经济秩序的相对稳定。

（二）解决社会公共问题

人类社会在社会经济交往中会产生一系列公共问题，如前所述的秩序是一个公共问题，产权是一个公共问题，这些都是生产和交换过程中形成的公共问题。此外，还有消费过程中产生的公共问题，即公共物品由谁来组织供给，如路灯，如果由私人购买，结果就可能是大家谁也不去买路灯，街上不再有照明，路灯的供给将严重不足；还有消除"拥挤"，保障安全，维护生态环境等等。这些物品或服务，如果完全由私人或企业提供，将导致低效率。它首先表现为闲置现象，即由于收费过高而阻止或抑制人们购买或消费，从而使其不能得到有效利用；其次表现为供给不足，即私人或企业为了维护适当的利润，可能控制供给或觉得无利可图不组织供给。政府作为一个公共服务机构，不以营利为目的，便能较好地解决公共物品的供给问题，尽可能满足人们的需要。

（三）协调阶级和利益矛盾

人类社会存在的各种矛盾源于利益矛盾，在阶级社会里，这种矛盾主要表现为阶级矛盾。阶级，从大类可分为有产阶级和无产阶级，但也可以根据收入和社会地位细分为不同的阶层，如资本家阶层、经理和技术人员阶层、劳动者阶层等。阶级矛盾自阶级形成后始终存在，在市场经济条件下表现得较为明显。阶级矛盾的激化，会破坏现存的经济秩序，使生产活动无法正常进行。依靠市场的力量是无法化解这种矛盾的，依据私人之间的协商也无济于事。解决阶级矛盾的办法只有两个：一是斗争，即通过政治形式，使同一阶级的成员联合起来，去推翻或镇压另一个阶级；二是协调，即通过阶级利益关系的调整，化解阶级矛盾。显然，当一个阶级要获得政治上的有利地位，上升为统治阶级的时候，斗争是最重要的形式，尽管短期内会带来秩序的混乱、生产力的摧残和经济的衰退，但它有利于形成一种新秩序。但是，当一个阶级上升为统治阶级并且其地位已得到巩固后，斗争就不是解决阶级矛盾的唯一形式了，甚至不是主要形式，尽管还存在被统治阶级的反抗，仍然需要"斗争"的武器（实行阶级镇压），但更主要的是协调阶级利益和阶级矛盾，从而协调上升为处理阶级矛盾的主要形式。那么如何协调呢？让各个阶级相互协商，往往"公说公有理，婆说婆有理"，很难达成一致的协议。代表统治阶级利益的政府具有"先天"的优势（社会赋予了它行使公共权力的职能），它可以以公共利益代表的身份出现在社会经济舞台上，既维护统治阶级的利益，又兼顾其他各阶级的利益，在一定范围内和一定时期内调和阶级矛盾，协调阶级利益和阶级关系，使社会经济保持较稳定的秩序。它能够解决市场协调、私人协调、阶级协调不能很好解决的最复杂的社会经济问题。

二、市场及市场组织体系

（一）市场的自组织体系

广义地说，市场是一种组织，它是人们进行经济交流（物质和信息交换）的场所或形式。市场与一般的社会经济组织不同，它不像一般社会经济组织那样，有一个层级制的组织结构，依据一个共同的目标，由一个中心做出决策并组织实施，通过组织目标的实现使参与组织活动的成员的个人目标得以实现。市场是一个自组织体系，没有层级结构和垂直的指挥系统，它是由独立的个体（个人、家庭、企业等生产和消费主体）分散决策的，没有一个明确的共同目标，它通过自组织系统各种要素的联系来实现个体目标。市场的自组织体系大致由以下八个要素构成：

（1）利益。这是市场自组织的最基本要素。在市场上，消费者追求个人效用最大化，生产者追求利润最大化，劳动者追求收入最大化，出资者追求资本收益最大化等。

（2）需求。这是市场过程的基础。在市场上，有货币支付能力的需求构成市场的基本要素，为生产和供给指明了方向，为生产者获取利益提供了基础。

（3）供给。供给就是为满足人们的需要提供商品和服务，是创造财富的过程。首先，供给取决于需求，没有需求，供给的物品无人享用，形成无效供给；其次，供给也创造需求，物品的丰富将引发新的需求并使需求量扩大。总之，供给与需求的统一构成了社会的再生产过程，也是市场活动的基础。

（4）分工。供给与需求是否需要通过市场而结合在一起，首先取决于社会分工的状况。如果社会不存在分工，每个人自己生产的东西都由自己直接消费，就不需要市场这个迂回形式；但如果分工是在具有各自独立利益的生产者之间进行的，自己生产的产品不是用来自己消费而是供他人消费的，就必须借助市场。可见，分工是形成市场的一个必备要素。

（5）产权。我们可以假设存在分工，不一定要采取市场这个迂回形式，因为人们可以采取配给或各取所需的方式，即按分工各自生产某一产品供大家消费，需要什么物品就到他人那里去获取或由社会组织统一分配。但是，无论配给还是各取所需，都隐含着一个命题：不存在私人利益，人们从事经济活动的目的不是追求个人利益最大化。如果存在私人利益，人人都追求自身利益最大化，配给或各取所需的方式就不能刺激供给的增加，"偷懒"就成为一个普遍现象，人类社会就不能生存和发展。因此，市场存在的重要条件是：必须明确不同产品归谁占有，即需要界定产权，做出排他性的权利安排，未经产权主体许可，谁都不能"免费"获得归他人占有的产品。可见，产权构成了市场的另一必备要素。

（6）交换。交换指的是等价或有偿交换。在存在社会分工，财产权利明确的条件下，人们需要通过消费他人生产的产品才能生存和发展，但又不能免费获得他人产品，因而交换产品就成为人类维系生存和发展的基本选择，交换便构成市场自组织体系的一个必备要素。

（7）价格。在明确了产品的归属后，产品的交换实质上就是产权的交换。不同产品必须确定一个交换比例，即形成价格。起初，产品的价格用不同的物品表示，随着交换的深入，货币产生并获得独立形式，成为价格的标度，交换活动的媒介，从而大大简化了交换手续。

（8）竞争。在市场上，价格取决于价值（即人类劳动的凝结，产品花费的劳动越多，价值越大，其价格就越高），但参与市场活动的主体不可能了解每种产品凝结了多少人类劳动，而只能通过竞争决定其价格。如果市场存在很多买主（需求很旺）而卖主很少（供给有限），买主的竞争就会使价格提高；反之，卖主的竞争就会使价格下降。当买主的竞争使价格上涨时，会刺激供给的增加，使卖主的竞争加剧；反之，当卖主的竞争使价格下降时，会减少商品的供给，使买主的竞争加剧。竞争最终使供给与需求趋向一致，价格处于均衡状态。

市场就是在上述因素的相互作用下形成其自组织体系的，在这个体系中，没有谁指挥谁，也没有谁强迫谁，它完全是通过上述因素的联动作用自发地形成一种稳定的秩序。也就是说，市场是在个人利益导向下，以分工和产品具有明确归属（产权明晰）为条件，在交换过程中通过供求变化、价格涨落、自由竞争自动调节经济过程的一个客观机制。

上述市场自组织要素的联动作用，必须满足以下基本要求或体现以下基本特征：①决策结构的分散化，即基本的经济决策都是由参与经济活动的微观主体（包括个人、家庭和具有独立性的经济组织）自主做出的，消费什么和消费多少由消费者做出决策，生产什么和生产多少由生产者做出决策，选择什么职业由劳动者做出决策，如何投资由资本所有者做出决策等。为此，必须有明确的排他性产权制度安排。这是分散决策的基础。②动力结构的利益性，即促使人们从事经济活动的基本动力是追求个人利益最大化，经济的启动、运行和控制都建立在对个人物质利益关心的基础上。为此，必须形成保护利益的制度安排，排斥各种非经济强制手段对个人利益的剥夺。③横向的信息传递结构，即受供求关系支配的价格信息成为影响人们做出各种经济决策的基本信息，做出购买和出售商品的决策取决于商品的价格，做出劳动决策取决于工资率，做出投资决策取决于资本收益率（利润或利息率）等。为此，必须形成一个自由竞争的、统一开放的市场和发达的市场体系。④公平的交易结构，即产权主体之间是平等自由的交易，在市场交易中，没有身份和地位的高低之分，任何人都不能利用强制的暴力，不能凭借优势地位（如垄断）来达到不平等交换的目的。为此，必须建立以自由契约为纽带的经济联系方式，形成自由竞争和公平交易的市场结构，以及保证自由契约、自由竞争和公平交易实现的法律制度。否则，市场自组织要素的联动作用、市场自组织体系的正常运行将遭到破坏。

（二）市场自组织功能

市场自组织功能主要是指市场机制的调节作用。当市场自组织体系满足上述各种条件而发挥正常作用时，会产生一种功能：驱使所有市场主体为实现利益最大化而千方百计提高经济活动的效率，从而促使社会生产达到生产可能性的边界，增加人类社会的福利，推动社会生产力向前发展。人们把市场的这种功能称为市场自组织功能。经济学家对这种自组织功能给予了高度赞赏，亚当·斯密称之为"看不见的手"；萨缪尔森认为市场经济是一架精巧的机器，它通过一系列的价格信号，无意识地协调着人们的经济活动，它也是一个传达信息的机构，把千百万人不同的知识和行动汇集在一起。没有人去设计它，它纯粹是被演化出来的。它经受了任何社会组织的最基本考验，生存了下来。因为市场有效地解决了人类社会必须解决的三大基本经济问题，即生产什么和生产多少（在可供选择的稀缺资源中是生产面包还是生产服装，是多生产面包还是多生产服装）、如何生产（使用何种资源、应用何种技术来生产）、为谁生产（社会产品如何分配给不同的个人或家庭）。这三大基本经济问题是一切经济制度所共同面临的问题，资源的稀缺性迫使人们选择一种能有效配置资源的经济制度，而市场制度就是一种适合现阶段生产力水平和人类行为准则的较理想的制度。

在市场经济条件下，生产什么取决于消费者的货币选票，消费者偏好形成的购买决策指明了社会资源的最终用途，成为引导生产者进行生产决策的基本信号；如何生产取决于不同生产者之间的竞争，他们为获得最大利润，唯一的办法是采用效率最高的生产方法，以便把成本压到最低点；为谁生产取决于生产要素（劳动、资本和土地）市场的供给与需求，即社会产品的分配取决于人们拥有的生产要素的数量和价格（工资率、利息率、利润和地租等）。

这样，市场通过自动形成的价格、供求和竞争机制的作用（即供求的变化决定价格的涨落，价格涨落影响市场主体利益的得失，竞争的压力迫使生产者千方百计降低成本，用最便宜的生产方法去取代费用较高的生产方法，并根据供求的价格变动调整生产，使供求自动达到均衡），有效地解决了人类社会的三大基本经济问题，它使每个人在追求私利的过程中，均受一只"看不见的手"的指引，不自觉地使千百万人不同的知识和行动汇集在一起，促使社会生产达到生产可能性边界，从而增进了整个社会的财富（福利）。或者说，市场的自组织运行有效地实现了帕累托效率的资源配置（所谓帕累托效率的资源配置，是指社会资源的配置已经处于社会性无改善余地的有效状态，若某个经济主体在资源竞争均衡配置状态中想改善自己的经济状况，必须以牺牲其他经济主体的经济利益为代价）。

具体地说，市场的自组织功能可以概括为：

（1）分散的决策结构能使生产者和消费者对市场供求做出灵敏的反应，较好地实现供求的平衡，减少资源的浪费。在市场经济中，供求状况决定着市场价格，价格的高低引导着生产和消费，影响着生产和消费主体的利益得失。这种由价格机制引导的生产和消费行为，将促使生产的结构与消费的结构相适应，从而实现资源配置的合理化。

（2）以个人利益和自由竞争为主的动力结构有利于发挥人们的主动性和创造性，促进生产技术、生产组织和产品结构的不断创新，提高资源配置的效率。在市场经济中，商品的价值不取决于个别生产者的劳动耗费，而取决于社会必要劳动时间，如果个别劳动时间小于社会必要劳动时间，就可以获得超额利润，在竞争中就能取胜。在利益的驱使和竞争的压力下，生产者要使自己处于优势地位，获得更多利润，就要千方百计采用先进的生产技术，改善内部管理以降低成本，改善产品结构，努力生产适销对路的产品。这将有效地刺激社会劳动生产率的提高，增加社会财富。

（3）以价格体系为主要内容的信息结构能使每个参与经济活动的人和经济组织获得简单清楚和有效的信息，并加以充分利用，从而保证资源配置的有效性。要提高资源配置的效率，就要求充分利用经济中的各种信息，但人们需要的各种信息常常不是以集中的或完整的形式存在的，而是以分散的或不完整的形式存在的，并且许多信息是相互矛盾的，人们要做出正确的决策，就必须花费信息成本。在任何人只能掌握部分信息的情况下，如何有效利用信息是保证资源配置效率的关键。价格机制作为一个整理分散信息的机制，能给人们提供最廉价的信息，个人只要得到很少与自己决策相关的信息（只要得到价格信息），就可以采取正确的行动，并能产生有效率的结果。

三、作为制度安排的政府与市场

在现代社会经济制度体系或制度结构中，政府与市场可以被看作是两种最基本的制度安排。按照新制度经济学派的观点，所谓制度安排是指"支配经济单位之间可能合作与竞争方式的一种安排"，简单地说就是约束经济行为主体的一种交易规则。政府与市场这两种基本制度安排在性质上的差异可以从三个方面来分析。

首先，从交易对象来看，政府是为交易与配置"公共物品"（public goods）资源而产生的，而市场是为交易与配置"私人物品"（private goods）资源而产生的。整个社会的总经济资源可以分为两大类：一类是具有外部性、共享性和垄断性的资源，被称为公共物品，如国防、公安系统、公共道路、环境保护以及制度规则等；另一类是具有独立性、排他性、竞争性的资源，被称为私人物品，这类资源在数量上占绝对优势。一般来说，公共物品的交易和配置适于由政府组织形式来进行，而私人物品的交易和配置则适于由市场组织方式来实现。但是现实中大量存在的资源往往不是纯公共物品或纯私人物品，而是兼有公共物品性质和私人物品性质，如自来水、电力、教育、卫生、信息服务等，就是既有公共物品的经营垄断性又有私人物品的消费排他性，对于这些资源究竟由政府还是由市场来组织交易和供给配置，就不宜下绝对性的结论。

其次，从交易方式来看，所谓政府就是通过强制性的命令——服从关系，在经济当事人之间进行交易，实现资源配置，而市场则是通过平等的当事人之间进行的自愿交易来实现资源配置。制度作为一种调节人与人之间关系的行为准则，显然要基于当事人的"同意"（无论是自愿还是被迫）来运转。当某种交易所引起的成本或收益不涉及两个人之外的其他当事人，采用市场方式显然是最有效率的。因为人们可以很容易地通过"同意"达成一项利己的契约（进入市场），也可以很容易地通过"不同意"拒绝与所有可能接触到的交易对象签约（退出市场），从而避免一项交易可能给自己带来的损失，实现各自收益最大化。当交易后果存在外部性，交易活动必须在两个以上或更多的人"一致同意"的情况下才能进行，这就需要采用政府的共同谈判形式和强制性协调方式来保证交易的效率。当然这种强制性决策、供给、履行和报偿的交易方式，既带来了交易成本的节约和规模效益，同时也产生了额外的交易成本和效益损失。同样地，现实中也存在大量的既适宜采用政府方式又适宜采用市场方式的交易状态。

最后，从交易目标来看，政府是一种基于社会福利目标的"公共选择"，而市场则是一种基于私人利益目标进行的"自主选择"的制度安排。公共物品资源的交易和配置关系到社会上每个人的利益，因此属于"公共选择"的问题。公共选择可以有各种不同的形式，如按"习惯"或"惯例"做出、由一个"独裁者"做出、通过"民主"投票做出等。在现代社会经济中一般采用民主政治的方式，直接民主制或间接民主制，由政府做出决策。无论如何，政府本身可以理解为负责履行供给公共物品、进行公共选择的一种特殊社会机构。在政府负责供给公共物品实现资源配置的场合，存在一个基本问题就是政府能否真正代表公众的利益以社会福利最大化为目标。现实中存在的政府并不一定以社会福利为其决策的目标函数，而往往服从于经济中某些特殊集团的利益。市场制度的有效运转则是建立在经济行为主体"自主决策"的基础上，各经济行为主体在既定的产权制度下以个体利益为目标，自主经营、自负盈亏、优胜劣汰，从而达到有效资源配置的效果。

在现代经济中，政府与市场作为两种基本的制度安排在现实中都是以不完善的形式并存的，百分之百的政府经济如同完全纯粹的市场经济一样在现实中是不存在的。问题是如何将这两种本身就是稀缺资源的制度安排进行适当的"再配置"，以实现全社会效用满足的最大化。换句话说，市场与政府间的选择并非在完善与不完善之间的选择，而是在不完善的程度和类型之间，或在缺陷的程度和类型之间的选择。理智的选择不是追求完善的市场机制或者完善的政府干预，只能是在不完善的政府和不完善的市场之间，建构一种有效的协调机制，在不断的试错与选择中，寻求政府与市场的结合点，以保证现代市场经济的规范运行。

第二节　政府与市场关系的演变历程

一、政府与市场关系的最初认识

亚当·斯密是英国古典经济学理论体系的创立者。1776年，亚当·斯密出版了《国民财富的性质和原因的研究》（简称《国富论》）一书，在英国摧毁了重商主义的政府干预理论和政策，代之以自由放任理论和政府不干涉经济事务的政策，并把"自由放任"视为他所主张的经济政策的基本原则。斯密是从利己主义人性论出发来构筑其包括经济自由主义学说在内的理论体系的。斯密从利己主义人性论引出了"看不见的手"理论。他认为，"由于每个人都努力把他的资本尽可能用来支持国内产业，都努力管理国内产业，使其生产物的价值能达到最高程度，他就必然竭力使社会的年收入尽量增大起来。确实，他通常既不打算促进公共的利益，也不知道他自己在什么程度上促进哪种利益。由于宁愿投资支持国内产业而不支持国外产业，他只是盘算他自己的安全；由于他管理产业的目的在于使其生产物的价值能达到最大限度，他所盘算的也只是他自己的利益。在这种场合，像在其他许多场合一样，他受着一只'看不见的手'的指导，去尽力达到一个并非他本意想要达到的目的。他追求自己的利益，往往能使其比在真正出于本意的情况下更有效地促进社会的利益"[1]。

在经济领域，由于"看不见的手"的作用，一方面，以谋取个人私利或利润为目标的个人利益与以促进人类福利为目标的公共利益之间将达到自然均衡。另一方面，在短期内使市场供给和需求趋于一致，从而使市场价格与自然价格趋于一致；在长期内调节资本的投向，最终达到社会供求平衡，生产者利益和消费者利益平衡，从而建立起旨在富国裕民的自然平衡的经济秩序。显然，斯密所说的"看不见的手"的作用，在经济领域中，实际上体现为价值规律、竞争规律、市场定价或资源配置机制一类的客观经济规律，而生产和资源配置的合理性、市场的自动调节性和产品价值、收入和利润的最大化，正是这种支配市场经济运行客观规律作用的必然结果。由此可见，这种从斯密"看不见的手"引导出自然均衡的经济模式，正是自由竞争资本主义经济运行的理论反映。

斯密并非完全不要国家干预的极端的经济自由主义者。他对国家应尽的义务和职能也做了论述，并将它纳入其经济自由主义学说和政治经济学体系。斯密主张，一个国家最好的经济政策就是自由放任，政府理应奉行不干预主义，以便提供尽可能最宽松的企业活动环境，让"经济人"自由自在地从事其所选择的各项经济活动，去追求各自的物质利益，只有这样的政策才能充分发挥自然趋势的作用，才能最大限度地促进社会利益。斯密对政府与市场关系的认识，主要有以下几个方面：

第一，政府被剥夺了对私人经济活动的指导权和管理权，而仅仅局限于三项基

---

① 斯密. 国民财富的性质和原因的研究：上卷 [M]. 郭大力，王亚南，译. 北京：商务印书馆，1979：51.

本职能，因而从全面干预经济生活沦为"守夜人"的角色。斯密认为，政府应有三项应尽的义务或职能，前两项是"保护社会，使不受其他独立社会的侵犯"以及"尽可能保护社会上各个人，使不受社会上任何其他人的侵害或压迫，这就是说，要设立严正的司法机关"①。前者是保证国家安全的职能，此为"君主的第一义务"，后者是维护社会安定的职能，这两者都是一国经济发展的不可缺少的外部条件。

第二，在一定限度内承认政府必要而有限的经济职能。这主要是指其第三项基本职能"建设并维持某些公共事业及某些公共设施"。为了经济发展的需要，他认为国家有义务修建公路、桥梁、运河等公共设施，以及建立保护通商贸易的守备队和防御工事等。斯密还指出，国家应兴办学校，使下层居民能得到必要的教育，学到有用的才能，增加劳动的熟练程度。并且，斯密在经济自由主义的总体框架下，严格规定了政府有限而适度地干预经济的前提条件：一是为国防所必需的特定产业，可给予优惠；二是对幼稚产业部门给予扶持；三是某些对自然的经济秩序有干扰的或个人无力经营或不愿经营的事业，可由政府出面干预或经营。例如，邮政事业的国家管理、利息率的法律限制、实行强制性的初等教育、规定银行发行小额钞票的最低面值等等。

第三，对国家政府的开支有了较大的限制，并对国家财政的收入，即赋税原则做了新的规定，目的在于反对奢侈，提倡节约。斯密主张把政府开支压缩到最低限度，即搞"廉价政府"。他根据国家职能把国家的开支分为国防费用、司法费用、公共工程和公共机关费用、君主和王公大臣的生活费用四大类，强调这些费用应由受益人员负担，以有利于社会财富的增长。国防费用应由社会负担，但他认为要尽量避免战争，以防国防开支过于庞大。在斯密看来，公共工程和公共机构有两类：一类是便利一般商业的道路、桥梁、运河、港口等公共工程，以及保护特殊商业，例如殖民地贸易的公共机构，其费用可以由受益的工商业者负担；另一类是促进人民教育的学校和宗教机构，其费用可以由受教育者负担，而成年人的宗教教育费用应由教会负担。至于君主和王公大臣的生活费用也应由社会承担。总之，斯密要求尽可能消除与生产无关的非必需的开支，以增大资本总量、加快资本积累，并使资本摆脱政治和宗教的束缚，使其自然、自由地发展。

继亚当·斯密之后，1803年，萨伊出版了《政治经济学概论》一书。在这部著作中，萨伊认为，一种商品总是用另一种商品来购买的，某一商品的出售就是对另一商品的购买。他断言，"一种产物一经产出，从那时刻起就给价值与它相等的其他产品开辟了销路"②。由此他提出了一个根本命题："生产给产品创造需求"③，也就是说，供给会自动创造需求。

萨伊根据供给会创造需求的基本命题，演绎出以下四个重要结论：

---

① 斯密. 国民财富的性质和原因的研究：上卷 [M]. 郭大力，王亚南，译. 北京：商务印书馆，1979：270.
② 萨伊. 政治经济学概论 [M]. 陈福生，陈振骅，译. 北京：商务印书馆，1976：144.
③ 萨伊. 政治经济学概论 [M]. 陈福生，陈振骅，译. 北京：商务印书馆，1976：142.

第一，"在一切社会，生产者越众多产品越多样化，产品便销得越快、越多和越广泛，而生产者所得的利润也越大"。这个结论是反对政府干预生产，反对政府"强迫产品的流转"，反对"政府从私人手中夺去它的消费"。①

第二，"每一个人都和全体的共同繁荣有利害关系。一个企业办得成功，就可以帮助别的企业也达到成功。"工农业间也是这样，"一个民族如果在农业方面获得成功，就可促进它的工商业的繁荣；另一方面，它的工商业的隆盛，也会给它的农业带来好处"②。

第三，购买和输入外国货物绝不致损害国内或本国产业和生产。理由是，外国产品是用本国产品或它所换来的现金购买的，所以，扩展对外贸易，是给本国产品开辟销路，促进本国生产的发展。这个结论是论证自由贸易，反对保护关税政策的。

第四，"仅仅鼓励消费并无益于商业，因为困难不在于刺激消费的欲望，而在于供给消费的手段……只有生产能供给这些手段"③。萨伊还着重指出，他所指责的是政府的那种不用于满足人类需要的"无益消费"。这个结论批评为贵族阶级的奢侈作辩护的理论，反对过度的国家开支，特别是维持官僚机构的开支。

萨伊的理论及其各个结论，旨在论证市场经济具有内在的稳定性，因而国家应放弃对经济的干预，应鼓励自由地发展生产。萨伊关于供给会自动创造需求或生产会自动创造销路的命题，曾经成为古典经济学时期普遍信奉的教条，被奉为"萨伊定律"。总的来说，萨伊定律的实质是认为市场机制能够确保全部经济资源得到充分有效的运用，从而提供很高的经济增长率，不可能引致普遍的生产过剩危机。

萨伊的论证完全是微观的，但从中得出的结论则是宏观的。那就是，市场经济是一个顺畅的周而复始的过程，能够自动维持社会总供给和总需求的均衡，政府旨在维持供求均衡的干预也是多余的。萨伊认为政府有责任为经济发展创造一个安定、安全、公平和有利的环境。具体说来，他认为政府干预应主要集中在以下几个方面：①保护财产的所有权不受侵犯和社会的安宁。②制订详细周密的计划，建设和维修公共工程，特别是公路、运河、港口，刺激私人生产能力。③创办各类学校、图书馆、博物馆，主持大型的科学研究机构，促进科学技术的传播。④政府要对防止明显地有害于其他生产事业或公共安全的欺诈行为负起责任。⑤保护消费者利益和国家的商誉，禁止厂商滥登名不副实的广告。

约翰·穆勒是继斯密和萨伊之后的另一位古典学派的著名经济学家。穆勒在论述政府经济职能时也遵守自由放任的一般原则。他认为，每个成年人的生活都有其个性，他应当不受其他个人或公共集体的统治。如果政府职能增加，就意味着权力的增加，其间接影响力也增加。政府职能的增加，不仅增加了团体的负担，而且事

①　萨伊. 政治经济学概论 [M]. 陈福生，陈振骅，译. 北京：商务印书馆，1976：147.
②　萨伊. 政治经济学概论 [M]. 陈福生，陈振骅，译. 北京：商务印书馆，1976：147-148.
③　萨伊. 政治经济学概论 [M]. 陈福生，陈振骅，译. 北京：商务印书馆，1976：149.

情交由政府去做，结果还不如有利害关系的私人去做。有些人没有为集体利益而自发行动的习惯，而是习惯于听从、依赖政府，要政府为他们包办好一切。基于上述理由，穆勒主张限制政府的职能，促进个性自由发展。他认为政府的职能是：①保护不能照顾自身利益的儿童和其他人。②当个人对他遥远未来的利益做出不可挽回的决定时，如签订永久性契约，政府应当干预。③只能由代表来执行的事情，如联合股份公司或股份有限公司等，国家通常比个人干得好。④对个人判断有必要实施法律干涉的一些事情，如减少工厂劳动时间等，政府应当干预。显然，穆勒扩大了政府的经济职能，为政府活动开辟了广泛的园地。

亚当·斯密、萨伊、约翰·穆勒三位经济学家的观点代表了18世纪70年代到19世纪50年代古典学派关于政府与市场关系的基本看法：①充分肯定个人，个人的能力、理智、利益和选择，以此作为界定政府活动范围的基本依据。②市场、个人能基本解决资源的配置问题，不需要政府过多的干预。③政府干预是必要的，但政府本身有缺陷。因此，对政府干预范围应做严格限定。

二、政府与市场关系的认识分歧

在近代经济学中，经济学家对政府与市场的认识发生了明显的分歧：一支是以马克思主义为代表的经济学理论，认为资本主义经济危机的根源在于其私有制和自由市场制度的自发性、盲目性和无政府主义，因此，当然要由以公有制为基础的、无市场货币关系存在的社会主义计划经济取而代之。另一支是以马歇尔为代表的新古典经济理论，只把政府作为既定的"背景条件"，从而专注于市场变量决定问题的研究。它从经济个体的经济行为入手，以价格为中心，研究市场经济的一般均衡和局部均衡机制，精细地揭示了市场配置资源的内在机理。

（一）马克思、恩格斯对政府与市场的认识

马克思、恩格斯作为科学社会主义的创始人，对社会主义社会的政府职能做了如下的设想：

1.新政府职能将逐渐从对人的管理变成对物和生产的管理

马克思、恩格斯设想，无产阶级革命胜利以后所建立的新社会，其政府职能是完全意义上的政府职能，即同时具有政治职能、经济职能和社会公共管理职能，但在不同的历史发展时期，政府职能的内容将是不一样的。在从资本主义社会向社会主义社会转变的过渡时期，社会主义因素与资本主义因素同时并存，资本主义的逐步衰亡和社会主义的发展壮大同步进行。这个时期的社会主要矛盾是无产阶级和资产阶级两个阶级、社会主义和资本主义两条道路的斗争。因此，过渡时期政府职能主要是两项：一是在坚持无产阶级专政的前提下，对敌对分子实行坚决的镇压，对人民群众实行广泛的民主；二是对生产资料私有制实行社会主义改造，迅速增加和扩大社会主义生产力的总量。但在社会主义社会，即共产主义的第一阶段，由于阶级和阶级差别将逐渐消灭，国家逐渐消亡，所以，在这个时期里，尽管政府还存在，但政府的政治职能已经开始逐渐消失，政府职能将逐步变成单纯的管理职能，对人的统治将由对物的管理和对生产过程的领导所代替，经济职能和社会公共管理职能成为政府的重要职能。并且，在社会主义制度建立起来以后，政府应把有效地履行经济职能和社会公共管理职能摆在重要位置，尽可能快地发展社会生产力。

2.新政府经济职能是通过有计划、有组织的途径来实现的

马克思、恩格斯认为，在社会主义社会中，生产资料归全社会所有，不存在商品、货币，个人消费品的分配实行等量劳动领取等量报酬，社会和生产将采取自由人联合体的形式组织起来，"一旦社会占有了生产资料，商品生产就将被消除，而产品对生产者的统治也将随之消除。社会生产内部的无政府状态将为有计划的自觉的组织所代替"。新社会的政府要保证社会生产有计划、按比例发展，既要克服资本主义经济的盲目性和混乱状态，又要避免不按客观经济规律办事的主观主义瞎指挥；政府要在客观经济规律的基础上，对社会生产过程进行"有意识的社会监督和调节"。

3.新政府在履行经济管理职能时，要坚持人民管理制的发展方向

马克思总结巴黎公社的经验基础，除了主张新政府的政治制度应实行普选制、监督制、低薪制外，还主张"旧的中央集权政府"应"让位给生产者的自治机关"。他们曾经赞赏圣西门的以社会自治为中心的"小政府"理想，主张建立"廉价政府"和"小政府，大社会"的政府管理模式，以便使政府机关能够接近人民群众，让人民群众有更多的机会行使自己的权力，管理国家大事。然而，这并不意味着要政府放弃管理职能；相反，新社会的政府在任何时候都不能放弃经济职能和社会公共管理职能，只是履行职能的方式要朝着有利于人民能更好地行使自己的权力的方向发展。

4.新政府在履行经济管理职能时，要坚持若干经济活动的基本准则

首先，要坚持由社会需要控制的准则。马克思认为，共产主义社会的生产力是"直接由社会需要调节""由社会需要控制"的。所以，政府在履行经济管理职能时，首要的是力戒主观随意性，坚持由社会需要来调节、控制经济活动。其次，要坚持重视节约时间规律的准则。"社会发展、社会享用和社会活动的全面性，都取决于时间的节省"，"时间的节约，以及劳动时间在不同的生产部门之间有计划的分配，在共同生产的基础上仍然是首要的经济规律"。最后，要坚持实现工农业联合的准则。新社会的政府履行经济管理职能的一个重要任务是逐步消灭城乡、工农之间的差别，因此，在经济管理活动中要注意把工农业密切地结合起来。现实的社会主义与马克思、恩格斯所设想的社会主义社会存在一定的差距，马克思、恩格斯对政府与市场关系的认识，更多的是肯定了政府这种制度安排，而对市场这种制度安排则否定的成分较多，这种理论后来成为社会主义实践者们建设行政指令性计划经济体制的基本蓝图和依据。

（二）以马歇尔为首的新古典学派对政府与市场的认识

1871年杰文斯发表了《政治经济学理论》，卡尔·门格尔在奥匈帝国（简称奥国）发表了《国民经济学原理》，1874年，莱昂·瓦尔拉斯的《纯粹经济学要义》

在洛桑问世。同时，阿尔弗雷德·马歇尔提出了与杰文斯类似的思想，并于1890年发表了《经济学原理》，随后瓦尔拉斯体系由帕累托详加阐述，维克塞尔发展了奥国学派的思想。这样，以马歇尔为首的新古典学派支配了英语世界的经济学说，一直到20世纪30年代大萧条时期。

在合理选择基础上关于市场自动实现均衡内在机制的分析，成为"新古典经济学之父"马歇尔最卓越的贡献。马歇尔所处的时代，是一个竞争导致垄断的时代，贫困与失业成为迫切需要研究的问题，周期性的经济危机威胁着市场经济的正常运行。国际市场上的竞争日益加剧，主流经济学说受到马克思主义的严厉批评，而边际革命加速了古典经济学的解体。这就使马歇尔的市场经济分析具有以下特点：第一，马歇尔把古典的供给分析与边际效用分析折中，形成了以生产成本分析为中心的供给理论和以效用分析为中心的需求理论相结合的新体系。供给和需求共同决定价格的理论至今仍然是西方价格理论的基础。第二，马歇尔采用了局部均衡分析法。均衡就是两种相反力量的均势——两种力量处于稳定状态。他认为，商品的需求和供给，就是市场上两种相互作用的力量，而商品的价格就是在这两种力量达于均势时所决定的。所谓局部均衡，只是就某一商品的需求和供给来说明该商品的均衡价格的形成，不考虑其他商品的供求变化和价格变动。把复杂的问题局部解决，最后综合成为整个问题的全部解决。考虑到局部分析的缺陷，马歇尔并没有放弃一般市场均衡。第三，马歇尔的市场均衡理论是静态的。他假定他所研究的经济问题处在一个没有变化的环境之中，经济关系和人们预期的这些经济关系是不会改变的。这种过于简单的推导与现实变动着的各种经济力量及其导致的结果并不吻合，这显然是其市场均衡分析的重大缺欠。

对于市场怎样无须国家过多干涉而产生一组均衡价格、自动地实现资源有效配置这一问题，马歇尔从以下三个方面进行了阐述：

首先，马歇尔认为，人们需要商品是为了通过消费取得效用，以满足欲望，效用是可以加总的，但效用服从于边际效用递减规律，并决定需求的变化规律。由于效用可以用货币来衡量，需求转化为需求价格，边际效用递减规律转化为边际需求价格递减规律。这样，他就提出了"需求量随着价格的下跌而增加，随着价格的上涨而减少"的一般规律，并用需求曲线来说明需求规律。在需求理论中，马歇尔还提出了两个重要的概念：需求价格弹性和消费者剩余。需求价格弹性用来考察某一商品的需求量对于该商品的价格变动所做的反应程度；而消费者剩余是指消费者对一种商品愿意支付的最高价格超过他实际付出的价格的差额。它表明，在自由竞争的条件下，消费者在购买商品时可以取得一种福利，这隐含着完全竞争的市场条件，可以实现社会福利的普遍增进。

其次，成本分析成为马歇尔供给理论的基础。成本由劳动和资本构成。劳动是指劳动者在生产过程中的负效用（即感觉到的痛苦）；资本则是延缓享受的一种牺牲（即等待和节欲的成本）。由货币表示的上述"真实成本"就是商品的生产费用，它构成生产要素相应数量的供给价格。马歇尔认为，可以用设计需求表和需求曲线的方法做出供给表和供给曲线，在此基础上他提出了供给量随着价格的上升而增加、随着价格的下降而减少的正比例关系。不过，供给价格如何变动，还要看生产随市场的扩张过程是处在报酬递增阶段还是报酬递减阶段。马歇尔指出，在不同的报酬条件下，平均成本与边际成本的变动趋势并不相同。

最后，马歇尔分析了市场均衡价格的形成。他认为，很明显市场价格是由需求与供给二者相互作用的力量决定的，它们犹如一把剪刀的两边，"共同起了作用"。商品的需求价格是消费者对一定量商品所愿意支付的价格，是由这一定量商品对买者的边际效用决定的。商品的供给价格是生产者为提供一定量商品所愿意接受的价格，是由生产这一定量商品的劳动者的"负效用"和"等待"决定的，即由生产费用决定的。当某一商品的需求价格高于供给价格时，厂商就增加供给，使需求价格下降，从而供求趋于一致；当该商品的需求价格低于供给价格时，厂商就会减少产量，使需求价格上升，从而供求趋于一致；当商品的需求价格与供给价格相等时，产量不再增加，也不减少，从而达到均衡状态，此时的产量是均衡产量，此时的价格就是均衡价格。这种均衡是稳定的均衡，就是说，如果价格与它稍有偏离，将有自动恢复的力量，犹如时钟的钟摆围绕着它的最低点来回摆动一样。"看不见的手"最终将使它处于均衡状态。

新古典经济学虽然以微观经济问题为主要研究对象，但也涉及某些宏观经济理论问题。马歇尔研究的宏观经济问题主要有两个：一是经济稳定问题；二是一般价格水平问题。关于经济稳定问题，马歇尔所遵循的是约翰·穆勒的传统观念，即用建立在预期分析基础之上的萨伊法则来解释经济周期波动，并且主张采用由政府控制信用的手段来对付经济萧条和失业；关于一般物价水平的决定问题，马歇尔采用建立在供求均衡分析框架之上的货币数量论作为分析工具。新古典学派宏观经济理论包括萨伊法则、生产函数理论、劳动市场理论、货币数量论和失业论。生产函数理论和劳动市场理论是新古典宏观经济学的实物理论，它所研究的实际工资率、劳动就业量和产量水平的决定问题并不涉及价值和货币因素，而牵涉价值因素和货币因素的理论属于新古典宏观经济学的货币理论。在新古典学派宏观经济学模型中，储蓄、投资和利息是确保经济体系达到充分就业均衡的又一重要机制。新古典学派认为，储蓄和投资都是利息率的函数，前者与利息率之间存在着正比关系，后者与利息率之间存在着反比关系。在可变利息率的调节下，储蓄总额与新投资总额恒处于均衡状态。在这个模型中，可变利息率和可变价格、可变工资一起，构成三个自动调节器。这三个自动调节器使得在完全竞争市场经济中的总需求恒等于充分就业水平的产品总供给，从而使整个宏观经济体系处于充分就业均衡状态。即使偶尔发生偏离，市场机体也会自动地恢复均衡。由此看来，它的政策含义相当清楚，只要没有外在力量（如工会组织）的干扰，市场机制就具有实现总量均衡的内在力量。

三、政府干预理论的发展

人类进入20世纪以后，自由竞争资本主义过渡到垄断资本主义。由于资本主义固有矛盾的加深，1929 年西方世界爆发了经济大危机。经济危机向人们表明，自由放任主义者所说的资本主义经济具有的自律性调节机制失效了。因此，经济学家不得不寻求新的经济理论和政策，新的经济理论一般以凯恩斯主义为标志。但是，新的经济理论并不是随着大危机的出现才成为必要的。20 世纪 20 年代到 60 年代，政府干预理论是建立在市场失灵理论基础之上的。市场失灵理论最初萌芽于对市场缺陷（market defect）的分析，这种分析又是在两个领域里展开的：微观经济学领域是福利经济学家分析；宏观经济学领域是凯恩斯主义者分析。

比凯恩斯稍早一点，英国的福利经济学家庇古作为福利经济学的创始人，最先系统地对市场缺陷进行了分析。庇古是马歇尔的学生，信奉新古典经济学的基本命题，但由他创立的福利经济学却对市场缺陷做了大量的分析，这种分析又被人们进一步用来作为政府干预的理论依据。他于 1920 年出版的《福利经济学》一书，论述了政府干预资源配置的经济职能。庇古认为，在完全竞争的条件下，虽然有利于实现生产资源的最优配置，但由于种种原因，仍然会出现边际私人纯产值和边际社会纯产值相背离的情况。例如，由某些耐久性生产设备的使用权和所有权不一致而引起的背离、由外部原因而引起的背离、由于收益变动或成本变动而引起的背离。种种背离情况表明，仅仅依靠自由竞争不能完成生产资源的最优配置。因此，庇古提出了政府干预的必要性。他认为，政府干预经济的职能，主要是采取适当的经济政策来消除客观上存在的边际私人纯产值和边际社会纯产值的背离。不过，在庇古看来，实现生产资源最优配置的基本机制仍然是私人经济的自由竞争。他所说的政府经济干预也只局限于征税和补贴，他反对政府直接经营企业，认为那样会压抑企业生产和经营的积极性，并导致自身的腐化和官僚主义。但无论如何，庇古主张政府干预资源配置的影响力是很大的。在庇古之后，福利经济学发展成为新福利经济学，并成为适应国家垄断资本主义需要的全面干预国民经济生活的政策理论。发展经济学先驱哈拉·明特在评价福利经济学及其影响时说："我们可以认为福利经济学是新古典经济学的中心地带（heartland）。但由于它强调市场失灵、外在性、私人成本和社会成本的歧异，几十年来一直被作为支持国家干预政策的最有力的理论武器。"随着旧福利经济学向新福利经济学的演变，对市场缺陷的分析逐步趋于成熟，最后形成市场失灵理论。

给自由放任主义画上休止符的是凯恩斯。1926 年，英国著名经济学家凯恩斯发表《自由放任主义的终结》一文，公开表明放弃自由放任主义原则。他力图论证对资本主义经济实行明智"管理"的必要性，力图证明借助政府对货币流通和信贷的调节，可能消除资本主义固有的失业和危机。所以，凯恩斯的理论体系可以说是沿着如何解决资本主义的失业问题的思路而展开的。1936 年，凯恩斯最主要的著作《就业、利息和货币通论》（简称《通论》）出版，为市场经济中的政府干预理论做出了"革命性的贡献"。凯恩斯认为自由市场制度是一种有效的机制，它能够保障个人自由并激发人们的创造性，但市场机制本身存在缺陷，必须引入政府对经济进行干预，从而彻底否定了斯密提出的关于资本主义在"看不见的手"引导下能够自我完善的市场机制，将资本主义经济纳入了政府"看得见的手"的全面干预的轨道。《通论》这本书确立了凯恩斯主义的基本原理，成为现代资产阶级经济学的经典著作。凯恩斯在书中提出国家的政府职能要为实现充分就业做出努力的主张，认为政府有必要对经济进行干预，政府的经济职能在于通过财政政策，增加政府支出，增加需求，以制止失业；通过税收来鼓励投资；通过货币政策，利用利息率的升降来控制货币供应，间接地影响私人投资和影响消费。凯恩斯理论体系的"革命"之处，在于否定总需求恒等于总供给的传统教条，提出了有效需求不足原理。他认为，失业是有效需求不足的结果，要实现充分就业，就必须填补总需求与总供给之间存在的缺口，而"要达到离充分就业不远之境，其唯一办法，乃是把投资这件事情，由社会来总揽""国家必须用改变租税体系、限制利率以及其他方法，指导消费倾向"。他的结论是：除了消费倾向与投资引诱二者必须由中央统制，以便二者互相配合适应以外，实在没有理由要使经济生活比以前更社会化。由于凯恩斯主义适应了国家垄断资本主义的需要，在 20 世纪 30 年代的大危机中，对挽救资本主义制度起过"起死回生"的作用，因此，第二次世界大战以来，凯恩斯主义一直是西方各国政府执行和扩大经济职能的理论依据。实践证明，凯恩斯主义的政府经济职能学说中的某些合理成分，不仅适用于发达国家，而且对发展中国家同样适用。比如：①在政府经济管理对象上，主张政府运用财政支出手段对宏观经济进行间接干预，而对国有制企业的日常经济活动，则让企业自己去处理，政府不直接插手。②在经济分析方法上，反对传统经济学从局部分析问题的方法，强调要从整个宏观角度来论证经济问题，即总量分析方法。③在经济调节手段上，提出把财政政策、货币政策和收入政策等配合起来使用的主张，即经济政策"松紧"搭配法。

20 世纪 50 年代以后，凯恩斯主义的追随者分裂为两大派别，即"新古典综合派"和"新剑桥学派"。"新古典综合派"的主要代表人物有萨缪尔森、托宾等，"新剑桥学派"的主要代表人物是罗宾逊、卡尔多等。两大派别在主张政府干预方面是一致的，但在政府的具体经济职能上则有所不同。"新古典综合派"把凯恩斯的宏观经济理论和古典的微观经济理论结合起来，形成"混合经济"理论。正如萨缪尔森所说，"我们的经济是私人组织和政府机构都实施经济控制的'混合经济'：私有制度通过市场机制的无形指令发生作用，政府机构的作用则通过调节性的命令和财政刺激得以实现"。那么，政府的具体经济职能是什么呢？他们认为，"有三个作用，即效率、平等和稳定。有关效率的政府行为试图矫正垄断一类的市场失灵。政府促进平等的方案使用诸如收入再分配等工具来反映社会对穷人和残疾人的关心。稳定化政策试图削平经济周期的高峰和低谷，减少失业和通货膨胀，并且促进经济增长"。"新剑桥学派"反对"新古典综合派"的观点，认为要解决资本主义的各种社会问题，必须解决收入分配的不合理性，因而政府的主要经济职能是对分配进行干预。他们特别强调税收政策的作用，主张实行没收性的遗产税，只给孤儿、寡妇留下适当的终身财产所有权，以便消灭历史所形成的财产的集中，使食利者阶层逐渐消灭，并把政府由此所得的收入用于公共目标与改善穷人的地位。他们反对听任市场机制发挥作用，同意凯恩斯关于政府干预经济的观点。

在现代西方经济学中，主张政府干预经济的还有"制度学派"和"瑞典学派"。"制度学派"以美国的经济学家加尔布雷斯、包尔丁以及瑞典经济学家缪尔达尔为代表。这个学派认为，资本主义社会应该通过"结构革命"，使不完善的结构完善起来，使公共目标受到执政当局的重视，使权力和收入的分配均衡化，这是政府长期的、根本的纲领。此外，政府应该把实行其他经济调节措施作为短期政策，如工资-物价管制政策、计划经济政策、人力政策、反托拉斯政策、环保政策和各种福利措施。但他们认为，政府经济调节的重点是限制大公司的活动，而不是小企业和个体经营者，相反，小企业和个体经营者应该成为政府补贴、津贴和优先照顾的对象。"瑞典学派"也称"北欧学派"或"斯德哥尔摩学派"，以瑞典经济学家为主体。维克塞尔是奠基人，著名人物有林达尔、缪尔达尔、伦德堡、林德贝克等人。"瑞典学派"认为，政府的经济职能主要是运用货币政策和财政政策调节经济，通过公共投资政策直接调整投资量，通过人力政策解决充分就业，通过收入政策调节财富的均衡化。政府的经济政策的基本目标是：国有化（主要部门的国有化）、福利国家（收入再分配政策、提供集体服务、政府稳定政策）、市场经济（建立企业一级水平上的分权化，改进竞争，反垄断化）三者的混合物。

20世纪20年代以来，由于福利经济学家和凯恩斯主义者在微观、宏观两方面对市场失灵的论证，人们一方面不再那么相信市场的力量，另一方面不断在政府肩头增加新的职能，除亚当·斯密界定的三项职能外，增加的职能可以列出长长的一串：反垄断以维护公平竞争、实现社会公平、提供公共物品、维持物价稳定、实现充分就业、维持宏观经济平衡、管制私有企业等。

如何评价20世纪20年代到60年代西方经济学界的市场失灵理论和政府干预理论呢？本书作者有以下观点：①这一时期经济学家对市场缺陷的分析在一定程度上代表了对市场结构和功能认识的深化。因为，无论从理论上看还是从现实上看，市场的确有缺陷，这不能不影响它的功能，因此不能把所有资源配置活动都交给市场，更不用说非经济目标的实现。新古典经济学家用理想的市场去配置现实中的资源显然是不现实的。而且，这一时期对市场缺陷的具体论证基本上是正确的，后来的经济学家对市场缺陷的分析基本没有超出这一时期的分析范围。②依据市场失灵来论证政府干预的必要性既为政府干预提供了坚实的理论基础，又为界定政府干预范围提供了基本思路，即政府干预的必要性在于市场存在缺陷，政府干预范围应限制在市场失灵领域。相比之下，古典经济学家对政府干预及干预范围的说明就显得比较武断。③这一时期理论的缺陷有两点：第一点是只论证了市场的缺陷和政府干预的必要性，但没有分析政府干预的可行性和局限性，因而其理论具有片面性，导致人们对市场机制的怀疑和对政府干预、政府计划的盲目崇拜。事实上，政府本身也有局限性，政府干预也不是万能的，政府也有可能失灵。第二点是在分析市场缺陷的同时忽视了市场的某些功能。例如，认为市场完全没有解决外在性和实现社会公平的功能。

四、政府与市场关系的整合

在现代经济学中，伴随着东西方社会政治经济实践在近一个世纪的戏剧性演变，人们对政府与市场这两种制度安排在性质上、职能上及相互关系上的认识大大深化，在更完整的理论框架下使之得到各种形式的整合。从现代经济学各理论流派的观点来看，在政府与市场问题上虽然不时有分歧，如哈耶克、米塞斯、弗里德曼等对自由市场的颂扬，兰格、加尔布雷斯等对政府计划和政府政策的辩护，但是从大趋势上看是趋于整合的。

20世纪60年代末，由于长期采用凯恩斯主义的政策，过度强调政府的作用，西方各国出现了"滞胀"现象，面对资本主义社会严重的经济"滞胀"危机，凯恩斯主义的政府干预经济生活的主张和政策，显得于事无补。于是，主张修复"看不见的手"、反对政府干预经济的呼声日渐高涨。面对"滞胀"，保守的新自由主义经济学发起了"凯恩斯革命的再革命"，系统地批判了以政府干预为特征的凯恩斯主义理论，强调市场机制的作用，主张限制政府干预的领域，并开始了对政府干预与市场调节如何正确结合的新探讨。在这样的背景下，产生于20世纪30年代的新自由主义经济学获得了较大的发展，对政府与市场关系的认识发生了进一步的深化。

（一）现代货币主义学派关于政府经济行为的学说

现代货币主义学派于20世纪50年代中期兴起，六七十年代发展起来，以美国芝加哥大学的著名经济学家们为主体，并由美国、英国等国的一些经济学家组成。他们以货币数量的变化作为研究中心，是现代西方新自由主义的一个重要流派。他们推崇现代货币数量论，宣传货币作用的重要性，主张采取控制货币数量的金融政策以消除通货膨胀，保证经济的正常发展，以此与凯恩斯学派相抗衡。这些理论、方法和政策主张正好迎合了当时的政府需要，成为英、美等国的"政府经济学"。

货币主义学派关于货币至关重要的分析是与它的自由主义经济哲学紧密联系在一起的。现代货币主义学派的领袖人物弗里德曼深受"芝加哥传统"的影响，是亚当·斯密经济自由主义思想的现代拥护者和宣传者。他把美国资本主义社会发展的历史描述为经济奇迹和政治奇迹同时发生的历史，并认为其是在斯密的经济自由思想和杰弗逊的政治民主思想的指导下形成的。他特别赞赏斯密的"看不见的手"的思想和为充分发挥市场自由竞争的作用必须限制政府干预经济的思想，认为斯密这些思想是非常重要和切合现代资本主义经济的。弗里德曼采用比较分析方法来阐述他的利己主义、自由主义的经济哲学思想，首先把自由经营与干预经济方式做比较选择；其次把中央计划经济与市场经济做对比选择；最后把减少失业与治理通货膨胀政策做对照选择，认为社会制度应该保证个人在选择职业、运用资源、保持私有财产与使用收入方面的自由，并且取得较大的成就。为此，必须依靠自由竞争和自由经营的资本主义生产方式和市场经济体制。弗里德曼对通货膨胀与失业关系的论述可以归纳为两点：第一，通货膨胀速度的快慢对就业毫无影响。只要不多干涉经济的自由运转，政府的职责限制在制定必要的规章制度和仲裁经济纠纷上，自由市场机制就能够恢复充分就业。第二，影响就业的不是通货膨胀的绝对水平，而是通货膨胀的多变和不稳定性妨碍了实际价格调整和准确预测数据，同时降低了市场经济制度对资源分配的效率，这些都将对失业和就业的变化产生影响。因此，只要政府控制货币数量的增长能与生产的增长幅度相适应，充分发挥自由市场的自发调节作用，就既能防止或抑制通货膨胀，又能使经济增长得到必要的货币供应，并扩大就业。总之，现代货币主义学派的实证分析，货币至关重要的观点都是以利己主义、自由主义的经济哲学为基础的，反映了现代货币主义学派对自由竞争的信心和对政府干预的反对倾向。由此可见，现代货币主义学派在政府经济行为方面，基本上回到了亚当·斯密那里。只是由于市场经济有了较大发展，货币变量对经济运行的作用日益重要，所以，现代货币主义学派承认政府控制货币数量的行为是必需的，也是唯一的。实际上，弗里德曼深信市场机制的巨大效率。尽管政府也在追求同样的效率，但是，由于政府职能十分有限，政府行为又难免存在偏差，所以，政府的效率就体现在这个有限的范围内，且可能被打折扣。

弗里德曼作为新货币主义的著名代表，主张建立这样一种社会，"它主要依靠自愿的合作来组织经济活动和其他活动，它维护并扩大人类的自由，把政府活动限制在应有的范围内，使政府成为我们的仆人而不让它变成我们的主人"。他在亚当·斯密关于政府职能的三点主张的基础上，增加一条政府职能。他说："政府的第四项义务，是保护那些被认为不能'负责的'社会成员。亚当·斯密没有明确提到这些义务。""我们不能断然拒绝照管那些我们认为不负责的人们"，如"疯子"或"孩子"。政府除了执行上述四项职能外，其作用将大大减少，它仅能为自由市场比较无妨碍地运动提供一个"稳定的支架"。至于"货币当局"，即中央银行，除力求使货币适度稳定地增长外，应听任经济自由调节，恢复亚当·斯密的"看不见的手"——价格机制的作用。在货币主义看来，私人经济有其内在的稳定性，政府的各种干预政策破坏了这种稳定性，不仅不能稳定经济，反而加剧了经济的不稳定性。无论是财政政策还是金融政策，对经济的刺激作用都是短期的。也就是说，政府干预政策在短期内也许可以降低失业率，但长期下去则会引起灾难性后果。基于此，货币主义认为，政府在经济中的作用并不是通过经济政策来干预经济活动和市场机制，而是为市场经济的正常运行创造一个良好的环境。不过，他们又认为，这个良好的环境，除了法制秩序、基础设施和社会保障外，还包括稳定物价。所以，货币主义最终没有彻底否定政府的经济职能和作用。

（二）供给学派关于政府经济行为的学说

供给学派是20世纪70年代中期兴起的现代西方新自由主义经济学派中一个较为保守的流派，侧重供给经济分析，反对凯恩斯主义的国家全面干预。同现代货币主义产生的背景相似，供给学派的兴起，与第二次世界大战以来凯恩斯主义由兴而衰，西方国家需要新的经济分析理论和方法来解释和对付经济"滞胀"问题有着密切关系。正是在这种历史背景下，供给学派异军突起，指出凯恩斯主义过于注重需求分析的理论不足，主张经济分析应改弦更张，从供给方面入手，实行企业经营自由，充分发挥市场机制的自动调节作用，以解决经济"滞胀"问题。供给学派的理论和分析方法以及政策主张曾经成为里根政府的官方经济学，并在美国公众中产生巨大影响。

供给学派的基础是新自由主义经济哲学。所谓新自由主义经济，是与19世纪末20世纪初的奥地利学派和剑桥学派的旧经济自由主义相对而言的，针对凯恩斯主义的国家全面干预，要求尽量限制和减少国家干预，鼓吹自由市场经济的一种自由主义经济。供给学派的新自由主义经济哲学分析主要表现在他们倡导"企业自由经营"，反对凯恩斯主义的"国家干预主义"论和主张"以效率求平等"，批评凯恩斯主义普遍推行的"经济福利主义"论，其核心概念是经济的"自由""效率"。供给学派关于经济"滞胀"的成因和对策，关于国家干预为辅、市场调节为主的经济运行模式等一系列供给经济理论，都是以供给学派自己的新自由主义经济哲学为基础的。供给学派认为，平等应当被视为自由、公平和机会均等；效率应当被看成是积极性、生产率和创新精神。处理平等与效率的关系，应以效率为先，在增进效率、发展经济的基础上实现平等。平等是效率的条件，效率是实现平等的根本途径。不能像凯恩斯主义者那样，把平等理解为"收入均等""利益均沾"的平等主义，把效率仅仅理解为产量的增加和就业机会的增多。按照凯恩斯主义者所理解的平等效率观推行普遍的经济福利主义制度，不仅不能消除贫困，实现平等，反而造成更大的不平等，严重损害效率。供给学派指出，政府无限制地任意扩大普遍享有的福利开支，是造成经济"滞胀"的根源。因为，扩大的福利开支造成需求过度膨胀，引起通货膨胀，使有限资金流向非生产领域，导致生产领域资金短缺，储蓄率下降，投资不足，从而使生产下降，供给萎缩，"非自愿失业者"增多。解决经济"滞胀"的办法，是要确定以效率求平等的思想，削减政府福利开支，提高供给效率。供给学派认为，自由竞争、冒险、创新、机遇是资本主义成功的主要秘密，也是经济增长的主要动力。"经济自由"是萨伊定律的核心思想，也是古典和新古典经济学的本质所在和最高体现。供给学派倡导的企业自由经营理论的要点，也就是要让政府为经济增长创造一个良好的环境和条件，保证市场机制作用的充分发挥，通过经济利益的调节，促进经济供给的长期稳定增加，以适应需求变化。只要实现了企业自由经营，经济资源或生产要素就能得到合理的、有效的调配，经济的"滞胀"就可以被消除，从而使得资本主义可以活跃地、有效地发展下去。供给学派指出，国家对经济的"全面"干预，不仅妨碍了市场机制作用的正常发挥，使得人们过分依赖政府，失去自由竞争和创新精神，从而失去推动经济增长的动力，同时，造成官僚主义盛行，工作效率低下，加大了经济的负担和波动。为此，供给学派提出应把政府的性质和活动界定在鼓励自由放任的管理服务中，不再是经济运行的主体。

供给学派与凯恩斯主义既有共同的政策前提和手段，也存在明显的差异。首先，供给学派与凯恩斯主义的政策前提是相同的，都承认资本主义经济中单纯依靠市场机制不能实现供给和需求的自动均衡，需要国家干预。20世纪30年代大危机以后，凯恩斯提出经济运行的症结是有效需求不足、供给过剩，需要借助国家干预来刺激需求。20世纪70年代出现滞胀以后，供给学派则将症结归为供给不足、需求过旺，需要借助国家干预来刺激供给。从"需求管理"到"供给管理"的转变，表明供给学派对凯恩斯主义的直接否定。但是，这仅仅表明干预方向的转变，而不是政策前提的不同。其次，供给学派和凯恩斯主义都主张通过财政政策实行国家干预。前者主张通过减税政策实行"供给管理"，刺激投资；后者则主张通过补偿性财政政策实行"需求管理"，刺激消费。两者在国家干预的方向、内容上显著不同，但在干预的手段上却是相似的。当然，供给学派和凯恩斯主义对于国家干预这一政府行为的价值取向是不同的。供给学派以"有限""有度"的干预反对"过多""过细"的干预，也就是说，供给学派的国家干预是属于保守主义的。必须指出的是，供给学派还不是一个成熟的、有明确体系的经济学流派。在价值取向上，该学派承袭萨伊定律，信奉自由竞争，反对国家干预，但在经济政策上，却不可能回到萨伊的时代。供给学派主要代表人物尽管在许多问题上持不同观点，但在通过国家干预来刺激供给的问题上，他们都没有怀疑减税是刺激供给的基本政策。由此也可发现，供给学派是适应当代资本主义经济运行状态变化的产物，是尚不成熟的理论体系，是倚重政策方面的经济学流派。

（三）理性预期学派关于政府经济行为的学说

理性预期学派是20世纪70年代初期以后逐步形成的，以理性预期理论为核心的，批判凯恩斯学派的，比现代货币学派还现代货币学派的现代西方新自由主义经济学中的一支新兴流派。理性预期学派的产生和发展，与20世纪60年代末70年代初西方经济出现普遍"滞胀"和凯恩斯主义发生危机，现代货币主义无力救治的历史背景紧密相关。在1961年，约翰·穆斯在《理性预期和价格变动理论》一文中最初提出了理性预期分析方法的思想。他在文中指出，人们总是竭力按照以往一切有用的知识来进行价格波动的预测，这种情况被称为理性预期。他还构造了一个假定经济主体在形成他们的预期时以最优化为目标并有效使用信息的经济模型。到70年代，美国一些著名大学的较为年轻的后来成为理性预期学派核心人物的教授，如罗伯特·E.卢卡斯、托马斯·萨金特、尼尔·华莱士等，相继发表论文，把理性预期分析方法应用于经济滞胀问题和稳定性经济政策的分析中，从而形成了系统的理性预期学派及其分析方法的体系。20世纪80年代中期以来，随着美国经济出现新的变化，供给学派逐渐衰落，理性预期学派逐渐兴起，迅速占据大学讲坛，进入官方机构，以中青年经济学家为主，促成了一场"理性预期革命"，风靡全美国，在理论界、知识界形成了一股强大的势力，并吸引了大批青年人，罗伯特·巴罗、约翰·泰勒、爱德华·普雷斯科特、斯坦利·费希尔等成为理性预期学派的重要代表人物。1983年，斯坦利·费希尔和鲁迪格·唐布什合著《经济学》一书集中反映了该派的观点。

理性预期学派的核心范畴是预期、理性预期和理性预期分析。所谓预期，就是参加经济生活的人对于同当前经济决策有关的经济变量的未来数值的预测。所谓理性预期，也就是人们根据自己所得到的全部信息和知识，通过合乎逻辑的推理过程形成的对于经济变量未来数值的预测。所谓理性预期分析，也就是以人们普遍存在有理性的预期为假定，研究现代经济中价格、产量、就业总水平的决定和变动，以及政策有效性问题的一种分析方法。在西方经济学中，运用心理预期的方法来分析经济现象早已有之。但是，在古典和新古典经济学中，这种分析方法还是初步的，不成体系的，无所谓理性或不理性，并未受到重视。直到凯恩斯创立了现代宏观经济学，将预期视为经济学中的一个重要变量，并用于以有效需求论为基础的就业理论的全部分析中，预期分析才被经济学家们普遍重视。不过，凯恩斯的预期分析被理性预期学派认为是无理性的预期分析，其特征有三个：①预期的形成缺乏可靠的基础，因而易受情绪的支配，是任意的、随意性的。②预期被作为一个外生变量来对待，从而被排除在模型分析的范围之外，即把预期主要看作外部变数，因而同任何模型中的现行变量无关。③预期不受有关经济变量与政策变量的影响。理性预期学派认为，凯恩斯及其追随者运用无理性预期分析建立起来的宏观经济模型，必定是错误的，不能用来制定和评价经济政策，因为按照理性预期学派的看法，参与经济活动的人是尽可能地争取最优化的，不可能采取不合乎理性的预期行动的。同样，理性预期学派认为，继凯恩斯的无理性预期分析之后，弗里德曼发展的适应性预期分析也是不合乎理性的经济分析。虽然，在适应性预期分析中，经济活动主体的预期并不是独立于其他经济变量之外的某种心理状态，而是以经济主体过去的经验和客观的经济活动变化为基础的，人们可以利用过去的预期误差来修正他们现在的预期；但是，忽略了其他方面的信息来源，尤其是没有考虑到政府的经济政策因素对于预期的影响，在政府经济政策变化时，适应性预期便会失去其预期的准确性，在纠正自己过去的错误时不断地犯新的错误，或者说是犯系统性的错误。因而，适应性预期的假设是不合乎实际的，不能被用来成功地建立起一个能够正确描述预期的模型。理性预期学派认为，人们对经济未来变化的预期总是尽可能最有效地利用现在所有可以被利用的信息，而不是仅仅依靠过去的经验和经济的变化，用这种理性预期的分析来建立新的宏观经济模型，代替适应性预期分析的宏观经济模型，表示经济主体会注意到政策的变化，据此改变他们的决策，以便充分利用一项新的政策产生的任何有利机会。理性预期学派的理性预期分析方法是沿用了新古典经济学的理性原则。该原则认为，在经济生活中，经济主体总是寻求最大化的，即在一定技术水平和资源条件下，他总是力求获得最大的效益。作为消费者，他会尽力去追求最大限度的消费品的效用；作为生产者，他会去追求最大限度的利润。理性预期学派将理性预期的概念引入宏观经济模型，并且用于理性预期整个理论体系的分析中，如单个商品价格的供求决定及变动；将个人的理性预期及其作用引入宏观经济学中，建立了理性预期的宏观的"中性货币"论、浮动价格论、产品和就业论、经济周期论。理性预期学派以这些理论说明通过市场机制的自动调节也能达到宏观经济的均衡，并指出在任何情况下政府的宏观经济干预政策都是无效的。正因为如此，理性预期学派的学说在西方经济学界出现后被人们称之为"预期革命"。理性预期学派系统地发展了理性预期分析方法，对于推动现代经济理论和政策的研究与发展，具有积极的意义。它告诉人们，人的心理预期是客观存在的，而且对经济活动的变化发生了很大的影响；特别是理性预期，可以决定经济政策是否有效。

因而，理性预期分析方法的兴起和发展，受到了许多经济学家的重视，给经济分析方法领域带来了许多启发。

综上可见，该学派的基本观点是：总需求管理不能实现产量和就业等真实变量的稳定，甚至短期稳定也不可能实现。由此推论，在理性预期学派看来，任何形式的政府经济行为都是于事无补的。然而，正如我们前面提到的，不少经济学家提出了对该学派假设的怀疑，即每个人或企业事实上不可能掌握足够的信息，并据此做出正确分析，以得出预期。所以，即使按照这一学派的观点，由政府提供经过全面搜集、分析的信息，仍然是必要的。

（四）公共选择学派对政府与市场关系的认识

公共选择学派发端于20世纪50年代，其思想来源可以追溯到维克塞尔对财政理论的独特研究。经过布坎南、戈登·塔洛克等人的开拓性工作，一个区别于市场个人选择的公共选择研究范式最终获得了独立的学术地位，研究范围涉及传统上完全属于政治学领域的国家理论、投票规则、投票者行为、政党、官僚行为等许多重要方面。在这之前，西方经济学一直将政治因素视为外部变量，这不仅使研究选择行为的经济学长期以来只有一个关于市场个人决策的理论而缺乏相应的集体选择理论，而且使得仅仅依赖于市场分析而建立起来的许多理论与政策结论缺乏充分的依据。公共选择学派首次系统地将微观经济学的基本分析工具运用于政治决策过程，独创性地发展了一种与传统经济学的市场决策理论相对应的政治或集体决策理论。与此同时，政治过程也被赋予全新的理解，它不再像过去人们普遍认为的那样，仅仅是一种利益再分配的零和对策，而是类似于市场自愿交换过程，即"选民和代理人之间在寻求增进或表达他们自身利益时的相互作用"。公共选择学派特别强调规则、立宪和立宪限制的重要性，在他们看来，这些因素不仅是效率增进的必要条件，而且是确保资本主义自由社会不失去其内在含义的基础。在这个意义上，公共选择理论又被称为"新政治经济学"或"宪制经济学"。布坎南为创立和发展公共选择理论做出了突出的贡献，1986年被瑞典皇家科学院授予诺贝尔经济学奖。

关于国家与市场的边界问题在西方经济理论中一直占据核心位置，经济学说史上几次重大的思想变革都围绕着这个问题而展开。古典的自由放任学说和现代的国家干预学说尽管是两种对立的经济思潮，但在界定国家和市场的关系时有一个共同点：都是基于对市场的估价直接推出国家的职能范围。布坎南揭示了这种思路所隐含的逻辑弱点，并形成了关于国家与市场关系的独特见解。

布坎南认为，当人们谈论某种现存状态是"失效的"或"有缺陷的"时，就意味着有一种"完美"或"理想"的状况存在，并且表明施加一定条件和手段之后现存状态的"缺陷"是可以纠正和改善的。如果人们最终发现事实上不存在一种"理想"的纠正手段去改变现实的不足，这无异于说现存状态是"完美"的，因为没有进一步改进的余地了。一个事实上不存在的理想化的国家干预正是隐含在庇古福利经济学全部分析中的逻辑前提。布坎南对庇古福利经济学的核心批评在于，庇古在剖析市场失灵和呼吁国家干预的同时未能清楚地意识到：一个可供选择的政治解决方案也会带来外部效应问题，因而他的政策建议是缺乏根据和误入歧途的。

布坎南的论证思路是：按照经济学关于"经济人"的经典假定，个人是效用最大化的追求者，其决策和选择的变动仅仅取决于外部的约束条件的变动，因此个人在市场安排和政治安排中的行为变化只能由他所处的不同制度环境来解释，而不能说同一个人在市场结构中是自私自利的利己主义者，到了政治决策过程中就变成了一个克己奉公的利他主义者。在明确了个人行为一致性假定之后，布坎南进一步设定：①与市场并存着一个由不同个人组成的纯粹民主式的政治共同体，一切集体决策都必须通过简单多数投票制达成。②个人参加政治决策和参加市场决策一样，都追求个人效用最大化。假定不存在对简单多数制的额外限制，那么政治决策的结果将很容易预见：一个有效多数联盟根据简单多数原则将击败少数联盟，并在牺牲少数人利益的基础上获得净利益。

现在可以看出，从一个理想的市场与政府出发来确定市场与政府的有效边界，是自由放任学说和政府干预学说共有的弱点。现实中的市场和政府都有其本身不可克服的缺陷，当发现一方有缺陷时在逻辑上都不必然保证来自另一方的替代一定是合理的选择。布坎南认为，国家和市场既然不是非此即彼的选择，双方合理边界的确定就必须依赖分行业的（industry by industry）和分情况的（case by case）具体比较和分析。尽管布坎南没有进一步做出有关市场和国家具体结合的细致分析，但他的上述重要思想有助于澄清西方经济学长期以来围绕着市场与国家关系的争论中所存在的混乱与谬误，为人们正确选择两者的配合关系增加了必要的审慎和理智。

经济学家必须始终牢记经济政策所依赖的政治条件，这恐怕是布坎南的"国家理论"贡献给西方经济学的一个最引人注目的观点。以往的国家干预主义理论都不约而同地假定了一个全知全能和不偏不倚的神明政府。凯恩斯曾直言不讳地寄希望于一个由一批精英组成的国家计划委员会，去实现其政府干预的宏伟设想。西方民主政治的具体现实给他的"精英梦"以致命的一击。精心设计的经济政策"输入"到具体的民主政府之后，完全有悖于其理论构想的不利结果出现了。布坎南等人的实证研究试图说明：国家丝毫没有任何神秘之处，它是一个由凡人组成并像凡人一样易犯错误的决策机构，这就是国家的真面目。正是在对这个关键问题的认识上，以往形形色色的国家干预学说均犯了严重的错误。

对经济政策的政治和制度条件的强调使公共选择学派与美国新自由主义的其他学派区别开来。譬如说，货币主义和公共选择学派在反对凯恩斯主义方面有许多共同之处，但货币主义与凯恩斯主义的基本分歧主要反映在宏观经济理论与有关的政策手段上，货币主义试图构造一个更合理的政策与手段体系，以实现经济的持续稳定增长。用布坎南的术语说，他们呼吁修正的是后宪制阶段的具体操作手段与策略。可是，这些宪制选择基本上受制于更高层次上的宪制结构。如果不对执行经济学政策的政治家和官僚、产生政策的决策程序和过程进行立宪限制，任何一项构想精美的经济政策都难保不在有自身利益倾向的政治家手中、在具体的民主决策过程中出现严重的偏差。关键不在于告诉政治家应该怎么做，而在于怎样设计一种合理的政治规则和表现民主的方式，迫使政治家不论他有没有独立的利益倾向，都沿着符合公众利益的方向做出决策。虽然布坎南并没有在具体的立宪设计方面提出系统和细致的建议，但至少给那些热衷于经济政策设计本身的经济学家发出了严重的警告，使他们在提出政策建议时增加一些必要的审慎和理智。

第三节　政府与市场关系的新认识

1991年，世界银行《世界发展报告》（以下简称《报告》）以"发展面临的挑战"为题，重新评价了政府和市场在促进经济发展过程中的作用；提出政府与市场相互协作以推动经济发展的"市场友好"战略。《报告》认为，在促进经济发展的过程中，作为两种基本的制度安排，政府和市场起着互补的作用，政府应支持而不是抵制市场的作用。因为完全竞争的市场制度虽然在组织生产与分配方面有优势，但市场不能在真空中运行，市场需要法律和法规的控制和指导；而且，在某些情况下，诸如基础设施的建设，为穷人提供必要的生存条件等，依靠市场无法完成。在这些方面，强有力的政府作用是非常必要的。

《报告》指出，在过去的40年中，经济发展战略发生了巨大的变化：外向型发展战略越来越多地取代了内向型发展战略；利用农业的税收差别来资助工业的做法已不再采用。越来越多的迹象表明，无论在工业化国家还是发展中国家，经济发展都需要政府的调控，但政府最好不要管理经济活动的细节。日本和东亚一些国家的成功表明，如果政府采取"市场友好"战略，那么，政府干预则有利于经济的发展。《报告》从国内经济环境、世界经济环境、宏观经济政策以及人力资源开发四个方面阐述了政府与市场的关系，并指出，因为这四个方面是互相关联的，如果在这四个方面能同时采取行动，效果会更好。

第一，国内经济环境。《报告》认为，政府创造一个有利于企业发展的宏观经济环境对于促进经济的发展至关重要。为此，首先要充分发挥市场机制的作用。目前在一些发展中国家普遍存在的许可证制度、企业保护措施、价格控制政策，只允许某些特殊公司经营某些产品的行业限制政策，以及利用行政手段来控制主要资源分配的做法等，都削弱了市场竞争，不利于生产技术的进步和劳动生产率的提高，阻碍了经济发展。其次，还要发挥政府的调控作用。一个高效率的国家经济，仅仅依靠市场机制本身还远远不够，还需要有政府正确的指导，其中最根本的是要有保证公平竞争的法律和制度。此外，还要有适度规模和结构合理的投资，特别是在基础设施和其他公共事业建设方面的投资。

世界银行在发展中国家进行的项目评估结果表明，在价格扭曲程度比较轻的国家，投资项目的收益率总是高于价格扭曲严重的国家。这首先表明了市场机制的作用。同时，政府科学合理的政策与结构平衡的公共事业投资也是极其重要的。二者是相辅相成的，任何一方都在一定程度上增强了另一方的作用。

第二，世界经济环境。《报告》指出，世界经济环境对一国经济发展的影响至关重要。日本、东南亚国家或地区经济成功的一条重要经验就是尽可能利用世界经济环境中的有利因素，积极引进国外现成的先进技术，并以此为基础发展国内经济。引进技术有多种途径，包括外国投资、国外培训、技术援助、专利程序，通过劳动力的流动以及通过进口货物和中间产品投入引进技术等。因此，政府应实行有利于引进技术的政策，如对外开放政策、自由贸易政策。

20世纪80年代以来，西方工业化国家不断增加非关税贸易壁垒，建立地区内部的自由贸易，如欧洲大市场的统一和北美自由贸易区。世界经济区域化发展趋势虽然有一定的好处，但是否有利于实现全球贸易更加开放的目标，是一个值得注意的问题。《报告》认为，在发展中国家努力改革贸易政策的同时，工业化国家的政府也必须做出同样的努力，削弱贸易保护主义。另外，正如80年代初世界经济危机所证实的那样，发达国家的宏观经济政策对发展中国家影响巨大。所以《报告》强调，发展中国家迫切需要有利的国际环境，需要外部资源的支持，特别是解决债务危机方面，需要工业化国家的政府采取更多的措施，降低发展中国家的偿债率，更多地减免发展中国家的官方债务。

第三，宏观经济政策。《报告》认为，稳定的宏观经济环境是各国政府应该向社会提供的最重要的公共物品。虽然宏观经济的稳定本身不能够推动经济的发展，但是经济发展不能没有稳定的宏观环境，否则其他任何措施（即制度安排）都将是无效的。例如，如果没有适当的财政和金融调控措施，那么通货膨胀率必然上升，导致货币大幅度贬值及国际收支失衡的危机，从而会影响投资的增加，制约经济的增长。为了建立一个稳定的宏观经济环境，各国政府应注意以下几点：一是采取谨慎的财政经济政策；二是控制通货膨胀，特别是避免由货币供给过度增加而引起的通货膨胀；三是保持一个具有竞争能力的实际汇率，以促进出口部门的发展，防止出现国际收支失衡。

《报告》认为，发展中国家稳定宏观经济的政策要与经济结构的调整结合起来。稳定宏观经济的政策主要作用于社会总需求方面，而调整结构的政策则侧重于社会总供给方面，其目的在于提高资源利用率。在稳定经济阶段，适当地推迟结构调整是可以的，但要调整结构，经济必须稳定。就整个经济的发展而言，许多发展中国家的成功均大大受益于强有力的宏观经济政策，比如东亚和东南亚地区的泰国、印度尼西亚、马来西亚、韩国，非洲地区的毛里求斯、博茨瓦纳以及拉美地区的智利和哥伦比亚等。

第四，人力资源开发。人口素质的提高对于推动经济的发展是极其重要的，政府在这方面需要发挥很大的作用。在过去的一个世纪中，人类在提高福利水平这一发展的最终目的方面取得了显著的成就，这些进步一般与经济的发展是同步的，如日本和韩国。但是有些国家经济在发展，生活水平却提高缓慢。例如，在20世纪50年代，菲律宾的人均收入和文化水平基本上与韩国相同，但今天的差距却在拉大，原因就在于政府缺乏合理的经济发展政策。经济的发展要求资源配置必须在保持近期经济增长、长期提高人口素质（开发人力资源）和生活水平之间做出平衡。发展中国家不可能依靠市场调节来为社会，尤其是为穷人提供受教育的机会，改善卫生和健康条件，建立计划生育服务设施等，在这些方面只有政府才能发挥作用。

今后政府所要做的不仅是要继续增加公共项目的投资，而且要提高公共项目投资的效益，否则有限的资源就不能得到充分的利用，甚至造成严重的浪费。

过去，世界银行总是强调市场作用，强调市场制度安排的重要性，建议发展中国家选择私有化、自由化和外向型的市场导向战略。然而，实践证明，这并不是拯救广大发展中国家的灵丹妙药。因此，《报告》指出，为了开辟一条更有效和更可靠的发展道路，必须重新评价政府与市场的作用。《报告》认为，政府不应该在那些市场可以发挥作用的领域进行过多的干预或介入，而应在那些市场机制失灵或不能很好地起作用的领域做更多的工作。衡量政府干预是否有益，主要看这种干预能否与市场互补，能否对市场产生作用。当干预没有明显良好的效果时，在市场可以发挥作用或可以使市场发挥作用的领域，最好让市场自行运转。关于究竟哪种政府善于管理经济的问题，《报告》认为至今实践还没有给予明确的判断标准。在那些政治稳定的国家里，民主政府比集权政府的业绩要好；而在那些政治不稳定的国家里，相反的结论似乎也是正确的。

《报告》指出，在经济体制的转轨过程中，相对平等的收入分配在政治上可以得到更广泛的支持，而且改进平等的努力与许多其他的改革措施是一致的。例如，减少贸易保护、增加初级教育和卫生保健的支出、采取促进劳动力流动的政策等，都有助于提高穷人的收入。但是，令人担心的是，过分的价格扭曲和再分配会很快导致严重的财政问题。

最后，《报告》以"全球工作的重点"为题，总结了工业化国家和发展中国家的政府今后一段时期工作的主要任务。对于工业化国家政府来说，应该取消或减少贸易限制，改革宏观经济政策，通过减少财政赤字，稳定货币和金融体制，保持较低而稳定的利息率，创造一个无通货膨胀的稳定的经济增长环境。工业化国家应该与多边国际机构密切合作，对发展中国家，尤其是对那些债务严重并采取措施调整国内经济政策的国家，增加财政援助，并帮助发展中国家控制环境的退化。对于发展中国家政府来说，要重视智力投资，这意味着要改变政府支出的重点，使资源的利用更灵活、更有效，目的更明确；要减少对价格的干预，取消对企业进入或退出某一行业的限制，提供足够的基础设施和有效的管理机构，改善企业的外部环境；要进一步对外开放，减少对国际贸易和国外投资的限制，设立专门机构，以促进对国际先进技术的吸收和推广；要选择正确的宏观经济政策，抑制通货膨胀，稳定和较低的通货膨胀率才能使价格真正反映资源的合理分布，才能刺激储蓄和投资，这些是保证宏观经济调整成功的关键。

《报告》的结论是，不管在上述哪个方面，决策者所面临的挑战都是如何充分发挥政府和市场之间的互补作用。

时隔6年，世界银行于1997年发布的《世界发展报告》以"变革世界中的政府"为题，再次对政府与市场的关系问题给予了高度的关注。该报告认为，"政府与市场是相辅相成的：在为市场建立适宜的机构性基础中，国家是必不可少的"。"绝大多数成功的发展范例，不论是近期的还是历史上的，都是政府与市场形成合作关系从而纠正市场失灵而不是取代市场。"该报告提供了一个有关政府职能的矩阵。按此矩阵，在市场经济条件下，政府的必要职能：一是解决市场失灵问题，二是促进社会公平。依政府承担这两项使命的不同程度，政府的职能又被划分为"小职能""中型职能"和"积极职能"。"小职能"在"解决市场失灵问题"方面仅提供纯粹的公共物品，即国防、法律与秩序、财产所有权、宏观经济管理和公共医疗卫生；在"促进社会公平"方面主要是保护穷人，包括反贫穷计划和消除疾病。"中型职能"在"解决市场失灵问题"方面比"小职能"多：①解决外部效应，如提供基础教育和环境保护等；②规范垄断企业，如制定公用事业法规和反垄断政策；③克服信息不完善问题，如提供医疗卫生、寿命和养老保险及其他金融法规和消费者保护等。在"促进社会公平"方面"中型职能"也比"小职能"多：提供社会保险，如提供再分配性养老金、家庭津贴和失业保险等。"积极职能"在"解决市场失灵问题"方面比"中型职能"增加了协调私人活动，包括促进市场发展和集中各种举措等；在"促进社会公平"方面比"中型职能"增加了再分配，主要包括资产再分配等。这就为我们观察不同国家和不同发展阶段的政府职能提供了一个框架，更为我们进一步探讨政府与市场关系提供了分析工具。

二十大专栏 1-1

中国式现代化视角下政府与市场关系

党的二十大报告对中国式现代化的目标、基本特征、本质要求、实践原则进行了系统阐释，建构了中国式现代化的话语体系，这为理解新时代中国特色政府与市场关系提供了新指导和新启发。

党的二十大报告强调中国式现代化是中国共产党领导的社会主义现代化，这是中国式现代化的本质特征，这也构成理解和定位中国政府与市场关系的本土逻辑和基础原则。在此基础上，党的二十大报告阐释了中国式现代化的基本特征，即中国式现代化是人口规模巨大的现代化、全体人民共同富裕的现代化、物质文明和精神文明相协调的现代化、人与自然和谐共生的现代化、走和平发展道路的现代化，这提供了理解我国政府与市场关系的新制度内涵和新功能认识。

中国式现代化巩固了政府和市场关系的经典逻辑：政府和市场都是经济运行的重要力量，需要合理配置和协调。首先，政府应发挥宏观调控的作用，通过制定和实施政策，引导和调整市场运行。同时，政府需要加强对市场的监管，防止市场失灵和不公平竞争。其次，市场在资源配置中应发挥决定性作用。政府应尊重市场规律，让市场在竞争中自我调整和优化。最后，政府和市场的关系应是互补和协同的。政府需要通过政策引导和市场监管，创造公平、透明的市场环境，而市场则可以通过有效竞争，推动经济高效运行和社会公正。

中国式现代化也赋予了政府和市场关系认识的本土发展。中国特色社会主义市场经济体制和行政体制的关系互动立足于人口规模庞大的本土语境，聚焦服务全体人民共同富裕的时代要求，不仅保留了鲜明的"大政府"和"大市场"互动逻辑，还要求进一步强化政府在分配环节的功能作用。同时，中国特色政府与市场关系强调全面发展、绿色发展、和平发展的内生逻辑，政府的经济职能重点在于补足市场在建设精神文明方面的短板、倡导生态文明和物质文明的内在统一、坚持和平对外与更加积极主动开放的对外经济关系。

第四节　政府的经济职能与作用

综观现代市场经济国家在处理政府与市场、企业和社会的关系方面的实践，可以将政府的经济职能与作用概括为如下五个方面：

一、提供公共物品

提供公共物品是政府在现代市场经济中的一种最基本角色。所谓的公共物品是指那种能够同时供许多人享用的物品，并且供给它的成本与享用它的效果并不会随着享受它的人数规模的变化而变化。公共物品最显著的特征是消费的非排他性，即一个人对一件公共物品的消费并不排斥他人对它的同时消费，国防、治安、公共教育、公共交通是公共物品的几个例子（制度安排、法规、政策等也可以视为无形的公共物品）。由于公共物品的这种消费的非排他性，以价格机制为核心的市场不能使生产和供给达到最优。靠个人之间的直接交易去解决公共物品的供给问题，由于成本太高而得不偿失。私人经济部门或者由于投入多、效益低而不愿意或无力生产或提供；或者容易造成垄断，导致成本上升，效率下降，损害消费者利益。因此，政府必须通过国家预算开支，担负公共物品的生产和供给的主要责任。在现代市场国家，政府对交通运输、邮电通信、供水、供电、环境保护、基础研究和公共教育等公共设施和公共服务及市政设施进行大量直接投资，在基础设施和公共服务中发挥重要作用。

二、调控宏观经济

由于市场的不完全和缺陷，政府必须干预市场经济的运行过程，对经济生活加以宏观调控。首先，市场机制不能解决宏观经济总量或总供给与总需求之间的平衡问题，市场失灵导致宏观经济总量失衡，市场机制不能控制经济的周期波动和通货膨胀，因而必须依靠政府的财政政策和货币政策等来减缓经济周期波动，抑制通货膨胀。从20世纪30年代开始，各主要的西方市场经济国家正是借助政府干预，实行总需求管理，通过调节总需求来调节总供给与总需求的关系，维持宏观经济总量平衡，保持宏观经济稳定。其次，市场经济机制不能解决国民经济的长期发展问题，因为这种机制不能预测未来的经济变化，无法掌握复杂的需求结构，而且它的调节具有短期性。因此，必须通过政府的指导性经济计划来解决经济的长期发展问题，这也是某些市场经济国家（如法国）在第二次世界大战后的实际做法。最后，市场机制难以调整和优化产业结构。因为在现代市场经济条件下，资本和劳动的流动困难，市场垄断对市场机制的破坏以及靠市场调节要付很高的代价，因此，现代市场经济国家的政府干预的一个重要内容是通过制定和实施产业政策来实现产业结构的调整。现代市场经济国家的政府正是通过财政政策、货币政策、产业政策和经济计划等手段，对经济生活加以宏观调控。

三、消除外部性

外部性又称外在效应或外部经济。外部性是指这样一种状况，即个人的效应函数或企业的成本函数不仅依存于其自身所能控制的变量，而且依赖于其他人所能控制的变量，这种依存关系又不受市场交易的影响。外部性有积极的和消极的两种（前者如基础研究和教育所产生的外部性，后者如环境污染）。外部性的存在无法通过市场机制来加以解决，政府应当负起这一责任。在现代市场经济国家中，政府通过补贴或直接的公共部门的生产来推进积极外部性的产出；通过直接的管制来限制消极外部性的产出。例如，政府通过行政命令的方式硬性规定特定的污染排放量，企业或个人必须将污染量控制在这一法定水平之下；或者政府征收排污费。此外，著名经济学家科斯（R.Coase）还提出一种将外部性内在化，通过市场机制解决外部性问题的办法，但实行起来存在不少困难。

四、促进社会公平

社会是否公平是市场经济发展中所需要解决的重要问题。如果社会分配不公，贫富差距悬殊，就会激化社会矛盾，破坏市场效率。社会分配不公对市场经济制度的最大危害是抑制了人的潜在能力的发挥，使人这一生产力中最活跃、最能动的因素缺乏有效的激励，造成经济的停滞。市场经济在解决社会稳定、协调发展方面有明显的局限性，它能较好地解决效率问题，却不能解决好公平问题。一方面，市场经济不可能自动达到社会收入分配方面的公平和协调。商品交换顶多能实现既定分配格局之下的帕累托最优，不能改变现有的收入分配格局；市场经济条件下的机会不均（财产、个人能力和教育程度等的差别）可能带来收入分配不公现象；即使市场作用发挥较好的地方，分配的结果可能也不是按照社会所接受的标准去实现的。因此，现代市场经济国家的政府都力图通过再分配政策及社会保障制度来调节收入及财产的再分配，解决公平以及社会经济战略发展问题。另一方面，市场经济不可能解决全社会范围的失业、养老、工伤事故、医疗保健及扶贫助弱等方面的社会问题，而这些问题又是保证市场经济正常运行的重要条件。收入分配不公、失业、养老及医疗卫生等方面的社会问题，又影响社会协调发展以及劳动者的积极性，使经济效率无法提高。因此，这些都要求政府从全社会的整体利益出发，对各阶层的收入和财产再分配加以调节，建立和健全社会保障体系，以保证社会稳定协调发展。

五、维护市场秩序

市场机制容易被破坏，放任自由的市场竞争将导致垄断。市场机制的正常运行以一定的规则和契约关系作为前提，一旦这些规则及关系被破坏，那么市场机制就会失效。因此，市场经济条件下政府的一个基本职能是维护市场秩序，通过立法来保证市场运转，政府充当裁决员，为市场公平竞争创造和维护必要的制度环境。首先，市场机制要发挥作用，需要一整套公认的并能够得以实施的市场行为规则，以明确产权关系，规范市场主体的行为，确保市场交易和市场竞争的公正和效率。这需要政府来建立和健全市场运行所需要的各种法规和制度，并监督其实施，以保证市场机制的正常运转。其次，自由竞争会导致垄断，而垄断将破坏公平竞争的环境，阻碍价格机制在资源配置中发挥作用。因此，需要政府制定和实施各种反垄断法和反不正当竞争法，并设立相应的机构，创造和维护竞争的市场结构。最后，市场机制的运行以完善的统一市场体系为前提。因此，对于向市场经济体制过渡的国家来说，还必须承担起培育和完善市场体系、加速市场体系发育的一定职能。

总之，现代市场经济中的政府的上述五种角色是市场经济条件下政府的基本职能的一般概括，也是市场经济条件下政府的一般行为模式。政府必须根据经济发展的现实情况，扮演好自己的角色，确立好干预的范围及力度，有效地弥补市场缺陷，克服市场失灵，避免政府失败。研究各国的市场经济的发展经验，认识现代市场经济条件下的政府角色，对于我们建立起适应市场经济发展需要的政府管理体制、转变政府职能具有一定的借鉴意义。

◆ 关键概念

萨伊定律　政府干预理论　凯恩斯主义　滞胀　公共选择理论　外部性

◆ 复习思考题

1.作为制度安排的政府与市场，在性质上有哪些差异？

2.世界银行对政府与市场关系有怎样的重新认识？

3.市场经济中政府的主要职能和作用有哪些？

4.市场组织体系的构成要素有哪些？

5.市场的自组织功能主要有哪些？

6.从经济学说史的发展来论述政府与市场的演变历程。

7.结合现实，试述政府在市场经济国家中的作用或行为模式。

8.结合我国的供给侧结构性改革，谈谈你理解的政府与市场的关系。

9.试评述"逆全球化"潮流下，中国共建"一带一路"倡议对国内外经济的积极意义。

思政专栏 1-1

让有效市场与有为政府更好结合

即测即评 1

第二章 促进竞争、限制垄断

◆**本章学习目标**

掌握完全竞争的特性，理解完全竞争市场实现最优资源配置的条件；理解非完全竞争市场结构及其社会福利效应；了解衡量可操作竞争程度的主要标准，掌握西方国家促进竞争、限制垄断的举措，理解各国政府在限制垄断实践中的成效和教训；了解我国促进市场竞争的举措，掌握《中华人民共和国反不正当竞争法》和《中华人民共和国反垄断法》的主要内容及特点。

◆**本章知识结构**

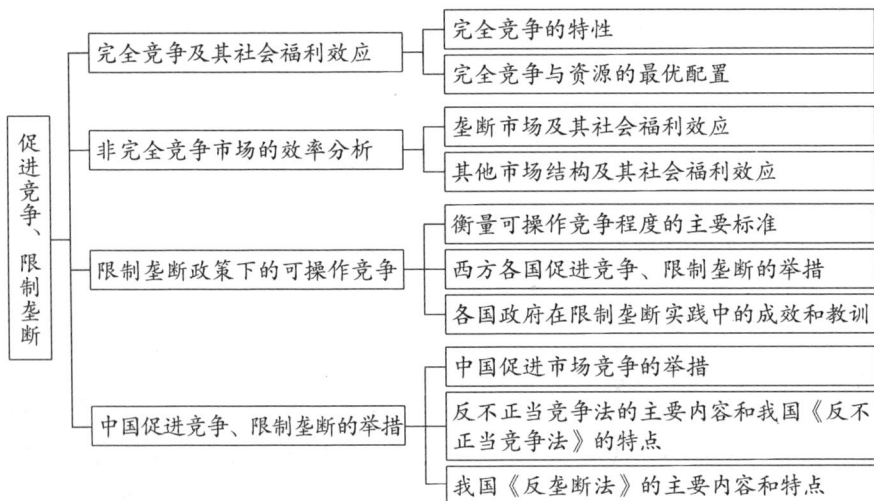

促进竞争、限制垄断	完全竞争及其社会福利效应	完全竞争的特性
		完全竞争与资源的最优配置
	非完全竞争市场的效率分析	垄断市场及其社会福利效应
		其他市场结构及其社会福利效应
	限制垄断政策下的可操作竞争	衡量可操作竞争程度的主要标准
		西方各国促进竞争、限制垄断的举措
		各国政府在限制垄断实践中的成效和教训
	中国促进竞争、限制垄断的举措	中国促进市场竞争的举措
		反不正当竞争法的主要内容和我国《反不正当竞争法》的特点
		我国《反垄断法》的主要内容和特点

第一节 完全竞争及其社会福利效应

一、完全竞争的特性

完全竞争指满足下列四个条件的产品市场：第一，市场具有完全信息；第二，买者与卖者均不能影响价格，价格由市场自发形成；第三，拥有众多潜在的或实际的买者或卖者，这些买者或卖者在长期内可以无成本地自由进入与退出该市场；第四，产出具有完全可分性，需求量与供给量随价格连续变动。此外，为了与垄断竞争相区别，张伯伦认为，完全竞争还必须满足：①产品具有同质性；②相对于总的市场份额来说，每个卖者的规模是微不足道的。

完全竞争均衡具有以下几点特性：第一，效率生产。这是说，在完全竞争均衡点，所有产品均以最小可能成本生产，不存在另一种资源的配置方式可以提高某种产品的产量而不减少其他产品的产量。第二，效率消费。消费者支付给消费品的价格恰等于其生产的边际成本，不存在另一种消费安排可使某个消费者的效用提高而不损害其他消费者的效用水平。第三，零经济利润。在完全竞争均衡水平上，每一个单独的生产者的长期利润为零。短期利润可正可负，其作用便是调节长期利润，通过竞争使长期利润为零。第四，供给恰等于需求。第五，完全竞争市场具有制度方面的意义。例如，一个有着众多买者和卖者的市场会导致权力的非集中化和分散化。竞争性市场机制不靠人为因素解决经济问题，所谓大企业人士和政府官僚们的人为因素被排除在外；竞争性市场没有进入与退出壁垒，它带来了明显的机会自由。

二、完全竞争与资源的最优配置

根据经济学原理，为了实现资源的最优配置，在消费领域中，各个消费者之间的边际替代率必须相等；在生产领域中，各个企业的边际技术替代率必须相等；最后，为了使整个经济实现帕累托最优，社会无差异曲线的边际替代率又必须等于边际转换率。

首先，在完全竞争的条件下，追求效用最大化的消费者，总是在边际替代率等于商品的价格比这一条件下，决定其需求量的。也就是说，任意的消费者 i 都将在

$$\frac{\partial U_i / \partial X_{iA}}{\partial U_i / \partial X_{iB}} = \frac{P_A}{P_B} \ (i=1, 2, 3, \cdots, n) \tag{2.1}$$

这一条件下决定其需求量。

式中：U_i 为消费者 i 的效用；X_{iA} 和 X_{iB} 分别为消费者 i 对商品 A 和 B 的消费量；P_A 和 P_B 则分别为这两种商品的价格。我们知道，在完全竞争的市场上，任何消费者都不可能影响价格，对所有消费者来说，价格都是相同的。因此，上述条件意味着：

$$\frac{\partial U_1 / \partial X_{1A}}{\partial U_1 / \partial X_{1B}} = \frac{\partial U_2 / \partial X_{2A}}{\partial U_2 / \partial X_{2B}} = \cdots = \frac{\partial U_n / \partial X_{nA}}{\partial U_n / \partial X_{nB}} = \frac{P_A}{P_B} \tag{2.2}$$

这也就是说，在完全竞争条件下，所有消费者的边际替代率都相等，因此，完全竞争的市场经济能够满足消费领域中帕累托最优的条件。

其次，我们还知道，在完全竞争条件下，企业利润最大化的条件是边际技术替代率等于生产要素的价格比。如果假定存在两种生产要素 m_1 和 m_2，其价格分别为 r_1 和 r_2，那么，企业 i 的利润最大化条件便可以被写成：

$$\frac{\partial f_i / \partial m_{i1}}{\partial f_i / \partial m_{i2}} = \frac{r_1}{r_2} \tag{2.3}$$

同样，在完全竞争条件下，对任意的企业 i 来说，要素价格也都是相同的。因此很显然，在完全竞争条件下，企业边际技术替代率相等这一帕累托最优条件也同样能够得到满足。

最后，我们再来考察完全竞争条件下整个经济的帕累托最优问题。

我们已经知道，在完全竞争条件下，对任何消费者来说，两种商品 X_A 和 X_B 之间的边际替代率都等于这两种商品的价格比（见（2.1）式）。为了使问题尽量简单化，我们进一步假定，商品的生产只需要一种生产要素 m，其价格为 r，那么，商品 A 和 B 的生产函数就可以分别被写成 $X_A=f_A(m)$ 和 $X_B=f_B(m)$。这样，利润函数就分别为 $\Pi_A=P_Af_A(m)-rm$ 和 $\Pi_B=P_Bf_B(m)-rm$。因此，利润最大化的一阶条件可以分别表示为：

$$P_A=\frac{r}{df_A/dm} \text{和} P_B=\frac{r}{df_B/dm}$$

将 P_A 和 P_B 分别代入（2.1）式，可得：

$$\frac{\partial U_i/\partial X_{iA}}{\partial U_i/\partial X_{iB}}=\frac{P_A}{P_B}=\frac{r(df_A/dm)}{r(df_B/dm)} \qquad (2.4)$$

我们知道，（2.4）式左边为边际替代率，右边则为边际转换率。因此，在完全竞争条件下，整个经济也能满足帕累托最优标准。

因此，在完全竞争的条件下，市场机制有能力保证整个经济中资源的有效配置，市场机制能够自动地满足帕累托最优标准，但通过完全竞争市场实现资源最优配置必须满足以下前提条件：第一，买者与卖者关于商品的质量与价格的信息是完全的。第二，完全竞争模型中消费者偏好是外生的，但现实中厂商往往利用各种促销手段改变消费者的偏好。第三，完全竞争模型中技术是外部给定的，没有容纳新产品与新技术的创新和发展对生产的影响。第四，完全竞争模型假定市场价格是给定的，并假定市场可以自然出清。第五，完全竞争模型隐含着不存在外部性的假定。

第二节 非完全竞争市场的效率分析

市场机制只有在完全竞争和市场具有普遍性等前提下才能有效运作，但当这些前提不能被满足时，在资源配置领域中就会出现一些问题。在非完全竞争的市场经济中，阻碍资源最优配置的因素大致可以被分为两大类：第一类因素是阻碍生产资源在不同行业和地区之间自由移动的诸因素。例如，由于制度性因素（如户籍制度）和经济性因素（如住房因素等移动成本），以及适应能力等各种因素的影响，劳动力的自由移动事实上会受到极大的限制。同时，行业限制等制度性因素以及规模经济等因素又会制约资本在不同地区和行业之间的自由移动。因此，在现实的经济生活中，任何资源的自由移动都将在相当程度上被各种因素所限制，从而无法实现各种资源边际产品价值的均等化。在非完全竞争条件下，阻碍资源最优配置的第二类因素是由垄断力所形成的买主或者卖主对市场价格的操纵。通常，不完全竞争的形态大致可以被粗分为垄断、寡头垄断和垄断竞争三大类。无论是哪一类形态的不完全竞争，都会赋予企业以一定的垄断能力，从而阻碍资源的最优配置。下面，让我们以垄断这一不完全竞争的特殊形态来说明非完全竞争对资源配置的影响。

一、垄断市场及其社会福利效应

按照产业组织理论的定义，垄断是指单一的厂商面临一条向下倾斜的需求曲线并与其他对手不存在竞争的一种市场情形。由于面临向下倾斜的需求曲线，垄断企业可以影响市场价格。可以影响市场上商品或生产原材料的价格的企业被称为具有垄断能力。具有垄断能力的企业一般将其价格定于长期边际成本之上，因而可以获得高于完全竞争水平的利润。

从古典经济学家那里起，垄断即被看作是一种"坏"的市场结构。亚当·斯密曾举出三点理由论证垄断对社会福利的损失。他认为：首先，垄断导致产量减少，垄断打乱了社会中资本的自然分配；其次，为追求垄断利润，资源有可能被用于无益于社会的场合；最后，垄断在技术上是低效率的，给定相同的投入量，垄断的产出将少于竞争的产出。

现代产业组织理论对垄断可能导致的福利和效率的损失有以下分析：

第一，垄断导致价格与产出及社会福利的损失。我们通过将垄断与完全竞争进行对比来说明这一问题。首先我们有必要指出垄断行业与完全竞争行业的长期均衡之间的差异。假定我们可以从事一项实验，在实验中，某一行业最初是在完全竞争条件下，随后则是在垄断条件下运营。假设该行业的产品需求曲线和该行业的成本曲线在两种情况下均相同。

首先，在完全竞争的条件下，每个厂商都在长期和短期平均成本的最低点处运营。在垄断的条件下，尽管所用的工厂可以以最低平均成本生产垄断厂商的长期均衡产量，但是，这个工厂并非以最低的平均成本生产这一产量。一般来说，如果垄断厂商扩张其长期均衡产量，那么，它就能够使工厂以最低的平均成本进行生产。图2-1明确说明了这一点，并比较了一个厂商在完全竞争条件下和垄断条件下的长期均衡。该垄断者生产OQ_M产量，它小于与长期平均成本曲线最低点相对应的产量水平。因此，社会资源的利用在完全竞争行业倾向于比在垄断的行业更有效率。

其次，完全竞争行业与垄断行业相比，其产量一般较大，价格较低。完全竞争厂商是在价格等于边际成本处运营，而垄断厂商则是在价格超过边际成本的条件下运营。在各种情况下，价格都是一种商品的边际社会价值的绝佳显示器。因此，在这些条件下，某一垄断厂商的生产条件便是，商品的边际社会价值超过该商品的边际社会成本。在静态意义上，如果资源更多地用于该商品的生产，且使得该商品的边际社会价值等于该商品的边际社会成本，那么，社会的境况将因此而更美好——正如它在完全竞争中的美景一样。

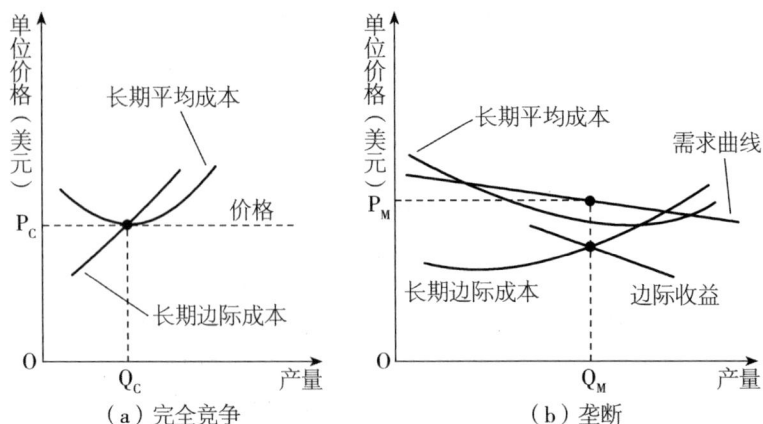

（a）完全竞争　　　　　　　（b）垄断

注：与完全竞争相比，垄断下的长期均衡产量（OQ_M）低于与长期平均成本曲线最低点对应的产量。

图2-1　完全竞争与垄断的比较分析

最后，垄断使消费者所受的损失大于垄断者的增益，从而造成社会福利损失。为了弄清这一点，我们来考察图2-2。图2-2对垄断条件下与完全竞争条件下的均衡价格、均衡产量做了对比。为追求利润最大化，垄断厂商将生产OQ_M产量，因为此产量水平时边际成本等于边际收益；同时为售出此产量，垄断厂商需将价格确定在OP_M水平。对比之下，因完全竞争市场条件下的价格必定等于边际成本，故完全竞争条件下的产量必是OQ_C，这是价格（各产量水平可由需求曲线给出）等于边际成本时的唯一产量。若完全竞争行业的产量是OQ_C，则依需求曲线表明，价格必定是OP_C，这样才能将此产量售出。

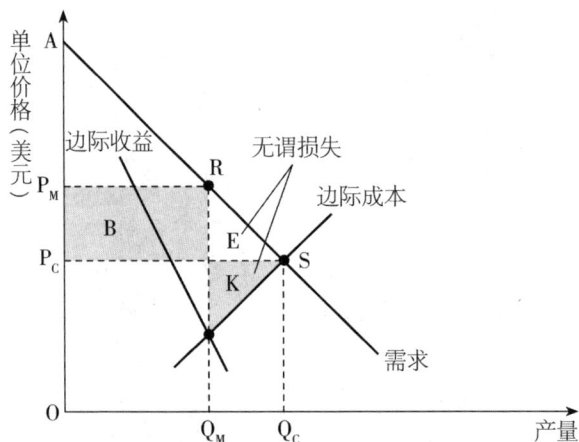

图2-2　垄断造成的社会福利损失

若将完全竞争行业转换成为垄断行业，则价格将是OP_M，而非OP_C。消费者剩余的损失超过生产者剩余的收益，其数值等于三角形E加上三角形K的面积，它被称为垄断的无谓损失（dead-weight loss from monopoly）。

如果将图2-2中的完全竞争行业人为转变成为垄断行业，那么，消费者剩余的损失将有多大？在完全竞争的条件下，消费者剩余等于三角形 P_CSA 的面积，而在垄断条件下，它等于三角形 P_MRA 的面积（我们记得，消费者剩余是需求曲线之下、价格以上的面积，垄断下的价格为 OP_M，而完全竞争条件下的价格为 OP_C）。我们看到，这两者的面积差等于长方形 B 加上三角形 E 的面积，这就是因垄断造成的消费者剩余的损失。垄断厂商得自该行业的垄断收益有多大呢？它凭借较高的价格（OP_M，而非 OP_C）出售产品赢得长方形 B 面积的收益，但却损失了三角形 K 的面积，这是它以竞争性价格出售额外（OQ_C-OQ_M）单位的产量时原本可以获得的额外利润。因此，因垄断造成的生产者剩余收益便为长方形 B 之面积减去三角形 K 之面积。

在对消费者剩余的损失（长方形 B 加上三角形 E）与生产者剩余的收益（长方形 B 减去三角形 K）加以比较后，我们发现前者超过后者的数量等于三角形 E 加上三角形 K 的面积。正如图 2-2 所示，这个总面积常被叫作垄断的无谓损失。其数量等于消费者损失超过生产者收益的余量，因而，这正是垄断（而不是完全竞争）造成的总剩余损失。即便假定垄断者的利润可以返还给消费者，恐怕也依旧会存在这种无谓损失。

第二，垄断引发寻租行为，致使社会资源浪费。垄断利润 B 部分可以看作收益从消费者向垄断企业的转移，如果这部分利润真正被垄断企业所吸收，这种转移不会导致社会效率的下降，因而真正的垄断损失只有 E+K 部分。

美国经济学家波斯纳认为，垄断利润并不为垄断企业所拥有。这是因为，垄断企业为获得垄断权利，必须向政府游说，劝说政府对其从事的产业进行管制以限制其他企业的进入。企业必然支付成本来获取、维持垄断地位；企业往往尽力支付这类成本并使边际成本等于其从垄断中获得的边际收益。因此，实际上垄断利润被转移为获得并维持垄断地位的费用，这部分费用不能用于其他生产性投资，因而是社会资源的一种浪费。企业将其资源用于获得垄断地位的支出部分被称为"寻租"。综合看来，社会福利由于垄断而导致的损失应当更多，因为除了那些"竞争"垄断地位的成功者外，在垄断的总成本中，还必须包括那些为获得垄断地位而失败了的人的努力和资源支出。由"寻租"引起的资源损失被认为是政府过多地对市场进行管制的结果。

第三，垄断可导致 X-无效率。垄断所导致的另一种后果是垄断企业生产效率的下降。哈维·雷本斯坦（H.Leibenstein）认为，企业内部存在低效的资源配置法则或低效的管理人员和雇员，任何保持低效率资源配置的企业都处于次优均衡，这种非最优的无效率企业均衡被命名为 X-无效率。对具有 X-无效率的企业，改变其管理技术或内部资源配置法则，这个厂商能无须增加任何投入而增加产出。

引起 X-无效率的是动机低效率和信息市场的低效率。垄断企业由于不受竞争的约束，X-无效率将更大。这是因为，在完全竞争市场，市场价格反映了其他企业的生产效率，通过价格，竞争性企业对比自己的成本可以了解目前的经营效率；而垄断企业缺乏这类信息，这样它也缺乏改进经营效率的动机。此外，对竞争性企业来说，一旦其经营效率低下，它不太可能在竞争中生存下去；而垄断企业一般不存在这类生存问题。

第四，垄断也可能带给社会益处。假如垄断企业不是将垄断利润用于"寻租"而是用于研究与开发，则垄断可能带给社会好处。研究与开发带来的新产品、新技术与新工艺使该企业拥有垄断权，通过垄断，企业获得垄断利润，垄断利润一方面可以补偿研发项目的投资，一方面又为企业的进一步创新提供资本。假定没有垄断，那么创新型企业的研发投资得不到补偿，企业会丧失创新的动力，这是十分不利于社会长远发展的。这在知识产权、专利制度上得到了充分体现。知识产权制度与专利制度实际上就是赋予新产品、新技术、新工艺的首创者以一定时间的垄断经营权利，首创企业运用这一垄断权利可以获得垄断利润，这保护了创新者的创新精神。

二、其他市场结构及其社会福利效应

垄断和完全竞争的纯粹形式通常被看成一系列市场结构形式的两个极端。现代产业组织理论运用博弈论证明，在双寡头垄断的古诺模型中，当参与竞争的企业数量趋于无限大时，古诺模型的均衡价格和总产量趋近于完全竞争水平；而当垄断竞争是伯特兰式竞争时，不断的市场新进入者参与价格竞争的结果是完全垄断。

（一）合作寡头垄断

寡头垄断是处于垄断与完全竞争之间的一种市场结构，它指某产业中存在不止一个厂商但又不是存在众多厂商的市场结构，一般认为厂商数量在2~12个之间的产业均为寡头垄断产业。

在任何市场，企业一般愿意在生产和定价方面进行合作，通过限制产量与提高市场价格来获得超额利润。在寡头垄断市场，由于企业数量少，易于通过谈判达成合作，明确制定协议进行的合作被称为卡特尔。即使没有明确协议，企业也有可能相互合作以获取最大利润，这种合作行为被称为串谋。一旦某个产业形成卡特尔，事实上该产业便成为垄断性产业，其带给社会的福利效应与垄断市场相似。但由于形成卡特尔的目的只是为了限制产量或价格以获得超额垄断利润，因而卡特尔这种市场组织形式可以说对社会福利没有任何好处。卡特尔组织对社会福利的影响被认为与产业中卡特尔组织所占的市场份额有关。一般而言，卡特尔组织所占的市场份额越大，社会效率成本越高，卡特尔组织存在的产业的产品价格越高，产出越少。

鉴于卡特尔式的垄断给社会带来的危害，美国自1890年通过反托拉斯的《谢尔曼法》以来，与产业组织中的托拉斯行为进行了不断的斗争。从1890年到1974年，美国司法部审理了1 000例涉及垄断行为的民事案件、723例刑事案件。

（二）垄断竞争

垄断竞争是同时具有垄断市场和竞争市场两者特性的市场结构。一个市场是垄断竞争的，意味着这个市场既是自由进入的，同时企业又面临着向下倾斜的需求曲线。企业具有一定的垄断能力，同时由于自由进入，企业又无法长期获得正的经济利润。张伯伦早已指出，垄断竞争市场存在的最主要的原因是产品的差异性。垄断竞争市场所指的差异性并不是绝对的不同，而是指具有相同的基本功能而在一些细节上不同的产品；具有差异性的产品既有一定的代替性又不可完全替代。

1.产品同质时的福利效应

垄断竞争市场一方面由于企业具有一定的垄断性，短期内价格高于边际成本，均衡产出少于完全竞争市场的产出；另一方面，由于企业不断加入该市场，在到达经济利润为零的长期均衡点时，企业数目将超过社会所需要的合理数目，表现为生产能力的过剩。由于生产一般需要固定成本，因而生产过剩意味着社会资源的浪费。一个较为极端的例子是自然垄断。在具有自然垄断性质的行业，一个企业的生产能力足以应付所有需求，任何一个新企业的加入将导致社会资源的浪费。例如，电力行业是典型的自然垄断行业。可以证明，对于垄断竞争市场，为达到社会福利的最大化，企业数必须为1，价格等于边际成本，但此时企业利润为负。因此，对于产品具有同质性的垄断竞争市场，其性质与自然垄断相同。负的利润意味着政府必须给这些低收益经营的企业以补贴，否则它们将在价格管制的情况下生产过少的产品，从而造成短缺。

对于这种形式的市场，政府应该进行必要的管制：一种管制措施是限定价格，即限定企业的价格等于边际成本，同时允许企业进行垄断经营；另一种管制措施是限制企业数量，但限制企业数量会导致寡头垄断，因此必须同时施以限制价格的措施。

政府限制企业数量的管制方法可达到所谓"次优"的社会福利效应。在西方国家，由于政府对受限的垄断企业进行补贴具有政治上的不可操作性（补贴意味着增税），因此，限制企业数量是政府对垄断竞争市场进行管制的最好方式。

2.产品异质时的福利效应

张伯伦认为，垄断竞争的"生产能力过剩"并不是社会资源的浪费，它是为获得产品差异性而付出的代价。消费者一方面追求价格低廉，一方面又追求多样化的消费产品。社会需要在低廉的价格与产品的多样性之间进行选择。一般而言，具有异质产品的垄断竞争市场在价格与多样性两方面都不能达到最优。因而，政府管制是必要的。

缺乏管制的垄断竞争市场上产品的多样化可以过度也可以不足。西方产业组织理论认为，影响企业进行生产多样化经营的因素有两个：第一是固定成本的大小；第二是新产品的市场吸引力。固定成本越大，意味着新产品的市场规模应当越大才可弥补成本损失，而这在多样化的产品市场难以达到，因此，企业不愿进行新产品的生产。相反，新产品的市场吸引力越大，则企业进行新产品生产的愿望越强烈。前一个因素导致产品多样化不足，后一个因素使得产品的多样化过度。

相应地，为了优化社会福利，政府可以采取不同的管制政策。其中，结构性政策和行为管制是两种常见的方法。结构性政策是指通过控制企业数量来实施管制。这种政策通常适用于当市场存在过度集中或垄断的情况。政府可以采取措施限制新企业的进入，或者通过合并、收购等手段来减少市场上的企业数量。这样做的目的是避免市场垄断，促进竞争，提高资源配置效率，从而优化社会福利。

另一种管制政策是行为管制，即控制每个企业的产出量，但允许企业自由进出市场。这种政策通常适用于当市场存在外部性或公共物品供给不足的情况。政府可以通过设定产出限制、制定环境标准、实施价格管制等手段来引导企业行为，以保护公共利益并提高社会福利。

康克（Koenker）和帕利（Perry）的研究表明，在决定采取哪种管制政策时，需要考虑多样化和规模经济的要求。如果多样化的需求相对较高，并且规模经济的效益相对较低，那么采取结构性政策进行管制可能更为适合。相反，如果多样化的需求相对较低，而规模经济的效益相对较高，那么采取行为管制可能更为合适。政府可以根据市场的具体情况和需求来选择合适的管制政策，以达到社会福利的优化。

第三节 限制垄断政策下的可操作竞争

市场垄断的存在会给社会带来诸多弊端，因而政府应当制定促进竞争、限制垄断的政策。那么，什么是限制垄断政策的现实目标呢？一些西方经济学家提出用所谓可操作竞争（workable competition）的概念作为制定有关政策的依据。可操作竞争也称为有效竞争，是克拉克（J.M.Clark）在1940年提出的。之后，许多西方学者对什么是有效竞争、怎样才能实现有效竞争做了很多讨论。梅森（E.S.Mason）对这些讨论做了归纳，将各种见解归为两类：一类见解是寻求保护有效竞争的市场结构，以及形成这种市场结构的条件；另一类见解是从竞争中渴望得到的市场结果出发，寻求竞争的有效性。前一种意见是从市场结构寻求有效竞争，并规定实现有效竞争的条件，这些条件被称为有效竞争的"市场结构标准"。后一种意见是从市场结果来判断市场竞争是否有效，而不管市场结构如何，因此就被称为"市场效果标准"。

一、衡量可操作竞争程度的主要标准

衡量可操作竞争程度的主要标准是厂商操纵抬高价格的能力和限制对手参与竞争的能力。具体来讲，有如下几类标准：

（一）行业结构标准

（1）厂商数目。行业内的厂商不必多到个别厂商对价格毫无影响的程度，但在规模经济效益允许的前提下，厂商数量多多益善。

（2）厂商相对规模。竞争厂商的规模应大致相等，个别厂商或企业集团不应占据压倒性的市场份额。

（3）进出壁垒。不应有进出市场的人为壁垒。

（二）行为标准

（1）厂商独立性。各厂商的定价、生产、销售等重大决策应当独自做出，而不应串通共谋。

（2）竞争的公平性。厂商之间的竞争应以效率为胜负基准，不得以效率竞争以外的手段战胜或削弱竞争对手。

（三）营业标准

（1）利润水平。个别行业的利润率如果持续地大大超过具有其他相似风险的行

业的平均利润率，这往往说明在有超额利润的行业里存在着市场垄断势力。

（2）产品差别。这是指同行业内不同厂商之间产品的非本质性差异。这种差异过大可能是有垄断力量的征兆。

（3）效率。缺乏效率的厂商在竞争性的市场中不会长期受到保护，它们只有依靠垄断地位才能长期经营下去。

（4）新技术开发应用。竞争程度激烈的行业对新技术开发总是比垄断程度高的行业来得积极。一个典型例子是美国的电子通信工业。在20世纪80年代以前，电子通信业务基本上被以国际电话和电报公司为主的贝尔电话公司集团所垄断。民用通信技术进步相当缓慢，局面沉闷。80年代初，政府迫使独家垄断的贝尔电话公司集团解体，在长途电信和移动电话等领域引进了多家竞争的机制，结果近10多年间美国在电子通信技术方面日新月异、蓬勃发展，引导了世界电子通信工业的潮流。

上述标准表面上似乎完美，但这些标准在实际应用中可能存在一些模糊和难以界定的问题。行业结构和营业标准的界限并不总是清晰明确的，而是存在一定的主观性和灵活性。这使得标准更像是一种指导方向或原则，而非具体的定量指标。看来，经济学家们还需在这方面做进一步深入的探索。

尽管如此，政府在制定和实施有关政策时，又不得不把有效竞争作为一个出发点。现今，世界各发达国家限制垄断、促进竞争的政策措施，基本上是根据上述标准把促进"可操作竞争"作为政策目标。另一方面，由于在资本主义自由企业体制下，政府无权对民间企业及一般行业进行干预，因而必须借助法律。因此，在各主要资本主义国家，都制定了有关禁止垄断、维持公正交易的法律。具体措施主要是通过限制垄断的立法，由行政机构加以监督，由司法机关加以执行。各国政府的反垄断政策就是以这些法律为依据展开的。限制垄断法和政府对经济的管制有根本的区别，那就是，前者只是依靠法制来影响市场结构和竞争关系，并不涉及企业的内部经营方式；后者则需要政府不断地监督企业营业状况，规定企业的某些重要内部营业指标。主要工业发达国家反垄断法的体系与执行机构见表2-1。

表2-1 **主要工业发达国家反垄断法的体系与执行机构**

国家	主要法律	执行机构
法国	《价格法》、限制经济集中及惩罚违法卡特尔、滥用支配地位的法律、关于商业及制造管制的法律	竞争委员会、经济主管部长
联邦德国	《反限制竞争法》	联邦卡特尔厅、联邦经济部
日本	《关于禁止私人垄断和确保公平法》	公正交易委员会
英国	《限制交易惯行法》《公正交易法》《再销价格法》	物价、消费者保护部，公正交易厅，限制性惯行法院，垄断及合并委员会，消费者保护咨询委员会
美国	《谢尔曼法》《克莱顿法》《联邦贸易委员会法》《罗宾逊-帕特曼法》（《价格歧视法》）	司法部反托拉斯局、联邦贸易委员会

各国有关法律所包括的基本内容主要有：①禁止竞争者之间通过共谋等对竞争形成实质性限制；②排除在市场中形成的垄断状态，防止出现经济力量过分集中的现象；③禁止利用不公正的手段对交易对象进行限制，或对竞争者进行不正当的干预，等等。1995年大约有30个国家，如今有120多个国家制定了新的竞争法或者修改了原有的竞争法，还有几个国家准备制定竞争法。

二、西方各国促进竞争、限制垄断的举措

（一）美国的市场竞争立法简述

1.美国限制垄断法律体系的演变

19世纪40年代至60年代中期的美国，专业化的大规模生产和铁路建设迅速发展，市场扩大，市场联系也日益紧密，竞争逐渐激烈。随着南北战争结束后全国统一市场的形成与发展，出现了一些通过兼并形成的大公司和托拉斯。托拉斯垄断组织首先在铁路部门出现，接着在其他部门纷纷形成。这些主要通过掠夺性手段形成的托拉斯组织，垄断市场，操纵价格，排挤中小企业，获取高额垄断利润。这和自由资本主义时期自由、公平的竞争机制和观念是格格不入的。各种托拉斯组织为获取高额垄断利润，凭借其雄厚的经济实力，控制原料来源，划分销售市场，限定产品价格，不断挤垮或兼并中小企业，严重地损害了中小企业以及广大消费者的利益，引起了严重的社会矛盾，并且与美国社会各界当时的自由贸易、公平竞争等主流观念发生冲突。在这样的背景下，经过激烈的政治斗争，1889年解散了糖业托拉斯。1890年，美国国会通过了美国的第一部反托拉斯法，也是资本主义历史上第一部具有现代法律形式的反垄断法——《谢尔曼法》（Sherman Act）。

《谢尔曼法》共8条，最重要的是第1条、第2条。其中，第1条：任何契约，以托拉斯形式或其他形式的联合、共谋，用来限制州际间或与外国之间的贸易或商业，是非法的……第2条：任何人垄断或企图垄断，或与他人联合、共谋垄断州际间或与外国间的商业和贸易，是严重犯罪……这两条构成了美国反托拉斯政策的两个基本原则，简单说就是一反勾结，二反垄断。但《谢尔曼法》也有明显的不足，主要是条文过简，内容抽象，既没有对勾结和垄断下定义，也没有指定一个机构负责该法的实施。

1914年，美国制定和通过了《克莱顿法》（Clayton Act）和《联邦贸易委员会法》（Federal Trade Commission Act）。《克莱顿法》对《谢尔曼法》做了强化反垄断控制的重要补充，以更明确的条文规定以下几种情况为违法行为：可能导致垄断和限制竞争的价格歧视（第2条）；包括有附加条件在内的买卖双方的排他协议（第3条）；可能限制竞争和导致垄断取得其他公司资产的购股、兼并（第7条）。《克莱顿法》强调事前的预防以及事后的惩罚。根据《联邦贸易委员会法》，成立了由总统提名，经议会批准的5人组成的联邦贸易委员会（Federal Trade Commission），这也就是通常所说的反托拉斯委员会，其任务是调查与反托拉斯有关的经济活动，规定禁止不公正竞争和禁止垄断的具体条例，防止不公正的竞争和欺骗行为。规定的

不公正竞争和欺骗行为包括诽谤竞争者、行贿、虚假广告等。

《谢尔曼法》《克莱顿法》《联邦贸易委员会法》是美国反托拉斯政策的三个基本法律。加上具有相当权威的专管实施反托拉斯法的政府机构的成立，至此，美国的反垄断法律体制基本形成。

以后，有关的法律在实施中不断得到修改、补充和完善。1936年的《罗宾逊-帕特曼法》修改了《克莱顿法》中有关价格歧视条款的适用范围。1938年的《惠特-李法》（Wheeler-Lea Act）修正和补充了《联邦贸易委员会法》，宣布损害消费者利益的不公平交易为非法，以保护消费者。1950年的《塞勒-凯弗维尔法》补充了《克莱顿法》，加强了对企业兼并的控制，宣布任何公司购买竞争者的股票或资产从而实质上减少竞争或企图造成垄断的做法为非法。1976年的《哈特-斯各特-罗迪诺反托拉斯改进法》规定了更明确的企业兼并申报制，还规定因企业违反《谢尔曼法》而受到损害的居民所在州的州法务官可以向违法者提出赔偿的诉讼。此外，像1977年的《禁止对外贿赂法》，以及1980年的《联邦贸易委员会改进法》《反托拉斯诉讼程序改进法》等，都使得由三个基本法律确定的美国反垄断法律制度得到不断的完善。

2.反托拉斯法所规范的各种反竞争行为

美国各反托拉斯法中是通过原则规定或分别列举各种具体的行为而笼统地以"托拉斯行为"来概括各种反竞争行为。各种反竞争行为主要有以下几方面：

（1）联合限制竞争行为。这是指企业间横向联合进行限制竞争的行为。《谢尔曼法》第1条最早对此做出原则性的规定。联合限制竞争行为有多种表现形式，最常见的是固定价格，即企业间为避免价格竞争，通过达成价格协议等形式，共同确定其产品或劳务的价格标准。固定价格可以通过两种基本方法来实现：一种是达成价格协议，直接确定价格；另一种是彼此控制进入市场的产品数量，间接地控制产品价格。串通投标是固定价格的一种表现形式。美国企业间谋求固定价格的具体方式往往是很隐秘的。固定价格限制了正常的价格竞争，使消费者失去了选择的机会，并承担了不合理的价格，实际上是一种以隐晦的方式对公众掠夺的行为。由于固定价格行为是大量的且危害严重，美国反托拉斯机关多年来一直把它作为查处的重点。联合限制竞争行为另一种重要的表现形式是市场划分，即指两个或两个以上的销售者，为避免竞争而达成协议，划定彼此销售的区域、顾客及产品的行为。市场划分同样限制了销售者之间正常的竞争，往往造成产品的单调和价格不合理，损害消费者的利益，因而受到反托拉斯法的禁止。

在禁止联合限制竞争行为方面，美国反托拉斯法还有一个颇具特色的内容，即对行业协会和职业协会所从事的限制竞争行为的禁止。工商业各行业的行业协会是非营利性组织，但其成员却是由作为竞争者的营利性企业所组成的。因此，行业协会的活动有时就可能产生对竞争的限制而违反反托拉斯法的有关规定。行业协会的主要功能是在成员之间传播市场信息。行业协会实现其市场信息传播功能的行为是合法的，但如果它为成员间的价格密谋提供方便，或者促成成员企业间的固定价格及控制生产等行为，便要受到反托拉斯法的制裁。律师、会计师、工程师和医生等自由职业者的职业协会，也是非营利性组织，但同样因为它们是由从事营利性活动的成员组成的，其活动便往往可能造成对竞争的限制。自由职业者们很多都认为他们所从事的职业不是普通的经营或商业，因而不应受到反托拉斯法的规范。但美国反托拉斯行政部门和法院认为，《谢尔曼法》和其他各反托拉斯法，并没有对各种需要专业知识的自由职业进行豁免。实际上，职业协会的某些活动，限制了协会成员间的正常竞争，如律师协会、医疗协会为成员确定最低收费标准的行为，会计师协会、工程师协会禁止其成员间竞争性报价的行为等等，都带有一定的固定价格的性质，并造成对服务对象利益的损害，因此，要依反托拉斯法予以禁止。

（2）滥用经济优势的行为。这一般是指企业在纵向关系中限制竞争的行为。这类行为的表现形式多种多样，常见的有限定转售价格，指生产企业在向批发商或零售商提供产品时，要求它们必须按照生产企业所限定的价格销售产品；该行为的目的是阻止其产品销售中的价格竞争，并保持销售量的增加；该行为的后果是剥夺了销售商的自由定价权，使它们无法根据市场状况确定商品价格，对竞争造成了限制。搭售也是滥用经济优势的一种表现形式。搭售是指销售者在销售某种商品时，违背购买者的意愿，要求其同时购买另一种商品。搭售使消费者和用户付出额外的代价来购买自己所需要的产品，利益受到损害。《克莱顿法》第3条对搭售做了专门规定。最后一种滥用经济优势的行为是独家交易，是指生产某种特定产品或系列产品的厂商只允许它的经销商经销其一家的产品，而不允许经销其他同类竞争产品。《克莱顿法》第3条中规定：任何人进行出租、销售或签订货物销售合同，是以承租人或买主不得使用或购买其竞争对手的商品为条件的，只要其结果可能会实质性地削弱竞争或势必在任何商业行业中形成垄断，就都是违法的。

（3）价格歧视行为。美国反托拉斯法中的价格歧视包含两种情况：第一种是卖主为挤垮竞争对手而选择特定地区，进行压低价格销售；第二种是卖主没有正当理由而对交易条件相同的若干买主索取不同的价格。第一种情况与一般的掠夺性定价行为有性质上的相同之处，所不同的是掠夺性定价一定是低于成本的价格，而压价未必都低于成本价格，另外掠夺性定价可能没有地区性选择。第二种情况是价格歧视的一种特殊形式。《克莱顿法》第2条中规定，在不同的买主之间实行价格歧视是违法的，只要这种歧视的结果实质上减少了竞争，或形成对商业的垄断，或破坏、阻止同那些接受该歧视的人之间的竞争，或是同他们的顾客之间的竞争。该条还规定，商人在其商业过程中，支付、收取佣金、回扣或其他补偿是非法的。地区性压价一般的表现形式是：一个实力雄厚的企业，在它经销的若干地区中选择一个竞争对手实力较弱的地区，进行产品的压价销售，以求将竞争对手挤垮。

（4）垄断与企业兼并行为。一般来说，企业兼并与大规模垄断企业的形成具有一种因果关系。美国反托拉斯法对已形成垄断的企业的规范是对垄断的事后控制，而对企业兼并的规范是对垄断的事先预防。美国历史上，曾先后出现过几次大规模的企业兼并浪潮。兼并的形式由以横向兼并为主到以纵向兼并及混合兼并为主渐次发展。兼并在带来规模经济效益的同时，也在相当程度上造成垄断，限制了竞争。横向兼并消灭了曾存在于两个合并企业之间的竞争；纵向兼并会对竞争对手产生市场阻碍；混合兼并则在更大范围内消灭或削弱了竞争。三种兼并都可能因其形成的垄断而对公共利益造成损害。

（5）其他反竞争行为。其他反竞争行为主要有四种：一是股份保有，指一个企业不正当地占有另一个企业的股票或资本份额，也包括两个企业彼此占有对方的股票或资本份额。股份保有可能造成一个企业对另一个企业的控制，或使得有关企业统一行动，排除彼此间的竞争，从而对正常的竞争秩序产生消极的作用。二是董事兼任，指一个公司的董事同时担任其他公司的董事。对此种行为的禁止，主要是为了防止两家或数家竞争性公司之间，通过参与决策的领导干部的交叉任职来协调行动，消除竞争。三是瓶颈垄断，指限制竞争对手利用特殊设施，而这种特殊设施对竞争对手的经营活动是至关重要的。瓶颈垄断往往形成进入市场的人为障碍，从而限制了市场竞争。四是商业贿赂，指在商业交易活动中，经营者为获得交易机会，特别是获得相对于竞争对手的竞争优势，通过不正当的手段收买客户的雇员或代理人，以及政府有关部门工作人员的行为。商业贿赂在经济生活中比较普遍，也相当复杂，因为把它和按照商业惯例提供的某些优惠加以区别是很困难的。

（6）损害消费者的行为。损害消费者的行为主要有欺骗性定价，指各种不真实的欺骗性的价格表示方法。此外还包括欺骗性广告宣传，指对商品的各种虚假不实或过分夸张或令人误解的广告宣传；虚假不实的标签，指在产品标签中对产品各种内容做欺骗性说明的行为。按照《联邦贸易委员会法》第5条的规定，这些行为都属于"商业中或影响商业的不公平或欺骗性行为及惯例"，应予禁止。

从以上论述可知，美国反托拉斯各法规范的反竞争行为是较为广泛的，既包括垄断行为，又包括不正当竞争行为。尽管美国没有专门的反不正当竞争法，但由《谢尔曼法》《克莱顿法》《联邦贸易委员会法》所构成的反托拉斯法律体系实际上起着市场竞争法的作用。

3.反托拉斯政策的原则和控制办法

美国反托拉斯法的特点是以限制造成垄断的不公平竞争行为为主，而不反对现有的垄断企业。所以，一个行业中垄断企业的存在本身并不违法，只有垄断企业应用其垄断力量不公平地竞争时才算违法。这使得美国的反托拉斯法具有很强的"行为法"特点，即一切以企业行为是否违背公平竞争为判断依据。例如，19世纪初美国钢铁公司长期控制美国钢铁市场的50%，1911年被起诉到最高法院。1920年，最高法院以4：3的多数判决起诉无效，理由是该公司在起诉前已废除价格协议，因此尽管公司处于垄断地位，但并不违法。另一方面，不同企业间联合定价是违法的，不管定出的价格是否合理。例如，1899年，美国6家铸铁管制造商协议将它们产品的价格固定在同一水平上，结果被判违法。尽管它们申诉说，如果它们不把价格固定，竞争就会压低价格使它们都破产，但法官仍然毫不通融。这就是后来被经常引用的铁管案例。在20世纪40年代以前，美国对垄断行为的控制基本上以控制行为为主。

美国最高法院在1911年命令美国烟草公司和美军石油公司各自拆散为一些单独存在的公司时宣布了一条重要准则——"合理的准则"（rule of reason）：只有对贸易的不合理限制（兼并、协议等）才属于《谢尔曼法》的制裁范围，从而才被认为是违法的。这一"合理的准则"几乎使对付垄断、兼并的反托拉斯法毫无效果，上面提到美国钢铁公司案件（1920）就是一例。直到20世纪30年代后期，由罗斯福总统任命的瑟尔曼·阿诺德主管的反托拉斯法执行时，在这一领域联邦政府才真正采取了行动。

20世纪40年代后，对垄断的结构控制做法开始引入反托拉斯的实际执行中。结构控制做法的实质是通过控制市场结构，控制垄断发生的条件，从而达到禁止和控制垄断的目的。根据这种思想，只要企业的市场份额过大，无论是否有其他违法行为，政府都可以命令企业分割或出卖资产等。从法律上开始体现这一思想的标志是1945年的美国铝业公司案。美国铝业公司长期控制铝生产的90%，而这是运用本身并不违法的手段达到的，在市场需求扩大之前就增加设备，从而使价格低到足以防止潜在的竞争的水平。然而，最高法院发现，美国铝业公司已经违背了《谢尔曼法》，尽管是通过合法的方法得到的垄断势力，但这已构成违法并被认为是有罪的。在这一时期，最高法院强调了市场结构，而不只是强调市场行为。1945年的美国铝业公司案被看作是美国反托拉斯历史上一件划时代的事件。之后，最高法院以公司市场份额过大为由，又先后裁决分割了（或劝其退出某些业务领域、让出部分市场）美国烟草公司（1946）、哥伦比亚钢铁公司（1948）、都波公司（1953）、玻若·肖尔公司（1962）等一些大公司。

强调控制市场结构这一思想的形成是与经济学家对产业组织理论的有关研究分不开的。研究表明，当一个公司市场份额过大，就会形成垄断性的市场结构，容易产生种种垄断弊端。市场行为与市场结构密切相关，市场行为往往不容易控制，因此控制市场结构有利于更好地控制市场行为。

控制市场结构一般有两种方法：一是分割市场份额过大的企业和命令企业放弃过分的控股，转让部分业务。这是一种事后控制办法，一般难度较大，但威慑力也大。二是进行兼并审查。这是一种事前控制的办法，相对难度较小。由于兼并审查能够防止垄断于萌芽之中，因而特别受重视。当然，在实际执行过程中，应制定有关的参考数量标准。美国司法部在1968年公布的《企业兼并控制指南》规定，司法部将市场份额作为评估企业兼并的重要指标。在集中度高的行业，司法部会考虑兼并前和兼并后企业的市场份额。具体而言，当兼并前后的企业市场份额分别达到5%和5%以上，或者10%和2%以上，或者15%和1%以上时，兼并可能引起反垄断问题。而在集中度不高的行业，司法部对市场份额的要求相对更宽松。例如，当兼并前后的企业市场份额分别达到5%和5%以上，或者10%和4%以上，或者15%和3%以上，或者20%和2%以上，或者25%和1%以上时，兼并可能引发反垄断问题。

最后，为了有效地控制市场结构，经济学家必须解决两个基本问题：一是规定市场份额标准。根据这个标准，既能保证企业获得规模效益，还能判断企业是否已处于或可能处于超经济规模的垄断地位。此外，还应说明不同行业份额标准是否有差别。二是规定市场范围。由于产品有替代性且替代程度不同，因此划分市场范围既是确定市场份额标准的基础，又是实际判案争论的关键。

（二）德国的市场竞争立法简述

德国不仅是世界上率先对不正当竞争行为进行专门立法的国家，而且以其反不正当竞争法与反垄断法独立并行的立法体例影响了一大批后进国家。德国现行的市场竞争法律规范，主要规定在《反不正当竞争法》和《反限制竞争法》之中。

19世纪中后期，随着自由资本主义的迅猛发展，自由竞争的消极后果愈加明显，形式复杂、程度激烈的不正当竞争行为急剧增多，日渐泛滥。对于来势凶猛的各种不正当竞争行为，德国法律界竭力主张，由立法机关在借鉴国内外已有的司法实践经验的基础上，制定专门法律进行集中规范。于是，1896年，德国率先制定了《反不正当竞争法》，这是世界上第一部专门的反不正当竞争法。1909年，德国在此基础上制定了新的《反不正当竞争法》并废止了前法。

德国曾经是卡特尔盛行、发达的国家。第一次世界大战期间，卡特尔成了德国政府支持战争的重要手段。获得国家政策鼓励的卡特尔得到迅速的发展。第一次世界大战后成立的魏玛共和国意识到卡特尔对自由竞争的危害，于1923年制定了《反滥用经济力量法令》，即《卡特尔条例》，这是德国第一个反垄断法。1933年希特勒上台后，马上制定了《强制性卡特尔法》以取代《卡特尔条例》，用卡特尔及其他垄断组织形式将国民经济变为统一的机制，为发动第二次世界大战做准备，并为以后的战争服务。第二次世界大战后，德国战败，盟军占领德国。为了防止德国法西斯死灰复燃，盟军在德国要做的一件大事就是尽快肢解德国的大型企业，消灭各种垄断集团造成的过分集中的经济力量。为此，需要制定有关反对限制竞争和垄断的专门法律。1947年，以美国为首的盟军颁布《反卡特尔法》。另一方面，反对限制竞争和垄断的努力也得到了德国国内的社会市场理论的支持。按照该理论，竞争是社会市场经济的核心，为了促进和保障竞争能够按照社会经济发展的要求进行，国家必须制约过分强大的经济力量和集体对竞争的限制。社会市场经济理论在路德维希·艾哈德1949年担任德国首任经济部长后得到切实推行。在国内外反限制竞争和垄断的呼声中，《反限制竞争法》于1957年获得通过。该法自1958年生效以来，曾于1966年、1973年、1976年、1980年、1990年、1999年、2005年、2013年、2017年、2020年、2023年做过11次修订，通过不断调整法律框架以适应经济变化和新的市场挑战。概括而言，这些修订可能包括对市场结构、反垄断规定、合并控制和垄断滥用等方面的调整，旨在确保公平竞争、维护消费者权益和促进经济效率。

（三）日本的市场竞争立法概述

日本的市场竞争立法经历了与德国大致相似的过程。日本现行的市场竞争法主要是《不正当竞争防止法》和《关于禁止私人垄断和确保公平交易法》以及一系列法律文件所共同组成的竞争法体系。日本的法律既受德国的影响，又于第二次世界大战后深受美国的影响。

在垄断方面，第二次世界大战前日本为了赶超发达国家，集中财力参与国际竞争，先是保护和支持垄断。第二次世界大战后，美国在日本推行经济民主化，解散了三井、三菱、住友和安田四大财阀。在美国的帮助下，日本仿照美国反托拉斯法，于1947年4月颁布了《关于禁止私人垄断和确保公正交易法》（简称《禁止垄断法》）。由于该法有许多规定不适合日本的实际国情，随着政治、经济条件的发展和变化，日本对该法进行了数次修改。另外，日本为该法的执行特别设立了公正交易委员会。日本的《不正当竞争防止法》颁布于1934年，以后分别于1938年、1950年、1965年、1975年、1993年、2015年和2023年进行了几次修改。《不正当竞争防止法》在日本的反不正当竞争活动中发挥了重要的作用。该法案规定了一系列禁止行为，包括虚假宣传、商业诋毁、不正当竞争行为等，旨在维护市场的诚信和公平性，并保护消费者和企业的利益。

日本的反托拉斯法虽然是美国法律的翻版，但日本政府在第二次世界大战后的经济发展过程中，曾经以规模经济效益为理由赦免一些大企业集团遵守反托拉斯法的义务。日本当局在限制不同行业的企业之间合谋、限制跨行业垄断性企业集团方面也缺乏热情，以至于日本的系列型大企业集团迅速膨胀，内部的各种企业间的人事金融渗透、管理合作、行销默契、业务排外等合谋行为简直是家常便饭。日本的庞大国际贸易集团——综合商社，凭借其强大的销售网络和集团性实力，操纵世界市场。

三、各国政府在限制垄断实践中的成效和教训

比较各国政府在限制垄断实践中的成效和教训，可以得出几点一般性的结论：

第一，各国的限制垄断立法总的来说保护并促进了市场竞争，限制了不公平的竞争行为。美国在19世纪下半叶，主要工业的生产集中程度急剧提高；在实施反托拉斯法的20世纪里，主要工业的生产集中程度基本保持不变。在20世纪中叶后，美国的企业兼并由同行业为主转为不同行业间的混合兼并为主，部分原因就是这些法律措施的功效，在大多数经济学家看来这是有利于竞争和提高行业经济效率的。公开的联合定价行为在主要工业国家也有效地被限制，但隐蔽的联合定价行为仍有待解决。日本第二次世界大战后引进了限制竞争的法律制度，解散了第二次世界大战前以金融寡头为中心的财阀集团，有效地限制了同行业内的垄断和合谋行为，有助于提高日本经济的竞争活力。

第二，实施限制垄断措施的依据，应当是看一个行业中实际竞争的性质和程度，而不是光看行业生产的集中程度。过去，在不少法律案件的裁决中，法院往往

过于注重把市场集中程度作为垄断的证据。其实，近年来的经济研究表明，在许多行业里，生产集中在少数几个企业并不一定意味着竞争受压抑。在20世纪80年代初，一些美国经济学家提出了"可竞争市场"（contestable market）的概念。他们认为，只要一个行业自由进出的障碍不大，行业外的其他企业就成为潜在的竞争对手。在这种可竞争市场中，因为存在潜在的竞争压力，即使由于规模经济效应的缘故只允许少数的企业占有市场，这些企业也会像竞争性的企业一样经营和竞争。日本和美国都有一些行业内仅有少数几家大企业竞争却非常激烈的例子，如汽车行业。

第三，对于"可操作竞争市场"的政策目标，不能机械地理解。政府必须注意让公平的市场竞争来选择优胜企业的数量、决定企业的合理规模，而不是由行政部门来主观设计、强行规定行业中的企业数量和规模。例如，印度政府长期执行了限制私人企业规模扩展、由政府补贴维持小企业的方针，机械地实行所谓限制垄断的产业政策，人为追求厂商数量越多越好，结果造成了不少行业中企业又多又小又落后，严重阻碍了经济效益的提高；同时，又在一些重点发展的行业中片面地追求国有大企业的规模经济效益，限制私营企业和外国资本加入竞争，结果造成了保护垄断、企业经营官僚化的恶果。

第四，限制垄断措施的重点应当放在限制不公平竞争、保证企业进出行业加入竞争的自由上面。对于不公平竞争的解释，应当严格掌握"以效率竞争以外的手段取胜"这条标准，千万不可错将效率竞争的经营方式当作不公平竞争手段来处理。比方说，许多连锁商店用统一的服务质量标准来吸引顾客是提高经营效率的措施，就不能算作"合谋"。如果政府对于私人企业家的经营方式是否属于公平竞争的性质一时还看不准，应宁可等候一段时间观察其后果，而不要贸然下判断，做出错误的干预。

总之，政府促进市场竞争、限制垄断的作用应当像球场上公正的裁判，其作用是保证比赛的公平性，防止球员用非正当的手段作弊取胜。裁判绝不能在主观上偏向任何参赛者，认为谁应该赢谁应该输；裁判也不能随便把球员的新技术动作当作犯规处理；裁判更不能暗中偏袒任何一方，甚至亲自下场给任何参赛者助一臂之力。

第四节　中国促进竞争、限制垄断的举措

一、中国促进市场竞争的举措

在《中华人民共和国反垄断法》（以下简称《反垄断法》）出台之前，中国将反垄断行为的重点放在限制垄断价格方面。对此，政府颁布实施了一系列针对或涉及垄断价格的法规。1987年5月，国务院针对当时生产资料和带有垄断性的行业乱涨价、乱收费相当严重的实际情况，在制定和颁布的《加强生产资料价格管理制止乱涨价乱收费的若干规定》中明确："不论是实行最高限价、浮动价格或市场调节价格的商品，企业之间都不得串通商定垄断价格。"同年9月，国务院发布的《中

华人民共和国价格管理条例》第二十九条将"企业之间或者行业组织商定垄断价格"的行为，规定为应按规定进行处罚的违法行为。1988年1月，国务院发布的《重要生产资料和交通运输价格管理暂行规定》第十三条规定："国家禁止企业、行业垄断市场价格。凡是凭借垄断地位违反国家规定，哄抬市场价格……均属于违法行为，必须严格查处。"1993年颁布的《中华人民共和国反不正当竞争法》（以下简称《反不正当竞争法》），对限制和排斥竞争的行政性垄断做了禁止性规定，但对限制和排斥竞争的价格垄断没有涉及。

1998年5月施行的《中华人民共和国价格法》除明确规定了经营者的定价权限等重要事项外，还将"利用市场优势或者以协议等方式，控制市场价格，严重损害其他经营者和消费者的合法权益"的行为，列为"不正当价格行为"，并规定了行为人应承担的法律责任。这展现了国家要用法律手段规范价格行为和规制价格卡特尔的前景。但是，价格法也不可能对价格垄断的形成及处理等规定得很多、很具体，有不少问题需要用反垄断来规范。

西方发达国家在促进市场竞争、限制垄断方面的政策法规，经过了较长时间的发展，目前已经比较完善。这也将对我国的市场竞争立法具有重要的借鉴意义。我国的市场竞争法应对下列三类行为做出法律的规定：一是垄断行为，主要是指经营者（一个或多个）通过不合理的企业规模和减少竞争者数量，以及对竞争企业实行控制等方式，形成对一定市场的独占或控制。垄断行为排除竞争，造成市场结构的不合理，使竞争机制失效，破坏市场经济，损害社会公共利益，因而应受到竞争法的规范。二是限制竞争行为，主要是指经营者滥用经济优势，或几个经营者通过协议等联合方式损害竞争对手的利益。值得指出的是，限制竞争行为表现形式是多样的，它们既可以是处于垄断地位的企业行为，也可以是普通企业的行为；既可以是单个企业的行为，也可以是几个企业的联合行为。与垄断行为相比，虽然它们往往不直接造成对市场结构的破坏，但它们在经济生活中发生的数量更多，存在的范围更广，因而从整体上讲，它们对竞争的破坏作用不亚于垄断。三是不正当竞争行为，主要是指经营者采用欺骗、胁迫、利诱以及其他违背诚实信用和公平竞争商业惯例的手段从事市场交易。在各国竞争立法中，不正当竞争这一概念又有广义和狭义之分，上面所说的不正当竞争是狭义的不正当竞争，而广义的不正当竞争是在狭义的不正当竞争的基础上，又把垄断、限制竞争行为包括在内。

应当指出，垄断、限制竞争和不正当竞争（狭义）这三个概念之间并没有绝对的界限，它们既有区别又有联系，特别是垄断与限制竞争、限制竞争与不正当竞争之间的联系十分密切，使用中常有很大程度的交叉，这在不同国家竞争法的不同立法体例中表现得很明显。在美国统称为"反托拉斯法"的诸法中，对垄断和限制竞争的规定相互交叉，甚至还包括对不正当竞争行为（狭义）的原则规定。德国的《反限制竞争法》中实际上也包含对限制竞争和垄断两类行为的规定。正因为如此，人们通常把市场竞争法分为两大部分，即反不正当竞争法和反垄断法，其中反垄断法中包含了反限制竞争的规定。

从世界各国的竞争立法看，由于立法时间、社会制度及法律制度的国际环境等诸多因素的影响，在立法体例的选定上差异尚存。美国没有专门的反不正当竞争法，而是以若干专项法规的判例调整各种不公平交易行为。德国和日本对垄断（含限制竞争行为）和不正当竞争行为（狭义）分别立法，形式上表现为反垄断法和反不正当竞争法两部并行的基本立法以及其他配套法律。也有的国家和地区将垄断（含限制竞争行为）和不正当竞争统一规定于一部法律之中，如匈牙利的《反不正当竞争法》。从世界各国立法看，虽然形式不同，但有一点是相同的，那就是每个国家（或地区）都是根据自己的实际情况、实际需要在立法模式上灵活安排和处理的。从我国目前的市场竞争立法情况看，我国市场竞争法由《反不正当竞争法》和《反垄断法》组成。其中，《反不正当竞争法》已由第八届全国人民代表大会常务委员会第三次会议于 1993 年 9 月 2 日通过，并于 1993 年 12 月 1 日起施行；《反垄断法》已由第十届全国人民代表大会常务委员会第二十九次会议于 2007 年 8 月 30 日通过，自 2008 年 8 月 1 日起施行。

面对我国反垄断实践面临的诸多问题，2020 年 1 月 2 日，国家市场监督管理总局发布《反垄断法》修订草案，首次修订实施了 10 余年的《反垄断法》。2020 年，国务院反垄断委员会密集发布反垄断指南和相关规定，分别为《经营者反垄断合规指南》《企业境外反垄断合规指南（征求意见稿）》《关于汽车业的反垄断指南》《关于知识产权领域的反垄断指南》《横向垄断协议案件宽大制度适用指南》《垄断案件经营者承诺指南》《关于平台经济领域的反垄断指南（征求意见稿）》《关于原料药领域的反垄断指南（征求意见稿）》《经营者集中审查暂行规定》等。这些指南和规定对我国反垄断实践具有重要的现实指导意义。

专栏 2-1

市场监管总局发布 2023 年民生领域反垄断执法专项行动典型案例

一、远大医药与武汉汇海达成并实施垄断协议、滥用市场支配地位案

2023 年 5 月 21 日，市场监管总局依法对远大医药（中国）有限公司（以下简称远大医药）与武汉汇海医药有限公司（以下简称武汉汇海）达成并实施垄断协议、滥用市场支配地位案作出行政处罚决定，责令远大医药和武汉汇海停止违法行为，对远大医药没收违法所得 1.49 亿元，并处以其 2019 年度中国境内销售额 3% 的罚款 1.36 亿元，罚没款合计 2.85 亿元；对武汉汇海没收违法所得 3 092.48 万元，并处以其 2019 年度中国境内销售额 2% 的罚款 412.68 万元，罚没款合计 3 505.16 万元。

市场监管总局根据发现的线索，经前期核查，于 2020 年 11 月 6 日对远大医药与武汉汇海涉嫌实施垄断行为立案调查。本案所涉商品为去甲肾上腺素原料药和肾上腺素原料药，分别用于生产治疗急性心肌梗死的去甲肾上腺素注射液和抢救心脏骤停的盐酸肾上腺素注射液。经查，远大医药与武汉汇海是具有竞争关系的经营

者，2016年6月至2019年7月，双方达成并实施了关于销售去甲肾上腺素原料药和肾上腺素原料药的垄断协议，约定武汉汇海停止销售上述两种原料药，由远大医药给予补偿，违反修改前《反垄断法》第十三条第一款第（二）项规定。同时查明，本案相关市场界定为中国去甲肾上腺素原料药市场和肾上腺素原料药市场，远大医药具有市场支配地位，2010年5月至2021年4月，其滥用市场支配地位，在向相关制剂企业供应两种原料药时，要求制剂企业接受向其低价销售去甲肾上腺素注射液和盐酸肾上腺素注射液、向其返利、按照其要求的区域和价格销售制剂等不合理交易条件，违反修改前《反垄断法》第十七条第一款第（五）项规定。

本案涉及的两种原料药分别用于生产去甲肾上腺素注射液和盐酸肾上腺素注射液，均为国家基本药物、医保药品和临床必备急抢救药品。远大医药和武汉汇海行为排除、限制了相关原料药和制剂市场的竞争，损害了相关制剂企业的合法利益，导致相关制剂价格逐年上涨并时常短缺，影响患者正常用药，增加了患者用药成本和国家医保支出。市场监管总局依法查处本案，及时纠正违法行为，恢复公平竞争的市场秩序，有力维护了广大消费者利益和社会公共利益。

二、重庆市巴南区八家保险公司达成并实施垄断协议案

2023年3月，重庆市市场监管局对重庆市巴南区八家保险公司达成并实施垄断协议案作出行政处罚决定，责令当事人停止违法行为，没收违法所得合计594万元，并处2016年度销售额1%的罚款合计557万元，以上罚没款共计1 151万元。

重庆市原工商行政管理局根据举报，于2017年6月对重庆市巴南区中国人民财产保险股份有限公司重庆市巴南支公司等八家保险公司涉嫌达成并实施垄断协议行为立案调查。经查，当事人通过协商达成一致，在巴南区教育委员会管理的中小学、幼儿园、职教中心、民办学校中划分片区承保中小学生平安保险（以下简称学平险），对巴南区学平险销售市场进行分割，限制其他保险公司加入巴南区学平险市场，并对学平险的价格进行固定和变更，统一学平险的保费保额。当事人的上述行为，违反修改前的《反垄断法》第十三条第一款第（一）项和第（三）项规定。

"学平险"是针对在校学生及幼儿开发的一款商业保险。保险公司之间应当进行公平竞争，通过优质的服务、合理的保费保额条件争取业务，发挥市场调节保险资源的作用。本案中，八家当事人属于具有竞争关系的学平险承保机构，通过达成和实施垄断协议，排除、限制了当事人之间的竞争，破坏了巴南区学平险领域公平竞争的市场环境。本案的查处有力保护了重庆市巴南区学平险行业的公平竞争秩序，维护了广大中小学生的利益和社会公共利益，也进一步提高了保险行业经营者的竞争合规意识。

三、成都市工程造价协会垄断协议案

2023年1月，四川省市场监管局对成都市工程造价协会垄断协议案作出行政处罚决定，对成都市工程造价协会处罚款30万元。

四川省市场监管局根据举报，于2019年11月对成都市工程造价协会涉嫌从事垄断协议行为立案调查。经查，2019年7月，当事人在处理四川省工程造价协会转办的招投标价格投诉过程中，组织会员企业从事联合抵制交易行为。当事人通过对部分投标企业进行集中约谈，并起草《关于撤销"××市审计局工程造价咨询服务定点采购项目"投标文件的申请》（以下简称《撤销申请》范本）的方式，要求上述企业以对项目招标文件服务范围及报价要求理解不清为由，按照《撤销申请》范本向有关单位提出撤销投标文件的申请。同时对于未按要求参会的会员企业，当事人作出"通报批评""记不良行为一次"的处罚。当事人的上述行为，违反修改前的《反垄断法》第十六条规定。

成都市工程造价协会的行为制约了会员单位在参加招投标项目方面的自主选择权，排除、限制了成都市工程造价咨询服务市场竞争，破坏了正常交易秩序，损害了消费者利益，不利于行业的长期发展。本案的查处保护了成都市工程造价咨询服务行业的公平竞争秩序，维护了相关经营者利益和社会公共利益，也进一步提高了成都市工程造价行业的竞争合规意识。

四、东北制药集团股份有限公司滥用市场支配地位案

2023年1月18日，辽宁省市场监管局对东北制药集团股份有限公司（以下简称东北制药）滥用市场支配地位案作出行政处罚决定，责令东北制药停止违法行为，并处以其2018年度中国境内销售额2%的罚款1.33亿元。

辽宁省市场监管局根据市场监管总局交办线索，经前期核查，于2019年7月23日对东北制药涉嫌实施垄断行为立案调查。本案所涉商品为左卡尼汀原料药，是生产左卡尼汀制剂的主要原料，左卡尼汀制剂主要用于治疗慢性肾衰长期血透病人因继发肉碱缺乏产生的一系列并发症。经查，本案相关市场界定为中国左卡尼汀原料药市场，东北制药具有市场支配地位，2018年11月至2019年6月，其滥用市场支配地位，将左卡尼汀原料药销售价格由2 500元/公斤提高至最高8 000～10 000元/公斤，涨幅明显超过同期成本增长幅度，也明显高于其他左卡尼汀原料药生产企业的销售价格，违反修改前的《反垄断法》第十七条第一款第（一）项规定。

左卡尼汀制剂是国家医保药物，也是国家卫生健康委等部门发布《第一批罕见病目录》中原发性肉碱缺乏症罕见病的唯一救命药物，是戊二败血症Ⅰ型、异戊酸血症、甲基丙二酸血症三种罕见病的关键药物。本案的查处有力维护了左卡尼汀原料药市场公平竞争秩序，维护了下游制剂生产企业合法利益、广大患者利益和社会公共利益。

五、华能日照热力有限公司滥用市场支配地位案

2023年4月3日，山东省市场监管局对华能日照热力有限公司（以下简称日照热力）滥用市场支配地位案作出行政处罚决定，责令日照热力停止违法行为，并处以其2019年度销售额1%的罚款425.98万元。

山东省市场监管局根据举报，于2020年8月31日对日照热力涉嫌实施垄断行为立案调查。经查，本案相关市场界定为山东省日照市主城区城市公共管网供热服务市场，日照热力具有市场支配地位，2019年以来，其滥用市场支配地位行为，没有正当理由，要求新建小区开发建设单位必须购买其销售的用热计量装置，否则不予供热验收；没有正当理由，对其供热范围的部分企事业单位由原来的按用热计量收费改为按面积收费，而其他同类单位仍按用热计量收费，导致改按面积收费的企事业单位多缴纳供热费用，违反修改前的《反垄断法》第十七条第一款第（四）、（六）项规定。

城市供热服务属于公用事业的一种，与社会民生密切相关。日照热力上述行为排除、限制了用热计量装置市场竞争，使相关企事业单位承担了更多经营成本。本案的查办有力规制了违法行为，维护了当地城市公共管网供热服务市场竞争秩序，同时也维护了相关企事业单位的利益和消费者利益。

资料来源　国家市场监督管理总局. 市场监管总局发布2023年民生领域反垄断执法专项行动典型案例（第一批）[EB/OL].［2023-06-03］. http://www.ce.cn/cysc/zljd/gd/202306/03/t20230603_38574418.shtml.（作者有删改）

二十大专栏2-1 ▬▬▬▬▬▬▬▬▬▬▬▬▬▬▬▬▬▬▬▬▬▬▬▬

二十大报告对中国促进竞争、限制垄断的启发

党的二十大报告指出，要"构建高水平社会主义市场经济体制"，"加强反垄断和反不正当竞争，破除地方保护和行政性垄断，依法规范和引导资本健康发展"。党的二十大报告为中国促进竞争、限制垄断赋予了新任务视角，包括推进中华民族伟大复兴这一根本任务视角、构建新发展格局推动高质量发展这一经济任务视角、坚持全面依法治国这一法治任务视角、增进民生福祉这一社会任务视角、推动绿色发展这一生态任务视角、维护国家和社会安全这一安全任务视角。

在中华民族伟大复兴这一根本使命上，政府应通过促进公平竞争和限制垄断，推动创新和经济发展，为中华民族伟大复兴提供强大动力。在构建新发展格局推进高质量发展视角，政府应通过政策引导和监管，确保市场公平，防止垄断，从而推动高质量的经济发展。在全面依法治国视角，政府应依法打击垄断行为，保护消费者和企业的合法权益，维护市场秩序。在增进民生福祉视角下，政府应通过限制垄断，保护消费者权益，降低商品和服务价格，提高民生福祉。在绿色发展视角，政府应通过政策引导，鼓励企业进行绿色竞争，推动绿色发展。从国家和社会安全视角，政府应通过限制垄断，防止市场失灵，保障国家经济安全和社会稳定。

党的二十大报告在不同层次、不同维度为促进竞争、限制垄断赋予了新的发展意义：促进竞争、限制垄断不仅仅是一种经济行为，更是关系到国计民生方方面面的系统活动，对新时代新征程下的中华民族伟大复兴具有全局意义和全面影响。

二、反不正当竞争法的主要内容和我国《反不正当竞争法》的特点

反不正当竞争法是规定不正当竞争行为类型，以及对不正当竞争行为所致损害

的救济措施的法律规范的总称。它的主要内容是：

（1）界定不正当竞争行为的性质。凡在市场交易中违反诚实经营的竞争行为即构成不正当竞争行为。

（2）规定市场主体的义务。从事市场交易的经营者均必须遵守反不正当竞争法，诚实守信，公平竞争。

（3）规定不正当竞争行为类型。法律禁止下列不正当竞争行为：①采用欺诈手段从事交易；②采用强迫手段从事交易；③囤积居奇，控制销售；④附加不合理条件的交易；⑤欺行霸市，采用不正当手段损害竞争对手的利益；⑥侵犯商业秘密；⑦利用虚假广告从事交易；⑧采用商业贿赂手段从事交易；⑨采用巨额有奖销售手段从事交易等。

（4）反不正当竞争法对被害者的保护：①确认不正当竞争行为的阻止请求权；②确认损害赔偿请求权；③确认清除违法后果和影响的请求权；④罚款；⑤吊销不正当竞争行为实施者营业执照；⑥对实施不正当行为，情节严重，触犯刑法构成犯罪的，处以刑罚。

专栏 2-2 ▬▬▬▬▬▬▬▬▬▬▬▬▬▬▬▬▬▬▬▬▬▬▬▬▬▬

七种不正当竞争行为

第一种：混淆行为

《反不正当竞争法》第六条规定，经营者不得实施下列混淆行为，引人误认为是他人商品或者与他人存在特定联系：（1）擅自使用与他人有一定影响的商品名称、包装、装潢等相同或者近似的标识；（2）擅自使用他人有一定影响的企业名称（包括简称、字号等）、社会组织名称（包括简称等）、姓名（包括笔名、艺名、译名等）；（3）擅自使用他人有一定影响的域名主体部分、网站名称、网页等；（4）其他足以引人误认为是他人商品或者与他人存在特定联系的混淆行为。

混淆行为是《反不正当竞争法》规制的七种不正当竞争行为中最典型、最多发的行为之一，就是我们俗称的"傍名牌"，即通过仿冒他人商品标识、企业主体标识、生产经营活动标识等，引人将自己的商品误认为是他人商品或者与他人存在特定联系，以借用他人或者他人商品的影响力、美誉度，提高自己以及自己商品的市场竞争力。

第二种：商业贿赂

《反不正当竞争法》第七条规定，经营者不得采用财物或者其他手段贿赂下列单位或者个人，以谋取交易机会或者竞争优势：（1）交易相对方的工作人员；（2）受交易相对方委托办理相关事务的单位或者个人；（3）利用职权或者影响力影响交易的单位或者个人。

经营者在交易活动中，可以以明示方式向交易相对方支付折扣，或者向中间人支付佣金。经营者向交易相对方支付折扣、向中间人支付佣金的，应当如实入账。接受折扣、佣金的经营者也应当如实入账。经营者的工作人员进行贿赂的，应当认定为经营者的行为；但是，经营者有证据证明该工作人员的行为与为经营者谋取交易机会或者竞争优势无关的除外。

在生产经营活动中，经营者应当通过提高劳动生产率、降低商品价格、提高商品质量、改进售后服务等方式，取得交易相对方的认可，以赢得交易机会或者竞争优势。但是，有的经营者通过商业贿赂的方式不当谋取交易机会或者竞争优势，排挤其他竞争者的交易机会，扭曲公平竞争的市场机制，扰乱市场竞争秩序，是典型的不正当竞争行为，应当予以明确禁止。

第三种：虚假宣传

《反不正当竞争法》第八条规定，经营者不得对其商品的性能、功能、质量、销售状况、用户评价、曾获荣誉等做虚假或者引人误解的商业宣传，欺骗、误导消费者。

虚假宣传案件是全国查处的不正当竞争案件中占比最高的一种类型。有的经营者对其自身企业情况、商品性能、服务质量等，做虚假或者引人误解的商业宣传，欺骗、误导消费者，不正当抢夺其他经营者的交易机会，违反诚实信用原则，扰乱市场竞争秩序，属于典型的不正当竞争行为，应当予以禁止。

第四种：侵犯商业秘密行为

《反不正当竞争法》第九条是有关商业秘密保护的规定，2019年专门就商业秘密保护条款进行了再修订，一是进一步完善了商业秘密的定义，即本法所称的商业秘密，是指不为公众所知悉、具有商业价值并经权利人采取相应保密措施的技术信息、经营信息等商业信息；二是明确了侵犯商业秘密的情形，增加了"电子入侵"等窃取商业秘密的手段；三是将经营者以外的其他自然人、法人和非法人组织纳入侵犯商业秘密责任主体的范围；四是进一步强化了侵犯商业秘密行为的法律责任，加大了对侵犯商业秘密行为的行政处罚力度，最高可处五百万元的罚款；五是专门增加了一条，对侵犯商业秘密的民事审判程序中举证责任的转移做了规定。

第五种：不正当有奖销售行为

经营者进行有奖销售，法律规定了三种禁止情形：（1）所设奖的种类、兑奖条件、奖金金额或者奖品等有奖销售信息不明确，影响兑奖；（2）采用谎称有奖或者故意让内定人员中奖的欺骗方式进行有奖销售；（3）抽奖式的有奖销售，最高奖的金额超过五万元。

有奖销售是经营者参与市场竞争的一种常用手段。经营者通过有奖销售，吸引消费者，可以增加市场交易，活跃市场竞争。但是，有的经营者在有奖销售过程中欺骗、误导、不当诱惑消费者，也可能扰乱市场竞争机制，损害消费者或者其他经营者的合法权益，构成不正当竞争。因此，有必要对有奖销售做出规范。

所谓有奖销售，是指经营者销售商品或者提供服务，附带性地向购买者提供物品、金钱或者其他经济上的利益的行为。实践中，有奖销售的奖品是多种多样的，可能是金钱、实物、服务机会、购物折扣等；在网络世界，还可能是会员权限、虚拟货币、视频播放时间、虚拟游戏装备等。有奖销售的奖励形式也是多种多样的，其中，既有奖励所有购买者的附赠式有奖销售，比如买一赠一，也有奖励部分购买者的抽奖式有奖销售；既有到店即送等不附特殊条件的奖励，也有满足一定购物金额、消费次数要求才能享受的附条件的奖励；既有随时领取的奖励，也有附兑换期限的奖励等等。

第六种：商业诋毁

《反不正当竞争法》第十一条规定，经营者不得编造、传播虚假信息或者误导性信息，损害竞争对手的商业信誉、商品声誉。

在市场竞争中，尤其是同行业的竞争中，竞争者应当通过自己的努力，建立、维护自己的商业信誉、商品声誉，以取得交易伙伴、消费者的信任，赢得更多交易机会和竞争优势。但是，有的经营者却通过编造、传播虚假信息或者误导性信息，损害竞争对手的商业信誉、商品声誉，以破坏竞争对手的交易机会和竞争优势，这就构成了商业诋毁。商业诋毁不但损害了其他经营者的合法权益，而且向消费者提供了错误信息，干扰了消费者的正常交易选择，扰乱了市场竞争秩序，是一种典型的不正当竞争行为，应当予以严格禁止。

第七种：网络领域不正当竞争行为

《反不正当竞争法》第十二条规定，经营者利用网络从事生产经营活动，应当遵守本法的各项规定。经营者不得利用技术手段，通过影响用户选择或者其他方式，实施下列妨碍、破坏其他经营者合法提供的网络产品或者服务正常运行的行为：未经其他经营者同意，在其合法提供的网络产品或者服务中，插入链接、强制进行目标跳转；误导、欺骗、强迫用户修改、关闭、卸载其他经营者合法提供的网络产品或者服务；恶意对其他经营者合法提供的网络产品或者服务实施不兼容；其他妨碍、破坏其他经营者合法提供的网络产品或者服务正常运行的行为。

近年来，随着互联网技术和商业模式的快速发展，网络领域涉及不正当竞争的纠纷不断出现。此次修订《反不正当竞争法》，根据网络领域反不正当竞争的客观需要，专门增加了针对网络领域不正当竞争行为的规定。

关于网络领域不正当竞争行为的分类，目前来看，大体分为两类情况：一类属于传统不正当竞争行为在网络领域的延伸。比如，利用网络实施混淆仿冒、虚假宣传、商业诋毁等不正当竞争行为。这类网络不正当竞争行为，与传统经济领域内的不正当竞争行为相比，只是因为网络领域的特点而呈现出不同的表现形式，并不存在实质上的区别。对这类行为，依据本法第二章相应条文的具体规定进行处理。另一类属于网络领域特有的、利用技术手段实施的不正当竞争行为。这类行为不同于传统经济领域内的不正当竞争行为，属于随着网络技术的发展出现的新情况，修订前的《反不正当竞争法》对此也缺乏相应的具体规范。对这类行为，司法实践中一般根据《反不正当竞争法》第二条"一般条款"，也就是原则条款，以相关行为违反诚信原则或者商业道德等进行判定。行政机关根据依法行政的原则，在修法前，对这类行为不能进行监督检查。此次修法，增加了对利用互联网技术手段实施不正当竞争行为进行规制的条款，填补了法律的一大空白。

资料来源　张丹. 七种不正当竞争行为全梳理〔EB/OL〕.〔2020-08-03〕. https://www.toutiao.com/a6856549724716171784/.

《反不正当竞争法》是我国历史上第一部市场竞争法，它的颁布和施行，标志着具有中国特色的社会主义竞争法律制度已初步确立。我国《反不正当竞争法》对于规范市场主体行为，维护市场公平竞争，保障和促进社会主义市场经济发展；对于保护经营者和消费者的合法权益；对于制止官商结合，以权经商和地方保护主义等不正当竞争行为；对于反腐倡廉，都具有重大的现实意义和深远的历史意义。

我国《反不正当竞争法》吸收了国外相关法律的优点，从我国现阶段的国情出发，总结了以往行政管理和司法实践经验，是一部适合当前规范市场经济运行需要的法律，具有较强的实用性和可操作性。具体而言，这部法律主要有以下几方面的特点：

1.立法宗旨明确

我国《反不正当竞争法》第一章第一条明确规定了立法宗旨，即为保障社会主义市场经济健康发展，鼓励和保护公平竞争，制止不正当竞争行为，保护经营者和消费者合法权益。可以看出，这一宗旨包含三个内容，即保障社会主义市场经济健康发展；鼓励和保护公平竞争，制止不正当竞争行为；保护经营者和消费者的合法权益。其中，每一内容含义均十分明确。值得指出的是，这一立法宗旨包含着保护消费者的合法权益这一点。国外以往的反不正当竞争法确立初期只调整经营者之间的竞争关系，着眼于公平竞争秩序。在处理不正当竞争案件时，也可能涉及消费者权益的问题，但只是作为附带的问题加以处理的。随着以后的发展，各国反不正当竞争法才逐步增加了保护消费者利益的规定。例如，美国在1938年颁布的《惠勒-利法案》对《联邦贸易委员会法》的第5条进行了修订，修正案宣布：除了不正当的竞争方法外，不正当或欺骗性的行为或做法也属违法行为。据称，增加了这些新规定的目的就是要使该法适用于那些直接对消费者产生有害影响的商业行为。特别是在消费者保护运动在世界范围内兴起并迅速发展之后，增加保护消费者利益的规定更形成一种趋势。的确，不正当竞争行为所侵犯的客体往往包括消费者。从反不正当竞争立法总的目的上看，维护了公平竞争的秩序也就保护了消费者的利益。因此，保护消费者合法权益也成为我国《反不正当竞争法》的立法目的之一。

2.立法例采用定义加列举的方式

现在世界各国反不正当竞争立法采用的立法例有三种：一是纯列举式，即把各种不正当竞争行为一一列举，明确禁止，如日本1934年颁布的《不正当竞争防止法》，加拿大、瑞典等国亦如此。这种立法例的缺点是难免挂一漏万，对新出现的违法行为无法制约。二是定义加列举，《保护工业产权巴黎公约》即采取此例。三是对不正当竞争行为的制约不专门立法，只援用民法或适用法律一般原则，如法国、英国等。我国《反不正当竞争法》采用的是第二种，即定义加列举的方式。该法第二条第二项规定："本法所称的不正当竞争行为，是指经营者在生产经营活动中，违反本法规定，扰乱市场竞争秩序，损害其他经营者或者消费者的合法权益的行为。"除了这个定义之外，该法第二章专门规定了不正当竞争行为（第六条至第十二条）。采用这种方式，既有一定的适应性，又使一些突出的、特定的不正当竞争行为有明确的概念，具有一定的可操作性。

3. 采用政府主动干预原则

众所周知，我国民事诉讼的原则是不告不理。我国《反不正当竞争法》则采取政府主动干预原则，即带有强烈的行政干预色彩。该法第三条规定："各级人民政府应当采取措施，制止不正当竞争行为，为公平竞争创造良好的环境和条件。"第四条规定："县级以上人民政府履行工商行政管理职责的部门对不正当竞争行为进行查处；法律、行政法规规定由其他部门查处的，依照其规定。"第五条规定："国家机关及其工作人员不得支持、包庇不正当竞争行为。"这些规定表明，我国反不正当竞争不但依靠法律手段，还相当重视行政手段。在我国计划经济向市场经济过渡阶段，法律不但要被动地调节各种经济关系，还要主动地进行宏观调控，引导经济活动健康有序地发展。

4. 涉及权力干预行为

所谓权力干预是指对市场经营主体有影响力的行政主体，出于地方利益或小团体利益，违反法律或公认的市场规则，故意对市场行为进行干预，妨碍正常的市场竞争行为，即来自市场经营主体以外的直接或间接行政权力作用下的强买强卖行为。《反不正当竞争法》第五条规定："国家鼓励、支持和保护一切组织和个人对不正当竞争行为进行社会监督。国家机关及其工作人员不得支持、包庇不正当竞争行为。行业组织应当加强行业自律，引导、规范会员依法竞争，维护市场竞争秩序。"这就明确了国家权力机关的政权干预的不正当竞争行为以及行业组织的自律行为。《反不正当竞争法》第三十条规定："监督检查部门的工作人员滥用职权、玩忽职守、徇私舞弊或者泄露调查过程中知悉的商业秘密的，依法给予处分。"我国《反不正当竞争法》的这些规定无疑触动了经济体制处在转变之中的我国社会经济生活的敏感之处，体现了监督者亦应被监督的这一理念。

5. 反对市场垄断和滥用行政权力，确认依法具有独占地位的经营者

我国《反不正当竞争法》结合中国社会经济实际，对垄断和不正当竞争（狭义）的内涵及相互关系，做了研究和区分，并且明确规定反对以排挤竞争对手为目的的购销和串通等市场垄断行为及滥用行政权力；确认了公用事业或者依法具有独占地位的经营者的法律地位。因此可以理解该法事实上承认了垄断的两种类型：一种是国家规定或允许的公用事业和其他依法具有独占地位的经营者，这种垄断对生产力起协调作用，是一种国家干预。只要不滥用行政权力都是必要的，否则不论是部门限制其他经营者的经营活动还是地区限制其他经营者的商品流通，都是非法的。同时，这种垄断也给我国刚开始积聚资本的市场经济敞开了发展的大门。另一

种是市场垄断，是违反国家利益或其他经营者及消费者合法权益，扰乱社会经济秩序的违法行为，必须反对。

6.反不正当竞争条款的全面性和灵活性

我国《反不正当竞争法》对反不正当竞争的态度是坚决的，条款内容规范是彻底的。例如，从制约主体看，既有规范、制约经营者的条款，又有规范、制约政府行为的条款；既有对违法者的惩处，又有对执法者的惩处。对有些大量存在的不正当竞争行为，该法果断地加以规范。例如，对搭售、欺骗性有奖销售和侵犯商业秘密等，做了明确的限制性规定；对账外回扣和贿赂及变相贿赂等问题，该法从经营者到国家工作人员都做了明确的限制性规定，其中许多是以前诸法尚未明确的，特别是该法发动社会各界对不正当竞争行为进行社会监督。从管辖权上讲，有行政执法机关、司法机关的管辖职责，又有政府及有关部门的管辖职能；有统一管辖规定，还有各层次管辖规定，尤其是一切组织和个人的监督权。同时，该法在法律适用方面规定得也细致多样。从所制止的不正当竞争行为看，既有明示条款，又有弹性条款；既有界定条款，又有例外条款；既有独有条款，又有与其他法律、行政法规交叉的条款。从监督检查和法律责任上看，不但有监督检查和处罚的权限，也有只监督检查而无处罚的权限；有明确规定给予行政处罚的条款，也有无明确规定给予处罚的条款；有明确规定追究刑事责任的条款，还有无明确规定追究刑事责任的条款。

7.贯彻改革开放的精神，与国际贸易规则接轨

我国《反不正当竞争法》改变了过去诸法只是起事后"保障作用"的情况，增加了"鼓励"行为的超前引导作用；并且为鼓励和保护公平竞争，规定各级人民政府要"采取措施"，制止不正当竞争行为，为公平竞争创造良好的环境和条件。这样，至少可以引申出以下两种意义：一是进一步深化改革开放。当不公平竞争伴随着公平竞争出现在我国经济生活中时，人们急切盼望着经济体制改革进一步向纵深发展。对于不公平竞争和不正当竞争行为来说，这两者本来是不同的，但它们在一定条件下又相互联系。有时不平等竞争情况的存在，往往是造成不正当竞争的原因。例如，生产资料、原材料供应条件的不平等，就会导致供求双方采用贿赂或变相贿赂的不正当手段成交。一方面，加快市场竞争立法是深化改革，保障社会主义市场经济健康发展的必然要求；另一方面，深化经济体制改革，并在改革过程中有效地采取措施治理造成不正当竞争的客观外部条件又是完善市场竞争立法，制止和消除不正当竞争行为的一个重要方面。在当前形势下，立法打破壁垒，打破封锁，建立和形成城乡开通、地区相连的统一的社会主义市场体系尤为必要。二是与国际贸易规则接轨。当今世界相互依存、相互渗透的程度日益加深，尤其是我国已加入世界贸易组织，我们必须面向国内、国外两个市场，掌握国际贸易规则。我国《反不正当竞争法》适用的自愿、平等、诚实信用的交易原则是国际通用的原则，对不正当竞争行为的界定也与西方发达国家的法律规范有很多相同或类似之处，有利于

发展国际贸易。

8.综合了我国经济立法的三种类型

我国《反不正当竞争法》是一个"多法合体"的法。这种混合包括各种经济法和行政法特征的混合，还包括实体法和秩序法的混合。我国现有经济立法有三大类：第一类是调整国家机关与经济组织之间关系的，如税法，带有行政性质，法律关系主体之间地位不平等；第二类是调整各种经济组织之间关系的，如《中华人民共和国民法典》，各主体间法律地位平等；第三类是调整国家机构上下级之间或经济组织内部关系的，如《中华人民共和国全民所有制工业企业法》。但是我国有些法律则是这三种类型兼容的，如《中华人民共和国商标法》。现在我国《反不正当竞争法》也采用了这种方式，既调整国家机关与经济组织之间的关系，又调整经济组织之间的关系，还调整政府机关内部的关系。例如，该法第五条限制国家工作人员包庇不正当竞争，这就是明显的国家机关内部管理的内容。这种立法方式，便于采用多种手段规范市场经济秩序，是适合我国现阶段国情的。我国《反不正当竞争法》同时规定了适用本法的程序，如第二十九条，规定不服行政处罚可提起行政复议以及复议不服可提起行政诉讼，这与我国现在许多行政单项法的立法例是一致的。

三、我国《反垄断法》的主要内容和特点

（一）《反垄断法》的主要内容

垄断的原意是独占，即一个市场上只有一个经营者。反垄断法，顾名思义就是反对垄断、保护竞争的法律制度。反垄断法一般是指国家调整企业垄断活动或其他限制竞争行为的有关实体法和程序法。反垄断法所规范的是国家反垄断主管机关的反垄断管理行为及经营者的垄断和限制竞争行为，其主要内容如下：

1.关于《反垄断法》的适用范围

《反垄断法》平等地适用于市场主体，即经营者。任何经营者，无论是国有企业还是民营企业，无论是内资企业还是外资企业，在经济活动中都要遵守《反垄断法》的规定；对违反规定、实施垄断行为的，都要依法追究法律责任。

中国是一个人口众多、幅员辽阔、发展不平衡的社会主义大国，需要强有力的国有经济。特别是在涉及国计民生和国家安全的关键领域，国有经济应当占有控制地位，发挥主导作用。只有这样，才能保证国家有效实施宏观调控，保证经济又好又快发展，保证人民分享发展成果，也才能保证国家有力量应对各种风险，保证经济安全和人民安居乐业。但是，《反垄断法》没有把国有公司排除在《反垄断法》适用之外，国有公司也不能从事《反垄断法》所禁止的垄断行为。

参照国际通行做法，中国不直接规制垄断状态，而是规制垄断行为。按照第三条的规定，垄断行为有三类：一是经营者达成垄断协议；二是经营者滥用市场支配地位；三是具有或者可能具有排除、限制竞争效果的经营者集中。同时，将行政机关和法律、法规授予的具有管理公共事务职能的组织滥用行政权力，排除、限制竞

争的行为纳入本法调整范围。

《反垄断法》既适用于在中国境内发生的垄断行为，也适用在中国境外发生的对中国境内市场竞争产生排除、限制影响的垄断行为，具有域外效力。

2.关于垄断协议

《反垄断法》对横向垄断协议和纵向垄断协议分别做出了禁止性规定，对行业协会组织本行业经营者实施垄断协议也做出了禁止性规定，同时根据中国的实际情况，规定了垄断协议的豁免条件。竞争者之间达成的关于固定价格、限制产量、划分市场以及串通招投标等垄断协议，被称为核心卡特尔，核心卡特尔是世界很多国家反垄断执法机构严厉打击的对象。同样，在中国，核心卡特尔也很难满足《反垄断法》第十三条关于垄断协议的豁免条件中所规定的"不会严重限制相关市场的竞争"及"能够使消费者分享由此产生的利益"这两个条件，是经营者经营行为的禁区。

3.关于滥用市场支配地位

《反垄断法》不反对经营者具有市场支配地位，但严格禁止其滥用市场支配地位实施排除、限制竞争，损害消费者利益的垄断行为。《反垄断法》列举了垄断价格、掠夺性定价、拒绝交易、强制交易、搭售、差别待遇等典型的滥用市场支配地位行为。为了增加《反垄断法》的操作性，《反垄断法》规定了认定经营者具有市场支配地位应当依据的因素和市场支配地位推定制度。我们注意到，无论对市场支配地位的界定还是对滥用市场支配地位行为的分析，在反垄断执法中都是极具挑战性的领域，尚需很多必要的经济分析。

4.关于经营者集中

经营者集中，一方面有利于形成规模经济，从而提高经济效益和企业的竞争力；另一方面又可能产生或者加强市场支配地位，导致排除或限制竞争。因此，各国反垄断法都对经营者集中实行必要的控制。《反垄断法》既鼓励经营者通过依法实施集中等方式做大做强，同时也依法规制经营者集中行为——经营者集中达到国务院规定的申报标准的，应当事先向国务院反垄断执法机构申报，未申报的不得实施集中。

各国的反垄断法都是根据本国经济的发展阶段、发展水平、市场竞争等实际情况并结合一定时期的产业政策，来确定各自的申报标准，具体的标准差别很大。中国现阶段经济发展中的一个主要问题是产业集中度不高，许多企业达不到规模经济要求，竞争力不高。因此，在制定经营者集中的具体申报标准时，要以合理、适度为原则，既要有利于企业通过依法兼并做大做强，发展规模经济，提高产业集中度，增强竞争能力，又要防止经营者过度集中，形成垄断。

5.关于滥用行政权力排除、限制竞争

针对中国市场经济中存在的行政机关及公共组织滥用行政权力排除、限制市场竞争的行政性垄断的具体表现及其危害，《反垄断法》第五章对滥用行政权力排除、限制竞争行为进行了专门规定，列举了强制交易、地区封锁（包括限制商品在地区间流通、阻碍外地经营者参加本地招投标活动、以不公平方式设定市场准入等）、强制经营者从事垄断行为等，比较全面地涵盖了我国目前存在的滥用行政权力排除、限制竞争行为的主要表现形式。同时，《反垄断法》还专门针对含有限制竞争内容的抽象行政行为做了专门规定，要求"行政机关不得滥用行政权力，制定含有排除、限制竞争内容的规定"。

《反垄断法》对滥用行政权力排除、限制竞争行为的禁止性规定，表明了我国坚决反对和制止滥用行政权力排除、限制竞争，坚定不移地推进全国统一、公平竞争、规范有序的市场体系建立的决心。需要强调的是，不能将政府及其有关部门为调控经济生活或者对经济活动进行的正常管理而采取的措施作为滥用行政权力排除、限制竞争行为来处理。从根本上解决滥用行政权力排除、限制竞争行为的问题，必须靠改革、靠发展、靠市场经济体制的进一步完善，采取综合治理的办法。

专栏 2-3

市场监管总局对阿里巴巴"二选一"垄断行为做出行政处罚

2020 年 12 月，市场监管总局依据《反垄断法》对阿里巴巴集团控股有限公司（以下简称阿里巴巴集团）在中国境内网络零售平台服务市场滥用市场支配地位行为立案调查。

市场监管总局成立专案组，在扎实开展前期工作基础上，对阿里巴巴集团进行现场检查，调查询问相关人员，查阅复制有关文件资料，获取大量证据材料；对其他竞争性平台和平台内商家广泛开展调查取证；对本案证据材料进行深入核查和大数据分析；组织专家反复深入开展案件分析论证；多次听取阿里巴巴集团陈述意见，保障其合法权利。本案事实清楚、证据确凿、定性准确、处理恰当、手续完备、程序合法。

经查，阿里巴巴集团在中国境内网络零售平台服务市场具有支配地位。自 2015 年以来，阿里巴巴集团滥用该市场支配地位，对平台内商家提出"二选一"要求，禁止平台内商家在其他竞争性平台开店或参加促销活动，并借助市场力量、平台规则和数据、算法等技术手段，采取多种奖惩措施保障"二选一"要求执行，维持、增强自身市场力量，获取不正当竞争优势。

调查表明，阿里巴巴集团实施"二选一"行为排除、限制了中国境内网络零售平台服务市场的竞争，妨碍了商品服务和资源要素自由流通，影响了平台经济创新发展，侵害了平台内商家的合法权益，损害了消费者利益，构成《反垄断法》第十七条第一款第（四）项禁止"没有正当理由，限定交易相对人只能与其进行交易"的滥用市场支配地位行为。

根据《反垄断法》第四十七条、第四十九条规定，综合考虑阿里巴巴集团违法行为的性质、程度和持续时间等因素，2021 年 4 月 10 日，市场监管总局依法做出行政处罚决定，责令阿里巴巴集团停止违法行为，并处以其 2019 年中国境内销售额4 557.12亿元4%的罚款，计182.28亿元。同时，按照《行政处罚法》坚持处罚与教育相结合的原则，向阿里巴巴集团发出"行政指导书"，要求其围绕严格落实平台企业主体责任、加强内控合规管理、维护公平竞争、保护平台内商家和消费者合法权益等方面进行全面整改，并连续三年向市场监管总局提交自查合规报告。

资料来源　国家市场监督管理总局. 市场监管总局依法对阿里巴巴集团控股有限公司在中国境内网络零售平台服务市场实施"二选一"垄断行为做出行政处罚〔EB/OL〕.〔2021-04-10〕. http://www.samr.gov.cn/xw/zj/202104/t20210410_327702.html.

（二）《反垄断法》的主要特点

《反垄断法》的颁布和实施有利于预防和制止垄断行为，保护市场公平竞争，提高经济运行效率，维护消费者利益和社会公共利益，促进社会主义市场经济的健康发展。《反垄断法》吸收、借鉴了国际上公认的、较为成熟的反垄断法的基本内容和原则，反映了各国在反对限制竞争、维护竞争机制等重大问题上的共识。尽管如此，《反垄断法》特殊的"生长环境"决定了其在本质上与西方发达国家的反垄断法存在很大的不同。具体来说，这部法律主要具有以下两个特点：

1.《反垄断法》采取粗线条立法模式

我国是一个没有反垄断传统并鲜有反垄断执法经验的国家，采取粗线条立法模式不完全是无奈，其实在很大程度上这是一种积极的选择，不仅不宜把"粗线条"等同于不足甚至缺陷，而且还应当看到其积极的一面。无论如何，《反垄断法》本身都是我国法制建设过程中的一个标志性事件，在中国，所谓的"经济宪法"真的有了一个法典化的基础。当然，粗线条的立法必然会给法的实施带来一些问题，需要我们加快实施细则的制定工作和执法机构的建设工作。从一定意义上讲，《反垄断法》的颁布是中国反垄断法制建设的一个新起点。

2.尊重中国国情与借鉴国际先进立法经验相结合

我国的《反垄断法》不仅制止三大经济性垄断，而且还制止行政性垄断。前者表现为与国际通行规则相衔接，后者则是解决目前现实经济生活中的突出问题。现阶段我国仍处于体制转型期，反垄断立法无疑不能脱离转型期的特殊国情。更为重要的是，在立法过程中，《反垄断法》并未一味地迁就现状，而是尽可能地借鉴国际上一些较为先进的立法理念和制度安排。这突出地表现在微观制度的设计和构建上。例如，为节约执法成本和确保执法效果，引入了类似于行政和解的经营者承诺制度；为有效制止秘密卡特尔，借鉴了宽恕制度；在经营者集中部分，借鉴了国际上普遍采取的事先强制申报制度等。可以这样讲，目前的《反垄断法》几乎消化吸收了国际上所有可资借鉴制度的成功经验。

专栏2-4

具有公共属性的网络平台应更加开放

反垄断是今年两会的热词之一。2021年政府工作报告提到，"强化反垄断和防止资本无序扩张，坚决维护公平竞争市场环境"。这是对2020年中央经济工作会议基调的延续。2020年12月11日，中共中央政治局曾强调，强化反垄断和防止资本无序扩张，明确表示反垄断、反不正当竞争，是完善社会主义市场经济体制、推动高质量发展的内在要求。

中国平台经济在过去相对宽松和包容的环境下蓬勃发展，一方面给用户带来了诸多好处，即"一站式服务"的便捷体验；另一方面，随着平台经济发展日渐成熟，不少平台企业逐渐从规模快速扩张期转入资源掌控期，不规范竞争行为集中出现。例如，平台倚仗自己规模和资源聚集优势对创新造成"挤出效应"，甚至个别互联网平台之间还存在着恶性竞争的行为。如果长期放任这些乱象不管，市场最终将会强化平台的主导地位，弱化产品、消费体验等方面，损害消费者、商家乃至平台等多方利益。最近困扰消费者多时的老大难问题，如"二选一""大数据杀熟""算法合谋"等，就是在这样的环境下持续发酵的。

国外同样面对科技创新的互联网巨头发展带来的问题，欧洲通过GDPR（通用数据保护条例）、DMA（数字市场法）、DSA（数据服务法）等严厉的法律限制巨头的发展。美国在处理互联网头部企业的垄断问题上时松时紧，带有明显的党争色彩。从国家战略角度看，反垄断既考虑提升互联网产业市场竞争力、创新力，还兼顾国家的经济安全、政治安全和意识形态安全。

面对互联网平台这样的新兴业态，传统的反垄断规则对其具有不匹配性。通常判定是否存在垄断行为的一大特点是在"市场界定"上，因为只有划定好市场范围，才能确定经营者是否具有市场支配地位、是否有滥用行为等。但在互联网平台经济中，"市场界定"并不简单。由于规模经济是平台经济的重要特征，不同行业的最优市场结构不同，同行业在不同发展阶段的最优市场结构也不同，所以不能单纯从市场结构角度来考虑监管问题，而需要针对市场实际运行情况设定。

数据治理是互联网时代反垄断的重要内容。数据已经成为互联网时代最重要的社会资源之一，并被纳入五大生产要素，互联网垄断和数据垄断共生，针对数据治理是互联网反垄断的重要方向。互联网巨头掌握的海量数据导致其容易"滥用市场支配地位"，但是数据的权益、数据的管理、数据的保护等议题尚未得到根本解决。数据已经成为影响国家安全、政治安全、意识形态安全的核心要素，数据相关的治理成为全球共识。

那么，在竞争激烈的互联网时代，反垄断应该怎么做？在互联网平台的监管理念方面，要由"包容审慎"的监管理念转变为"科学创新"监管，即包含了积极监管、协同监管、审慎监管和依法监管。既需要进行分工监管，又需要形成监管的协同机制。依法监管是要实现监管的常态化，要坚持竞争、创新与消费者利益保护并重；在执法方式上，相关执法部门应能够以《关于平台经济领域的反垄断指南》为契机，针对互联网平台的垄断行为进行及时和科学执法，可通过个案树立典型的方式威慑平台的反竞争行为。同时执法要注意尺度和边界问题，避免从不监管、松监管的极端，走向过度监管、过严监管的另一个极端；从互联网反垄断监管的环境匹配角度，需要额外警惕竞争环境的封闭，避免平台的过度自我优待行为，保证中小企业产品有更平等的入市机会，为创新型小企业创造更好的生存空间。为构建互联网持续的创新环境，应促使系统开放，在现有知识产权制度、数据安全、个人信息保护等方面完善法律法规，划分数字化资源的政府监管、公共管理、企业管理和个人管理的边界，定义个人数据、企业数据、公共数据和国家数据的归属权益。通过这些举措的有效实施，以期实现一个充分竞争的互联网产业发展环境。

资料来源　高钰. 人大代表高钰谈反垄断：具有公共属性的网络平台应更加开放［EB/OL］.［2021-03-07］. https://finance.ifeng.com/c/84QEZ0LxoME.（作者有删改）

◆ 关键概念

垄断　寡头垄断　垄断竞争　X-无效率　卡特尔　串谋　不正当竞争行为限制竞争行为

◆ 复习思考题

1.理解完全竞争的定义及完全竞争市场均衡的特性。

2.垄断可能导致的福利和效率损失有哪些？

3.衡量可操作竞争程度的标准有哪些？

4.反托拉斯法规范的反竞争行为有哪些？

5.《反不正当竞争法》的主要内容有哪些？

6.试述各国政府在限制垄断实践中的成效和教训。

7.试述我国《反不正当竞争法》的主要特点。

8.论述我国《反垄断法》的主要内容。

9.搜集英特尔公司和AMD公司、高通公司和苹果公司之间的反竞争案例，比较两组公司反竞争行为的异同，你能从中得到什么启发？

10.结合中兴通讯屡屡受到的反竞争行为调查，为中兴通讯提点建议。

11.如何看待美国社交媒体巨头脸书的反竞争行为？你是否认为美国联邦贸易委员会对脸书发起反垄断诉讼是"政府惩罚优秀企业"？

思政专栏2-1

民生领域反垄断执法专项行动典型案例

即测即评2

第三章　自然垄断及其规制

→ 本章学习目标

掌握自然垄断的含义及特点，了解自然垄断经营产品的范围；理解政府对自然垄断的责任，掌握自然垄断的政府规制方式；了解发达国家自然垄断放松规制的实践，掌握发达国家自然垄断行业放松规制的启示。

◆ 本章知识结构

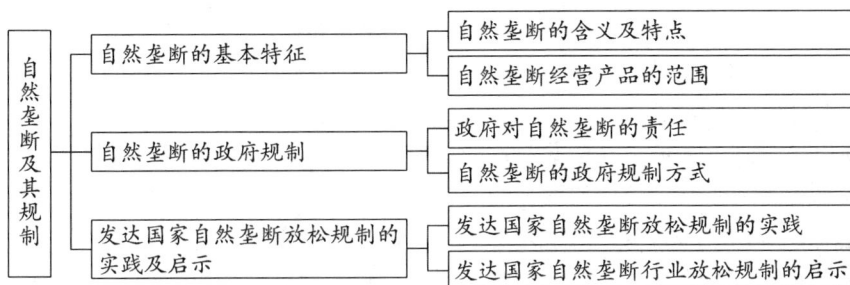

自然垄断是一种特殊的垄断类型，需要政府基于合理的目标进行规制，规制自然垄断与限制垄断立法存在本质区别。为此本章首先明确了自然垄断的定义、特点和自然垄断经营产品的范围；其次，分析政府为什么要对自然垄断进行规制，以及主要的规制方式和规制措施的利弊；最后，在研究发达国家放松自然垄断规制实践的基础上，明确其对中国的借鉴意义。

第一节　自然垄断的基本特征

一、自然垄断的含义及特点

（一）自然垄断的含义

所谓自然垄断，就是这样一种市场形态，在其中的行业规模经济效应非常突出，而且都需要投入大量资本才能开业，并且一旦资本投入，就"沉淀"在这个行业里很难再抽回。这种市场形态，经济学上叫"自然垄断"（natural monopoly）。另外，《马斯格雷夫经济学大辞典》指出自然垄断企业生产技术具有规模经济的特征，平均成本（AC）随产量的增加而递减，从而有效规模要求只有一个企业生产。这种垄断最大的一个特点就是递减的平均成本。

根据平均成本递减的特征，我们可以推导出自然垄断的以下两个特征：①由一家企业生产的成本小于分别由两（多）家企业生产的成本；②边际成本（MC）小于平均成本。自然垄断的经济特性如图3-1所示。

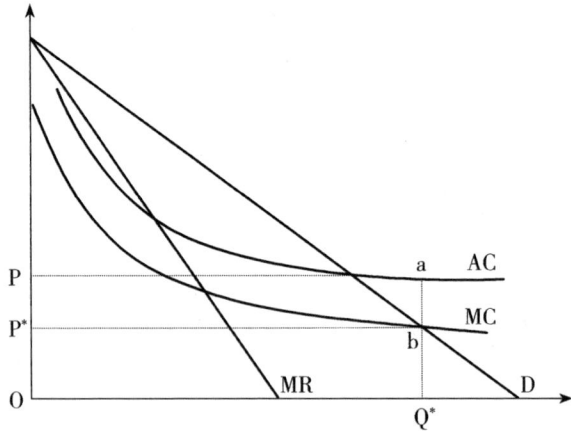

图3-1 自然垄断的经济特性

（二）自然垄断的特点

1.规模经济效应

规模经济效应突出是自然垄断行业的第一个特点。这里的规模经济效应，就是产品成本随着企业产量规模的增加而降低。由于规模经济效应的存在，在许多行业里，企业必须有一定的生产规模才能立足。但规模经济效应也不是无限制的，它取决于特定的技术条件和产品特征。有的行业，规模经济效应很有限，企业达到一定规模后就不再有规模经济效应，再扩大企业规模并不一定能降低成本，反而会失去经营的灵活性。例如，在服装行业，当厂商建立生产流水线成批大量生产一种式样的服装时，生产每一件服装的单位成本可能要比只生产十几件、几十件服装的小厂商要低廉很多。但如果服装的款式在迅速变化，小批量生产的厂商就有"船小好掉头"的优点。因此，在时装、维修服务之类的行业里，由于最佳经营规模较小，企业也以众多中小企业为主。有的行业，规模经济效应较强，大企业享有成本效益上的明显优势，生产就容易向少数大企业集中。例如，汽车、冶金、机床设备等行业的企业规模往往都很大。自然垄断行业是规模经济效应十分强烈的极端形态，平均成本总是随产量增加而降低，于是规模大的企业总是能够在生产成本上比规模小的企业占优势，最终规模最大的企业就可能击败所有对手，实现独家垄断。因此，自然垄断的特点是：独家垄断，效益最高。一个城市中，如果存在一家以上的电力公司，互相竞争业务，重复建设发电厂，重复架设输电网路，其浪费混乱的程度，是可想而知的。

2. 资本刚性沉淀

自然垄断行业的另一个特点是经营所需要的"沉淀资本"很多，这个特点也叫资本刚性沉淀。一个自然垄断行业外的厂商，很少有兴趣来取代自然垄断企业的地位；行业内也很难维持多家竞争的局面。当多家规模相近的私营企业在一个自然垄断的行业内相互自由竞争时，两败俱伤是最可能的结局。两个城市之间如果已经有一家铁路公司铺设了铁路，其他公司就不大会有兴趣再铺一条铁路与之竞争。因为一方面投资额很大，另一方面如果建设两条铁路可能会出现两条线路都吃不饱的结果。如果两家铁路公司真的在两个城市之间重复建设了两条铁路线，那么，由于它们都为了铺设铁路投下了数量可观的沉淀资本，它们每增加一个班次列车服务的边际成本，只包括修建铁路的沉淀资本以外的流动性开支，如车皮、燃料、乘务人员等。因此每增加一个班次列车服务的边际成本总是低于包含了沉淀资本投资的平均成本。所以，企业在短期内就有可能把运费价格一直压低到平均成本以下的价位来挤压对手。长此以往，两家企业都无法回收沉淀资本的投资，就会产生所谓的"毁灭性竞争"。要避免两败俱伤，大家都破产，只有结成垄断集团，共同经营。由此可见，这种市场形态中，独家垄断不仅是最有效率的，也是唯一稳固的产业组织形式。

3. 网络效应

人们一般将具有自然垄断性质的产业称为公用事业部门，包括电力、煤气、自来水、供热等产业和电信、广播、铁路、航空等产业的部分业务领域。它们大都具有特定的网络供应系统（如电网、路网、有线通信线路、燃气与自来水管道等），建设这些系统需要巨额的固定资产投资。对产业内厂商而言，由于固定成本在总成本中所占比重很高，当厂商扩大生产规模、提高产量时，单位产品的边际成本和平均成本将处于下降阶段，从而实现规模收益递增和多种产品间的范围经济收益。具有网络特征的基础设施还具有明显的网络外部性。对于这类基础设施，网络上的流量（交通、电力、通信信号等）对网络作用的发挥至关重要。网络上的流量将随着网络节点的增加呈几何级数增加。网络节点数量越多，边际投资收益越大。一般情况下，在同一区域内，单个公用事业公司经营规模越大，其经营效率也越高，因为公用事业运营要求具有复杂、统一、完备的产品分配传输网络系统。例如，在水、电、气等能源网络中，能源生产设备的能力能否充分发挥，取决于整个网络能源输送到千家万户的能力；而通信网络中任何一个终端能够获得的利益，都取决于整个网络中其他终端的数量，这种性质被称为网络外部性。

4. 社会公益性

自然垄断行业，如电信、电力、煤气、热力供应、供水、铁路、航空等基本上都与社会公众的生产、生活密切相关，需要为社会公众提供日常生活所需的基本服务，其服务质量的可靠性直接影响公众利益的实现，也影响整个社会秩序的稳定和经济发展。正因为这些企业所提供的服务和产品具有公益性，与公众和社会联系密切，所以它不能像市场中的竞争性企业那样完全以追求利润为目标，而应该以提供公共服务为追求目标。

二、自然垄断经营产品的范围

自然垄断产业提供的产品并非全部是自然垄断经营产品，只有通过自然垄断性业务领域提供的产品才是自然垄断经营产品。因此，我们首先要分析自然垄断性业务领域的边界，在此基础上讨论自然垄断经营产品的范围。

（一）自然垄断性业务领域的静态边界

从整体而言，电信、电力、铁路运输、管道燃气和自来水供应等产业都属于自然垄断产业，但并不等于这些产业的所有业务都是具有自然垄断性质的。因此，我们有必要讨论自然垄断性业务领域的边界。可是，学术界对自然垄断性业务的认识颇有争论。例如，对于电力产业来说，一些学者认为，电力输送（包括高压输电与低压配电）是自然垄断性业务，而电力生产（发电）则是非垄断性业务。因此，主张把这两大类业务活动进行分割，电力输送业务由单个公共企业或被规制的私人企业承担，而电力生产业务则由多家私人企业竞争性经营。但一些学者质疑配电是不是自然垄断性业务，他们认为，虽然电力产业具有同时生产与消费的特点，电力产品不能储存，也不能像其他许多产品那样可以到市场上去交易，电力的生产和消费需要通过电力输送来实现，这样从表面上看，配电是自然垄断性业务，但从美国的实证资料看，在20多个城市中有两个电力公司建立自己的配电网络，竞争性地提供电力服务，其结果提高了生产效率和分配效率，因此，配电并不一定是自然垄断性业务。

对电力产业是否属于自然垄断性业务领域的争论同样适用于电信、煤气、自来水和铁路运输等自然垄断产业，但从大量的文献资料看，至少到目前为止，多数学者认为，这些产业的输送网络业务属于自然垄断性业务范围。这是因为，这些业务领域需要大量固定资产投资，其中相当部分是沉淀成本，如果由两家或两家以上的企业进行重复投资，不仅会浪费资源，而且使每家企业的网络系统均不能得到充分利用，从而不能实现自然垄断的成本弱增性。成本弱增性是指当企业在生产中的规模扩大时，边际成本的增加速度相对较慢，即成本增长相对较弱。这种现象通常在自然垄断行业中出现，其中一个企业能够以较低的成本提供服务，而其他企业很难进入市场与其竞争。

（二）自然垄断性业务领域的动态边界

动态边界是指在不同时间和市场条件下，自然垄断产生和维持的程度。它可以随着技术进步、市场竞争和监管政策的变化而发生变化。在通常情况下，自然垄断在某个特定的市场领域中形成，其产生的原因可能包括规模经济、边际成本递减和市场准入壁垒等因素。这使得一个企业能够以较低的成本提供服务，并在竞争中占据有利地位。

随着时间的推移和技术进步，动态边界可以发生变化。新的技术可能降低了进入市场的成本，使得其他企业能够与自然垄断企业竞争。这种竞争可能导致自然垄断的动态边界向外扩展，自然垄断的程度减少。这在电信产业表现得特别明显。随着光缆技术的发展，利用卫星和无线电话技术，有线电视公司也能够提供传声和数据服务，这些都将使电信产业发生革命性的变化，从而为新企业进入电信产业，建立新的通信网络，向消费者提供比原有的电话通信网络质量更好、价格更低的通信服务创造了条件。这样，将来的电信产业模式并不是唯一的全国一体化的通信网络，而是由电话网络、有线电视网络、卫星和微波系统等其他技术所组成的多面体的互通网络，结果是大大缩小了电信产业的自然垄断性业务范围，其缩小程度和速度则取决于技术发展和应用的情况。在电力产业，技术进步对自然垄断性的电力输送业务也有一定影响，如"混合循环燃气轮机"技术改变了电力生产的规模经济优势，而且，它能超越电力输送网络直接向较大规模的顾客提供电力。在这些自然垄断产业中，因技术进步引起的自然垄断性业务领域的可变性，无疑为政府规制政策的制定带来新的难题，要求政策制定者不仅要考虑现时的产业状况，而且要预见技术进步将会对未来的产业状况产生的影响。

　　除了技术进步因素外，市场范围的变化也会改变自然垄断性业务领域的动态边界。例如，在经济发展水平较低的地区，电力、燃气、自来水、铁路运输等产业具有明显的地区性，尚未形成全国性的或较大范围的市场，这些产业在较小的地区市场上具有自然垄断性，通常由一家企业垄断经营。但随着经济发展水平的提高，这些产业的市场范围将不断扩大，当市场需求量超过成本弱增的范围后，这些产业的许多业务领域就不具有自然垄断性，应该由多家企业竞争性经营，从而使原来的垄断性市场结构或寡头垄断性市场结构转变为竞争性市场结构。这也是同一种产业（如电信、电力）为什么在经济发达国家和经济不发达国家具有不同的市场结构的一个基本解释。

　　此外，监管政策的变化也可能对自然垄断的动态边界产生影响。严格的监管措施可以限制自然垄断企业的市场行为，鼓励竞争，并降低自然垄断的程度。相反，放松监管可能使自然垄断企业更容易滥用其市场地位，导致动态边界的收缩。

　　因此，从上面的讨论中可以看出，无论从静态的角度还是从动态的角度，在特定时期内，自然垄断的业务领域总是具有相对的边界。重要的是，政府规制应根据本国的技术、经济状况，较为准确地把握具体产业的自然垄断性业务领域的边界，然后，对自然垄断性业务设计相应的政府规制政策。

　　（三）自然垄断经营产品的范围

　　研究自然垄断经营产品规制价格形成机制，不能回避自然垄断经营产品的范围问题。从上面对自然垄断性业务领域边界的讨论可见，几乎所有的自然垄断性产业既有自然垄断性业务，又有非自然垄断性业务。通常认为，自然垄断性业务是指那些固定网络性操作业务，如电力、燃气和自来水供应产业中的线路、管道等输送网络业务，电信产业中的有线通信网络业务和铁路运输产业中的铁轨网络业务，其他业务则属于非自然垄断性业务。从原理上讲，自然垄断经营产品就是由自然垄断性业务领域所提供的产品，但实际情况却复杂得多。以电力产业为例，电力产业包括电力设备供应、电力生产（发电）、高压输电、低压配电和电力供应等业务领域，其中只有高压输电和低压配电属于自然垄断性业务，而电力设备供应、电力生产和供应则是非自然垄断性业务。显然，由于电力设备可以独立地竞争性供应，因此，它不是自然垄断经营产品。而电力的生产、输配电和供应业务是一个连续的过程，虽然电力生产和供应业务不是自然垄断性业务，但要实现电力产品的最终消费，又不能缺少这种非自然垄断性业务。管道燃气和自来水供应产业也具有与电力产业基本相同的属性。因此，自然垄断经营产品更符合实际的定义是：自然垄断经营产品是必须通过自然垄断性业务领域才能提供的产品。也就是说，自然垄断经营产品通常是由自然垄断性业务领域和非自然垄断性业务领域共同提供的，但可以独立于自然垄断性业务领域提供的产品就不是自然垄断经营产品。现在，我们来考察对自然垄断经营产品的上述定义是否也适用于铁路运输等不同于电力产业的自然垄断产业。铁路运输产业的主要业务领域包括铁路线路建设、铁路路网操作业务、铁路物资供应、铁路运输机车车辆生产与供应等，其中，只有铁路路网操作业务是自然垄断性业务，其他业务都可以由多家企业竞争性生产经营，是非自然垄断性业务。而铁路运输产品必须由具有自然垄断性的铁路路网操作业务领域提供，虽然它和铁路物资供应业务有一定的联系，但与其他非自然垄断性业务没有直接的联系。因此，铁路运输产品也符合对自然垄断经营产品的定义。对于自然垄断经营产品，争论最多的是电信产业，从理论上讲，有线通信属于自然垄断性业务领域。有线通信包括国际、国内长途电话和市内电话，但由于通信技术的迅速发展，有线通信（特别是长途电话通信）领域的成本弱增范围不断缩小，到目前为止，长途电话业务已基本上成为非自然垄断性业务，因此，只有市内电话业务还基本属于自然垄断性业务。与此相适应，在电信产业，只有市内电话业务基本属于自然垄断经营产品。尽管长途电话通信必须通过发话方和受话方的市内电话才能实现，但长途电话服务一般不属于自然垄断经营产品。可见，对电信产业来说，自然垄断经营产品有一定的特殊性。而且，随着通信技术的进一步发展和电信体制改革的深化，广电网等也能提供市内电话业务，市内电话业务将来也有望成为非自然垄断性业务，那时，电信产业就不是一个自然垄断产业，也就不存在自然垄断经营产品。

综合上面的讨论，我们可以把自然垄断经营产品的范围概括为：在一定时期内，凡是必须通过自然垄断性业务领域提供的产品，一般都属于自然垄断经营产品。

二十大专栏 3-1

自然垄断规制、全国统一大市场与国企改革

党的二十大报告指出，要在"加快构建新发展格局，着力推动高质量发展"目标下，"构建高水平社会主义市场经济体制"，重点强调"深化国资国企改革，加快国有经济布局优化和结构调整，推动国有资本和国有企业做强做优做大，提升企业核心竞争力"，明确要"构建全国统一大市场，深化要素市场化改革，建设高标准市场体系。完善产权保护、市场准入、公平竞争、社会信用等市场经济基础制度，

优化营商环境",并指出需"加强反垄断和反不正当竞争,破除地方保护和行政性垄断,依法规范和引导资本健康发展"。因此,理解政府对自然垄断的责任和规制,可深入结合以上两个具体情境。

理解自然垄断规制与建设全国统一大市场之间的关系,首先需要理解自然垄断和市场竞争的关系。自然垄断由于高投入、技术复杂等行业特性,使得市场上只能有一个或少数几个供应商存在。在这种情况下,政府通常会进行规制,以防止垄断企业滥用市场地位,对消费者造成不公平的价格或服务质量。在建设全国统一大市场的过程中,政府和市场的关系从对立转变为互补和整合。政府的规制力度经历了"规制加强、放松规制和重新规制"的变化过程。在这个过程中,市场机制的引入成为重要的一环。这意味着,尽管某些行业可能存在自然垄断的情况,但是通过引入竞争机制,可以在保证公平公正的同时,提高市场效率。以中国的城市基础设施建设为例,其运营和管理模式也逐渐从政府主导转变为政府和市场共存。这种转变不仅有助于提高服务质量,也有助于实现资源的有效配置。因此,自然垄断规制与建设全国统一大市场之间的关系,可以看作是政府规制和市场竞争之间的平衡和整合。在实际操作中,如何在保证市场机制的同时,形成政府规制和市场竞争之间的互补和融合结构,以实现政府规制最小化和市场竞争最大化的最佳效果,是一个重要的理论和现实问题。

自然垄断规制与国企改革之间的关系可以从以下几个方面理解。在自然垄断与竞争机制关系解释上,自然垄断行业,如电力、水务等,由于其特殊性,往往由国有企业主导。然而,引入竞争机制可以提高效率,因此,国企改革往往涉及如何在自然垄断行业中引入竞争机制。例如,在电力、天然气、铁路、邮政、烟草等领域,允许适度的准入放松和价格竞争,则有利于提高资源的利用效率和供给侧的服务质量。在垄断规制与公共服务维度,自然垄断行业往往提供重要的公共服务,如电力、水务等。国企改革需要考虑如何在保障公共服务的前提下进行。例如,电力行业的改革需要考虑如何在提高效率的同时,保障电力的稳定供应。在规制改革与私有化关系理解上,国企改革涉及了一定程度上的私有化。然而,私有化后的自然垄断行业可能需要更强的规制,以防止滥用垄断地位。我们需要探讨自然垄断行业是否全要由国企主导。在垄断规制与效率视角,一些研究表明,提高效率更依赖于规制的形式,而不是所有权的形式。因此,国企改革需要考虑如何设计有效的规制机制,以提高自然垄断行业的效率。总的来说,自然垄断规制与国企改革之间的关系是复杂的,需要在引入竞争、保障公共服务、防止滥用垄断地位和提高效率等多个目标之间进行权衡。

第二节 自然垄断的政府规制

一、政府对自然垄断的责任

由于自然垄断的存在具有经济上的必然性,所以,政府就要承担两大责任:一方面，在自然垄断的行业中，政府要维持独家垄断的局面，以保证公众享有最低的生产成本；另一方面，政府要防止垄断企业滥用其垄断地位来攫取超额利润，损害公众利益。

政府维持垄断的责任是比较容易承担的，因为自然垄断行业本身就具有自然垄断的趋向。关键的问题在于在垄断规制条件下，由于特定的规制政策，使得该行业的盈利水平明显高于其他行业，从而引起投资自动流入自然垄断行业。比如在电信业发展之初，政府为了鼓励投资，为电信事业的发展筹集初始资金，允许电信部门收取高额的费用。这时，电信部门的盈利就明显高于其他行业，如果存在比较自由的投资环境，就可能导致资本自动流入电信行业，从而导致规模不经济。为了使电信服务做到公平，政府强制电信行业对边远地区的收费低于对城市的收费。这时，城市的收费就高于其成本支出，以弥补边远地区的高额成本低收费。如果不进行规制，他们就会只经营城市的电信以取得规制带来的高额利润。

政府的第二项责任就是规制自然垄断企业，使其既有效率，同时又保证其不滥用垄断地位。这个责任一般比较难以承担。对此，政府一般采取国有化的办法，由政府直接经营自然垄断行业，由政府任命的企业家来经营自然垄断行业。实行市场经济的大多数国家都采取这种办法。但是，这种做法会遇到一个难题：自然垄断是以盈利最大化为目的，还是以服务最大化为目的？假设国有垄断企业的经营原则是市场化的，那么产品的定价就会确定在边际成本等于边际收益的水平之上，这时就会产生上面所说的垄断利润侵占公众利益的问题。如果国有企业的宗旨是为人民谋取更大的福利，那么产品供给价格就应该确定在边际成本最低时的水平，这时消费者就可以享受到最低的价格，从而取得最大的消费者剩余。但是，由于沉淀资本的影响，自然垄断产品的最低边际成本必然低于平均成本。这样，国有企业就会处于亏损状态，政府不得不对其进行财政补贴，这时又只好把价格确定在平均成本的水平上。这样，企业不亏也不盈，既不存在垄断地位滥用的问题，也不存在巨额政府补贴的问题。但是，这样一来，就可能导致企业缺乏动力去降低成本，提高效益，长此以往，企业的平均成本就会大大高于一般情况下应该达到的水平，从而在实际上潜在地滥用了垄断地位。而且，国有企业常有的管理上官僚化的弊病，也会降低自然垄断行业的效益水平。

所以，在现代经济中，政府往往把自然垄断行业保留在私人企业手中，或者引入市场化的经营机制，政府则只是对这些行业进行规制，监督和规制这些行业的价格以及提供服务的质量，其方法不外是由政府确定服务数量和质量标准，同时由政府规制价格。

二、自然垄断的政府规制方式

（一）进入规制

在自然垄断产业，一般由政府对企业的从业资格、产品及服务的内容和标准进行审查和认证，从而确定一家或极少数几家企业获准享有特许经营权，并承担该产业的供给，而不能自由退出。从增进社会福利的角度，对垄断企业的进入规制一般采用以下三种具体方式：

1.对垄断企业实行国有化，由政府所有，并委托经理人员代理经营，使其不以追求利润最大化为唯一目标，而致力于提高社会福利水平

一般来说，国有化方式适用于相对较广的产业领域，能够较好地预防企业单纯追求利润最大化而忽视满足社会福利目标的偏向。但其缺陷是，在这些国有企业内部，存在复杂的委托代理问题，企业经理人员和员工往往缺乏有效地提高经营效率的激励和约束机制，从而导致经营效率低。西方国家20世纪80年代以后兴起的私有化浪潮中，相当一部分企业就是自然垄断行业中的国有企业。

2.采取授予特许权经营的办法，将垄断权力授予那些能够以更低的价格提供更优质服务的企业

这种规制方式一般是通过特许权投标方式确定经营企业的。这种规制方式能够有效改进企业内部的经营效率，但在实际投标过程中，易发生参与投标的企业相互串通和合谋的问题。同时，与潜在进入企业比较，在位企业具有信息方面的优势，难以保证投标过程中的有效竞争。此外，在竞标中失去经营权的企业，还面临着如何处置专用性资产的问题。

3.将一个全国性垄断企业分解为若干地区性企业，促使这些企业展开区域间竞争，而政府则可依照优秀企业的经营成就来监控其他地区企业的经营状况，刺激其他企业提高其内部经营效率

这种规制方式虽然可以对低效率经营企业施加较大的竞争压力，但它的有效性是以完全信息为前提的，也就是说，此种规制方式要求政府拥有企业在高效经营下的成本信息和服务信息。现实中信息的分布是不对称的，政府在有关信息的占有方面并不比企业有更大的优势，并且，各个地区性企业也不处于完全相同的地理及供求环境中，在这种情况下，政府很难监控、诱导企业将经营成本降至最低水平。

（二）价格规制

1.价格水平规制的目标

对于自然垄断行业而言，价格规制是政府规制的核心内容，价格水平的高低，不仅影响着企业的生产经营行为和生产经营效果，也直接关系到资源配置效率和社会分配效率。因此，价格水平规制的目标主要有四个方面：一是优化资源配置；二是促进社会分配效率；三是激励企业生产；四是保障企业利益。

价格水平规制的第一个目标是优化资源配置。从社会层面看，价格的资源配置功能是市场经济赖以依存和运行的基础，它要求价格既要反映商品的价值，又要反映其供求关系。在完全竞争市场中，通过市场机制的作用，会形成一个合理的价格水平，使得资源实现高效配置。但在自然垄断行业，其垄断的市场结构决定了几乎不存在竞争或竞争很弱，市场机制难以发挥作用，合理的价格水平就需要通过政府

规制来实现。自然垄断行业涉及自来水、电力、电信、燃气、交通运输等产业部门，从生活角度看，这些行业与人民群众生活紧密相连，关系到国计民生；从生产角度看，它们又属于基础设施产业，直接影响到其他各行各业的生产经营状况，对整个国民经济的发展有着举足轻重的作用。也正因为如此，这些产品或服务的价格水平对整个社会的资源配置效率有重大影响。一个不争的事实是，中国是个缺水的国家，特别是北方省份，更是严重缺水，但在生产生活中，水资源的浪费现象却又十分惊人，没能高效利用。究其原因，价格水平不合理是其中一个重要影响因素。类似现象在电力、燃气等其他自然垄断行业也不同程度地存在。总之，我们必须将优化资源配置作为价格水平规制的重要目标，这一点是价格水平规制成功与否的关键。

价格水平规制的第二个目标是促进社会分配效率。调节社会分配是价格的另一个重要功能，价格水平不仅影响到生产者和消费者之间的福利状况，还影响到不同生产者之间的成本收益状况。自然垄断行业的显著特征是规模经济性，一般由一家或少数几家企业垄断经营会具有更高的生产效率。这样，生产企业如果不受政府规制，就会凭借其垄断地位成为市场价格的制定者，通过垄断价格获取垄断利润。垄断利润的来源根据用户不同可分为两部分：一是直接来源于把自然垄断产品作为最终消费品的消费者，表现为消费者由于接受垄断价格而造成福利的损失；二是来源于把自然垄断产品作为要素投入的其他生产者，垄断价格会造成这些生产者成本上升，使其蒙受部分损失，另一部分损失则可以通过提高产品价格的方式转嫁给消费者和另外的生产者，转嫁程度取决于产品的特性。由此可见，如果自然垄断行业存在垄断高价，就会造成社会分配效率的扭曲，而且其影响不是一次性、单方面的，而是多层次、全方位的，会进而影响整个国民经济的社会分配效率。这就要求政府对自然垄断行业的价格水平进行规制，以促进社会分配效率。

价格水平规制的第三个目标是激励企业生产，提高生产效率。在缺乏竞争的自然垄断行业，企业改善经营管理和推动技术创新的动力不足，缺乏降低成本、提高生产效率的压力。根据哈维·雷本斯坦（H.Leibenstein）的"X-无效率"理论，在垄断企业的组织内部，也存在着资源分配的非效率性，即"X-无效率"。雷本斯坦认为，企业不是由一个单纯的群体构成的，而是由实业家、白领和蓝领等集团共同组成的组织。处在竞争性市场上的企业，为了争得生存的条件，企业内的各集团会团结一致去提高效率。但垄断市场上的企业则不同，由于它享有垄断利润，使企业的长期存在没有大的外来威胁，因此，企业内部各集团的行为就会偏离企业利润最大化这一目标，而在组织内部追求各集团本身的利益，致使企业的效率下降。关于这一点，也可以从中国某些自然垄断行业国企改革中得到证实。一些非垄断性业务（如燃气行业中的瓶装液化石油气业务）在垄断企业内部长期亏损，需要政府大量补贴；从企业中分离出去面向市场后，则连年减亏，很快就扭亏为盈。政府对自然垄断行业的规制，就是要通过一定的规制政策与措施，建立一种类似于竞争机制的激励机制，以刺激企业提高生产效率。因此，价格水平规制作为一种重要的规制手段，就是要在一定程度上激励企业优化生产要素组合，充分利用规模经济，不断进行技术和管理创新，努力降低成本，提高质量，实现生产效率最大化。

价格水平规制的第四个目标是保障企业利益，维护企业发展潜力。自然垄断行业大都属于基础设施行业，从供给角度看，具有投资额大、投资回收期长的特点；从需求角度看，这些行业对整个国民经济健康运行和平稳发展有着重大影响，而且随着经济发展，对这些行业的需求有加速增长的趋势。为了保护企业投资的积极性，满足国民经济对自然垄断行业日益增长的需求，政府在制定价格水平时要充分考虑到两个方面：一是补偿企业成本，这是维持企业简单再生产的基本条件；二是保障企业合理的利润水平，使得企业具有一定的自我积累、增加投资、进行扩大再生产的能力。

总之，优化资源配置、促进社会分配效率、激励企业生产和保障企业利益共同构成了自然垄断行业价格水平规制的目标体系。它是政府制定自然垄断行业规制价格的主要经济依据，也是进行价格规制政策分析的重要工具。其中，第一个和第二个目标是从社会层面考察的，其实现程度的高低也是社会所关心的，因而属于社会目标。第三个目标虽然是从企业层面考察的，但并不是企业真正关心的目标，事实上，企业并不希望有更多的竞争压力，其实现状况仍然是社会所关心的，也属于社会目标。第四个目标是从企业层面考察的，也是企业所关心并力求实现的目标，因而属于企业目标。很显然，社会目标和企业目标虽并非统一关系，但也不完全对立，它们之间是对立统一关系；而且在社会目标内部，各目标之间也是对立统一关系。这就要求政府在制定自然垄断行业规制价格时，既要考虑社会目标，又要考虑企业目标，协调好各目标之间的关系。

专栏 3-1

宽带价格 3 年降 90% "提速降费大礼包"有啥亮点？

"加大网络提速降费力度，实现高速宽带城乡全覆盖，扩大公共场所免费上网范围，明显降低家庭宽带、企业宽带和专线使用费，取消流量'漫游'费，移动网络流量资费年内至少降低 30%，让群众和企业切实受益，为数字中国、网络强国建设加油助力。"2018 年的政府工作报告再次送出网络提速降费"大礼包"，赢得民众一片叫好。中国为何大力推动网络"提速降费"？"提速降费"又展现出哪些亮点和意义？

一是网费"减"出获得感。7 月 1 日前全国取消流量"漫游"费、移动网络流量资费年内至少降低 30%……细心的民众会发现，今年全国网络"提速降费"制定的目标非常具体，这展现出中国政府在"提速降费"问题上的决心和信心。事实上，过去几年，中国提速降费已经交出一份亮眼的成绩单。据工信部部长苗圩表示："提速降费3年以来，国内宽带用户的单价下降90%，移动通信客户的单价下降83.5%。去年9月1日，备受全国人民关注的手机长途漫游费也终于取消。"

据统计，截至2017年12月，我国手机网民规模已达7.53亿人，网民人均周上网时长提高至27小时。由此可见，网络生活已经成为中国人日常生活中至关重要的部分，而提速降费则有效降低了社会总成本，带给人民群众更多实实在在的获得感。比如，从2014年底到2017年底，用户使用1GB流量的平均费用已从139元降到了23元。流量费用做"减法"，使中国人能在更大程度上从网络生活中获得便利，进而使生活质量获得看得见的提升。

二是网速"加"出竞争力。在提速降费问题上，中国集中力量办大事的制度优势再次显现。今年政府工作报告刚一定下目标，中国网络三大运营商均做出表态，将坚决贯彻落实国家有关提速降费政策要求和工作部署，积极采取相应措施，把提速降费作为重点工作全力推进。对于企业而言，"提速降费"虽然在网费价格上做了"减法"，但从长远来看，却是做了"加法"，提升了企业竞争力。

事实上，"提速降费"以来，中国基础电信企业并没有因为提速降费而减少收入。相反，从2014年到2017年，中国电信业务收入增速从-1.6%增长到6.4%。原因为何？资费降低带动使用量的增加，使得电信企业的总收入实现了增长。数据显示，从2014年底到2017年底，中国平均每个用户每月流量使用量从209M增长到1.7GB。降费带来的需求量增加有效带动了电信企业总收入的增加。同时，"提速降费"还在一定程度上促使通信行业转型升级。网速快慢、资费高低是人们选择和评价通信运营商的重要依据。在"提速降费"的大背景下，运营商之间的竞争日益激烈，创新能力、服务质量、经营模式成为谁能胜出的关键，这也有效带动了通信行业的升级。

三是经济"乘"出高质量。从本质上说，中国推动网络"提速降费"的举措，植根于深刻的社会基础和发展逻辑。目前，中国经济由高速增长阶段转向高质量发展阶段，在供给侧结构性改革进程中，数字经济在优化中国经济发展结构，促进各大产业转型升级方面扮演着重要角色。

而"提速降费"不仅惠及千家万户，更会促进数字经济发展，发挥"乘法效应"，将网络强国建设不断推向前进。数据显示，过去3年，提速降费有力地带动了信息消费和数字经济的蓬勃发展。截至2017年，中国信息消费总额达2.2万亿元，同比增长22%；数字经济规模达27.2万亿元，占GDP的比重达32.9%。而大数据、人工智能、5G等新技术新业务新业态的加速落地，则进一步将中国数字经济发展推向世界前列。作为光纤覆盖全球最广、光纤宽带用户总量及占比全球最高的国家，中国需要通过"提速降费"来最大限度发挥网络基础设施优势，以此促进数字经济的发展。同时，"提速降费"还有效促进了中国传统产业的转型升级。以制造业为例，2017年11月发布的《国务院关于深化"互联网+先进制造业"发展工业互联网的指导意见》指出，要推动网络改造升级提速降费，面向企业低时延、高可靠、广覆盖的网络需求，大力推动工业企业内外网建设。如今，"提速降费"大力推动国内工业互联网的建设，从而为促进传统产业转型升级、加速智能制造发展、打造制造强国创造了有利的技术环境。

资料来源 卢泽华. 宽带价格3年降90% "提速降费大礼包"有啥亮点？[EB/OL]. [2018-04-05]. http：//www.xinhuanet.com/2018-04/06/c_1122643111.htm.（作者有删改）

专栏 3-2

火车票背后公共产品的定价机制

火车票的市场化定价的背后是对铁路资源的分配，一个不可忽略的前提就是它们始终是作为公共物品出现的。火车票定价既不能完全依照有多少服务就产生多少价格的市场化定价，亦不能像之前铁道部说多少就是多少的行政垄断化定价。同样，针对火车旅客多以社会底层为主应该适当降价的观点，公共物品也不能因社会关系的界定而产生价格区分，刻意制造社会不公。

其实不仅仅是火车票定价，日常生活中水、电、气、成品油等公共物品的定价，之所以会产生争议，背后都是公共资源的国有垄断。由于绝对垄断带来的对社会最优福利的偏离，人们希望找到一个合理的管制价格降低社会支付成本，从而使得公共物品社会效益最大化，增加社会福利水平。

在这个过程中，纯粹化的行政定价和市场化定价都已经被历史和现实否定。像火车票这类资源走向一定程度的市场化已是必然，于是这类公共物品的定价既要追求利润最大化，也要追求社会效益最大化。这便意味着，政府行政不能包办一切，在政府或者国有垄断企业必须承担的公共职责之外，则要尽可能发挥市场的作用：一方面要发挥市场价格对供求关系的调节作用，以抑制浪费；另一方面要使供给者之间形成有效的竞争。

但铁路又与水、电、气这些公共物品有一点区别，那就是不管是自由竞争还是垄断，需求曲线和供给曲线在短期之内都是没有大变化的。那么，一方面铁道部的垄断地位应该被打破，引入一定程度的市场竞争；另一方面，从公共物品产权归社会公众来说，必须让社会公众拥有一定的定价权。进而，铁路经营信息必须公开，让一张火车票背后哪些属于公共财政承担，哪些属于社会市场盈利，二者之间有个明确界限划分，在此基础上完善公共物品补偿机制并引入市场供需服务定价原则和社会公众的价格听证，推进政企分开，建立公正的监管机构，如此公共物品方能有一个让社会各方都能接受的价格。

资料来源 佚名. 火车票背后公共产品的定价机制 [N]. 山西晚报，2013-01-16.

2.价格水平规制目标与定价方式的选择

自然垄断行业的价格水平规制目标与定价方式有着密切的联系，在选择定价方式和价格水平时，不仅要兼顾社会目标和企业目标，还要充分考虑社会目标内部各分目标的实现情况。

（1）企业自行定价方式

在没有政府干预的条件下，企业根据利润最大化原则，会按照边际成本等于边际收益来确定价格水平，如图3-2所示。

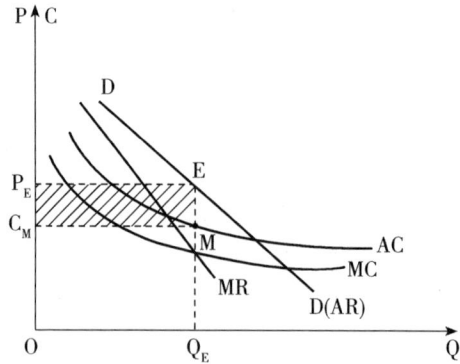

图3-2 企业自行定价方式

图3-2是一个标准的垄断企业所采取的定价方式，也是典型的垄断价格形成图。企业根据自身利润最大化的原则 MR=MC 选择定价方式，MR 和 MC 的交点 M 所对应的需求曲线上的点为 E，由 E 点可确定该垄断企业的价格水平为 P_E，相对应的产品或服务供给量为 Q_E。从长期看，P_E 会高于平均成本 AC，企业将具有超额利润，即总收益 OQ_EEP_E 减去总成本 OQ_EMC_M，为图中阴影部分 C_MMEP_E。在这一定价方式和价格水平下，企业目标会很好地实现，但社会目标实现情况则不够理想。一方面，P_E 的价格水平较高，使得部分消费者剩余转化为生产者剩余；另一方面，Q_E 的产量水平也低于竞争的产量水平，导致供给不足。同时，企业可以通过垄断价格获取超额利润，创新动力不足。也正是因为这些社会目标无法实现，政府需要对价格水平进行规制，使得价格低于 P_E。我国的电信行业，在该行业改革之前比较接近于这种定价方式，虽然政府制定了价格，但企业可以通过价外加价和变相涨价，如初装费（出资者在产权结构中不享有任何权利的特殊现象）、高额的月租费、强售话机、降低服务质量等方式提高价格，引起公众强烈不满。

（2）边际成本定价方式

选择何种方式定价才能使社会目标更好地实现呢？根据经济学基本原理，为实现促进社会分配效率目标，应当是边际成本曲线 MC 与需求曲线 DD（平均收益曲线 AR）的交点决定的规制价格水平，从理论上讲能保证分配效率，如图3-3所示。

在图3-3中，由于自然垄断行业具有显著的规模经济，在较大范围内平均成本曲线 AC 向右下方倾斜，则必然有 AC>MC。按 MC=AR 来决定价格水平，边际成本曲线 MC 与平均收益曲线 AR 相交于 E′点，价格为 P_1，供给量为 Q_1。此时，企业就会发生亏损，亏损总额为阴影部分 $P_1E'AC_A$。

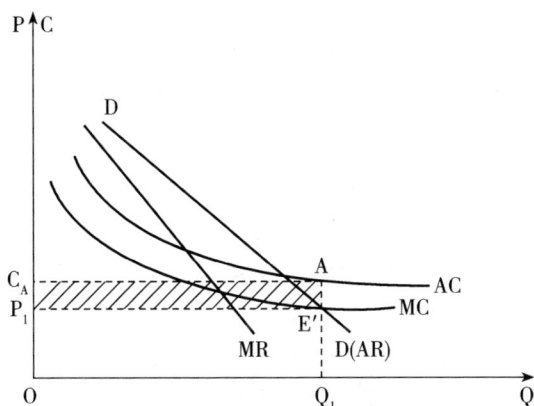

图 3-3　边际成本定价方式

很显然，在这一定价方式下，自然垄断行业的价格水平很低，产量水平较高，但是否能说明规制目标实现得更好呢？

从保障企业利益目标看，因为企业亏损而使得这一目标是根本无法实现的。企业无论如何努力降低成本，亏损也无法消除，且企业产出越多，亏损额也越大，所以同样无法实现激励企业生产的目标。从优化资源配置目标看，由于价格过低，很难避免自然垄断行业产品在使用过程中的"浪费"现象，从而降低了使用效率。特别是诸如自来水和管道燃气等以自然资源为基础的行业，过度消费甚至会影响到国民经济长远的持续发展。在这一价格水平下，"从理论上讲能保证分配效率"也是值得怀疑的。要使这一定价方式得以实施，企业亏损部分 $P_1E'AC_A$ 必须得到补偿，否则，企业将退出生产，而愿意且能够补偿亏损的，只能是财政补贴。这样，这一定价方式就是"低价格+高补贴"模式，无疑社会福利也会重新分配。生产者由于获得财政补贴而并未蒙受损失，甚至于因无须承担经营风险和降低成本的压力而受益；政府可以通过提高税率或改变财政支出结构，仍然保持"取之于民，用之于民"，也不会受损；消费者却因享受低价而获得了更多的消费者剩余，且消费量越大，获利越多。表面上看，社会福利增加了，社会分配效率提高了，果真如此吗？

其实，遭受损失的是纳税人和没有消费自然垄断产品的其他群体。纳税人的损失表现为两个方面：一是因政府提高税率而缴纳更多的税收；二是因政府改变财政支出结构，使得其他方面社会福利减少。没有消费自然垄断产品的其他群体，是指没有直接消费的群体，或者直接和间接消费量较小的群体，其损失是享受社会福利的机会不均等和因政府改变支出结构而导致的其他方面社会福利的减少。而且这部分群体往往是低收入或弱势群体，比如，对城市公用事业的补贴，农村居民就不能从中获益。从这个角度看，这种定价方式非但没有促进社会分配效率，反而很有可能导致分配效率的降低。

在实践中，使用"低价格+高补贴"的定价方式也存在诸多困难。对于企业来说，其利润的多少并不取决于成本的高低，而是取决于财政补贴的幅度。这就会使企业把精力较多地用于争取到更多的财政补贴上，而不是用于提高生产效率上。对政府而言，不但会增加政府的财政负担，也增加了发生"政府规制俘虏"问题的可能性；同时，由于信息严重不对称，政府很难掌握企业的生产经营状况，无法准确了解合理的补贴额是多少，产品定价和补贴数额最终会取决于双方的讨价还价能力。我国的城市自来水、管道燃气等行业，在这些行业改革前比较接近这种定价方式，结果是企业低效率、职工高工资、政府高补贴，早已到了不得不进行大幅度改革的地步。

就像很难说清改革前的城市燃气行业和电信行业哪一个更优一样，"低价格+高补贴"的定价方式是否比企业自行定价更优也很难回答，但可以肯定的是哪一种都不优。

（3）平均成本定价方式

在没有政府干预的条件下，企业自行定价会导致过高的垄断价格，边际成本与平均收益决定的价格又过低，能否在两者中间找出最优的定价方式呢？用平均成本曲线 AC 与平均收益曲线 AR（需求曲线 DD）来决定价格水平，或许能缓解这一矛盾，如图3-4所示。

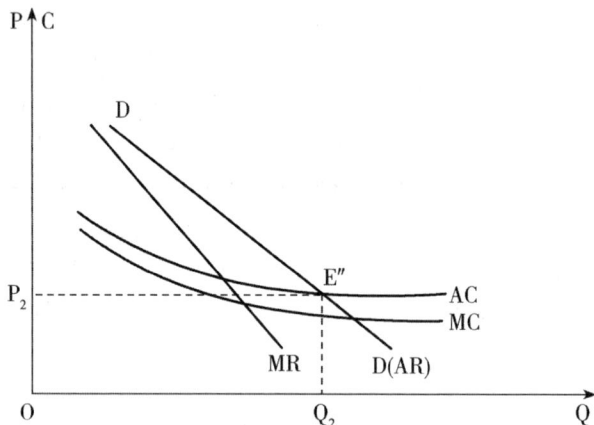

图3-4　平均成本定价方式

图3-4中，平均成本曲线 AC 与平均收益曲线 AR（需求曲线 DD）相交于 E″点，决定的价格水平为 P_2，供给量为 Q_2。P_2、Q_2 与前面所讨论的两种定价方式相比，均为其中间值，即 $P_E > P_2 > P_1$，$Q_E < Q_2 < Q_1$。

显然在 P_2 的价格水平下，企业既不存在超额利润，也不存在亏损，且能够获得正常利润（AC 是包括正常利润在内的平均成本曲线），保障企业利益目标较好地实现。

优化资源配置和促进社会分配效率目标实现程度较高，但并不能得出完全实现的结论，而且对于不同的行业而言也不尽相同。例如，自来水和燃气行业只计算了生产经营过程中实际发生的成本，自然资源（如地下水、煤、天然气等）是无偿使用的，这是否合理本身就有一个价值判断的问题。如果说地下水在其能够自动补给的范围内，无偿使用可以认为是合理的话，那么超过其自我恢复的能力，使其从可再生资源变成不可再生资源，这样的生产经营就有很强的负外部性，社会成本巨大，显然是不合理的。这对于煤、天然气等非再生资源具有同等的意义。单从这个意义上讲，已经不能说明优化资源配置和促进分配效率的目标充分实现。但相对于前两种定价方式而言，其实现程度更高一些。第一种定价方式是高价，只对生产者有利；第二种定价方式是低价，只对部分消费者有利。两者共同的特点是资源的无偿使用更多地惠及某一特定群体，而且并非弱势群体。

至于激励企业生产，提高生产效率目标，在这一定价方式下，也不能很好地实现。由于按平均成本定价，企业不需降低成本就能获得正常利润，缺乏提高生产效率的动力。同时，由于严重的非对称信息，企业可能会通过虚报成本以提高价格。为解决这一问题，在实践中应注意以下三个方面：一是尽可能多地了解有关企业生产经营的信息，以确定真实的平均成本；二是价格水平必须与生产效率提高相联系，迫使企业降低成本；三是价格水平规制要与其他规制手段相结合。例如，将产品或服务质量与规制相结合，以防止变相涨价现象。

从以上分析可以看出，对自然垄断行业价格水平进行规制，并不存在理论上的最优定价方式和价格水平，其主要原因是规制目标多元化，且涉及价值判断问题而无法量化，不同的人、不同的群体会给不同的目标赋予不同的权重。作者认为按平均成本定价更优一些，这是基于综合考虑这些目标的实现情况，包括个人的价值判断得出的结论。

3.自然垄断行业价格规制方式

（1）投资回报率规制。其目的是确保自然垄断企业在提供服务的同时，能够获得合理的投资回报，同时保护消费者利益和公共利益。从理论上看，按照产品或服务的边际成本来确定规制产业的价格，是一种理想方式，能够实现帕累托最优。但这种方法在自然垄断产业难以执行，因为这些产业具有明显的规模经济效应，如果按边际成本定价，价格就会低于平均成本，企业面临亏损，从而没有动力提供供给。尽管政府可以运用税收对企业进行财政补贴，但却可能导致企业缺乏有效的激励去提高内部效率。若在成本递增行业采取边际成本定价，又无法消除企业的超额利润。因此，对于自然垄断产业通常采取平均成本定价方式，即允许企业在正常运营成本的基础上，获取一个合理的或公正的资本收益率。在平均成本定价中，关键是确定公正报酬率（fair rate of return）。由于自然垄断企业的资产（V）一般由借贷资本（D）和自有资本（E）构成，因此，资产的公正报酬率（φ）需要通过确定借贷资本和自有资本的合理比率，以及确定借贷资本的合理利率（i）和自有资本的合理利润率（ρ）来决定，即：

$$\phi = D/V \times i + E/V \times \rho \tag{3.1}$$

其中，D/V、E/V属于企业资本结构变量，只要资本市场健全，企业融资行为合理，规制部门不必进行过多干预。这样，确定公正报酬率实际上可简化为选择合理的借贷利率i和利润率ρ。一般情况下，受规制产业的固定资产比率较高，借入的长期资本在负债中所占比重较大，因而借贷利率i一般以资金的长期借入利率来计算，而自有资本的利润率ρ则选取长期资金的存款利率。用企业资本总值C乘以

公正报酬率 φ，就可以确定受规制企业合理的资本收益水平，从而也就为制定企业规制价格提供了依据。

投资回报率规制需要在平衡公共利益和企业的经济可行性之间进行权衡。如果投资回报率过低，可能会减少企业对投资的积极性，从而影响服务质量和创新能力。因此，在制定和实施投资回报率规制时，政府需要仔细考虑市场环境、行业特点和公共利益的权衡。

（2）拉姆士定价（Ramsey pricing）。最初由英国经济学家弗兰克·拉姆士（Frank P.Ramsey）提出。它是当企业按照边际成本定价将会出现亏损时，采取的一种次优的定价方式，即在保证企业可以实现收支平衡的前提下，达到社会福利的最大化。考虑一个特定的企业用共同的设备向需求价格弹性各不相同的多个用户提供服务时的情况，假设各个用户的需求相互独立，需求方程记为 $P_i=P（Q_i）$，供给量为 Q_i，总的固定成本为 F，平均成本与边际成本相等，均为 C，这时，拉姆士定价为：

$$P_i=\frac{C}{1-R/|\varepsilon_i|} \tag{3.2}$$

式中：$R=\lambda（\lambda+1）$；λ 为拉姆士系数，ε_i 为需求的价格弹性。

其中，拉姆士系数是通过计算价格与边际成本之间的差异来衡量市场垄断程度的。具体地说，拉姆士系数等于（价格-边际成本）除以价格。这个系数的取值范围在0到1之间，其中0表示完全竞争市场，1表示完全垄断市场。当拉姆士系数接近于0时，意味着市场更接近于完全竞争，价格接近于边际成本，垄断程度较低。相反，当拉姆士系数接近于1时，表示市场更接近于完全垄断，价格远高于边际成本，垄断程度较高。

根据拉姆士定价公式可以看到，只要充分考虑用户对固定成本分摊的接受程度，针对用户不同的需求价格弹性，确定相应的价格，仍能够在保证企业收支平衡的前提下，实现社会福利的最大化。但在现实操作中，由于各种服务的边际成本和需求价格弹性的有关信息不易获得，因此，这种定价方式的实际应用价值并不大。

（3）收费结构规制。它是规制机构根据企业提供服务的时间、对象、数量及成本上的差异，调整相应的收费标准，使收费体系更趋公正、合理。这种收费方式又可分为"线性收费"和"非线性收费"两种方式。线性收费是指收费价格（或收益）与需求量之间存在线性关系，对每单位需求量制定同样的费用标准，或者在一定的期限内不考虑使用量，仅按固定额度收费。非线性收费是指根据用户的需求量、使用时间、仪表计量以及生产设备的利用状况（即负荷率）等方面的差异，制定相应的收费标准。非线性收费包括以下几种具体方式：

① 两段收费。所谓两段收费，即"二部定价"收费，它是指厂商先向消费者收取一笔固定费用，而后再按商品或服务的消费数量收取相应费用的方法。两段收费在实践中得到广泛应用，例如，前面所说电话公司先按月份收取月租费，然后再按用户通话次数、通话时间收取通话费用；乘坐出租车也是先支付起步价，然后再按超出里程数付费。在实践中，两段收费的定价方式可细分为：单一两段收费和多

种两段收费。前者是指厂商向所有的消费者统一收取相同的固定费用和边际费用；后者是指厂商向不同的消费者提供一个可供选择的消费组合菜单，菜单上列有不同的两段收费安排，消费者可以依据自己的需求和偏好进行选择。

② 高峰负荷收费（peak-load pricing）。由于自然垄断产业的生产和配送能力一般是按高峰期的需求设置的，这些设备在非高峰期时，会出现大量闲置，倘若按同一标准收费，会降低设备的利用效率，造成成本分摊的不合理。因此，有必要针对高峰和非高峰的需求状况，设计相应的收费结构。

③ 服务成本收费（cost-service pricing）。它是根据提供各种服务所发生的个别成本进行收费，使收费水平与用户所需承担的成本相一致。这种收费方式的实行，要求规制部门掌握每位用户的成本信息，以便制定相应的收费标准。用户收费的不同能够反映用户获取服务的个别成本的差异，因而体现了公平的原则。

假设自然垄断产业的总成本包括三部分：一是可变成本（VC），它的大小取决于企业提供服务的数量，如原料、燃料的投入；二是固定成本（FC），它的大小与服务的数量无关，如厂房、生产设备与建造网络供应系统等方面的费用；三是用户成本（CC），这专指在每位用户家中发生的费用。假设产业的总供给量为Q，单个用户的使用量为q_i，用户成本为C_i，且总供给量等于总需求量，于是单个用户的服务收费为：

$$P_i = VC \times q_i + FC \times (q_i/Q) + C_i \tag{3.3}$$

这种收费方式要求规制部门必须掌握每位用户的成本信息，以便制定相应的收费标准。对每位用户收费的不同，能够完全反映用户获取服务的个别成本是来自供给方面的差别。它虽然本身不是价格歧视，但在实际操作中具体分摊成本时存在较大的随意性，很难保证公平的实现，并成为在自然垄断行业产生价格歧视的诱因。

（4）价格上限规制。它是20世纪八九十年代以后，伴随着激励规制理论的兴起而出现的一种价格规制方式。英国从1984年即开始在自然垄断行业使用这种规制方式。如果说传统的合理报酬率定价或服务成本定价是一种成本加成机制的话，那么，价格上限定价就是一种固定价格机制，实际上是一种存在道德风险时的剩余索取合同。在价格上限规制合同中，被规制企业的平均价格上限一般被做如下限制：

$$P_t = P_{t-1} [1.0 + (RPI - X) \div 100] \tag{3.4}$$

式中：P_{t-1}为基准价格；RPI为物价上涨率；X为规制机构规定的生产率上升率。可见，价格上限规制就是在一般物价上涨率中扣除预先设定的该产业生产率上升率，在此基础上，加上被允许的价格转嫁费用的上升率，在此范围内允许价格上涨的规制。在这里，对企业所能控制的费用而言，规制能够促使企业生产率的提高；而对于难以掌握的企业费用，则允许企业进行价格转嫁。在企业生产率上升的成果中，X为消费者所保留，超过X的部分为企业所获得，只要不超过所限定的平均价格上限，企业就可以自由变动限定范围内的各项产品或服务的价格。

相对于传统的服务成本定价，价格上限规制主要有以下优点：它增强了企业降低成本、提高效率的激励；由于单项服务的价格确定具有较高的自由度，因而可以形成有效的收费体系；通过减少规制所必需的信息等，可以降低规制成本；预先明确了生产率提高的成果分配方式；由于预先确定了更新规制的时间，使长期性、计划性的经营活动成为可能；规制实施手续的透明度增加，等等。但价格上限规制在实施过程中也暴露出一些问题：第一，规则常常被变更，并且规则的更改时间或 X 的设定往往以企业的利润为基础，这就影响了激励效率。第二，价格上限通常是在某个有限的时间内定义的，对合同的动态问题（如新服务的出现以及现有服务的逐渐取消等）的处理尚不完善。第三，对于不确定条件下的价格权重难以估计。完全信息条件下的价格上限的权重等于实际产出数量，但在成本、市场需求和竞争对市场份额影响不确定时，就很难对权重做出符合社会最优的估计。第四，它忽视了对非线性价格的处理。理论上人们只把线性价格包括在价格上限中，而实践中存在许多非线性定价的情况。为便于监督价格上限的执行，规制机构往往忽视这些情况。

尽管价格上限规制在实施中还存在以上缺陷，但它毕竟使政府规制部门对规制问题的思维方式发生了深刻的变革，并使自然垄断行业的规制更充分地体现了效率的要求。因而，这种规制方式目前在美国、日本等国家的某些公用事业也开始得到推行。

4.目前中国的价格规制办法

目前我国对垄断性行业的价格规制办法，名义上是采用规制报酬率的办法，定价的原则是补偿成本加合理利润，实际上是一种有特殊含义的"价格下限制"或没有限制。

首先，补偿成本加合理利润的定价办法，并没有对企业的利润率水平进行限制，利润率多高算合理，没有明确的数字标准。所谓合理利润水平只是一个大概数字，不存在明确的约束。

其次，补偿成本加合理利润的定价办法，没有对企业的经营成本进行严格约束，成本如何构成，标准如何确定，没有具体规制办法，没有计算的法定依据。规制机构不可能对每个企业的成本都进行监督，也不可能对其十分了解，所以最后结果是，垄断企业上报的成本是多少，成本就是多少。补偿成本加合理利润的定价办法对定价的另一个主要因素——成本——实际上也没有约束。

垄断企业享受高利润要受到社会谴责，而且在国有体制下，高利润要上缴国家财政，留下的部分也要成为国有投资资本，高利润并不会给国有垄断企业带来整体上的利益。但是，高利润会给国有垄断企业的主要管理者带来政治上的利益，所以，国有垄断企业的领导一般都喜欢有一定的盈利。在保证一定盈利的同时，国有垄断企业谋求本企业利益的主要办法是多列成本，提高企业职工的工资福利待遇，多安置本企业员工的家属就业，将垄断企业的一部分盈利用于其他领域投资。这样，增加的成本全部进入价格，成为价格的一个主要构成部分。

垄断企业的发展需要一定资金，所以，在价格构成中，还包括为保证未来发展需要的资金部分。未来发展需要的资金也没有明确的数字标准限制，垄断企业是在本行业内部发展还是走出本行业到其他领域发展也没有限制。直接结果就是垄断企业效益好就多留发展资金，效益不好就少留或不留发展资金。

目前垄断企业价格水平没有上限，也没有利润率控制，最低下限是保证不亏本。采用的是不限制成本的、由成本决定最低价格的倒逼定价方法。可以说，目前我国的垄断性行业价格水平表面上受到严格规制，要由政府直接定价或制定指导价，实际上没有控制，因为定价没有明确的方法，不知道成本到底是多少，哪些成本是合理的，哪些是不合理的。定价没有明确的成本基础而且要保证盈利，于是便出现了定价绝对向企业倾斜的价格下限制和没有限制，不管成本多高都不受限制而且要盈利，盈利多少没有限制，基本上是多多益善。

专栏 3-3

我国电价规制发展历程

1949—1978 年：计划经济时期

1950 年，中国成立电力行业管理局，初步形成了以中央领导为主、地方领导为补充的政企合一的垂直电力管理体制。1976 年前，根据水利部发布的《电热价格通知书》，全国实施电价统一定价。政府持续对电力工业进行高度集中统一管理是基于当时整个社会电力缺乏的时代背景，与当时计划经济体制相呼应，电价决定权主要掌握在国家手中，由国家来进行宏观调控，价格波动比较小。这种电价形成机制在一定程度上缓解了当时我国供电不足的矛盾，但其弊端也是显而易见的：计划电价使得价格脱离内在价值，企业不能按照成本制定价格，会降低电力企业经营效率及生产积极性，限制电力发展，最终导致供电不足的恶性循环。

1979—2001 年：过渡时期

以 1985 年为分界点，大致可以将这段时期划分为两个阶段。从电力产业体制角度来看，1985 年以前，政府将之前下放给地方的电力管理权上收，由中央机关进行管理，以期缓解之前权力下放产生的供电不足矛盾。从 1996 年起，我国电力工业管理体制迎来了里程碑式的历史转型期，以 1998 年国家电网公司成立为标志，我国电力工业管理体制正式告别计划经济时代，开始向社会主义市场经济体制迈进。

从电价定价角度来看，1985 年以前，我国普遍实施单一价格，以 1985 年 4 月国家经济委员会、国家计划委员会、水利电力部、国家物价局发布的《关于鼓励集资办电和实行多种电价的暂行规定》为标志，我国电力行业进入了分类定价阶段。1985 年之后，我国进入工业经济发展黄金时期，工业较发达地区的每日用电量出现了极大的波动，一些地区率先针对用电量波动采取了分时电价定价策略。1994年，我国在全国范围正式推行分用户、分时段定价方式，标志着我国正式进入了组合电价时代。1997 年国家又出台了全国统一销售电价目录，实现了地区指令性电价与指导性电价并轨。

2002 年至今：向完全市场化演进

2002 年 4 月国务院发布《电力体制改革方案》，标志着我国电力行业定价正式告别政府定价、进入市场竞价新时代。在《方案》中，国家明确提出电价改革十六字方针，将电力行业纵向分为发电、输电、配电、售电 4 个环节，电力价格由原来的政府定价模式转为市场竞价模式。2003 年国务院印发了《电价改革方案》，将上述 4 个环节涉及的价格区分为上网电价、输配电价及销售电价三大类别，并规定位于供应链两端的发电及售电价格采用市场竞价模式，中间环节输电及配电继续采用政府定价模式。2005 年国家发改委会同有关部门，针对以上三大类电力价格分别制定了《上网电价管理暂行办法》《输配电价管理暂行办法》《销售电价管理暂行办法》，标志着我国电力行业定价市场化进程向深入推进。

现阶段，我国电力行业定价模式已经较为规范，定价种类也呈现多样、灵活的特点，市场上常见的定价种类除了一部制、两部制、三部制定价外，还有分时定价和季节性定价等。尽管如此，目前我国电力定价中仍然存在许多矛盾和缺陷，包括市场定价机制尚未有效形成、部分业务领域行政垄断力度过大、控制体系和控制专业化水平有待提高、产业组织间利益博弈与产业组织矛盾突出、电价调整滞后于市场供求形势等。作为定价依据的能源成本无法充分体现发电及消耗的资源成本，这可能影响竞争在价格形成中的作用发挥。

资料来源　佚名. 我国电价规制发展历程［EB/OL］.［2018-10-09］. https：//www.toutiao. com/a6610062173777429005/.（作者略有删减）

5.价格规制的负面影响

政府规制自然垄断行业的办法，与政府在非自然垄断行业中促进竞争的政策形成强烈对比：一个是限制价格，限制新企业加入，保护现有大垄断企业的独占地位；另一个是防范企业限制价格竞争和阻碍对手自由进出的合谋垄断行为，保护促进竞争。出发点都是要维护增进公众福利，但手段方法却截然不同。当然，规制的目的是好的，但这并不保证政府规制没有负面影响。

首先，各种限制价格的方法都可能使企业对消费者的需求不敏感，对提高服务质量和降低成本不感兴趣。

其次，企业的投资行为可能因实行收益率法基础上的价格规制而扭曲。由于合理收益率的估算基础是投资额，规制下的企业就可能有意使用资本密集程度高的生产技术，人为扩大投资额和经营额的比例，使投资收益率看起来偏低。这就是所谓的"阿弗奇-约翰逊效应"（Averch-Johnson effect）。"阿弗奇-约翰逊效应"指的是在对公共事业进行监管时，当监管机构允许公共事业企业以成本加成的方式确定价格时，这将导致企业过度投资的现象。另外，当技术发生进步时，企业的账面资本额高于其实际资本额。规制下的企业就会试图人为地拉长资本折旧期限，避免风险性的技术革新投资，以利用旧资本压低账面上的收益率。这就是所谓的"福来姆效应"（Flemm effect）。这种现象的出现可能是因为企业在规制环境下面临一定的不确定性和风险。由于技术进步可能需要大量的投资和产生大量的风险，企业可能会选择延长资本折旧期限，从而延迟对新技术的投资和更新。通过这种方式，企业可以继续使用旧资本，并在账面上保持较高的收益率，而不必承担新技术带来的不确定性和风险。

最后，经济规制的成本不可忽视。不但政府要花费人力物力监督企业经营，企业经理也要应付政府的审查和烦琐的司法程序。经济规制的效果往往并不像原先设想的那样理想。造成这种"规制无效现象"的原因可能有几种：一是负责规制的官员缺乏有关企业真实营业成本的可靠信息，在专业知识上和信息拥有方面，都比不上私营企业的经理人员。二是可能因为很多负责规制的官员，本身与被规制的行业有千丝万缕的关系：他们有的是在该行业中有工作经验的专业人才，有的打算将来去私营企业中发展，因此总要为自己留好后路。因此这些人其实并不能真正代表公众利益。三是这些企业的垄断价位本身并不高，规制不规制其实都一样。当然这种可能性似乎较小。

第三节　发达国家自然垄断放松规制的实践及启示

一、发达国家自然垄断放松规制的实践

（一）英国电信业自然垄断的放松

电信业是典型的自然垄断行业。1980年以前，英国的电信市场一直由英国邮政局垄断。近十几年来，英国的政府部门致力于放开电信市场，鼓励竞争。特别是在1984年以后，电信市场空前发展，电信业务量迅速增长，业务范围不断扩展。如今，在移动电话、终端设备、各种增值业务等方面，消费者都有了很大的选择余地，对电信的多种需求也得到了满足。

1981年，英国通过《电信法》将英国国营电信公用事业从邮政局中分离出来，1982年又成立英国电信设备审批委员会。英国电信公司独家垄断电信市场的局面被打破，特别是麦可瑞公司被允许建立第二个基本电信网，与英国电信公司竞争。1983年，英国政府又卖掉持有的51%的英国电信公司的股份，使英国电信公司成为一个股份有限公司。同时成立了对电信市场进行管理的电信办公室（OFTEL）。这个机构是政府对电信业进行规制的部门，其主要职责包括：向全英国提供通信服务，满足所有的正当需求，特别是紧急通信服务、公共电话亭服务、提供通信地址服务；保证通信服务经营者有财力从事其经营活动。另外，英国《电信法》还规定了8个指令，以实现下列目标：促进在英国的消费者、购买者和其他使用者的利益；促进高效率竞争；促进效率与经济性；促进研究与开发；促进海外电信企业在英国开展通信业务；促进提供国内通信服务；通过提供通信服务和设备，促进英国企业的国际竞争力。此后几年，许多公司相继获得了经营电信业务的许可证，蜂窝网络、移动无线网、无线寻呼增值数据业务等领域都予以放开。

1991年，英国政府对"两家垄断市场政策"进行审查并发表《竞争与选择：20世纪90年代的电信政策》白皮书，认为应该结束两家垄断市场的局面，准许其

他新的电信运营商在英国与英国电信和麦克瑞公司进行竞争。同时宣布准许外国的电信公司进入本国市场。1993年，授予Ionica公共电信公司运营许可证，准许其建立全国性的无线系统，在本地环路方面与BT竞争；随后，又相继授予6个公司从事公共电信公司运营的许可证。英国政府还将所持有的英国电信公司的股份全部卖掉，使英国电信公司真正成为一个社会公众公司。1996年，英国政府宣布废除在国际简单再出售业务（ISR）方面要求对端条件"同等"的规定。现在英国的ISR业务准许通达所有的国家和地区，尽管有些国家尚未开放ISR业务。同时，英国政府在有线电视领域也采取了放松进入规制、鼓励竞争的政策。

尽管英国政府放松了电信业的进入规制，但并不意味着对电信产业不再实施规制。电信办公室就是对电信业进行规制的机构。它除了对申请加入电信产业的企业资格进行审查以外，还对电信业的价格进行规制，主要是采取最高限价的方法，以确保电信服务价格的合理性和公平性。该机构还对电信企业间的联网、通信设备的供应、企业间的兼并等事项进行协调。

英国电信业的放松规制，尤其是放松进入规制的进程有一个特别的地方，即它是与国有企业的私有化一致的。通过出售国有的英国电信公司，实现了对电信产业的进入放开，促进了竞争，提高了企业效率，使英国电信市场成为世界上最为开放的电信市场。

（二）美国航空业的放松规制

美国民用航空局（Civil Aviation Board）在1938年成立后，40多年一直负责对航空产业的规制，包括对新航空公司的进入限制、对新航线的审批、对航空业务推出的限制以及规定航空价格等。1978年，美国通过了《航空放松规制法案》（Airline Deregulation Act），决定撤销民用航空局，大多数限制条件被取消或者变得宽松。从1982年起，所有符合基本条件的公司都可以自由地进入航空业。1983年，所有的价格限制全部取消，航空公司可以根据自己的经营状况自由定价。

美国航空业的放松规制，不仅进入规制和价格规制全部取消，而且连规制机构也撤销了。但这种放松规制所放松的只是经济性规制，也就是放松对进入、价格等影响企业决策的限制，而安全管理职能转移给美国联邦航空局（FAA）。FAA作为美国的航空监管机构，负责制定和执行航空安全标准、规章和指南，以保护公众的安全。它继续承担着监督航空公司、航空器运营商和其他相关实体，确保他们遵守安全规定和要求的责任。放松规制前后，航空安全管理并没有发生大的变化，仍然保持着高标准和严格的要求。

从放松规制的效果看，美国航空业的放松规制并不是完美无缺的，可以说利弊皆有。在航空票价方面，有统计表明实际价格下降了，但实际票价并不都比受规制时的计划价格低。规制使长途的票价昂贵，并形成相对不灵活的价格结构。价格规制放松后，各航空公司的票价折扣表现出很大的弹性，让消费者有了更大的选择余地。短途票价相对长途票价比原来提高了，从而使短途旅客遭受损失。在较小的城市间没有折扣的票价提高了，但是折扣票价对旅客和航线方面还是占较大的比例。

放松规制后，航空企业的装载率明显提高，装载率提高使得企业生产效率提高，资源得到有效的利用。另外，企业员工的劳动生产率比原来也有大幅提高。尽管有些航空公司被其他企业兼并，但是总体而言，航空企业的财务状况比规制时期有所改善。

（三）日本铁路的放松规制

日本的铁路业长期以来被"日本国有铁道"（简称国铁）垄断经营，其主要任务是执行国家的运输政策，重点建设干线网络，同时还要在财务、会计、人事等方面脱离行政管理机制，引入民营企业的经营机制，进行有效率的经营。在价格方面，基本的客、货运费比率由1954年制定的《国铁运费法》规定，其他价格的制定也须报运输大臣认可。在进入规制方面，虽然没有明文规定限制其他企业的进入，但是实际上，只有国铁的法律地位是得到认可的，可以在全国开展业务，而私营的铁路企业只能在地区内运营。

然而，随着日本产业结构的转变，国铁已越来越不适应新的经济条件。亏损额日益扩大，政府财政补贴日益增加。到国铁解体前的1987年，政府的财政补贴总额已达到74 000亿日元。

为了解决国铁的困难局面，日本政府于1987年4月对其进行了分割和民营化改革。首先，将客运业务与货运业务分开，把不盈利的货运业务独立出来，在全国设立一个统一的货运公司——货运铁路株式会社（简称JR货运）。其次，按照不同地区客流量的基本统计，即95%以上的旅客在各地区内部流动，将客运业务按照地区进行分割，使公司管理层能够根据市场需求的特点及时做出决策，从而提高了经济效率。分割后的日本铁路企业由原来的完全国有，变为国家持股，完全采用民间企业的经营机制，在市场经济中参与竞争。

放松规制后的日本铁路企业与原来相比发生的主要变化是：第一，业务量扩大。由于这些企业积极扩大服务范围和领域，提高服务质量，使得客、货运输量稳步增长。第二，成本下降，劳动生产率提高。改革后的铁路企业充分调动劳动者的积极性，并采用新技术，降低成本，提高经营和管理效率，使得劳动生产率得到很大提高。第三，收支状况改善。自从国铁各公司分立以来，运营收入年均增长率达到6.2%，是国铁过去5年内年均增长率的1.63倍。各公司的盈利不断增加，利润从1987年的1 520亿日元，上升到1990年的3 880亿日元，不仅扭转了亏损的局面，而且还偿还了各公司所承担的长期债务。1990年，这些铁路公司还向国家上缴公司税1 510.6亿日元，减轻了国家财政负担。第四，铁路企业形象改观。国铁改组后的各铁路企业为了吸引消费者，努力提高服务质量，增加顾客对企业的满意程度，服务态度大为改观，在消费者心目中的形象得以改善。

二、发达国家自然垄断行业放松规制的启示

改革开放以前，我国自然垄断产业完全由政府控制，无论是价格制定还是进入经营，完全由政府决定。改革开放以后，特别是随着市场经济体制的逐步建立，我

国自然垄断行业的改革也在逐步进行，并在电信、电力等行业取得明显进展。总结发达国家放松政府规制的经验，结合我国自然垄断行业改革的实践，可得到以下启示：

第一，在自然垄断产业，实现政企分开是我国公用事业改革的关键。在我国，政府对铁路、运输、通信、电力、煤气和自来水供应等属于自然垄断的行业长期实行垄断性经营，这是一种政企合一的行政性垄断。行业经营的主要业务完全由中央政府和地方政府操纵，政府承担了规制政策的制定者、监督者和具体业务的垄断经营者的三重角色。在这种体制下，某一政府部门控制着某一自然垄断行业，享有其高额垄断利润。针对这种状况，我国自然垄断行业的改革单纯靠放松政府规制是远远不够的，关键是要解决好政企职责分离的问题，将政府从自然垄断行业的垄断经营者的角色退出来，成为对这些行业进行规制的规制者。这些行业应由原来的行政性垄断行业转变为真正意义上的自然垄断行业。只有在这个前提下，才谈得上进行政府放松规制的改革。

第二，在自然垄断行业，要注重引入新的竞争者，形成寡头垄断经营的产业运行格局。西方国家放松规制的一个重要方面是放松进入规制，允许新的企业进入自然垄断行业，与原来的企业进行竞争，以提高企业经营效率。这一点对我国自然垄断产业的改革具有重要借鉴意义。1994年，国务院批准成立中国联通公司，其目的就是通过形成第二家电信运营商，打破邮电部门独家垄断电信市场的格局。实践证明，双寡头垄断竞争格局的形成，提高了我国电信市场的服务水平和运营效率。在实施进入规制放松的初期，考虑到新进入企业与原有企业所处的市场地位、竞争实力等方面存在的差异，政府应采取"非对称规制"策略，对新进入者实行相对宽松和优惠的政策，尽快培植其竞争实力，同时严格监督和限制在位企业的排他性竞争行为，维护竞争秩序。

第三，要注意自然垄断性业务与非自然垄断性业务的分离。传统自然垄断理论和政策对传统自然垄断性产业不做环节和业务上的区分，笼统地将存在网络供应系统的行业全都视为具有自然垄断性，这种认识是片面的。比如说，电力产业中的输电和配电环节存在规模经济效应，是自然垄断性业务，而发电环节则属于非自然垄断性业务，完全可以采取竞争性供给；铁路运输业的网上客、货承运业务与路网建设及管理也具有不同的性质，不存在自然垄断性；电信业中的市话和长话网络的建设和运营是自然垄断性业务。区分这两类业务，目的是深入到各个产业内部，在自然垄断性业务领域实施进入规制、价格规制等，而在非自然垄断性业务领域建立竞争性市场结构，实现多个厂商的竞争性经营。

第四，建立独立、专门的监督规制机构。美英日各国政府在实施垄断企业规制改革时都组建了独立、专门的机构。独立的规制机构正是适应国际上对垄断产业放松规制的潮流而出现的。政府的管制是有成本的，政府要花费大量的人力和物力对企业进行监督，企业也要应付政府的各种手续繁杂的检查，却往往不能取得满意的管制结果，相反会出现管制无效现象。更主要的是，自然垄断产业虽然都实行企业化管理和经营，但却与政府有着千丝万缕的联系。因此，深化自然垄断行业规制改革应从重塑政企关系入手，切断监管部门和自然垄断企业之间的利益纽带，使监管者能真正站在社会大众的立场上行使权力。就我国的实际情况而言，可以在相关政府部门内设立相对独立的监管机构，主管部门负责政策制定而监管机构负责独立地进行监督，从而更好地对我国的自然垄断企业实施规制。

第五，建立、健全有关法规，通过法制建设，促进自然垄断行业改革的深入。我国转型时期自然垄断行业改革的主要目的是打破行政性垄断，引入有效竞争机制，其结果将导致行业内厂商数目的增加和竞争性的增强。要达到这一目的，继续沿用传统的行政指令显然是不行的，应通过市场竞争方式和法律手段来规范自然垄断行业的竞争行为，除了应坚决贯彻实施《反垄断法》等综合性法律之外，还应制定、实施、修改和完善《电信法》《航空法》《电力法》等与某一特定自然垄断行业相关的法律，使自然垄断行业的改革和发展走向法治化、规范化的轨道。

◈ 关键概念

自然垄断　自然垄断经营产品　拉姆士定价　两段收费　福来姆效应　阿弗奇–约翰逊效应

◈ 复习思考题

1. 自然垄断有哪些特点？
2. 政府对自然垄断的规制一般有哪几种形式？
3. 价格水平规制的目标是什么？
4. 自然垄断行业价格规制的方式有哪些？
5. 价格规制的负面影响体现在哪几个方面？
6. 举例说明，如何确定自然垄断产品的经营范围？
7. 结合我国自然垄断行业改革的实践，谈谈发达国家放松规制对我国的启示。
8. 结合联通混合所有制改革，谈谈政府对自然垄断行业的规制如何才能更有效率。

思政专栏 3-1

深入推进支付领域反垄断工作

即测即评 3

第四章　提供公共物品

◆ **本章学习目标**

理解公共物品的定义，掌握公共物品的特性及分类，理解如何辨别公共物品，了解一些重要的公共物品；掌握提供公共物品的重要性，了解"搭便车"行为，会用博弈论解释私人提供公共物品低效率的原因，理解公共物品由市场提供的缺陷；理解公共物品有效供给的庇古均衡，会进行公共物品有效供给的局部均衡分析和公共物品最优供给的一般均衡分析；了解政府提供公共物品的必要性，理解公共物品需求与私人物品需求的差别，掌握政府提供公共物品的方式和范围，掌握政府提供公共物品的效率及解决效率低下的对策。

◆ **本章知识结构**

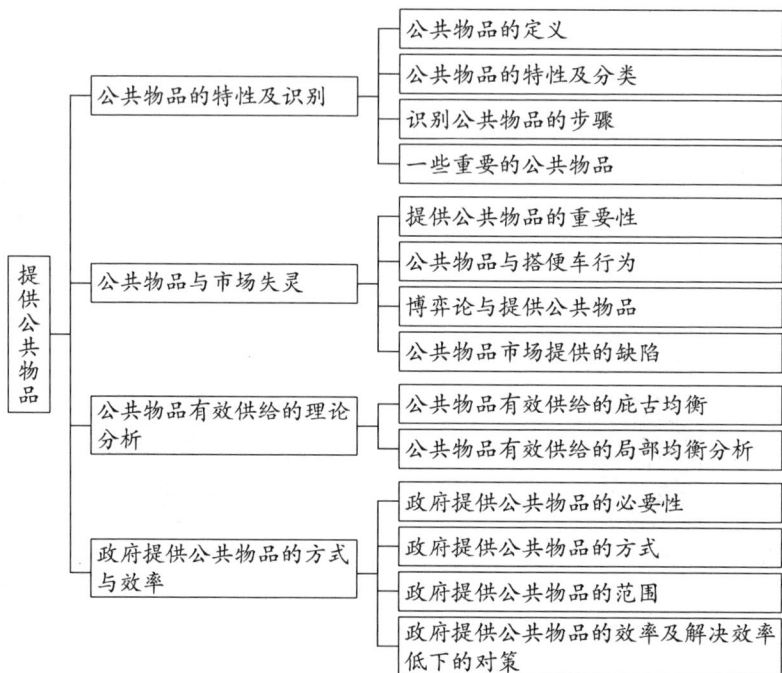

提供公共物品	公共物品的特性及识别	公共物品的定义
		公共物品的特性及分类
		识别公共物品的步骤
		一些重要的公共物品
	公共物品与市场失灵	提供公共物品的重要性
		公共物品与搭便车行为
		博弈论与提供公共物品
		公共物品市场提供的缺陷
	公共物品有效供给的理论分析	公共物品有效供给的庇古均衡
		公共物品有效供给的局部均衡分析
	政府提供公共物品的方式与效率	政府提供公共物品的必要性
		政府提供公共物品的方式
		政府提供公共物品的范围
		政府提供公共物品的效率及解决效率低下的对策

公共物品理论是政府经济学的核心理论，它所要回答的问题很多。比如：什么

是公共物品？究竟应该生产多少公共物品？在一个社会中什么是公共物品与私人物品的最佳组合？投入品如何在公共部门与私人生产部门之间进行最佳配置？一个完全竞争的市场能够满足公共物品提供的最优条件吗？对于一个既有公共物品又有私人物品的社会来说，什么是经济达到一般均衡的必要条件与充分条件？政府如何合理而有效地提供公共物品以解决市场失灵？在本章，我们将要对上述问题进行考察。

第一节　公共物品的特性及识别

一、公共物品的定义

公共物品的严格定义是萨缪尔森在《经济学与统计学评论》（Review of Economics and Statistics）1954 年第 11 月号上发表的《公共支出的纯理论》（The Pure Theory of Public Expenditure）中给出的。按照他的定义，纯粹的公共物品是指这样的物品，即每个人消费这种物品不会导致别人对该物品的消费的减少。

萨缪尔森所定义的公共物品是不同于公共所有的资源（如草原、石油等）的。纯粹的公共物品是指任何一个人对它的消费不会减少别人对它的消费的物品，而草原、石油资源就不是这样。为了仔细辨别公共物品与公共资源的区别、辨别公共物品与私人物品的区别，经济学家提出了"非排他性"（non-exclusiveness）与"非竞争性"（non-rivalness）这两个概念。

纯粹的私人物品与纯粹的公共物品的区别可以由下列定义看出：

对一种私人物品来说，

$$X_j = \sum_{i=1}^{n} X_j^i \tag{4.1}$$

式中，商品 X_j 的总量等于每一个消费者 i 所拥有或消费的该商品数（X_j^i）的总和，这意味着私人物品是能在消费者之间分割的。

对一种纯粹公共物品来说，

$$X_{n+j} = X_{n+j}^i \tag{4.2}$$

这就是说，对于任何一个消费者 i 来说，他为了消费而实际可以支配的公共物品 X_{n+j}^i 的数量就是该公共物品总量 X_{n+j}，这意味着公共物品在一组消费者中是不可分割的。

二、公共物品的特性及分类

（一）公共物品的特性

一是非排他性。在一种纯粹的私人物品上，所有权使物品的所有者能唯一地拥有对该物品的享受权；而在一种纯粹的公共物品上，排他性就被打破了。非排他性，即在技术上没有办法将拒绝为之付款的个人或厂商排除在公共物品的受益范围之外，或者说，任何人都不能用拒绝付款的办法，将其不喜欢的公共物品排除在其享用品范围之外。例如国防，一旦形成了国防体系，提供了国防服务，要想排除任何一个生活在该国的人享受国防保护，是非常困难的。即使拒绝为国防费用纳税的人，也仍然处在国家安全保障的范围之内。而私人产品则必须具有排他性，因为只有在受益上具有排他性的产品，人们才愿意为之付款，生产者也才会通过市场来提供。

二是非竞争性。当一种商品增加一个消费者时，其边际成本等于零，这种商品被称为消费上具有非竞争性。消费非竞争性的商品的例子有：不拥挤的桥梁、非满载的火车客厢和未饱和运转的计算机等。这种消费上的非竞争性同样来自商品的不可分性。增加一个消费者时，在上述商品还未达到充分消费时，则不用增加生产的可变成本。

公共物品的定义决定了它具有消费上的非竞争性，因为所谓公共物品具有以下属性：增加一个消费者不会减少任何一个人对该物品的消费量。然而，一个物品在消费上有非竞争性，不一定保证它有非排他性。比如，火车与桥梁都是具有非竞争性的物品，但只需加一个简单的设备，如通过的门，它们就具有排他性了。

公共资源是指满足以下两个条件的自然资源：一是这些资源不为哪一个人或企业组织所拥有；二是社会成员可以自由地利用这些资源。这两个条件决定了公共资源具备"竞争性"的特点，但同时却不具备"排他性"的特征。因此，公共资源是一种具有非排他性，但消费上具有竞争性的物品，不是纯粹的公共物品。

（二）公共物品的分类

（1）根据公共物品的性质分类，可分为：

纯公共物品（如国防、外交、环保、基础研究等）；

准公共物品（如能源、通信、教育、广播电视等）。

（2）根据公共物品的表现形式分类，可分为：

有形的公共物品（如公共设施、公园、路灯等）；

无形的公共物品（如法律、公共政策等）。

（3）根据公共物品的提供机构分类，可分为：

国有公共物品（如国防、外交、全国性的法规等）；

地方公共物品（如城市基础设施、地方性法规等）；

私有公共物品（如职业教育、娱乐设施等）。

（4）根据公共物品的受益人分类，可分为家庭、社区、地方性、全国性和全球性公共物品。

专栏4-1

全球文明倡议是新时代中国为国际社会提供的又一重要公共产品

全球文明倡议是继全球发展倡议、全球安全倡议后，新时代中国为国际社会提供的又一重要公共产品。倡议着眼于推动文明交流互鉴、促进人类文明进步，为推动人类现代化进程、推动构建人类命运共同体注入强大正能量。

2023年3月15日，中共中央总书记、国家主席习近平在北京出席中国共产党与世界政党高层对话会，并发表题为《携手同行现代化之路》的主旨讲话，系统阐述了中国共产党关于探索现代化道路的认识，提出了全球文明倡议，表达了中国共产党愿同各国政党一道，推进具有本国特色的现代化事业、促进全球文明交流互鉴、推动构建人类命运共同体的真诚愿望，展现了中国共产党直面人类共同挑战的政治勇气和责任担当，为推动世界现代化进程、促进人类文明进步提供了中国方案。

习近平总书记指出，在各国前途命运紧密相连的今天，不同文明包容共存、交流互鉴，在推动人类社会现代化进程、繁荣世界文明百花园中具有不可替代的作用。我们要共同倡导尊重世界文明多样性、共同倡导弘扬全人类共同价值、共同倡导重视文明传承和创新、共同倡导加强国际人文交流合作。中国愿同国际社会一道，努力开创世界各国人文交流、文化交融、民心相通新局面，让世界文明百花园姹紫嫣红、生机盎然。

全球文明倡议一经提出，就引发国际社会积极反响。多国人士认为，习近平总书记首次提出全球文明倡议，将有力推动文明交流互鉴，促进人类文明进步。从提出全球发展倡议、全球安全倡议，到提出全球文明倡议，中国始终是世界和平的建设者、全球发展的贡献者、国际秩序的维护者、人类文明进步的促进者，"为人类谋进步、为世界谋大同"的使命担当一以贯之。

新征程上，中国式现代化作为人类文明新形态，与全球其他文明相互借鉴，必将极大丰富世界文明百花园；新时代中国与世界携手同行现代化之路，必将为促进人类和平与发展事业、推动构建人类命运共同体作出新的更大贡献！

资料来源　汪文斌. 全球文明倡议是新时代中国为国际社会提供的又一重要公共产品［EB/OL］.［2023-03-17］. http://cpc.people.com.cn/n1/2023/0317/c64387-32646064.html.（作者有删改）

三、识别公共物品的步骤

要识别一种物品是不是公共物品，可以分以下步骤：

首先看该物在消费中是否具有非竞争性，如有非竞争性，则再进一步分析，从技术上看，它是否具有非排他性，如果它又具有非排他性，则该物必为公共物品。

如果一物没有非竞争性，又没有非排他性，即该物是能够排他的，则该物必为纯粹私人物品。

如果一物具有非竞争性，但从技术上看能排他，这时，就要进一步分析该物在排他时成本是否高，如果排他的成本较低，则该物属于有排他性，但非竞争性的物品，例如电影院、足球场、不拥挤的路与桥等等。对于这类产品或劳务，可让市场经营，但政府要给予一定的补贴。

如果一物是纯粹的公共物品，则它应由政府公共部门来提供，市场机制在公共物品的提供上是要失灵的。

如果一物是纯粹私人物品，则它有可能由市场机制来实现供求均衡。

上述步骤如图4-1所示。

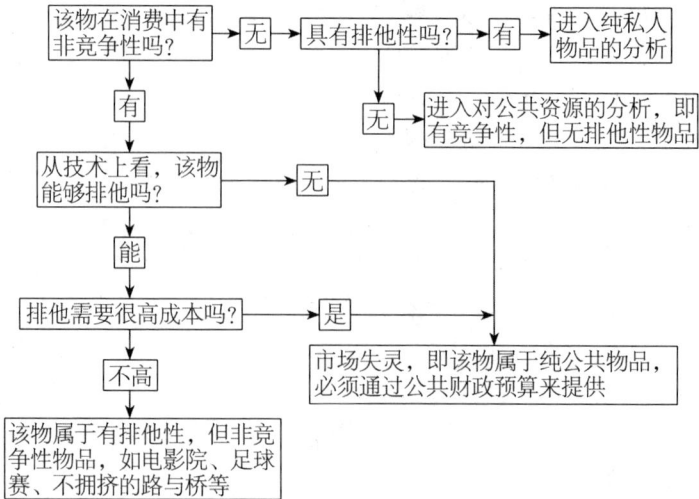

图4-1　公共物品的识别

从图4-1中可以看出，识别公共物品的第一个步骤是看物品在消费中是否存在竞争性，有竞争性那就肯定不属于纯公共物品的范畴，反之则相反。

对公共物品的进一步识别则要看该物品在消费中是否能够排他，如不能排他，或虽可排他但排他成本很高，则有可能成为公共物品或公共资源，反之，则成为私人物品。

根据以上两步识别，我们大致可以区分出以下四种不同类型的物品（如图4-2所示）：①同时具有非排他性与非竞争性的纯公共物品；②同时具有排他性与竞争性的纯私人物品；③具有非排他性与竞争性的公共资源；④具有排他性与非竞争性的准公共物品。

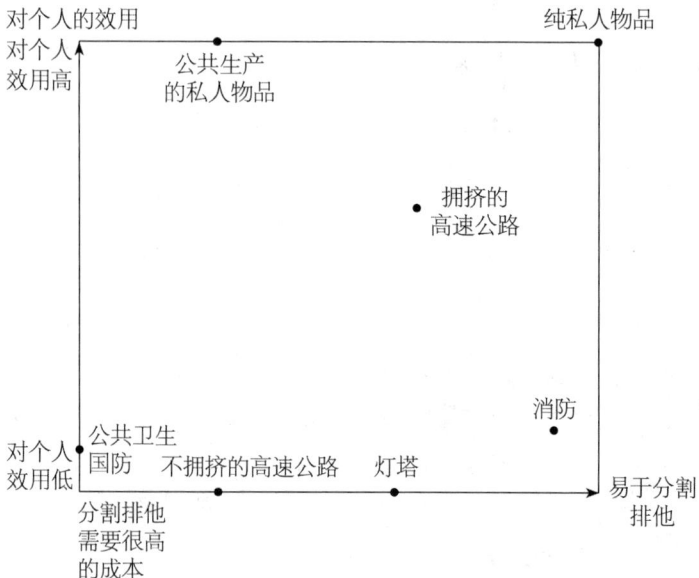

图4-2　四种不同类型的物品划分

四、一些重要的公共物品

公共物品的例子有许多，下面我们考虑四种最重要的公共物品。

（一）国防

上面已经阐述过国防是公共物品的典型例子。对于公共财政来说，国防这种纯公共物品是一项庞大的支出，民众对于这种支出的财政投入量是多还是少并没有一致的看法，但对于拥有960万平方千米，陆上国界线长达2万多千米，海岸线长达1.8万多千米的中国来说，政府将一部分公共财政用于国防建设，来保障国家安全和领土完整，是没有人质疑且是完全有必要的。甚至那些主张小政府的经济学家也同意，国防是政府应该提供的公共物品。近年来，随着我国综合国力的增强，合理的同步增长的军费开支引起美国及周边国家的紧张，在维护领土完整和国家安全方面也与其他国家的摩擦频繁，海洋领土方面，钓鱼岛争端、黄岩岛事件和东沙西沙群岛摩擦，整个东海和南海此起彼伏和暗流涌动的纷争对我国的海洋领土完整和主权安全构成了极大威胁；陆地领土方面，个别国家也经常挑起领土事端，因此需要强大的国防来保护我国疆土的权益。因此，国家财政有必要为建设一支与我国国际地位相称、与国家安全和发展利益相适应的巩固国防的强大军队而提供必要的预算支持。为了维护国家主权、安全和发展利益，适应中国特色军事变革的需要，中国政府应在经济快速发展、财政收入稳定增长的基础上，保持国防费用的合理适度增长。2022年中国国防费用预算14 752.22亿元人民币，比2021年增加6.9%。由此看来，国防是政府应该提供的纯公共物品。

（二）基础研究

知识的创造是一种公共物品。如果一个数学家证明了一个新定理，该定理就成为人类知识宝库的一部分，任何人都可以免费使用。由于知识是公共物品，以营利为目的的企业就可以免费使用别人创造的知识，结果用于知识创造的资源就太少了。

在评价有关知识创造的适当政策时，重要的是要区分一般性知识与特殊的技术知识。特殊的技术知识，例如一种高效电池的发明，可以申请专利。因此，发明者得到了他的发明的大部分好处，尽管肯定得不到全部好处。与此相比，数学家不能为定理申请专利，每个人都可以免费得到这种一般性知识。换句话说，专利制度使特殊的技术知识具有排他性，而一般性知识没有排他性。

政府努力以各种方式提供一般性知识这种公共物品。例如，科技部、教育部用基金补贴医学、数学、物理学、化学、生物学乃至经济学中的基础研究。一些人根据空间计划增加了社会知识宝库来证明政府为空间计划提供资金的正确性。的确，许多私人物品，包括防弹衣和快餐盒，都使用了最初由科学家和工程师在登月研究中开发出来的材料。决定政府支持这些努力的合适水平是困难的，因为收益很难衡量。此外，那些分配研究资金的人员很少是科学专家，因此，不能很好地判断哪些研究将产生最大的收益。

二十大专栏 4-1

科教兴国战略与基础创新

党的二十大报告指出，"教育、科技、人才是全面建设社会主义现代化国家的基础性、战略性支撑。必须坚持科技是第一生产力、人才是第一资源、创新是第一动力，深入实施科教兴国战略、人才强国战略、创新驱动发展战略，开辟发展新领域新赛道，不断塑造发展新动能新优势"。具体来讲，一是要"办好人民满意的教育"，二是要"完善科技创新体系"，三是"加快实施创新驱动发展战略"，四是"深入实施人才强国战略"。

而教育政策、科技体系、创新战略、人才战略在不同程度上巩固了基础创新这一基本公共物品的地位。第一，教育是创新的源泉，因此，我们需要制定和实施鼓励创新的教育政策。这可能包括鼓励批判性思维，提供实践和实验机会，以及培养学生的创新和创业精神。此外，我们还需要在所有教育阶段，包括基础教育、职业教育和高等教育，都注重创新能力的培养。第二，建立一个健全的科技创新体系是提升国家基础创新能力的关键。这包括鼓励科研机构和企业进行基础研究，提供足够的研发投入，以及建立有效的知识产权保护机制。第三，国家需要制定和实施创新驱动发展战略，以创新为驱动力，推动经济社会发展。这包括鼓励和支持新兴产业，推动科技成果转化，以及建立创新型城市和区域。第四，人才是创新的关键，因此，我们需要实施人才强国战略，吸引和培养创新人才。这可能包括提供优秀的教育和培训机会，建立公平的竞争环境，以及提供吸引人才的激励机制。总的来说，通过以上四个方面的努力，我们可以有效地提升国家的基础创新能力，更好地提供基础研究这一公共物品。

（三）消除贫穷计划

许多政府都制订了消除贫穷计划，目的是帮助穷人。消除贫穷计划包括对有未成年子女的家庭进行补贴、对某些有需要的家庭提供收入补助、对低收入家庭发放食品券等。这些消除贫穷计划由那些经济上较为富裕的家庭的税收来提供资金。

经济学家之间对政府在消除贫穷中应该起什么作用的看法并不一致，但这里我们要注意一个重要观点：消除贫穷计划的支持者声称，消除贫穷是一种公共物品。

假定每个人都喜欢生活在一个没有贫穷的社会里。尽管这种偏好普遍存在，但消除贫穷并不是私人市场可以提供的"物品"。贫穷问题如此之大，没有一个人可以消除贫穷，而且，私人慈善事业也很难解决问题，那些没有向慈善事业捐款的人可以免费利用别人的慷慨。在这种情况下，对富人征税来提高穷人的生活水平可以使每个人的状况变好。穷人状况变好，是因为他们现在享有较高的生活水平，而那些纳税的人状况变好，是因为他们享受了一个较少贫穷的社会生活。

（四）有效率的政府

最重要的一种公共物品是政府管理。我们都能从一个好的、有效率的、反应灵敏的政府那里得到好处。"好政府"也具有前面讲到的公共物品的一个特性，要排除任何一个人从有效率的政府得到益处是很困难而且是不合理的。

如果政府能够提高效率并在不牺牲公共服务水平的情况下降低税收，这将使人们受益。当政府提高效率时，它可以更有效地管理资源和提供公共服务，从而改善人们的生活质量。此外，如果政府能够减少税收负担，个人将有更多的可支配收入，可以用于个人消费、投资或储蓄，从而促进经济增长和个人财务状况的改善。在这种情况下，政治家可能会获得一些利益，例如声誉提升、民众支持等。然而，这些利益通常相对于整个社会获得的利益来说只是一部分。在某些情况下，那些投票反对这类政治家的人也可以享受到与支持者相同的利益，这是因为政策的效益通常会影响整个社会，而不仅仅是特定的选民群体。此外，那些没有投票的人以及试图免费享受别人政治活动的人也能够享受到相同的利益。

第二节　公共物品与市场失灵

一、提供公共物品的重要性

公共物品是否能得到充分提供对经济社会能否正常运行、经济资源的流动与配置、消费者福利等有着重要的影响。

（一）保障市场经济有序运行

公共物品的充分提供是市场经济有序运行的必要条件。如果缺乏社会安全，缺乏规范和约束经济行为的普适的行为规则，或普适的行为规则得不到实施，那么市场经济便不能有序运行，而社会安全、行为规则的制定与实施都属于公共物品，因此，充分提供这些种类的公共物品是市场经济有序运行的必要条件。

（二）减少经济资源的非生产性消耗

公共物品的充分提供有利于减少经济资源的非生产性消耗。若社会安全有保障，行为规则公正、合理，且能得到有效实施，那么就可减少人们因为各种矛盾或理由而产生械斗、战争、偷窃等行为的可能性，从而可将更多的经济资源用于生产财富的活动，有利于增加生产。

（三）调动生产者的生产积极性

公共物品的充分提供有利于调动生产者的生产积极性。在人身与财产权利有保障，行为规则公正、合理，且能得到有效实施的条件下，生产者可依自己的意愿从事生产，积累财富，从而可以刺激其努力发展生产。

（四）促进经济资源的充分流动和利用

公共物品的充分提供是经济资源充分流动和得到利用的必要条件。公路、铁路、桥梁、港口、机场等公共物品的提供状况对经济资源的流动和利用具有至关重要的影响，其提供越充足，经济资源的流动性和利用率就越高。经济资源的流动性和利用率越高，越有利于提高经济资源的配置效率，越有利于产业结构的升级，越有利于生产能力的增长，从而越有利于经济增长和发展。公共物品提供不足是落后国家和地区经济落后的重要原因。

（五）提高技术创新能力和生产效率

公共物品的充分提供有利于技术创新能力和生产效率的提高。经济单位的人身权利和财产权利能得到有效保障，公路、铁路等基础设施提供充分，既可以为技术创新提供保障，也有利于技术、技术人员、专业人员的引进、流动与重组，有利于技术创新的扩散，并且可以创造和增进技术创新的竞争压力，从而推动技术创新，促进生产效率的提高。

（六）利用规模经济效应及促进社会分工和经济社会化

公共物品的充分提供是充分利用规模经济效应和推进社会分工与经济社会化的重要条件。缺乏公共物品，特别是人身权利与财产权利得不到保障，缺乏基础设施，生产规模的扩大必然受到限制，社会分工也会因产品市场扩张和经济资源流动所受到的限制而受到限制，经济社会化也因而要受到限制。因此，要充分利用规模经济效应、促进社会分工和经济社会化，就必须保证公共物品的充分提供。

（七）减少消费者福利损失

公共物品提供不足会造成消费者福利损失：其一会直接造成消费者福利损失。例如，人身权利与财产权利得不到保障，因为基础设施提供不足而不能出行等都会给消费者直接带来福利损失。其二会导致消费者花费额外或更多的费用。例如，桥梁未建，消费者到河流对岸市场购物就要花费很长的时间，也要耗费租船费用。其三会由于公共物品提供不足而使得产品种类少、生产效率低、生产规模小，从而间接导致消费者福利损失。

二、公共物品与"搭便车"行为

由于公共物品具有非排他性，因而难免产生"搭便车"的问题。所谓"搭便车"（free ride）或叫免费搭车，指某些人虽然参与了公共物品的消费，但却没有支付其生产成本的现象。

为了说明公共物品与"搭便车"之间的关系，我们以放烟火为例来加以分析。放烟火没有排他性，因为要排除任何一个人观看烟火是不可能的，而且，它也没有竞争性，因为一个人观看烟火，并没有减少其他任何一个人观看烟火的机会。

美国一个小镇的公民喜欢在7月4日观看烟火。根据经验，全镇500个居民中的每个人对观看烟火都给予了10美元的估价。放烟火的成本为1000美元。由于5000美元的利益大于1000美元的成本，小镇居民在7月4日观看烟火是有效率的。私人市场能提供有效率的结果吗？也许不能。设想这个小镇的企业家艾伦决定举行一场烟火表演。艾伦肯定会在卖出这场晚会的门票时遇到麻烦，因为他的潜在顾客很快就会想到，他们即使不买票也能看烟火。烟火没有排他性，因此，人们有一种"搭便车者"的激励。"搭便车者"是得利一种物品的收益但避开为此支付的人。说明这种市场失灵的一种方法是，它的产生是由于外部性。如果艾伦举行烟火表演，他就给那些不交钱看表演的人提供了一种外在收益。当艾伦决定是否举行烟火表演时，他没有考虑到这种外在收益。尽管从社会来看烟火表演是合意的，但从私人来看却无利可图。结果，艾伦做出不举行放烟火表演这种从社会来看无效率的决策。尽管私人市场不能提供小镇居民需要的烟火表演，但解决小镇问题的方法是显而易见的：当地政府可以赞助7月4日的庆祝活动。镇委员会可以向每个人增加2美元的税收，并用这种收入雇用艾伦提供烟火表演。小镇上每个人的福利都增加了8美元——烟火的评价10美元减去税收2美元。尽管艾伦作为一个私人企业家不能做这件事，但作为公共雇员，他可以帮助小镇达到有效率的结果。小镇的故事是老生常谈，但也是现实的。实际上，美国许多地方政府都在7月4日放烟火。而且，这个故事也说明了公共物品的一个一般性结论：由于公共物品没有排他性，"搭便车"问题就排除了私人市场提供公共物品。但是，政府可以潜在地解决这个问题。如果政府确信，总收益大于成本，它就可以提供公共物品，并用税收为它支付，这可以使每个人的状况变好。

通过上述例子，我们发现由于"搭便车"问题的存在，便产生了一个典型的市场失灵的情形，即市场无能力使其达到帕累托最优分配。对此，格罗夫斯和莱迪亚德的解释是：在公共物品的消费中，经济行为人通常会控制或占用其他人的份额，以减少自己为提供这些物品所需承担的成本。他们的结论是，公共物品生产必须依靠一种集中计划的过程，以达到资源的有效配置。

值得一提的是，林达尔曾在格罗夫斯和莱迪亚德之前提出过一个模拟市场方法以求解决"搭便车"问题。这一方法的要点是：通过给公共物品的每个个别人的消费假定不同的价格来模拟市场。后来的研究发现，如果消费者能够遵守规则，即没有道德危机，那么通过林达尔价格来有效地分配公共物品将是可行的和成功的。但是如果买主不遵守规则，不仅资源不能够达到有效配置，而且还会因为参与者的促进因素（如利益集团对政策所施加的影响等）而导致设计目标被搅乱。

现实情况是，人们在消费公共物品的行为过程中往往是不遵守规则的。这种现象之所以会发生，是因为公共物品的消费过程中缺乏协调的刺激机制，以致每个人都倾向于提供错误的信息，自称在给定的集体消费中享有较少的利益，以期待获得对每个人都有利的结果。

既然在公共物品的消费过程中不存在一种类似于竞争市场中的协调的刺激机制，从而难以避免"搭便车"的问题，那么由政府集中计划生产并根据社会福利原则来分配公共物品就成为解决"搭便车"问题的唯一选择了。

专栏4-2

利用价格工具合理分摊治霾成本

《经济参考报》2017年1月16日报道，据权威部门披露，进入供暖期后，京津冀地区新增了30%左右的污染物排放量。其中，城市供暖设施落后、农村城郊散煤取暖是主因。尽管京津冀地区采取措施实行"煤改电""煤改气"，但据报道，即便治霾声一片，由于去年下半年的高煤价，在邯郸、邢台市郊以及国道沿线，小煤场依然有生意做。散煤取暖后果不容忽视，要知道，烧一吨散煤的污染比一吨电煤高10倍。

治理雾霾的一个关键问题是成本问题。如果不利用价格工具，对污染气体排放的成本进行精确核算和合理分摊，就会导致雾霾治理事倍功半，即使有好的政策、好的措施，效果也难以持久。

环境治理要求"谁污染，谁治理，谁埋单"，原则虽然简单明了，但在界定谁应当承担污染责任上困难重重。不能界定污染主体，就不能有效公平分摊雾霾治理成本，难免会产生"搭便车"问题，终将增加空气污染治理的复杂性。

利用价格工具尽量合理分摊雾霾治理成本，通过经济杠杆调节空气污染物的生产与排放，引导消费结构反作用于生产结构，不失为一条有效的路径。

雾霾天气是现代生产生活方式的产物。由于污染气体排放是获得相关产品与服务的前提，排放量实际上也存在供求关系。同时，污染气体排放总量控制是实现"蓝天白云"的必要前提，总量控制下自然产生了排放权和排放量的交易。从发达国家建设碳排放交易市场成功经验来看，利用价格机制合理分摊雾霾治理成本是可行的。至少有这样几条途径可以探讨：一是加快建立污染气体排放权交易市场，利用市场竞争机制形成污染气体排放交易价格，引导企业自发控制污染气体排放，实现污染气体区域排放的优化与分散。二是利用市场价格机制发现污染气体减排的价格，促进高耗能、高污染企业主动收缩产量，通过排放权交易获得其他收入。三是提高污染气体排放相关产品与服务的成本，如油品升级、提高机动车出行成本、安装空气净化装置、收取差额累进排污费等，引导企业理性生产和个人节能消费，并适当通过财政转移兼顾低收入人群的合理利益。四是运用税收杠杆，调节高耗能、高污染企业产品资源消耗，抑制下游产业相关消费。

治理雾霾的成本必须由合理的价格工具来分摊。治理雾霾不是免费的午餐，如果所有人、所有企业仍然希望在雾霾治理中"搭便车"，希望"别人"去治理，而不愿正视自身在环境保护中所必须承担的责任与成本，那么最后的公平就只能尴尬地体现在雾霾面前"人人平等"。

资料来源 陈涛. 利用价格工具合理分摊治霾成本 [EB/OL]. [2017-01-16]. http://www.xinhuanet.com/politics/2017/01/16/c_1120316756.htm.

三、博弈论与提供公共物品

(一) 博弈论概述

博弈论（game theory）或叫对策论，主要研究决策主体的行为发生直接相互作用时候的决策以及这种决策的均衡问题。在博弈论里，个人效用函数不仅依赖他自己的选择，而且依赖他人的选择，个人的最优选择是其他人选择的函数。从这个意义上讲，博弈论研究的是存在相互外部经济条件下的个人选择问题。博弈论可以划分为合作博弈和非合作博弈。合作博弈和非合作博弈之间的区别主要在于人们的行为相互作用时，当事人能否达成一个具有约束力的协议，如果能达成协议则为合作博弈，反之，则为非合作博弈。合作博弈强调的是团体理性，主要强调效率、公正与公平；非合作博弈强调的是个人理性、个人最优决策，其结果可能是有效率的，也可能是无效率的。正因为博弈论具有上述特性，因而成为解释私人提供公共物品效率低的有力证据。

（二）"囚徒困境"模型

这个例子的创造本身就部分地奠定了非合作博弈论的理论基础，并且它可以作为实际生活中许多现象的一个抽象概括。"囚徒困境"讲的是两个嫌疑犯作案后被警察抓住，分别被关在不同的屋子里审讯。警察告诉他们：如果两人都坦白，各判刑8年；如果两人都抵赖，各判1年（或许因证据不足）；如果其中一人坦白另一人抵赖，坦白的放出去，不坦白的判刑10年（这有点"坦白从宽、抗拒从严"的味道）。"囚徒困境"的战略式如图4-3所示。这里，每个囚徒都有两种战略：坦白或抵赖。图4-3中每一格的两个数字代表对应战略组合下两个囚徒的支付（效用），其中第一个数字是囚徒A的支付，第二个数字为囚徒B的支付。战略式又称标准式，是博弈的两种表述形式之一，它特别方便于静态博弈分析。具体分析如下：

囚徒B

	坦白	抵赖
坦白	-8, -8	0, -10
抵赖	-10, 0	-1, -1

（囚徒A）

图4-3 "囚徒困境"的战略式

在这个例子里，纳什均衡就是"（坦白，坦白）"：给定B坦白的情况下，A的最优战略是坦白；同样，给定A坦白的情况下，B的最优战略也是坦白。事实上，这里，"（坦白，坦白）"不仅是纳什均衡，而且是一个占优战略（dominant strategy）均衡，就是说，不论对方如何选择，个人的最优选择是坦白。比如说，如果B不坦白，A坦白的话就会被放出来，不坦白的话判1年；所以坦白比不坦白好；如果B坦白，A坦白的话判8年，不坦白的话判10年，所以，坦白还是比不坦白好。这样，坦白就是A的占优战略；同样，坦白也是B的占优战略。结果是，每个人都选择坦白，各判8年。

"囚徒困境"反映了一个很深刻的问题，这就是个人理性与集体理性的矛盾，即个人理性的结果不一定能够导致集体理性。如果两个人都抵赖，各判刑1年，显然比都坦白各判刑8年好。但这个帕累托改进办不到，因为它不满足个人理性要求，"（抵赖，抵赖）"不是纳什均衡。换个角度看，即使两个囚徒在被警察抓住之前建立一个攻守同盟（死不坦白），这个攻守同盟也没有用，因为它不构成纳什均衡，没有人会积极遵守协定。

"囚徒困境"在经济学上有着广泛的应用，公共物品的供给就是一个"囚徒困境"问题。如果大家都出钱兴办公用事业，所有人的福利都会增加。问题是，如果我出钱你不出钱，我得不偿失，而如果你出钱我不出钱，我就可以占你的便宜。所以，每个人的最优选择都是"不出钱"，这种纳什均衡使得所有人的福利都得不到提高。

（三）"囚徒困境"模型的扩展——"修路博弈"模型

我们对"囚徒困境"模型进行以下扩展，将其改造成"修路博弈"模型，用于提供公共物品的分析（如图4-4所示）。具体表述如下：设想乡下有一个只有两户人家的小居民点，由于道路情况不好，出行比较困难。如果修一条路，则能解决这些不便。假设修路的成本为4，每家得到的好处为3。如果两家联合修路，每家分摊成本2，各得好处3，两家的纯"盈利"都是1；如果一家修路，另一家坐享其成，修路的一家要支付全部成本4，获得好处3，净"盈利"为-1；如果两家都不修，结果两家的"盈利"都为0。归纳起来，就是下面的博弈。

李四

		修	不修
张三	修	1, 1	-1, 3
	不修	3, -1	0, 0

图4-4 "修路博弈"战略式

这个博弈中，修路是张三的严格劣势策略，我们把它消去，修路也是李四的严格劣势策略，所以也把它消去。这样运用严格劣势策略消去法，我们就得到这个博弈的严格优势策略均衡：两家都不动手，大家都得零。

一般来说，该居民点如果张三只有李四一家邻居，李四也只有张三一家邻居，他们多半会守望相助，关系比较好。这样的两家，自然会好好商量修路的问题，一起把路修好，大家都得到好处。相反的极端情形——两家有仇，那就麻烦了，不是什么修路不修路的问题，迟早要出事。但是，这两种情形，都不在博弈讨论之列。

博弈论牵涉的局中人，都是经济学上所讲的"理性人"，他们只为己，但是不害人。现在城市公寓里面的不少居民，在邻居关系上，有时候差不多就是理性人。对于他们来说，都市化进程的一个副产品就是"身旁的人已不再熟悉"，陌如路人。新公寓家家装修一流，可是楼道就杂乱无章，阴暗得很。路灯坏了，往往长久没有人打理。修路灯也和修路一样，是一个大家都袖手旁观的"严格优势策略均衡"的博弈。

所以，公共物品问题一定要有人协调和管理。就一个国家来说，最重要的公共物品是国防、教育、基础设施和其他政府部门。政府责无旁贷要用好来自纳税人的钱，把文化教育、社会保障、基础设施和国防公安等事情做好。机关大院、居民小区要有专人协调管理，把身边看起来很琐碎但是弄不好会有损工作条件和生活环境的事情做好。

四、公共物品市场提供的缺陷

绝大部分私人物品是由市场提供的，那么公共物品是否也可由市场来提供呢？回答是肯定的，即公共物品是可以由市场来提供的。所谓市场提供也就是由私人（或企业）生产，经由交易途径向消费者提供公共物品。例如，人身与财产安全服务、消防、传染病防治、道路、桥梁、灯塔等都可以由市场提供，都可以形成交易市场。现在由政府提供的许多公共物品在历史上都曾经是通过市场提供的。总之，公共物品并不排斥市场提供。

专栏4-3 ▬▬▬▬▬▬▬▬▬▬▬▬▬▬▬▬▬▬▬▬▬▬▬▬▬▬▬▬▬▬▬▬▬

海上的灯塔非得由政府来提供吗？

著名经济学家科斯在1974年发表的《经济学上的灯塔》一文中，研究了英国早期的灯塔制度。17世纪以前，灯塔在英国是名不见经传的，17世纪初，由领港公会造了两个灯塔并由政府授权专门管理航海事务。科斯注意到，虽然领港公会有特权建造灯塔，向船只收取费用，但是该公会却不愿投资于灯塔。1610—1675年间，领港公会没有建造一个新灯塔，但同期，私人却投资建造了至少10个灯塔。但在当时的灯塔制度下，私人的投资要避开领港公会的特权而建造灯塔，他们必须向政府申请许可证，希望政府同意授权向船只收费。该申请还必须由许多船主签名，说明灯塔的建造对他们有益，同时要表示愿意支付过路费（toll），过路费的多少是由船的大小及航程经过的灯塔多少而确定的。久而久之，不同航程的不同灯塔费，就干脆印成册，统一收费。私营的灯塔是向政府租地建造的，租期届满后，再由政府收回由领港公会经营。到1820年，英国当时的公营灯塔有24个，而私营灯塔有22个。在总共46个灯塔中，有34个是私人投资建造的。后来，政府开始收回私营灯塔。到1834年，在总共56个灯塔中，公营（即由领港公会经营）的占42个。到1836年，政府通过法规将剩余的私营灯塔全部收回，1842年以后，英国的灯塔全部由领港公会经营。

但是，公共物品由市场提供会带来许多问题，从根本上来说是缺乏效率或效率低的问题。这些问题的产生根源于公共物品的性质与私人或企业提供者的行为动机（追逐利润）的矛盾。公共物品市场提供的缺陷主要表现在：

（一）造成公共物品缺乏提供或提供不足

对于纯公共物品来说，如国防，由于其具有完全的消费非排他性，无法将不付费者排除在外，任何人都可以免费享受安全的国防带来的利益，没有人愿意为国防付钱，这样提供国防服务的人就不能获取任何收益，就不会有人建立军队保卫全体国民，从而造成国防服务的完全缺乏提供。

对于具有一定程度消费非排他性的公共物品来说，由于消费者可以免费或可以少交费享受，就会使生产者得不到应有的收益，很少会有人愿意提供，从而造成此类公共物品的提供不足。

公共物品所具有的消费非排他性的特性造成了"搭便车者"，"搭便车者"的存在使得通过市场不能或不可能有效地提供公共物品。不交费得到的物品数量并不比交费者少，一般来说，人们不会愿意付费。一种公共物品的非排他性程度越高，"搭便车者"会越多，此种公共物品的提供越是不足。

（二）造成公共物品的利用不足

对纯公共物品来说，由于其具有完全的非竞争性，增加额外消费者的边际成本为零，若采取市场提供的办法，将不付费者排除在外，只会造成已经生产出来的公共物品闲置，造成社会的福利损失。

某些具有排他性或不完全的非排他性，但具有消费的非竞争性的准公共物品，若由市场提供，会造成闲置。例如桥梁，可以采取设卡收费的办法排他（不让不付费者通行），但在非拥挤条件下，这种做法只会造成桥面的闲置（桥梁通过能力的闲置）。

由于在这种条件下，增加额外的通行者并不会使边际成本增加，因此桥梁通过能力的闲置在经济上是不合理的，会造成生产者的产量损失和消费者的福利损失。

公共物品缺乏提供或提供不足（说明配置到公共物品部门的资源过少，而配置到别的部门的资源过多）和公共物品的低效利用意味着经济资源的配置效率是低的，没有实现经济资源的最优配置。

（三）某些种类的公共物品不适合由市场力量提供

某些种类的公共物品，诸如国防、法律等并不适合由市场力量提供，因为由市场力量提供可能会导致损害公共利益的行为产生，会导致社会不公正。

以上说明，虽然公共物品并不排斥市场提供，但市场提供公共物品存在着根本的缺陷。

第三节　公共物品有效供给的理论分析

一、公共物品有效供给的庇古均衡

（一）庇古的观点

庇古在讨论税收的规范原则时，使用了效用方法来探讨资源在私人物品和公共物品之间的最佳配置问题。他假设每个人在消费公共物品时会得到一定的利益（效用），同时，每个人为支付公共物品而缴纳的税款会产生负效用。个人支付税收的负效用可以定义为放弃享受私人物品所带来的机会成本。

庇古认为，对于每个人来说，公共物品的最优供给发生在这样一点上：公共物品消费的边际效用是纳税的边际负效用。这就是庇古的观点。

（二）庇古观点的证明

设 G_i 为个人 i 得到的公共物品，即政府对个人的财政支出；T_i 为个人支付该公共物品的税；M_i 为 i 的收入；U_i 为个人得到的效用；NU_i 为净效用。

假定：

$T_i=G_i$

$\frac{\partial U_i}{\partial G_i}>0$，$\frac{\partial U_i}{\partial T_i}<0$

$\max NU_i=U_i（G_i）-U_i（T_i）$

$s.t. G_i + X_i P_i = M_i$

$L=U_i（G_i）-U_i（T_i）+\lambda（M_i-G_i-X_i P_i）$

$\frac{\partial L}{\partial G_i}=\frac{\partial U_i}{\partial G_i}-\lambda=0$

$\frac{\partial L}{\partial T_i}=\frac{-\partial U_i}{\partial T_i}-\lambda=0$

则　$\frac{\partial U_i}{\partial G_i}=\frac{-\partial U_i}{\partial T_i}$ 　　　　　　　　　　　　　　　　　　（4.3）

（三）对庇古方法的评估

庇古的方法的确存在一些问题。首先，庇古的方法基于基数效用论，而这个理论本身存在缺陷。基数效用论假设每个人的效用可以通过一个单一的数值来衡量，但实际上，个人的效用是复杂多样的，无法简单地用一个数值来表示。其次，庇古的方法中没有考虑到将个人的最佳配置结果加总的机制。尽管每个人也许可以在自己的预算内对公共物品和私人物品进行最佳配置，但并没有一种机制将这些个人最佳配置的结果整合起来。因此，在庇古的方法中，并不能确保通过使公共物品的边际社会效用等于纳税支出的边际社会负效用来确定最佳的公共物品数量。此外，即使达到了这种边际效用相等的点，每个人从公共物品中得到的效用与其承担的税收带来的负效用未必相等。可见，从庇古的分析出发，整个社会在公共物品供给上可能会达到均衡，但每个个体并不一定能达到均衡。这意味着庇古的方法存在一定的局限性。在实际应用中，需要综合考虑不同的因素和方法，以确保公共物品的供给能够最大程度地满足社会的需求，并在个体和整体之间实现一定的平衡。

尽管存在一定的不足，庇古的分析仍然是具有意义的，因为他提出了许多问题，而这些问题是公共物品理论必须回答的：如何将不同个体对公共物品和私人物品的偏好进行加总，如何确定集体的总体偏好，以及在社会中如何分配边际效用和边际负效用等。

在庇古看来，一个社会的税收负担问题应根据个人的能力来进行分担。既然社会上存在着不平等，政府应有差别地落实税收负担，对福利进行再分配，即以不均等的方法对待不平等问题。这是资产税与累进收入税制的理论基础。

二、公共物品有效供给的局部均衡分析

我们知道，在纯粹私人物品的局部均衡分析中，假定消费者的偏好与收入是已知的，再加上其他一些限制条件，就能确定某种商品的均衡价格与均衡产量。现在，对私人物品与公共物品的局部均衡分析做一个对比。

（一）关于私人物品的局部均衡

对私人物品进行局部均衡可以用图4-5来表示。D_A线与D_B线分别代表个人A与个人B的需求，不同的需求线反映了个人之间不同的收入与偏好。为了画出市场对该种私人物品的需求线，就需要对不同的个人需求加总，然而，加总方法是水平加总的，即市场需求$D=D_A+D_B$。这是因为，个人需求线上任何一点都反映个人在既定的价格水平上愿意购买的私人物品量，市场需求线是表示当消费者面临同一价格水平时他们愿意消费该商品的总量，在价格为P时，$D=Q_A+Q_B=Q$，价格变化则需求量加总起来也会有变化。当市场供给线SS既定时，均衡价格就是OP，个人A的需求量是OQ_A，个人B的需求量是OQ_B，总的需求量$OQ=OQ_A+OQ_B$。在这里，关键在于每个人是价格的接受者，要确定的是在某一价格下的产量。

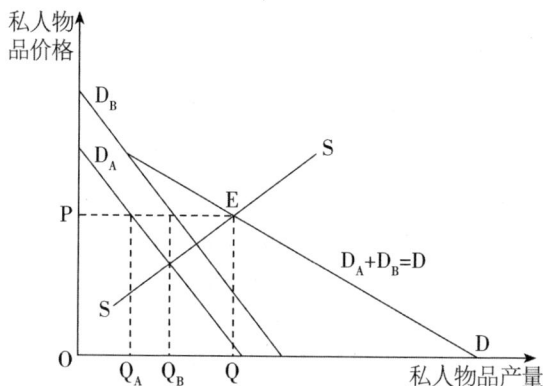

图4-5 私人物品的局部均衡

（二）关于公共物品的局部均衡

对公共物品进行局部均衡可以用图4-6来表示。D_A与D_B又分别为个人A与个人B的需求线。萨缪尔森称这种需求线为"虚假的需求线"，因为在实际生活中，个人不会表示他对一定数量的公共物品愿意出多少价格（税）。然而，借助于这种需求线，对分析问题是有帮助的。公共物品一旦提供后，则对任何个人都是可支配的，全体个人对一定数量的公共物品所愿支付的价格（税）是由不同个人的需求线垂直相加而得到的。总需求$D=D_A+D_B$，在公共物品的供给曲线SS确定以后，D与SS线的交点决定公共物品的均衡产量OQ，而所有个人愿意为OQ的公共物品所支付的均衡价格（税）$OP=OP_A+OP_B$。在均衡点上，供给公共物品的成本等于收益。

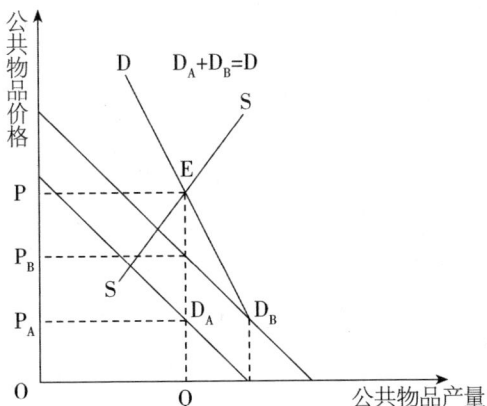

图 4-6　公共物品的局部均衡

　　为什么私人物品的市场需求是水平相加，而公共物品的社会需求是垂直相加呢？这是因为，在私人物品场合，每个人是价格的接受者，他能调整的只是产品的数量；而在公共物品场合，每个人所能支配的是同样数量的公共物品，但他所愿意支付的价格是不一样的。这一点是由公共物品的定义告诉我们的。

　　在公共物品的分析中，关于公共物品的价格应看成税。这样，关于公共物品的局部均衡分析实际上是假定个人缴纳的税来负担公共物品的生产成本，还假定税是由个人受益程度决定的。这在财政学上叫税收的利益原则。

　　（三）有效定价原则

　　如果假定图4-5与图4-6中的供给曲线SS是产量增量的边际成本，则有效定价原则就可表达成：①在私人物品中，$OP_A=OP_B=OP=MC$。每个人面临相同的价格，对一定数量的私人物品产出来说，市场价格等于边际成本。可见，私人物品的有效定价原则是市场价格等于边际成本。②在公共物品中，$OP_A+OP_B=OP=MC$。公共物品的有效定价原则是个人价格总和等于边际成本，即 $\sum P_i = MC$。公共物品中的有效定价原则进一步告诉我们，公共物品是不能靠市场来提供的。这是因为，个人对公共物品的评价是不一样的，向每个人要求的公共物品的价格应由每个人对公共物品的边际价值的评估来确定，而不能由市场来统一定价。从这里，我们可以得出区别征税的原则。

第四节　政府提供公共物品的方式与效率

一、政府提供公共物品的必要性

　　（一）智猪博弈与政府提供公共物品的必要性

　　对于政府为何提供公共物品这个问题，我们通过博弈论中的另一典型例子——智猪博弈（boxed pigs）来加以说明（如图4-7所示）。这个例子讲的是，猪圈里有两头猪，一头大猪，一头小猪。猪圈的一端有一个猪食槽，另一端安装一个按钮，控制着猪食的提供。按一下按钮会有10个单位的猪食进槽，但是按电钮是需要付出劳动的，谁按按钮谁就需要付2个单位的成本。问题是电钮和食槽分别放置于猪圈的两端，当付出劳动（按电钮）的猪跑到食槽的时候，坐享其成的另一头猪已吃了不少。具体情况如下：若大猪先到，大猪吃到9个单位，小猪只能吃1个单位；若同时到，大猪吃7个单位，小猪吃3个单位；若小猪先到，大猪吃6个单位，小猪吃4个单位。图4-7显示了对应不同战略组合的支付水平，如第一格表示两猪同时按按钮，因而同时走到猪食槽，大猪吃7个单位，小猪吃3个单位，各扣除2个单位的成本，支付水平分别为5个单位和1个单位。其他情形可以类推。

小猪

		按	等待
大猪	按	5, 1	4, 4
	等待	9, -1	0, 0

图4-7　智猪博弈战略式

在这个例子中，首先我们注意到，不论大猪选择"按"还是"等待"，小猪的最优选择均是"等待"。比如说，给定大猪按，小猪也按时得到1个单位，等待则得到4个单位；给定大猪等待，小猪按得到负1个单位，等待则得0单位。所以，"等待"是小猪的占优战略。给定小猪总是选择"等待"，大猪的最优选择只能是"按"。所以，纳什均衡就是：大猪按，小猪等待，各得4个单位。多劳者不多得。

智猪博弈这个模型可以用来解释为什么公共物品需要政府来有效提供。比如说，村里住两户人家，一户富，一户穷，有一条路年久失修。这时候，富户一般会承担起修路的责任，穷户则很少这样干，因为富户家常常是高朋满座，坐车坐轿的都来，而穷户家只是自己穿着破鞋走路，路修好了他走起来舒服，路修不好他也无所谓。在这里，富户相当于我们的政府，而穷户则相当于私人部门，这种情况下，政府作为一个集体行动的组织，扮演着提供公共物品的角色，以确保所有人都能够受益，因此需要由政府来承担起提供公共物品的责任。改革中也有类似的情况。同样的改革带给一部分人的好处可能比另一部分人大得多。这时候，前一部分人比后一部分人更有积极性改革，改革往往就是由这些"大猪"推动的。如果改革能创造出更多的"大猪"来，改革的速度就会加快。

（二）政府提供公共物品的必要性

1.市场力量和第三种力量提供公共物品的局限性要求政府提供公共物品

公共物品的充分提供和利用是经济资源优化配置、提高生产效率和消费者福利、促进经济发展的重要条件或因素，因此，应保障公共物品的充分提供。虽然公共物品的提供并不排斥市场力量和第三种力量，并且社会应该鼓励它们提供公共物品，但由它们提供公共物品存在着缺陷，要么会导致公共物品缺乏提供或提供不足，要么会导致公共物品利用不足，并且有些公共物品并不适合由市场力量和第三种力量来提供，由此，需要政府向社会提供公共物品。

2.政府履行其经济职能需要政府提供公共物品

在市场经济中，由于市场缺陷的存在，政府在经济中负有对经济进行规制的责任，这些责任主要包括：抑制、限制或消除垄断，促进竞争，解决外部经济效应问题；建立和维持公平交易与公开竞争的经济秩序；协调个人利益与社会利益、协调短期利益与长期利益、促进地区经济的平衡发展；促进国民经济长期而稳定地增长等。政府要履行好这些方面的经济职能，离不开公共物品的充分提供与利用。公共物品的充分提供既是政府履行好其经济职能的重要条件，同时也是政府履行其经济职能的重要手段。因此，政府要履行好其所应该履行的经济职能。要成为有效政府，政府就应该提供公共物品。

3.政府具有更强的提供公共物品的能力

虽然政府能力并不是无限的，但因为它的特殊性，使其具有市场力量和第三种力量所不具有的能力：①作为公共权力机构，它具有市场力量和第三种力量都不具有的合法的强制力，有能力为提供公共物品而运用强制手段动员经济资源；②政府是一种长期存在的公共权力机构，它能够持续地向社会提供公共物品；③可以通过立法赋予政府提供公共物品的责任，并授予其筹资和分配资源的权力，从而可以使公共物品的提供具有稳定性；④政府是代表公共利益的公共权力机构，受到选民监督，因而能够保持公正，从而能提供那些不适合由市场力量和第三种力量提供的公共物品。因此，政府不仅应该而且能够提供社会需要的公共物品。

市场力量和第三种力量所不愿提供的，或不能提供的物品，应该由政府来提供。保证公共物品的充分提供应该是市场经济中政府的重要经济职能。

二、政府提供公共物品的方式

（一）公共物品的需求与私人物品的需求的差别

（1）私人物品的需求与价格高低成反比关系，因此价格上升可以减少需求量；而公共物品要么是免费的，要么是价格定得很低，因此公共物品的需求量要么不受价格的影响，要么仅受很小的影响。

（2）私人物品的需求由消费者的收入水平等共同决定，受消费者收入预算的约束，而公共物品的需求则同消费者的收入水平等没有关系，不受消费者个人收入的约束。

（3）私人物品的需求存在着可选择性，因为私人物品市场一般是竞争性市场，而公共物品的提供一般是非竞争性的，因此，公共物品的需求一般不存在可选择性。

（4）私人物品的需求通过消费者在市场上的购买行为来显示（买或不买、多买或少买等方式），而公共物品的需求则一般并不是通过消费者在市场上的购买行为显示出来的，而是通过其他多种途径显示：①通过投票选择代表自己的利益或者需求偏好的代表（议员等）显示自己的需求偏好；②通过发表言论，或上书，或游说、请愿、抗议、游行示威等方式显示；③直接投票决定是否参加某项公共物品的提供计划；④其他多种方式。总之，公共物品的消费者不是通过投"货币选票"的方式来显示需求，而是通过投"政治选票"以及其他方式来显示需求。

公共物品需求的这种特点带来了公共物品提供决策的特点，最重要的特点就是公共物品提供决策的集体性质。同私人物品的提供决策不同，私人物品的提供决策是分散决策、经济决策（由生产者按利润最大化原则决定是否生产、生产什么、生产多少等）；公共物品的提供决策则是集体决策、政治决策，是由政府依照行政规则（多数票或首长制）来决定的，而不是按利润原则做出决策的。

（二）公共物品的提供决策制度

公共物品的提供决策如果采取民主投票制度，则公共物品的提供决策制度可以分成全体一致同意制度、过半数同意制度（简单多数同意制度）、特定多数同意制度等三种类型，如果公共物品的提供决策采取委托行政机构的办法，公共物品的提供决策制度则还包括行政决定制度。

需要说明的是，就政府公共物品的提供决策制度来说，由于各国采用的政治制度的不同，上述几种制度的具体内容可能会因此不同。在直接民主制下，全体一致同意、简单多数同意、特定多数同意指的是全体国民中有投票权（表决权）的国民投赞成票的票数在全部票数中的比重。在代议民主制下，全体一致同意、简单多数同意、特定多数同意指的是议员或选民代表投赞成票的票（人）数在全部议员或代表票（人）数中的比重。应该说在这两种不同的民主政体下，公共物品提供决策方案通过的难度、实施成本等是存在差别的。甚至同样的方案在不同的民主政体下，投票结果也可能并不相同：在代议民主制下能够获得通过的方案，在直接民主制下可能通不过；在直接民主制下能够获得通过的方案，在代议民主制下则可能通不过。

实行民主政体的国家现在采用的都是代议民主制，不过即使是代议民主制，对于某些公共物品的提供决策仍然存在着采用直接民主制的做法，如一些国家在通过新宪法、在改变政体等时就采用全民公决（直接民主制）的方式。有的则采取直接民主制与代议民主制相结合的方式，如通过新宪法时采用既要求半数选民同意，又要求半数议员同意，即是一种混合方式。

行政决定制度即公共物品的提供决策由行政部门决定的公共物品提供决策制度。根据这种制度，公共物品的提供决策可以分为两种情况：一种是由行政主管部门独立决定的制度，如港口主管部门自己决定兴建港口与否；另一种是由多个行政部门共同决定的决策制度，即一项公共物品的生产或提供方案只有在获得多个行政部门的同意之后方可有效的决策制度。行政制度是一种下级服从上级的科层等级制度，所以行政决定制度实质上是首长决定制。行政决定制度的优点是决策效率高，但对福利、实施成本的影响具有不确定性，通过的方案有可能符合所有人的意愿，有可能符合多数人的意愿，但也可能只是符合少数人的意愿，实施成本可能很低，也可能很高，也可能通过的方案无法实施。

以上说明，公共物品的提供决策制度不同，会导致公共物品的提供结构、提供数量等出现差异。

（三）免费提供与有偿提供的选择

所谓免费提供，是指政府通过征税筹资，通过生产或购买公共物品，然后再无偿提供给消费者的公共物品提供方式。有偿提供则是指政府生产或购买公共物品，或者采取委托经营方式，向消费者有偿提供的公共物品提供方式。采取有偿提供方式，消费者要利用公共物品，必须付费。公共物品的提供采取何种方式，主要应该考虑两个方面的因素：①公共物品的性质或者公共性的程度。对于纯公共物品，适于实行免费提供。②政府的提供能力。对于非纯公共物品，采取何种方式提供，则应依政府的提供能力而定。由于政府的能力总是有限的，因此，各种公共物品的提供之间是存在竞争性关系的，政府首先要考虑公共物品提供的均衡，然后再依照公共物品公共性程度的高低由高到低依次决定免费提供的公共物品的范围。对于有偿提供的公共物品，政府应该根据政府的提供能力、提供成本、公共物品的外部性等来制定合理的收费标准。

（四）直接提供与间接提供的选择

是由政府直接提供公共物品，还是间接提供公共物品，应该考虑以下几个基本因素：①公共物品的公共性程度。纯公共物品（如国防、立法等）一般应该由政府直接提供；消费具有完全的非排他性或很高的非排他性，也宜由政府直接提供。②外部性的大小。公共物品的外部性越大，越宜由政府提供，外部性小的则可考虑采取间接提供的方式。③提供成本或效率。对于那些既可由政府直接提供，也可采取间接提供的公共物品，则应考虑两种提供方式的成本或效率。如果一项公共物品的提供，间接提供的成本低于直接提供，效率高于直接提供，则应该选择间接提供，反之，则应该选择直接提供。需要说明的是，一些公共物品提供方式的选择并非非此即彼，往往需要将两种方式结合起来。一些公共物品的提供往往是在某些阶段或时期实行间接提供，而在另一些阶段或时期实行直接提供，如桥梁、港口、飞机场，即可先采取间接提供的方式，然后采取直接提供的方式，这就是经常采用的 BOT（build-operate-transfer，建设-经营-转让）方式。BOT 是 PPP 模式的一种主要类型。所谓 PPP（public-private partnership）模式，主要是指政府和社会资本合作，在公共基础设施项目中运用比较广泛。PPP 模式强调"利益共享、风险共担、全程合作"的伙伴关系。通过 PPP 模式达到公共目标，实现政府和社会资本的双赢。马斯格雷夫（Richard A.Musgrave）曾说："公共物品需要通过预算支付方式提供，让使用者可免费得到。然而这并不意味着公共物品必须由政府生产，公共物品可以像大多数私人物品一样由私有企业生产，不过产品将被出售给政府。"[1]

① 曾伯格. 经济学大师的人生哲学 [M]. 侯玲，欧阳俊，王荣军，等译. 北京：商务印书馆，2001：273-274.

专栏 4-4

PPP模式助力补齐旅游公共服务供给"短板"

文化和旅游部、财政部联合印发的《关于在旅游领域推广政府和社会资本合作模式的指导意见》中提出，鼓励运用政府和社会资本合作（PPP）模式改善旅游公共服务供给，加大对旅游PPP项目的政策保障，优化资金投入方式，拓宽金融支持渠道。专家认为，指导意见旨在破解目前产业发展面临的问题，补齐旅游公共服务供给"短板"，助力旅游业质量变革、效率变革、动力变革。具体来讲，意见强调了PPP模式助力旅游业发展的三个要点：

一是优化资源配置，保障旅游基础设施和公共服务供给。意见明确，将重点支持旅游景区、全域旅游、乡村旅游、自驾车旅居车营地、旅游厕所、旅游城镇、交通旅游、智慧旅游和健康旅游等新业态领域的项目发展。优先支持符合要求的全国优选旅游项目、旅游扶贫贷款项目等存量项目转化为旅游PPP项目。

对此，华东师范大学休闲研究中心主任楼嘉军认为，中国的旅游产业进入了"补短板"时代。"一方面，从国家层面来讲，PPP模式为国内缺少资金的地区尤其是农村地区补足发展资金，这是补足地区发展的短板。另一方面，在目前我国旅游项目蓬勃发展的同时，要补足相应的公共服务、基础设施的短板。""在政策落地时，要注意我国地区旅游公共服务的差异化。"楼嘉军说，相对而言，目前我国东部地区旅游公共服务配套设施较为完善。因此，中西部地区和广大农村地区将更能享受政策的红利。

二是突破传统瓶颈，为企业提供更多机遇。对于这一政策的出台，相关企业表现出积极态度，认为指导意见为企业参与旅游投资和开发项目提供了更多机会，同时，意见进一步强调厘清政府与企业的边界，明确公共服务供给作为界定PPP模式的核心，有望减轻民营企业的成本。

已在江苏句容赤山湖、河南禹州神垕古镇、湖南韶山平里、四川眉山市丹棱县等地签约落地PPP项目的景域国际旅游运营集团相关负责人认为，旅游业采用PPP模式，可发挥政府政策支持和企业市场化运作的双重优势，兼顾旅游发展的公益性和商业性特征。他还强调："PPP模式下，旅游企业首先是有机会进入更多的旅游投资和开发项目。同时，旅游企业的PPP将为企业带来资本效应和长期的品牌效应，使得企业的盈利更趋持续、稳定。此外，PPP模式涵盖旅游全产业链上的规划、投资、运营、营销等各个环节，也为企业的转型升级提供了更好的机遇。"从事景区文化创意产品开发及创意活动的北京文创科技有限责任公司董事长孙涛认为，不同于一般道路交通等大基建领域，旅游行业的PPP项目有其特殊性。总体来说，旅游行业内大型项目还是少数，因此可以更多从软服务能力提升等方面进行拓展。

三是规范项目运作，防范财政金融风险。指导意见提出，要深化对PPP模式的理解认识，防止简单化和片面化倾向，把公共服务供给作为界定PPP模式的核心，厘清政府责任与市场机制的边界。

大岳咨询总经理金永祥认为，这一指导意见更为具体、有可操作性，是从去年开始严格规范PPP发展之后的一个"稳定信心的文件"。根据指导意见，在旅游领域推广PPP模式将建立动态评估调整机制，积极推进旅游公共服务领域价格改革，引导各地综合考虑建设运营成本、财政承受能力、居民意愿等因素，合理确定旅游服务价格水平和补偿机制，推动建立价格动态调整和上下游联动机制，增强社会资本收益预期，提高社会资本参与积极性。逐步建立完善科学的旅游资源论证评估和PPP项目绩效评价体系，动态掌握项目整体运营管理情况。

相关专家认为，PPP模式在我国旅游业中的应用仍然处于探索阶段。虽然在国家相关政策的鼓励下，PPP项目遍地开花，签约投资额很大，但落地率并不高。一方面，政策和法规不够健全、社会资本引入存在困难；另一方面，相关利益主体的诉求并不一致，资源和利益的配置很难达到平衡。因此，首先应当健全清晰完备的法律法规和成熟的制度环境。其次，社会资本方的选择也需要慎重。最后，在风险分担上，需要建立合理的风险分担机制，建立动态的利益协调机制。

资料来源　胡浩，陈爱平. PPP模式助力补齐旅游公共服务供给"短板"[EB/OL]. [2018-04-27]. http://www.xinhuanet.com/fortune/2018-04-27/c_1122753972.htm.（作者有删改）

（五）直接经营与委托经营的选择

公共物品可由政府直接经营，也可由政府委托给非政府机构经营。当然，公共物品的委托经营应该是在政府管制下的委托经营，委托经营的具体方式可依不同行业、不同企业的差别而有所不同，承包经营、租赁经营及其他多种委托经营方式都是可以选择的经营方式。采用何种经营方式取决于：①不同经营方式的后果。例如，国防就不便实行委托经营，因为一旦受托人因某种原因而不提供服务，就会失去国家安全。②经营方式的效率比较。经营方式不同，提供同样数量和质量的公共物品所需要耗费的经济资源、运作效率会存在差别。政府应该进行比较，选择效率高的经营方式：直接经营的效率高，则采取直接经营；委托经营的效率高，则采取委托经营；在可供选择的委托经营方式中，也应该选择效率最高的委托经营方式。

三、政府提供公共物品的范围

（一）公共性程度高的公共物品

公共性程度的高低可以用公共物品受益人或消费者的人数的多寡来衡量。一种公共物品的受益人或消费者的人数越多，则其公共性程度越高；一种公共物品的受益人或消费者的人数越少，则其公共性程度越低。因此一种公共物品的公共性程度越高，其外部影响越大，其提供与利用状况对经济资源配置效率、生产效率、消费者福利、经济增长等的影响越大，对政府履行其他方面的经济职能的有效性的影响也越大，市场力量和第三种力量提供的能力越是不足。因此，公共性程度高的公共物品应该由政府来提供。因此，政府首先应该提供影响遍及全体国民的纯公共物品，然后随着政府能力的增长，再逐渐延伸至公共性程度较低的公共物品。公共物品的公共性程度的高低决定着政府提供公共物品的顺序。从历史上看，政府提供的公共物品经历了一个由公共性程度最高到公共性程度逐渐降低的演化过程。只有在政府保证了公共性程度更高的公共物品的提供之后，才能提供公共性程度低的公共物品。国防是公共性程度最高的公共物品。在历史上，国防一直是各国优先保证提供的公共物品，然后是公共秩序；如果政府还有能力，再提供其他公共性程度较高的公共物品。公共性程度很低的公共物品，因其受益人或消费者较少，其提供状况对社会生产和居民福利的影响较小，并不适合由政府来提供。由于政府是一个由多级政府所构成的体系，由最低一级到中央政府包含多个层级，公共物品的公共性程度也应该作为划分不同层级的政府提供公共物品的范围的依据，公共物品公共性程度的高低决定提供公共物品的政府层级的高低，公共性程度越高，越应由高层级的政府来提供；公共性程度越低，越应由低层级政府来提供。那些供全体国民消费的公共物品当由中央政府承担提供责任（如国防、全国性立法等），而只供一个地区的居民消费的公共物品当由地方政府承担提供责任。

（二）不宜或不应由非政府力量提供的公共物品

有许多种类的公共物品即使非政府力量能够提供，也不能由非政府力量来提供，这指的就是那些由非政府力量来提供可能会损害公共利益的公共物品。比如国防，一方面其公共性程度最高，另一方面若将其交由非政府力量提供，则可能会损害国家安全；再如立法和司法，若由非政府力量提供，很可能会使其成为少数人牟取私利、损害大多数人利益的工具。诸如此类的公共物品都应由政府垄断提供，这是保证此类公共物品的提供符合公共利益的必要条件。

（三）非政府力量不愿意或无力提供且外部性大的公共物品

公共物品的非排他性程度越高，"搭便车者"一般来说会越多，市场力量和第三种力量会越不愿意提供。例如，传染病防治、基础科学研究等均具有很大的正的外部性，排他不易，私人或企业一般并不愿意提供此类公共物品。第三种力量又没有能力提供此类公共物品，如果政府不提供此类公共物品，就会出现此类公共物品提供不足的状况。

（四）非政府力量没有能力提供和虽有能力提供但非竞争性程度高的公共物品

这类公共物品包括跨地区的道路、大江大河的整治、桥梁、港口、消防设施等。这类公共物品由非政府力量提供，要么是提供不足，要么是利用不足。政府提供此类公共物品是使其得到充分提供和充分利用的必要条件。

总之，提供公共物品是政府的重要经济职能，但政府不是要提供所有的公共物品，其只对符合上述条件的公共物品承担提供责任。

专栏4-5

"一带一路"：向世界提供公共产品

党的二十大报告提出，我们实行更加积极主动的开放战略，构建面向全球的高标准自由贸易区网络，加快推进自由贸易试验区、海南自由贸易港建设，共建"一带一路"成为深受欢迎的国际公共产品和国际合作平台。过去这些年，"一带一路"建设取得的成就举世瞩目，无论是在器物层面还是在理念层面都获得了国际社会的广泛认同，一个重要原因在于它具有国际公共产品的特性。新时代新征程，以惠民生、高标准和可持续为目标的高质量发展将是"一带一路"建设的必然方向。

"一带一路"是中国为世界提供的重要公共产品。其一，"一带一路"建设以"丝路精神"为指导，以共同发展为目标，为发展中国家参与国际经济合作提供了机遇。其二，"一带一路"共建国家中多数属于发展中国家，解决其基础设施与互联互通瓶颈是实现共同发展的必要条件。互联互通为发展中国家实现经济起飞、参与国际分工奠定了基础。其三，多元化合作机制既为不同类型共建国家开展合作提供了便利，也为"一带一路"与现行全球治理体系的对接创造了条件。其四，作为推动构建人类命运共同体的重要实践平台，"一带一路"为解决全球治理赤字开辟了新路径。

当今世界百年未有之大变局加速演变，新一轮科技革命和产业变革带来的激烈竞争前所未有，气候变化、疫情防控等全球性问题对人类社会影响深远。共建"一带一路"的国际环境日趋复杂，但仍面临重要机遇。我们要保持战略定力，抓住战略机遇，坚定不移推动共建"一带一路"高质量发展，把"一带一路"建设成为和平之路、繁荣之路、开放之路、绿色之路、创新之路、文明之路，为推动构建开放型世界经济、人类命运共同体作出新的更大贡献。

第一，以构建健康丝绸之路、推动"小而美"项目建设实现惠民生目标。"一带一路"建设第一阶段的重点是以基础设施为主的互联互通项目。这类项目具有投资规模大、回收周期长的特征。中国推出了健康丝绸之路以及"小而美"项目，这将给普通民众带来直接的收益。未来还要不断深化经济走廊建设，为促进区域发展、提升民生福祉作出更多贡献。

第二，以构建绿色丝绸之路、数字丝绸之路实现高标准目标。绿色丝绸之路建设和数字丝绸之路建设是共建"一带一路"高质量发展的重要内容，也是统筹国内国际两个大局、展现大国责任担当、推动构建人类命运共同体的有力实践，体现了高标准要求，契合了世界经济发展的绿色化和数字化趋势。

第三，以"硬联通"与"软联通"相结合实现可持续目标。可持续是共建"一带一路"高质量发展的重要目标。实现可持续发展目标是一个系统工程，其中规则与机制化建设是重点内容，要根据合作的需要制定规则、推动机制化建设。面向未来，既要加强基础设施"硬联通"，还要强化制度规则"软联通"，推动共建"一带一路"高质量发展。

资料来源　李向阳．"一带一路"：向世界提供公共产品〔EB/OL〕．〔2023-01-19〕．http：// theory.people.com.cn/n1/2023/0119/c40531-32609779.html.（作者有删改）

四、政府提供公共物品的效率及解决效率低下的对策

（一）政府提供公共物品的效率

使公共物品得到充分的提供是政府的责任，但由于经济资源都是有限的，如果公共物品的生产效率低下，提供一定量的公共物品就需要投入更多的经济资源，从而就会减少私人物品的生产，进而降低居民福利水平。因此，要求提高政府提供公共物品的效率。如何使政府提供公共物品具有效率呢？这是一个相当复杂的问题。提供效率低下是人们对政府提供公共物品的主要批评之一。要知道如何能够提高公共物品的提供效率，我们首先需要分析导致政府提供公共物品效率低下的原因。关于这个问题，经济学家们做了不少的研究，结论是：

（1）公共物品提供行业一般都采取垄断营运方式，缺乏竞争的外部压力，使得公共物品提供单位不积极提高效率。

（2）公共物品提供单位同生产私人物品的营利性企业不同，它不是以追求利润最大化为其行为目标，而只是完成政府所规定的提供任务，从而缺乏提高效率的内在动力。

（3）公共物品提供单位的预算约束是软的。大多数公共物品提供单位都是依靠政府财政拨款来营运的，同传统计划经济体制下的国有企业一样，各提供单位普遍存在着高报生产（提供）成本和投入量的情形，一旦完不成指标，或者出现亏损，还会继续要求政府增加财政拨款或者要求财政补贴，这样提供单位就缺乏提高效率的内在压力。

（4）对公共物品的提供单位的负责人缺乏有效的经济激励机制。公共物品提供单位大都是由政府任命的官员或经理进行管理的，对他们来说，薪金是固定的，干好干坏，在薪金上都不会有什么差别，缺乏有效的经济激励机制，而在营利性的企业，经理干得好可以加薪、分红，甚至升迁，获得更多的经济收益，存在着有效的经济激励机制。这样，由于缺乏对公共物品提供单位的官员或经理有效的经济激励制度，使得他们缺乏提高效率的积极性；并且在官员或经理的任命上，往往不能做到以才能为标准，这就使得公共物品的提供单位的官员或经理们更加缺乏提高效率的积极性。

（5）对公共物品提供效率的评价存在困难。①营利性的私人企业可以利润、销售额等作为效率高低的评价标准，但公共物品提供却很难有一个合理标准（往往只能依靠一套标准，一旦依靠一套标准，也就使得评价失去意义）；同时，与营利性的私人企业不同，对公共物品的提供单位即使规定了效率评价标准，公共物品提供单位也可以采取种种手段作伪。例如，判断公安部门的效率，若以发案率高低为判别标准，公安部门就会少报、瞒报发案数，从而降低发案率；若以破案率为判别标

准，则又会使公安部门采取各种手段（少报瞒报发案数、未破案者不报或草草结案等）提高破案率。②营利性的私人企业可以别的企业作为比较标准，但公共物品提供单位一般缺乏这种可比标准。例如，立法部门与司法部门的工作效率比较、国防部门与公安部门的效率比较、消防部门与环境卫生部门的效率比较，就很难得出恰当的结论。这样，就很难根据公共物品的提供效率对公共物品的提供单位进行奖惩。

（6）政府官员的腐败。如果政府官员腐败，公共物品提供单位负责人就只会追求自身利益的最大化，只会追求权力的扩张，不会关心公共物品提供效率的高低，从而公共物品的提供也就不可能有高效率。

（二）解决效率低下的对策

综上，要使政府提供公共物品具有效率，即应从导致效率低下的上述一般原因出发采取相应的对策：

（1）建立和完善民主与法治制度，保证政府官员的廉洁。这是提高公共物品提供效率的前提。

（2）改革公共物品的提供体制，对于那些由市场提供更有效率的公共物品，在政府进行必要管制的条件下，交由市场去提供。

（3）引入市场机制，利用市场机制的作用来提高效率。对于那些不是必须由政府直接经营的公共物品，政府完全应该考虑引入市场机制，采取竞争性的委托经营方式，促进效率尽可能地提高。例如，垃圾清运、道路维护、桥梁维护、港口管理、下水道疏浚、养老院管理等都可以通过公开招标的方式，选择合适的企业来经营（管理），政府与企业签订合同，由企业负责经营（管理）。

（4）改进公共物品提供单位的官员或经理的任命制度和收入分配制度。在官员或经理的任命中加强民主监督，官员或经理的升迁应取决于其业绩和能力；收入分配制度应具有灵活性，官员或者经理的报酬应该反映其经营或管理业绩，逐步使公共物品提供单位的官员或经理的任命制度和收入分配制度成为对公共物品提供单位提高效率具有正面刺激作用的制度。

（5）不断改进公共物品提供效率的评价指标。虽然很难确定评价公共物品提供效率高低的唯一合理的简单明确的指标，不过，改进评价指标，即找到更为合理的指标还是可能的。因此，应该从实际出发，努力改进效率评价指标，从而通过指标完成情况的评判，促进公共物品的提供单位提高效率。

不过，应该说，要使公共物品的提供效率达到最优状态是存在困难的。社会所能实现的只是使公共物品的提供效率尽可能更高。

专栏4-6 ▬▬▬▬▬▬▬▬▬▬▬▬▬▬▬▬▬▬▬▬▬▬▬▬▬▬▬▬▬▬▬▬▬▬▬

公共消费应突出效率和引导效应

公共消费往往表现为行政管理、科教文卫、社会保障、环境保护、国防安全以及公用事业等方面的物质与服务消耗。这种消耗是为社会公众购买公共物品与服务的。因此，公共消费又被称为"社会公共消费"。

作为社会最终消费的重要组成部分，公共消费能够直接带动居民消费，进而产生消费"乘数效应"。以杭州市为应对疫情发放面值10元消费券为例，根据有关测算，政府部门每支出5元，就能拉动社会消费289元。当然，像消费券这种公共消费的拉动效应只是非常时期的暂时现象，从长期性与常态化角度看，公共消费确实可以对居民消费产生非常明显的引导效应。

一般而言，公共消费合理增加，代表着可以供给的公共物品与服务数量增加，以及效率的改良与质量的提升，增强公众的获得感、幸福感、安全感。比如，医疗保险比例的增加，意味着公民健康保障能力的强化；教育资源更加充足，可以让公众享受到低成本提高自身与子女素质的红利。在这种情况下，居民部门就会大量替换出用于教育、医疗等方面的支出，并将其转化为其他方面的消费，居民消费由此得到扩张。

公共消费除了具有拉动居民消费进而促进经济增长的经济学意义外，还蕴含着丰富的社会学意义。公共消费的资金来源于公共财政，即公共税收形成了公共物品与服务，从这个意义上说，公共消费代表的是社会财富的二次分配。更重要的是，公共消费的服务指向是社会公共目标，尤其是由此衍生出的公共用品具有公益性、保障性、福利性与共享性特征。这样一来，公共消费又承担着促进基本消费平等化的重任。也就是说，公共消费将经济激发功能和社会调节功能融于一身，对经济与社会、效率与公平的关系起着润滑与平衡作用。

同发达国家相比，我国公共消费还有合理增加的空间。但要明确的是，合理增加的公共消费应当是能够高效率地转化为社会公共产品，以及为社会大众所共享和为社会带来普惠福祉的公共消费，类似于使用超标办公室、"三公"经费支出等不仅不能纳入公共消费的增加范畴，还应该大力度与合标化削减。还须看到，公共消费的基础是公共财政收入，我国财政收入增速近些年稳中有降，在新冠肺炎疫情冲击下今年的财政进账难免受到影响，这就决定了公共消费在合理增加规模的同时，更应该注重提高公共消费的使用效率和带动效应。

公共消费的最终目标是增加令公众满意的公共物品与服务。因此，从购买程序开始，应当对准市场与民众需求，加强对小微企业产品与服务的购买，并突出补短板导向。一方面，侧重循序增加卫生健康、环境保护与科教培训等方面的支出占比；另一方面，契合实施乡村振兴战略重点，加强农村学校幼儿园设施、医疗网点以及乡村两级图书馆等方面的建设，促进公共消费城乡平等化。

资料来源 张锐. 公共消费应突出效率和引导效应［EB/OL］.［2020-04-08］. http://www.ce.cn/xwzx/gnsz/gdxw/202004/08/t20200408_34634628.shtml.（作者有删改）

◆ 关键概念

非排他性　非竞争性　纯公共物品　准公共物品　公共资源　博弈论　"囚徒

困境"　"搭便车"

➡️复习思考题

1.公共物品具有哪些特性？

2.如何对公共物品进行识别？

3.简述公共物品与私人物品有效供给的局部均衡比较。

4.公共物品市场提供的缺陷主要是什么？

5.政府提供公共物品的主要范围有哪些？

6.政府提供公共物品的必要性有哪些？

7.政府提供公共物品的方式有哪些？

8.政府提供公共物品效率低下的原因是什么？如何解决其效率低下的问题？

9.公共物品需求与私人物品需求的差别体现在哪些方面？

10.举例说明，如何用博弈论对公共物品的提供进行分析？

11.公共物品最优供给是如何实现一般均衡的？

12.结合你熟悉的PPP项目，评价这种公共物品供给模式的优劣。

思政专栏4-1

"让疫苗成为全球公共产品"的
中国承诺与践诺

即测即评4

第五章　抑制外部性

◆本章学习目标

理解外部性的含义、分类及外部性产生的后果，掌握外部性与市场失效之间的关系；掌握外部性私人解决方法的类型，掌握科斯定理的内涵，理解私人解决外部性方法的局限性；掌握抑制外部性的公共政策。

◆本章知识结构

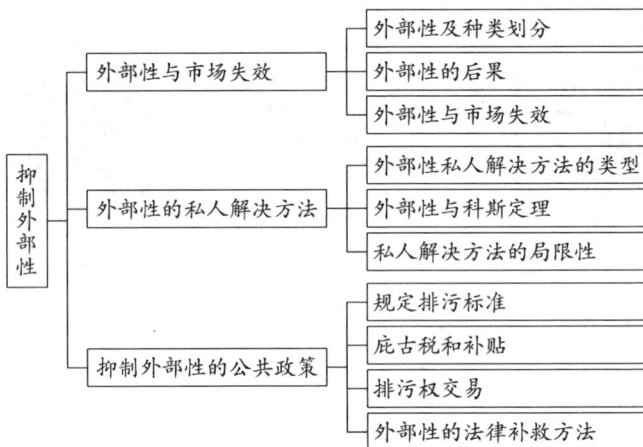

```
              ┌─────────────────┬──── 外部性及种类划分
              │  外部性与市场失效  ├──── 外部性的后果
              │                 └──── 外部性与市场失效
              │
  抑         ┌─────────────────┬──── 外部性私人解决方法的类型
  制   ──────┤  外部性的私人解决方法├──── 外部性与科斯定理
  外         │                 └──── 私人解决方法的局限性
  部         │
  性         │                 ┌──── 规定排污标准
              │  抑制外部性的公共政策├──── 庇古税和补贴
              └─────────────────┼──── 排污权交易
                                └──── 外部性的法律补救方法
```

外部性（externality）是市场失灵的主要表现之一，通过本章学习，首先，要明确外部性的概念、分类和后果；其次，学会分析正负外部性对资源配置效率的影响，掌握外部性导致市场失灵的原因；最后，在理论分析的基础上把握私人部门与政府部门纠正外部性的策略与措施。

第一节　外部性与市场失效

一、外部性及种类划分

（一）外部性的含义

外部性，也称为外部效应、外在性、外部效益或外部经济，指的是边际私人成本与边际社会成本之间或边际私人效益与边际社会效益之间的非一致性。简单地说，就是指某些经济主体的经济行为影响了其他经济主体，却没有为之承担应有的成本费用或没有获得应有报酬的现象。换言之，外部性就是未在价格中得以反映的经济交易成本或效益。

通俗一点说，一种经济交易的结果对除交易双方之外的第三者发生了影响，而且第三者又未参与该项交易的任何决策时，即存在外部性。可见，外部性的关键在于相互影响而又没有相应的补偿。因此，外部性存在时，人们在进行经济活动决策中所依据的价格，既不能精确地反映其全部的边际社会效益，也不能精确地反映其全部的边际社会成本。其原因在于，某种经济活动的外部性的存在，使得除交易双方之外的第三者即其他个人或厂商受到了影响，而该第三者因此而获得的效益或因此而付出的成本在交易双方的决策中未予考虑。其后果在于，依据失真的价格资料所做出的经济活动决策，肯定会使社会资源配置发生错误，从而不能达到帕累托效率准则所要求的最佳状态。

（二）外部性的分类

介绍外部性的分类可以帮助我们对外部性现象有一个更为全面的了解。在现实经济生活中，外部性的表现形式是多种多样的。我们可以按照不同的标准来分类。

1.外部性的简单分类法

（1）正外部性与负外部性。一些外部性对他人产生有益影响，这叫作正外部性（positive externality）。例如，养蜂者对邻近的苹果园产生的就是正外部性。由于传播花粉的缘故，蜜蜂数量愈多，苹果园结果愈多。同时，苹果园对养蜂也产生正外部性。苹果园里果树愈多，蜜蜂所产的蜂蜜愈多。每一方的行为都给另一方带来直接的利益，而每一方又都没有得到报偿。其他一些外部性对他人产生不利影响，这叫作负外部性（negative externality）。一个公司污染了空气，那么，对所有呼吸到污染空气的居民而言，对所有机器受到污浊空气侵蚀而加剧了损耗的公司而言，就是受到前一个公司产生的负外部性影响。

正的外部性，指的是对交易双方之外的第三者所带来的未在价格中得以反映的经济效益，或者是指某些产品的社会效益大于其使用价值的现象。在存在外部正效应的情况下，无论是产品的买者，还是产品的卖者，都未在其决策中意识到他们之间的交易会给其他人或厂商带来益处。消防设备的交易，就是关于外部正效应的一个最突出的例子。很明显，一笔消防设备的交易，不仅使买卖双方可以从中受益，而且也至少使邻近买方的人或厂商可从火灾蔓延风险的减少中受益。然而，消防设备买卖双方并未意识到这一点，或者说，消防设备交易双方一般并不考虑这一因素，即他们的买卖决策并未加入其交易会降低第三方的财产损失风险这样一个因素。如果加入了这一因素，也就是说将外部性考虑在内，在不能向第三者收取相应报偿的情况下，消防设备的消费量将肯定会因此而出现不足。私人花园也是一个外部正效应的典型例子。对私人花园的所有者来说，它提供了一个令人赏心悦目的环境，但除此之外，社会其他人也因此而受益。因为，每个私人花园实际上就是一块绿化地，它净化了空气，调节了地区的小气候。因此，除个人受益外，社会也获得了利益。另外，外部正效应也表现在大多数的公共物品上。例如，某地政府修建了公路，交通条件的改善使得商品的运输更为方便，从而促进了该地区的发展。对于公路附近的居民来说，直接获得的利益是土地使用价值提高、租金增值。一般地说，纯公共物品、俱乐部物品、公共池塘资源和免费的植物园等都存在外部正效应。正是由于这一缘故，某些原来属于私人物品的行业被社会转为公共部门，由过去的私人管理转向政府管理。正外部性有时也表现为生产过程中的产业互补性。由于现代社会实行社会化大生产，因此，一个企业部门的发展会给其他部门创造相应的发展条件，这样一来，就产生了一种企业以外的社会效益。

负的外部性，指的是对交易双方之外的第三者所带来的未在价格中得以反映的成本费用，或者说是指某一产品的社会成本大于生产者私人成本的现象。关于外部负效应的一个最突出的例子，就是工业污染对人及其财产所带来的损害。工业（造纸、印染）污染在损害人们的身体健康，降低人们的财产以及资源的价值上所产生的负效应，已在现代社会的人们心中达成共识。然而，与带来工业污染有关的产品的生产者和购买者，显然是不会在其生产决策或消费决策中考虑那些因此而受损害的人们的利益的。吸烟也是外部负效应的一个常见的例子，研究表明，间接吸烟是严重损害健康的。因此，在外部负效应存在的情况下，这类产品的生产往往过多，即这种产品会产生过度供给。

（2）生产性外部性与消费性外部性。由生产者产生的外部性叫作生产性外部性，由消费者产生的外部性叫作消费性外部性，而这些外部性的结果可能由生产者和消费者共同负担。今天，大气污染主要是由工厂引起的，而在几十年以前大气污染主要是由家庭用煤取暖而引起的。抽烟者在不通风的房子里抽烟会对不抽烟的人带来极大的负外部性；一个公司对河流的污染会对居住在下游的消费者和生产者带来外部性，这种外部性要么会导致位居下游的公司利润减少，要么会促使位居下游的公司提高其产品价格。

（3）直接的外部性与间接的外部性。一些外部性，如对大气质量的影响是通过影响环境，进而对使用这种环境的每一个人造成影响，这样的外部性被称作间接的外部性。另外一些外部性的影响则更为直接，如果有人把垃圾洒落在自己的草坪上，则只有近邻才受到外部性的影响，这样的外部性被称作直接的外部性。

（4）公共外部性和私人外部性。很多外部性是公共物品的特性，但是也有一些外部性是和私人物品相联系的。相应地，外部性可以分为公共外部性和私人外部性。如果一个城市的空气被污染，污染对每一个市民都有影响。市民人数的增加，并不减少每一个人受到污染的程度。因此，空气污染是一种公害或坏的公共物品。在公寓的公共楼道里堆放自家的废品，使邻居每一次都掩鼻而过，也是一种公害。相反，门前的花园使每一个行人感到赏心悦目，是一种公益或好的公共物品。公共物品的特性源于其消费的不可分性，一个人对公共物品的消费并不减少可供其他人消费的数量。我呼吸空气并不影响其他人呼吸空气，我观赏花卉并不影响其他人观赏花卉。对公共物品，市场价格体系不能实现资源的有效配置。

与公共物品相反，私人外部性的例子就不那么容易找到。私人外部性的消费是可分的。一个例子是，B将垃圾扔到A的院子里。这时垃圾就不会被扔到C的院子里，消费是可分的。这个例子和把垃圾扔到大街上不同，属于私人负外部性。

（5）公共资源。有一类特别重要的外部性被称为公共资源问题，其主要特征是存在任意使用的公用稀缺资源。让我们来考察一下鱼塘和渔夫的关系，捕鱼的困难程度取决于渔夫的数目，每个渔夫都对其他渔夫产生负的外部性。油田是公共资源方面一个重要的例子。石油通常在地下大片集中存在，为了打出石油，需要购买足够的土地来打钻井，还需要购买钻井设备。一口井从一个贮油构造中获取的石油愈多，其他井得到的就愈少。事实上，多钻一口井而多获得的石油数量是负的，因为多钻一口井会使油压降低，这样就使能从一个贮油构造中抽取的石油数量减少；并且，钻一口井的私人获益和社会获益之间存在着显著的差异。

2.外部性的复合分类法

这种分类是将上述三种不同标准结合起来，对外部性进行交叉分类。对外部性进行复合分类，可以有八类外部性现象，现介绍如下：

（1）消费活动产生正的消费外部性。某个人或家庭因别人或家庭的消费活动而受益。例如，甲的邻居乙拥有一个美丽的花园，甲也会因此而享受到花园的效用。

（2）消费活动产生正的生产外部性。某厂商因某个人或家庭的消费活动而受益。例如，购买者偏好的变化增加了对厂商产品的需求。

（3）消费活动产生负的消费外部性。某个人或家庭因别人或家庭的消费活动而受损。例如，甲嫉妒乙较高的生活水平，他会因此而遭受负的消费外部性。

（4）消费活动产生负的生产外部性。某厂商因某个人或家庭的消费活动而受损。例如，购买者偏好的改变减少了对厂商产品的需求。

（5）生产活动产生正的消费外部性。某个人或家庭因某厂商的生产活动而受益。例如，由于采用新的技术，使得企业在追求最大利润时，以较低的价格出售质量较好的产品，消费者就会因此而受到正的外部性影响。

（6）生产活动产生正的生产外部性。某厂商因别的厂商的生产活动而受益。例如，一个养蜂者接近苹果园，他的养蜂活动便会有益于苹果园的主人。反过来，苹果园的扩大，也会给养蜂者带来益处。

（7）生产活动产生负的消费外部性。某个人或家庭因某厂商的生产活动而受损。例如，厂商的活动造成了污染，便会给附近居民的健康带来有害影响。

（8）生产活动产生负的生产外部性。某厂商因别的厂商的生产活动而受损。例如，设在湖边的纺织印染厂排出的污水，对养鱼者的生产活动有害。

二、外部性的后果

外部性是经济生活中常见的现象，或许每个人都在受它的影响，但自己并不知觉。小的方面，它会影响我们平常的喜怒哀乐；大的方面，则会在资源配置方面产生负面效果。正如经济学家斯蒂格利茨所说："只要存在外部性，资源配置就不是有效的。"

我们已经知道，生产行为的外部不经济是指个体所得到的收益大于社会所得到的收益，或者个体付出的成本小于社会付出的成本。对生产厂商来说，当厂商个体边际成本等于个体边际收益时，就实现了生产者均衡，即厂商的利润实现了最大化。对社会来说，当边际社会成本等于社会边际收益时，就实现了社会均衡，即该产品的供给相对于需求达到了最佳点，有限的资源得到了最充分的利用，实现了社会福利的最大化。这时，如果个体边际成本等于边际社会成本，或者个体边际收益等于社会边际收益，那么厂商与社会同时达到均衡，厂商利润最大化也就是社会福利的最大化。不过，在个体生产行为存在外部不经济的情况下，厂商个体边际成本小于边际社会成本，或者厂商个体边际收益大于社会边际收益，这时个体生产的最优量就会高于社会最优量，该产品就存在着供给过度的现象。

同样，生产行为的外部正效应会造成某些商品的供给不足，消费行为的外部不经济会造成某些商品的消费过度，消费行为的外部经济会造成某些商品的消费不足。供给过度、供给不足、消费过度以及消费不足都是资源的浪费，在资源稀缺的情况下，资源浪费意味着社会福利的损失，意味着资源的低效率配置。

在市场经济条件下，不管是什么样的外部性，它的存在必然不利于社会资源的有效配置，从而也不利于社会福利的最大化。外部负效应的个体成本低于社会成本，但是它的个体收益却是高于社会收益的。感觉上，这是一种不道德的行为，因为它往往是损人利己的。仅仅从这个角度讨论，外部负效应也是应该得以纠正的。而外部正效应，就个体而言，他的个体成本是高于社会成本的，而个体收益却往往低于社会收益，很有利他主义的味道。但每个人并不都是有道德的，在这些人看来，这种行为对他们是很不利的，如此一来，可能在间接上破坏个体的某些创造性或积极性，这应该不是社会希望看到的。所以，在市场经济条件下，需要由外部机制介入经济生活，努力使外部性内在化，从而使经济生活进入正常的轨道。具体地讲，就是需要政府的财政干预。当外部经济造成供应不足时，政府可以通过补贴或减税的方法刺激生产；而对于外部不经济，政府则可以通过加税或出售污染权的办法，增加这些企业的成本，使其降低产量。

专栏 5-1

公地的悲剧

设想我们生活在一个中世纪小镇上。该镇的人从事许多种经济活动，其中最重要的一种是养羊。镇上的许多家庭都有自己的羊群，并出售用以做衣服的羊毛来养家。

当我们的故事开始时，大部分时间羊在该镇周围土地的草场上吃草，这块地被称为镇共有地。没有一个家庭拥有土地，相反，镇里的居民集体拥有这块土地，所有的居民被允许在这块地的草场上放羊。集体所有权很好地发挥作用，因为土地很大。只要每个人都可以得到他们想要的有良好草场的土地，镇共有地就不是一种竞争性物品，而且，允许居民在草场上免费放羊也没有引起问题。镇上的每一个人都是幸福的。

时光流逝，镇上的人口在增加，镇共有地草场上的羊也在增加。由于羊的数量日益增加而土地是固定的，土地开始失去自我养护的能力。最后，土地变得寸草不生。由于共有地上没有草，养羊不可能了，而且，该镇曾经繁荣的羊毛业也消失了。许多家庭失去了生活的来源。

什么原因引起这种悲剧呢？为什么牧羊人让羊繁殖得如此之多，以至于毁坏了镇共有地呢？

专栏 5-2

绿色交易所启动，解决负外部性难题

近日，"北京城市副中心建设国家绿色发展示范区——打造国家级绿色交易所启动仪式"在北京市通州区举行。中国人民银行行长易纲在仪式上发表讲话，表示在推动绿色低碳转型的过程中，绿色交易所可以起到逐步把排碳的负外部性内部化的作用。

所谓排碳负外部性，是指排碳企业和用户没有为排出的碳付出应有成本，对社会有负的外部性。易纲表示，排碳多的单位是以自己的低成本实现盈利，但对整个社会和公众造成了负的外部性。

中金公司首席经济学家彭文生解释："传统金融机构主要依靠市场力量分配信贷资源，但是由于外部性，很难有效地将资源分配到绿色产业。"易纲指出，未来，绿交所就是要逐步把负外部性内部化，使碳定价逐步接近其社会成本，谁排碳谁承担成本。

通过碳定价来解决碳排放的负外部性，是多位受访专家的关键思路。所谓碳定价，就是给碳排放制定一个价格（即碳价），把企业技术改造、绿色金融、社会消费等隐性的减排成本"放在台面上"，用碳价表现出来。而绿交所这样的碳市场，可通过市场机制实现供给和需求的匹配，实现均衡的价格。

中金研究结果表明，碳价信号越显著，对低碳技术创新的诱导作用就越强，越能激发企业开发和采用低碳技术的意愿，进而更好推动实现"双碳"目标。

"可以通过补贴、罚款等措施将外部性内部化，但这些措施也面临着谁来执行、仲裁等道德风险问题。根据'科斯定理'，对公共品的供给界定产权，通过市场机制让产权进行有效的交易定价，让那些提供产品的厂商和市场主体通过价格机制得到补贴、实现利益，已经在大量实践中被证明是有效的，可以实现最优的帕累托配置。"人民银行金融研究所所长周诚君表示。

兴业银行首席经济学家鲁政委表示，在这个过程中，强化信息披露要求，让排碳者接受社会监督至关重要。"要完善碳核算体系。"鲁政委表示，碳核算体系是一套碳排放信息核算和披露的方法，是准确掌握我国碳排放变化趋势、有效开展各项碳减排工作、促进经济绿色转型的基本前提，也是积极参与应对气候变化国际谈判的重要支撑。他建议，我国可积极借鉴国际上已有的探索，利用我国的制度优势，从治理、战略、风险管理、目标和指标等方面形成披露的标准模板。

资料来源 马梅若. 绿交所助力低碳转型：解决负外部性难题 稳步降低绿色溢价［EB/OL］.［2023-02-13］. https://www.xuexi.cn/lgpage/detail/index.html? id=13814658818028897492&amp；item_id=13814658818028897492. （作者有删改）

三、外部性与市场失效

（一）存在外部性条件下的社会最优

在存在外部性的条件下，社会资源配置依然存在着最优值的问题，下面我们以环境污染为例来加以说明（如图5-1所示）。首先，我们先介绍几个重要的概念。MNPB代表边际私人净效益（marginal net private benefits）。私人净效益是企业生产活动中收益（revenue）和成本（cost）之差，边际私人净效益是改变1单位经济活动水平追加的净效益。MEC代表边际外部成本（marginal external cost），是生产活动产生的未由生产者承担的成本。边际外部成本是人们感受到的污染的物质影响，如果人们对污染毫不在乎，MEC曲线根本不存在。

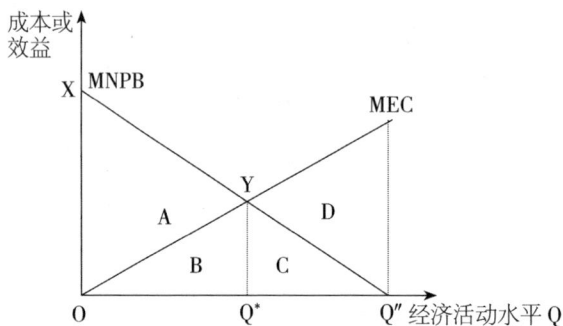

图5-1 存在外部性条件下的社会最优

由于两条曲线都表示边际量，它们下方的面积表示总量。MNPB以下的面积表示总私人净效益，MEC以下的面积表示总外部成本。社会的目的是使总效益与总成本之差最大。从图5-1中可以看到，只有当经济活动水平为Q^*时，总效益与总成本之差最大，这时两者之差由三角形OXY表示。相应的最优经济活动水平为Q^*。最优外部性由三角形OYQ^*代表。以上结果可以用公式表示如下。

在Q^*点：

MNPB=MEC

因为在完全竞争情况下，MNPB等于价格P减去边际生产（私人）成本MC，即：

MNPB=P−MC

因此：

P−MC=MEC

或　P=MC+MEC

这里 MC+MEC 为边际社会成本（marginal social cost，MSC）。因此，当MNPB=MEC时，

P=MSC

也就是说，价格等于边际社会成本是帕累托最优的条件。

图5-1中不同点和面积的含义是：Q^*为经济活动的最优水平；Q''为产生最大私人效益的经济活动水平，这是无政府管制情况下追求利润最大化的私人企业的生产水平；面积A+B为排污者私人净效益的最优水平；面积B为外部性的最优水平；面积A为社会净效益的最优水平；面积C+D为需要消除的非最优的外部性；面积C为对社会无益的私人净效益。

图5-1说明，由于外部性的存在，私人成本和社会成本不同。为了追求私人净效益的最大化，排污者将从事过多的经济活动。例如在Q''点，私人净效益为A+B+C，而外部成本为B+C+D，社会净效益为A+B+C−B−C−D=A−D<A。只有当排污者的经济活动水平为Q^*时，社会净效益才最大。C+D的消除是帕累托改进。

（二）外部性造成的市场失效

1.负的外部性和无效率

由于外部性并不反映在市场价格中，因此它们会成为经济无效率的一个来源。要弄明白为什么，让我们来看钢厂向河中倾倒废物的例子（如图5-2所示）。图5-2（a）为一个钢厂在竞争性市场中的生产决策，图5-2（b）为假设所有钢厂都产生相似外部性时的市场需求曲线和供给曲线。我们假设该厂商的生产函数是固定比例的，因此它不能改变它的投入比例，要减少废水只能降低产出。我们将分两步来分析外部性的性质：首先是只有一家钢厂产生污染，然后是所有的钢厂都以同样的方法产生污染。

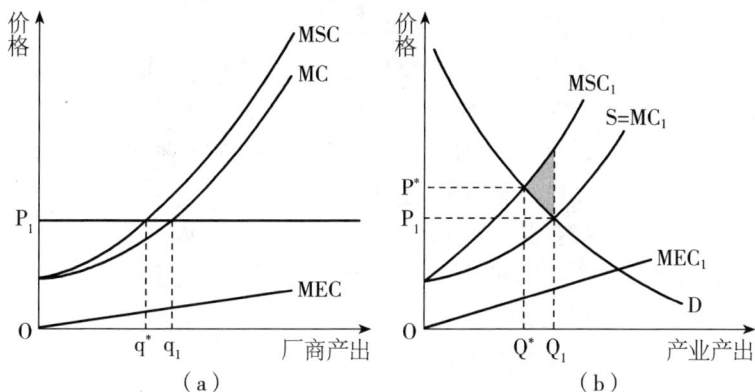

图5-2　负的外部性和无效率

当存在负的外部性时，边际社会成本 MSC 大于私人边际成本 MC，差额就是边际外部成本 MEC。在图 5-2（a）中，利润最大化的厂商在价格等于 MC 的 q_1 处生产。有效产出是价格等于 MSC 的 q^*。在图 5-2（b）中，产业的竞争性产出是 Q_1，由产业的供给 MC_1 和需求 D 的交点决定。然而，有效产出 Q^* 要比它低，由需求 D 和边际社会成本 MSC1 的交点决定。

钢的价格为 P_1，即图 5-2（b）中供给和需求曲线的相交点。图 5-2（a）中 MC 曲线给出了一个典型的钢厂的边际成本。该厂商在生产的产出为 q_1 时实现利润最大化，这时边际成本等于价格（它又等于边际收入，因为厂商把价格作为给定的）。然而，随着厂商的产出改变，下游渔民付出的外部成本也会改变。这一外在成本由图 5-2（a）中的边际外部成本（MEC）曲线给出。对大多数形式的污染来说，这一曲线是向上倾斜的，因为随着厂商产出的增加以及向河中倾倒的废水增加，它对渔业的增量危害也增加了。

从社会的角度看，该厂商的产出太多了。有效产出水平应当是价格等于生产的边际社会成本——边际成本加上倾倒废水的边际外部成本。在图 5-2（a）中，边际社会成本曲线是用每一产出水平上的边际成本加上边际外部成本得到的（即 MSC=MC+MEC）。边际社会成本曲线 MSC 与价格线在产出为 q^* 处相交。由于这时只有一家工厂向河中倾倒废水，生产的市场价格不变。然而，厂商的产出太多了（q_1 而不是 q^*），并产生了太多的废水。

现在考虑所有的钢厂都把废水倒入河中会发生什么。在图 5-2（b）中，MC1 曲线是该产业的供给曲线。与产业的产出相关的边际外部成本 MEC1 是把每个人在每种产出水平下受害的边际成本相加得到的。MSC1 曲线代表所有钢厂边际成本和边际外部成本的总和。其结果是，MSC1=MC1+MEC1。

当存在外部性时，产业的产出是不是有效率的呢？如图 5-2（b）所示，有效的产业产出水平是每一额外单位产出的边际收益等于边际社会成本时的产出水平。由于需求曲线衡量消费者的边际收益，有效产出为 Q^*，为边际社会成本曲线 MSC1 与需求曲线 D 的相交处。然而，产业的竞争性产出是在 Q_1，为需求曲线 D 和供给曲线 MC1 的相交处。显然，产业的产出太高了。

在我们的例子中，每单位产出都导致某些废水。因此，无论我们是看一家厂商的污染还是整个产业的污染，都显示出生产过多，因为它导致太多的废水倒入河中。无效率的来源是产品不正确的定价。图 5-2（b）中的价格 P_1 太低了——它只反映了厂商的私人边际成本，而不是边际社会成本。

这种无效率的社会成本是什么呢？对于每一单位 Q^* 以上的产出，社会成本由边际社会成本与边际收益（需求曲线）的差额给出。结果，社会总成本就是图 5-2（b）中 MSC1、D 和产出 Q_1 之间的阴影三角形。

外部性既导致短期也导致长期的无效率。在完全竞争的市场条件下，每当产品的价格高于生产的平均成本时，厂商就进入一个竞争性产业，而每当价格低于平均成本时，厂商就退出。在长期均衡中，价格等于（长期）平均成本。当存在负的外部性时，平均私人生产成本低于平均社会成本。结果，即使是在某些厂商离开产业才有效率时，这些厂商还是留在产业内。因而，负的外部性鼓励太多的厂商留在产业内。

2.正的外部性和无效率

就如房屋修理和美化的例子所显示的，外部性也能导致生产减少（如图5-3所示）。在图5-3中，横轴用以衡量房屋主人修理和美化的投资。房屋修理的边际成本曲线显示随着修理工作的增加而需要的修理成本，它是水平的，因为这一成本不受修理量的影响。需求曲线 D 衡量修理对房主的边际私人收益。房主将选择在他的需求曲线与边际成本曲线相交处投资 q_1 于修理。但是，就如边际外部收益曲线 MEB 所示，修理给邻居带来外部收益。在这个例子中，这一曲线是向下倾斜的，因为在修理水平小的时候边际收益大，但随着修理工作量的扩大，边际收益下降。

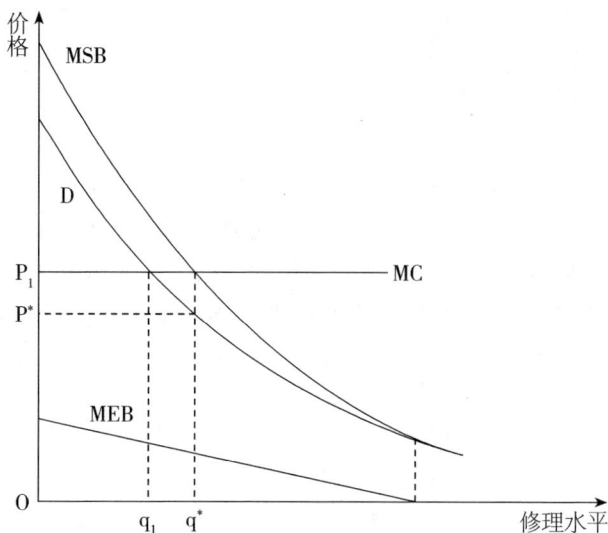

图5-3　正的外部性与无效率

当存在正的外部性时，边际社会收益 MSB 大于边际收益 D。差额就是边际外部收益 MEB。一个利己的房屋主人投资 q_1 进行修理，该点由边际收益曲线 D 和边际成本曲线 MC 的交点决定。有效率的修理水平 q^* 比它高，由边际社会收益曲线和边际成本曲线的交点决定。

边际社会收益曲线 MSB 是通过把每个产出水平上的边际私人收益和边际外部收益相加得到的。简言之，MSB=D+MEB。有效产出水平 q^* 处于 MSB 和 MC 曲线的相交处，这时，增加修理的边际社会收益等于这些修理的边际成本。由于房主没有得到他对修理和美化投资的所有收益，就出现了无效率。结果价格 P_1 太高，不能鼓励他对房屋修理的投资达到社会理想水平。要鼓励达到有效率的供给水平 q^*，就需要较低的价格 P^*。

另一个正的外部性的例子就是厂商在研究与开发（R&D）上所花费的钱。研究带来的创新常常难以受到保护。例如，假定一家厂商设计了一种新的产品。如果该设计能够申请专利，厂商可能通过生产和销售新产品获得大量利润，但是如果该新设计能够为其他厂商更接近地模仿出来，那些厂商就能够通过竞争分享一部分开发厂商的利润。这样，进行研究与开发就没有什么回报，市场对此提供的资金就不足。

第二节　外部性的私人解决方法

一、外部性私人解决方法的类型

我们讨论了为什么外部性使市场配置资源无效率，但只是简单地提到了如何解决这种无效率。在现实中，私人行为者和公共政策制定者都以各种方式对外部性做出了反应。所有这些解决方法的目标都是使资源配置接近于社会最优。在这一部分，我们考察各种私人解决方法。虽然外部性往往使市场无效率，但解决这个问题并不总是需要政府行为。在一些情况下，人们可以提出私人解决方法。

（一）道德规范和社会约束

有时外部性问题可以用道德规范和社会约束来解决。例如，考虑一下为什么大多数人不乱扔垃圾？尽管有禁止乱扔垃圾的法律，但这些法律并没有严格实行过。大多数人不乱扔垃圾只是因为这样做是错误的。公园规则教导大多数孩子说："己所不欲，勿施于人。"这就是所谓的"黄金律"（golden rule）。这个道德规范告诉我们，要考虑到我们的行动如何影响其他人。用经济学术语讲，这就是外部性的内在化。

把"黄金律"粗略地翻译成经济学语言便是"要产生正外部性"和"不要产生负外部性"。由于我们容易受他人行为影响，我们也就总担心我们自己的一些行为——如在餐桌上大声谈话会影响其他人，因为我们没有，至少没有直接给予货币形式的补偿。父母们总是试图引导自己的孩子按"社会可接受的方式"行事（包括不产生负外部性和产生正外部性）。尽管这种社会化过程在家庭水平上成功地避免了负外部性的产生，但其在解决现代社会产生的各种各样的外部性方面却很少成功：即使对乱扔东西的人课以200元罚金，也不能促使一些人在公共场所保持环境清洁。因此，完全依赖社会机制来限制外部性是不可能的。

（二）慈善行为

另一种私人解决外部性的方法是慈善行为，许多慈善行为的产生是为了解决外部性问题。例如，目的在于保护环境的西拉俱乐部（Sierra club）是一个由私人捐款的非营利组织。另一个例子是，私人学院和大学接受校友、公司和基金会的捐赠，部分是因为教育对社会有正外部性。再如，我国的希望工程所举办的助学活动。

（三）利用市场解决外部性

私人市场往往可以通过依靠有关各方的私利来解决外部性问题。有时这种解决方法采取了把不同类型经营结合在一起的形式。例如，考虑一个苹果种植者和一个与他位置接近的养蜂人。每个人的经营都给对方带来了正外部性：蜜蜂在苹果树上采花粉，有助于果树结果实。同时，蜜蜂也用从苹果树上采集的花粉来酿造蜂蜜。但是，当苹果园主决定种多少苹果树和养蜂人决定养多少蜜蜂时，他们都没考虑正外部性。结果，苹果园主种的树太少，而养蜂人养的蜜蜂也太少。如果养蜂人购买苹果树，或如果苹果园主购买蜜蜂，这些外部性就内在化了。可以在同一个企业内进行这两种活动，而且这个企业可以选择苹果树和蜜蜂的最优数量。外部性内在化是某些企业开展不同经营的一个原因。

另一种解决外部性的私人市场方法是利益各方签订合约。在我们以上的例子中，苹果园主和养蜂人之间的合约也可以解决树太少或蜜蜂太少的问题。这个合约可以规定树的数量、蜜蜂的数量，也许还包括一方对另一方的支付。通过决定树和蜜蜂的正确数量，这个合约就可以解决通常这种外部性产生的无效率问题，并使双方的状况都变好。

二、外部性与科斯定理

在没有政府直接干预的条件下，私营部门解决外部性的一条途径是使外部性内在化，即通过形成足够规模的经济单元，使任何行为的大部分结果在经济单元内部发生。让我们看一下这个原理在我们先前讨论过的例子（养蜂和苹果园之间的正外部性）中怎样应用。这种外部性可以通过使苹果园主同时成为养蜂者而内在化。当然，只有当苹果园足够大，蜜蜂只待在一个苹果园里时，外部性才能内在化。

（一）财产权的分配

我们已经提过，当个人没有承担他们行为的全部后果时，就存在外部性。由于个人不必购买捕鱼权，在公共鱼塘中就会出现捕捞过度的现象。外部性经常可以通过适当的财产权的分配来加以解决，财产权的分配就是给特定个人以控制某些财产和对这些财产的其他使用者收费的权利。正是由于没有一个人拥有控制整个油田使用的财产权，才使钻井数过量。当油田被某一个人控制，他才有动力去确保最佳的钻井数目。既然单个公司控制整个油田会导致经济效率的提高，那么任何公司都想从土地所有者手上购买覆盖整个油田的土地（他们能够从出售石油中获得利益），从而能够获得利润。依据这个观点，不需要外部干涉就能保证出现财产权的有效分配模式。

即使公共资源的财产权没有分配给单个人，也能通过市场找到解决外部性的有效方法。油田所有者经常碰头，使他们的生产一体化，这样就可以减少出现过量油井的可能。使用同一鱼塘的渔夫也可能聚到一起做出互利的限制条例来阻止捕捞过度现象。

(二) 科斯定理

私人市场在解决这些外部性中的有效性如何？最著名的结论提出，在某些情况下，这种方法是极为有效的，这个结论被称为科斯定理。这个定理是为纪念提出这个结论的经济学家罗纳德·科斯而命名。根据科斯定理，如果私人各方可以无成本地就资源配置进行协商，那么，私人市场就将总能解决外部性问题，并有效地配置资源。

为了说明科斯定理如何发挥作用，考虑一个例子。假定张三有一条名为"黑贝"的狗。黑贝不断狂叫并干扰了张三的邻居李四。张三从拥有的一条狗中得到了收益，但这条狗给李四带来了负外部性。是应该强迫张三把狗送到动物居留所，还是应该让李四不得不蒙受由于狗狂叫而夜不能眠的痛苦？

先来考虑什么结果对社会是有效的。社会计划者考虑两种可供选择的做法，要比较张三从养狗中得到的收益与李四承受狂叫声的成本。如果收益超过成本，有效的做法就是让张三养狗而李四生活在狂叫声中。但如果成本超过收益，张三就应该放弃狗。

根据科斯定理，私人市场可以自己达到有效的结果。如何达到？李四可以简单地付给张三一些钱让他放弃狗。如果李四给的钱数大于养狗的收益，张三就将接受这种做法。

通过对价格的协商，张三和李四总可以达到有效率的结果。例如，假设张三从养狗中得到的收益为500美元，而李四由于狗的狂叫承受了800美元的成本。在这种情况下，李四可以给张三600美元，让张三放弃狗，而张三也很乐意接受。双方的状况都比以前变好了，也达到了有效率的结果。

当然，李四不愿意提供任何张三愿意接受的价格也是可能的。例如，假设张三从养狗中得到的收益是1 000美元，而李四由于狗的狂叫承受了800美元的成本。在这种情况下，张三不会接受任何在1 000美元以下的出价，而李四又不愿意提供任何在800美元以上的价格。因此，张三最终还是养狗。但在这种成本与收益的情况下，这种结果是有效率的。

到现在为止，我们一直假设张三在法律上有权养一条爱叫的狗。换句话说，我们假设，除非李四给张三足够的钱让张三自愿放弃狗，否则张三就可以养狗。另一方面，如果李四在法律上有权要求和平与安宁，结果会有什么不同呢？

根据科斯定理，最初的权利分配对市场达到有效率结果的能力无关紧要。例如，假设李四可以通过法律强迫张三放弃养狗。虽然这种权利对李四有利，但也许结果不会改变。在这种情况下，张三可以向李四付钱，让李四同意他养狗。如果狗对张三的收益大于狗狂叫对李四的成本，那么张三和李四将就张三养狗问题进行协商。

虽然最初的权利无论怎样分配，张三和李四都可以达到有效率的结果，但权利分配并不是毫不相关的，它决定了经济福利的分配。是张三有权养一条爱叫的狗，还是李四有权得到和平与安宁，决定了在最后的协商中向谁付钱。但是，在这两种情况下，双方都可以互相协商并解决外部性问题。只要收益超过成本，张三就将养狗。

总结一下：科斯定理说明，私人经济主体可以解决他们之间的外部性问题。无论最初的权利如何分配，有关各方总可以达成一种协议，在这种协议中每个人的状况都可以变好，而且，结果是有效率的。

下面我们用图5-4来解释科斯定理的基本含义。

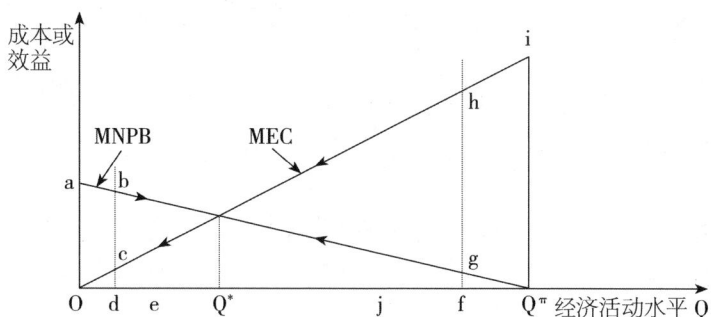

图5-4　外部性与科斯定理

如无政府干预，排污者生产 Q^π 以使利润最大，但社会最优经济活动水平在 Q^*。排污者利润最大的点和社会最优不一致。

现假设受害者拥有产权。这意味着受害者有权不被污染，而排污者没有权利排污。在这种情况下，图5-4中谈判的起始点在原点。因为受害者握有产权，并且希望完全没有污染。原点是一个极端。但在这一极端，双方并非不可以谈判或讨价还价。假设双方移到d点，排污者将得到Oabd的净效益，受害者将付出Ocd成本。但是由于Oabd>Ocd，排污者可以付给受害者大于Ocd小于Oabd的款项以补偿受害者的损失。排污者和受害者都会受益，变得更好。也就是说，移向d是帕累托改进（至少一方变好，其他人没有变坏）。既然右移到d是帕累托改进，那么继续右移到e乃至 Q^* 也一样。但是到达 Q^* 以后继续右移就不同了，因为那时排污者的收益小于受害者的损失，排污者不能继续向受害者提供补偿，谈判的基础没有了。因此，如果受害者握有产权，谈判开始于原点，有向 Q^* 移动的自然趋势。

那么如果排污者握有产权会怎样呢？这次起始点在 Q^π，因为在这一点排污者有权生产产品（污染环境），但是现在双方有可能向f点移动。因为向f点移动，受害者损失的减少将大于排污者收益的减少，受害者可以给排污者一个小于 $fhiQ^\pi$、大于 fgQ^π 的补偿或贿赂，使排污者减少生产和排污。向f移动是帕累托改进。如果移向f是帕累托改进，那么移向j以至 Q^* 也是帕累托改进。

因此，无论谁拥有产权，都存在向社会最优点移动的自然趋势。只要能使排污者和受害者谈判，市场将自然达到社会最优。如果这一理论是正确的，我们就不需要政府干预，可以由市场自己来解决污染问题。

（三）对科斯定理的批评

（1）如果竞争是不完全的，科斯定理就不成立。在完全竞争条件下，MNPB=

P-MC，因此，MNPB=MEC意味着P=MSC（边际社会成本）。在不完全竞争情况下，MNPB=MR-MC，式中MR代表边际收益。在不完全竞争情况下，MR不等于P。在科斯定理中，排污者的交易线（bargaining curve）是MNPB，它是以该线为依据来决定支付或补偿的数量的。如果完全竞争不存在了，交易线就不是MNPB。这个问题的严重性取决于我们如何看待现实世界和完全竞争的距离。

（2）交易费用过高使交易难以成功。这些成本包括召集交易双方的费用以及确定损害和赔偿的调查费用等。如果交易成本过高，可能会阻碍有效的协商和达成交易。

（3）在一些情况下难以确定排污者或受害者。特别是在涉及下一代受害者或开放进入资源的情况下，没有明确定义的产权或资源所有者，交易的主体可能变得不明确。

（4）交易还可能为恐吓行为提供可能性。如果一个排污者因拥有产权而要求受害者支付补偿，其他潜在排污者可能通过恐吓行为寻求同样的补偿，这可能扭曲交易的正常进行。

专栏 5-3

汇聚各方智慧形成强大合力，激励相容实现效率最大化

"十四五"时期是我国开启全面建设社会主义现代化国家新征程、向第二个百年奋斗目标进军的第一个五年。党的十九届五中全会审议通过《中共中央关于制定国民经济和社会发展第十四个五年规划和二〇三五年远景目标的建议》（以下简称《建议》），开启全面建设社会主义现代化国家新征程的宏伟蓝图。《建议》指出，"十四五"时期经济社会发展主要目标为：经济发展取得新成效；改革开放迈出新步伐；社会文明程度得到新提高；生态文明建设实现新进步；民生福祉达到新水平；国家治理效能得到新提升。在具体操作中，该纲要通过19个篇章进行细节阐述，包括创新驱动、强大国内市场、数字化发展等。

涵盖全社会主体，需要多主体紧密合作

"十四五"规划涵盖经济社会发展一系列远景目标，需充分调动各方面的积极性、主动性和创造性，形成推动规划实施的强大合力，将美好蓝图切实转化为发展实效。

从公共部门来看，在提升国民素质、增进民生福祉等章节，"十四五"规划对教育、养老、就业、社会保障等公共服务提出了更高要求。在这个过程中，政府需要更好地扮演公共服务提供者的角色，如建设高质量教育体系，加强职业教育等薄弱环节，丰富人才供给结构等。

从生产部门来看，"十四五"规划中加快发展现代产业体系，坚持创新驱动发展等内容，都是从社会生产角度的规划。"十四五"再一次强调了巩固壮大实体经济根基的重要性，将深入实施制造强国战略摆在了非常重要的位置。如坚持自主可

控、安全高效，增强制造业竞争优势，推动制造业高质量发展等。

从城乡角度来看，城乡间的资源流动和劳动力转移仍存障碍，推进新型城镇化需要加强城乡合作，尤其是县区和市区的合作。同时，根据情况采取省直管县、撤县设区等方式加强区域内部和跨区域的城乡合作，调动城乡各主体的活力。

从区域角度来看，数字经济时代加快了资源流通速度，进一步体现出规模经济和范围经济的优势，即便各省、各地区均已经发布了自己的"十四五"规划，但"十四五"规划的实现绝不是各省的单打独斗，而是各地区的有机合作，通过发挥自身的资源禀赋和比较优势，促进全社会的发展。

因此，要实现五年规划，离不开多主体紧密合作。一方面，创新驱动发展仍是关键，强化国家战略科技力量，打通产学研一体化渠道，加强高校和科研机构与政府有关部门以及生产企业的合作，让科学研究—技术创新—生产变革的成果转化渠道更顺畅。另一方面，持续加强建设数字中国，进一步完善数据要素市场，形成数据共享机制，在这个过程中，既需要强化相关制度，探索两权分离的流转模式，同时更需要消除各主体间的流通壁垒，将分割的数据孤岛串联起来。此外，加强私营部门和公共部门在公共领域的合作，不失为一种提高公共领域的市场效率同时减轻政府的财政负担的方式，让公共领域给私营部门提供更大空间。

做好激励相容，实现效率最大化

经济学中有一个著名的定理——科斯定理，根据定理含义，在完全契约的情况下，即便我们一直在努力完善相关制度体系，客观来说，不完全契约仍然是常态。这也就意味着，要在这种情况下让社会各主体加强合作，达到效率，还需要通过一系列的规制和设计。

因此，要做好激励相容。激励相容，简单来说，就是让具有信息优势的一方按照契约的另一方的意愿行动，使得双方都能趋向效用最大化。比如，在生产方面，企业往往具有信息优势，所以政府应当给企业更多生产自主权，用负面清单的逻辑进行监管，将社会利益最大化和企业利润最大化有机结合起来。在公共领域，可以将公共服务中可盈利的部分拆分给企业，之后通过税收补贴、服务购买等方式进行利益返还，将企业的盈利目标和公共服务质量融合在一起，比如一些地区进行的农废污处理的PPP项目等等。这一系列的举措，将更有利于实现各主体效率的最大化，更好实现"十四五"目标。

"十四五"是我国开启全面建设社会主义现代化国家新征程、向第二个百年奋斗目标进军的第一个五年，"十四五"规划对社会的方方面面都进行了科学的统筹规划。这个目标体系的实现，需要发挥社会各主体的能动性，汇聚多方智慧，形成合力。

资料来源 盘和林. 汇聚各方智慧形成强大合力，推动五年规划贯彻落实 [EB/OL]. [2021-12-07]. http://views.ce.cn/view/ent/202112/07/t20211207_37150168.shtml. (作者有删改)

三、私人解决方法的局限性

尽管科斯定理的逻辑很吸引人，但私人主体本身经常不能解决外部性所引起的问题。只有利益各方在达成和实施协议中没有麻烦时，科斯定理才适用。但是，在世界上，甚至在多方有利的协议可能的情况下，协商并不总是有效。也就是说，利用私人市场使外部性内在化的方法存在着相当多的局限性。这些局限性具体表现为以下三个方面：

第一个局限是涉及公共物品问题。许多（但不是全部）外部性需要提供公共物品，如清洁的空气和水，而且，排斥任何人从这些公共物品中获取利益，其花费是极大的。如果不吸烟者一起补偿吸烟者，让其不吸烟，则任何不吸烟者都会声称他受到吸烟的影响最小。在其他不吸烟者促使吸烟者不吸烟的努力中，个别不吸烟者总是躲在一旁，坐享其成。许多人不能够自觉采纳有效的解决办法，不完全的信息使这个问题变得更为严重。吸烟者试图说服不吸烟者，如果需要其不吸烟，则要给其很多补偿。在每起这类讨价还价的情形中，如果一方为了在讨价还价中获得更多的利益，就有冒险的可能，即达不成更为互利的协议。即使在完善的市场机制下也可能出现问题。考虑一下一个贮油构造的问题，覆盖在贮油构造上的土地属于很多人所有。虽然通过一体化可以获得有效结果，但如果除一个地产主人外其他地产主人实行了一体化，他们不会花钱让这最后一个地产主人加入一体化组织。这个地产主人知道一体化部分的产量会减少就会使他的产量增加。只有当给他的红利超过按比例分成额时，他才愿意加入一体化组织。但是每个小地产主人都相信最后一个加入一体化组织能获得更多利益（或者卖给一家试图购买所有小地产主人土地的大公司），这样，国家便发现需要通过法律来促进一体化。

第二个局限是交易成本的存在。有时利益各方不能解决外部性问题是因为交易成本。交易成本是各方在达成协议及遵守协议中所发生的成本。在我们的例子中，设想张三和李四讲不同的语言，以至于为了达成协议他们需要一个翻译。如果解决狗叫问题的收益小于翻译的成本，张三和李四就选择把问题留下不解决了。在较为现实的例子中，交易成本不是翻译的支出，而是起草和执行合约时所要付给律师的支出。另一些时候谈判简单地破裂了。战争和罢工的经常出现表明达成协议可能是困难的，达不成协议也可能代价高昂。问题经常是各方都竭力要达到更好的交易。例如，假设张三从养狗中得到500美元的收益，而李四由于狗叫要承受800美元的成本。虽然李四为张三放弃养狗而进行支付是有效率的，但还有许多会引起这种结果的价格。张三想要750美元，而李四只愿意支付550美元。当他们就价格争执时，爱叫的狗这个无效率的结果仍然存在。当利益各方人数多时，达成有效的协议特别困难，因为协调每个人的代价高昂。例如，来考虑一个污染了附近湖水的工厂。污染给当地渔民带来了负外部性。根据科斯定理，如果污染是无效率的，那么，工厂和渔民可以达成一个协议。根据协议，渔民要为工厂不排污而支付。但是如果有许多渔民，要协调所有的人以便与工厂协商几乎是不可能的。外部性涉及的每个人聚集起来，自愿使外部性内在化，其成本是巨大的，并且进行组织活动，其本身也是一种公共物品。实际上，当私人协商无效时，政府作为一个代表集体行动的机构，可明确地看作是众人建立的使外部性内在化（或者用其他方法减少外部性造成的福利损失）的义务机构。

第三个局限是一系列财产权的建立会导致低效率的结果。现行的财产权往往是通过公共规则而不是法律来建立的。如果一个人的行为对另一个人造成了外部性，受害者可以提起诉讼，但并不总是能够成功。这取决于现有的财产权和规则，只有在这些范围内受到影响的人才有希望成功起诉。在现实社会中，确立明确、公平和精确定义的财产权和规则是非常重要的。这些规则的存在可以为受害者提供追求正义的机会，使他们能够在受到外部性影响时获得补偿。例如，一个不吸烟者因为同一车厢内的人吸烟而咳嗽，他对吸烟者提起诉讼可能没有成功的希望，因为吸烟者在这种情况下并没有违反任何财产权或规则。然而，如果一个人将垃圾扔在邻居的草坪上，邻居在起诉中可能会获胜，因为这涉及到对邻居财产权的侵犯。还比如，如果一个人在自己区域里的角落处燃烧树叶，而风将烟吹进邻居的房间并导致了房间的损害，根据现有的财产权和规则，如果邻居能够证明这种损害是由于邻居在其自己区域内的行为所导致的，并且可以证明该行为违反了相关的财产权或规则，那么他们在起诉中有一些获胜的希望。

政府作为媒介来解决外部性的好处在于：一是可以帮助节省交易成本。私人市场解决外部性问题时，可能需要私人各方进行协商和达成协议，这涉及到成本和时间的消耗。而政府可以通过制定相应的法律、法规和政策来管理和解决外部性问题，从而节省个体之间的交易成本。二是政府的介入可以避免"搭便车"问题。某些外部性问题涉及到公共物品或共享资源，而私人市场可能无法有效解决这些问题。政府可以通过提供公共物品、制定规则和限制来管理这些问题，从而避免个体对共享资源的滥用和"搭便车"行为。政府干涉的缺点主要是资源分配方面的问题。政府作为一个政治机构，资源的分配可能会受到政治和利益集团的影响，导致资源分配不够有效和公平。此外，政府的决策过程可能受到官僚机构的局限。官僚机构可能面临效率低下、决策滞后、信息不对称等问题，从而影响政府规定和规则的实施。

第三节　抑制外部性的公共政策

对于外部性，政府解决方法有四种：政府进行管制，规定一定的标准，超出此标准处以罚金；征收庇古税，抑制负的外部性或对减少外部性的支出进行补贴；制定规则，限制某一集团对另一集团产生负外部性；通过法律系统规定一系列财产权以减弱负外部性。

在比较这四种补救方法之前，我们先驳斥一种普遍存在的谬论，即我们不允许个人或公司对其他人或公司造成任何负外部性，如要求工厂绝对不能对水和空气造成一点污染。大多数经济学家认为，这种绝对主义的态度是不合情理的。实际上，污染存在社会成本（或任何其他负外部效用），但这种成本不是无限的而是有限的，人们愿意接受一些货币补偿而生活在较脏的环境中。这样，我们应当比较一下控制污染的成本和收益，就如同比较其他经济活动的成本和收益一样。市场机制下的问题并不是产生了污染，而是污染没有控制到最低程度。相应的问题是公司没有考虑外部性（在这个例子中是污染）引起的社会成本，结果可能造成过度污染。政府的任务并不是完全控制污染，这实际上也是不可能达到的。它的任务是促进私营部门达到社会最优污染水平，使居民或公司在行动时不得不考虑对其他居民或公司的影响。在随后的讨论中，我们着重于污染造成的外部性，但结论可以直接推广到其他类型的外部性。

一、规定排污标准

政府可以通过规定或禁止某些行为来解决外部性。例如，把有毒的化学物质倒入供水区中是一种犯罪。在这种情况下，社会的外部成本远远大于排污者的收益。因此，政府制定了根本禁止这种行为的命令与控制政策。

但是，在大多数污染的情况下，事情并不这么简单。尽管政府宣布了一些环境保护主义的目标，但要完全禁止有污染的活动是不可能的。因此，政府不是要完全消除污染，而是要评价成本与收益，以便决定允许哪种污染与允许污染多少。其中，排污标准（emission standards）是目前世界上使用最广泛的污染管制方法。排污标准是由管制部门制定并依法强制实施的每一污染源特定污染物排放的最高限度，如某一造纸厂每日污水的排放量。排污标准的设定往往是基于一定的健康指标。通常排污标准和惩罚相联系，超过标准，排污者将受到惩罚。规定排污标准时需要注意的两个问题是：

1.只有在极特殊的情况下，排污标准碰巧达到最优排污量

外部性与规定排污标准如图5-5所示。

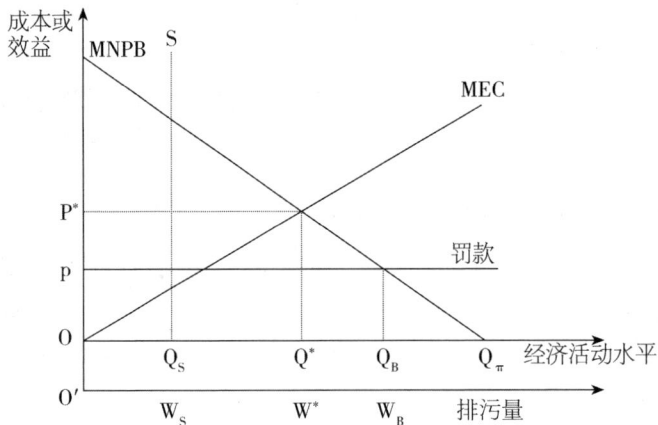

图5-5　外部性与规定排污标准

在图5-5中，排污标准S对应于排污量W_S和经济活动水平Q_S。为了监督排污标准的实施，设立罚款P。企业如果遵守排污标准，其经济活动水平会被限制在Q_S以内。然而，Q_S并不是最优的，因为最优经济活动水平是Q^*。只有把排污标准设立在Q^*才是最优的，而这需要有关MNPB和MEC的详细信息。在缺乏这类信息的情

况下，设立最优的排污标准只有碰巧了。

在本例中，不仅排污标准不是最优的，罚款也不是最优的。在罚款为 P 的情况下，排污者有动力排放 Q_B 污染物。这是因为从原点向右到 Q_B 点为止私人净效益大于罚款，在 Q_B 点右侧边际罚款超过边际私人净效益。由于排污标准的监督有一定困难，超标排污不一定会被抓住。排污者要比较罚款与被抓住的概率之积和排污的私人净效益。即使被抓住的概率为1，排污者仍会排放 Q_B 污染物。因此，要达到最优排污量，罚款必须设定在 P^*。

总之，在使用排污标准的情况下，要达到最优排污水平，必须同时满足以下条件：①排污标准为最优排污量 Q^*。②罚款为与最优排污量对应的罚款 P^*。③罚款的实施还必须是完全确定的，即违规后被罚款的概率为100%。

2.在有多个污染源的情况下，由于成本原因，政府对不同的污染源设立统一的排污标准，而这不会是最优的

这是因为各个污染源的污染控制成本不同。政府如果对不同污染源设立不同的排污标准，需要了解各污染源的控制成本，而污染源不愿将自己的控制成本如实报告。这种情况下，最简单的办法是对所有污染源设立统一的排污标准，如图5-6所示。

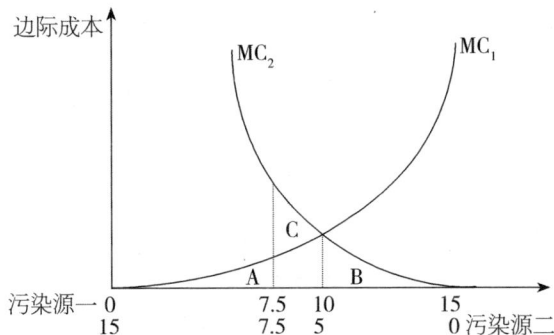

图5-6 对不同污染源设立统一的排污标准

假定社会上有两个工厂排污，政府设定统一的排污标准。假定政府根据污染对居民健康的影响规定全社会的排污上限为15个单位，即两个工厂准许排污量相加应等于15。在缺乏信息的条件下，如何在两个工厂间分配这一指标？最简单、最常用的办法，就是分配给每个工厂同样的指标，每个工厂7.5个单位，这是不是成本有效的呢？请看图5-6。在图5-6中，面积A为污染源一的总控制成本，面积B+C为污染源二的总控制成本，虽然污染源一的控制成本比成本有效时降低了，但污染源一成本的降低比污染源二成本的升高小得多。总成本比成本有效时增加了面积C。因此，除了极个别情况（所有工厂的控制成本曲线的形状都一样）外，使用统一的排污标准没有达到成本有效。

二、庇古税和补贴

规定排污标准难以达到最优排污量，完全利用市场的科斯定理只能在极端条件

下达到最优。很多经济学家主张用政府引导的经济机制来达到最优。庇古税（或排污收费）和补贴就是这样一种经济机制。

（一）征收庇古税

征收污染税的想法是英国经济学家阿瑟·庇古（Arthur C.Pigou，1877—1959）最先提出的。在《福利经济学》（The Economics of Welfare，1920）一书中，他建议，应当根据污染所造成的危害对排污者征税，用税收来弥补私人成本和社会成本之间的差距，使二者相等。这种税被称为"庇古税"（Pigovian taxes）。庇古税的特点是对排污者而不是受害者征税。今天，庇古税也被称为"排污收费"。

图5-7为外部性与征收庇古税的示意图。图5-7中MNPB为企业的边际私人净效益，MEC为边际外部成本。企业为利润最大化生产所有MNPB>0的产品，即把产量扩展到Q_m。社会最优要求当MEC>MNPB时不再继续扩大生产，即生产Q_s。税t^*使企业在t^*>MNPB时停止扩展生产，即把生产限制在社会最优产量的水平。换句话说，t^*把MNPB向左下方移动到MNPB-t^*。相应地，征税使污染排放从W_m下降到W_s。图5-7中，税率恰好等于最优产量Q_s所对应的边际外部成本MEC，即污染对外部产生的边际损害。这样，如果企业的产量超过Q_s，所付的税款就会超过边际私人净效益。因此企业愿意把生产限制在Q_s水平，从而把污染排放限制在W_s水平。因此，t^*是最优税收，它使最优污染量等于MEC。这样，最优庇古税可以定义为：在最优污染水平等于边际外部成本（边际污染损害）时的排污收费。

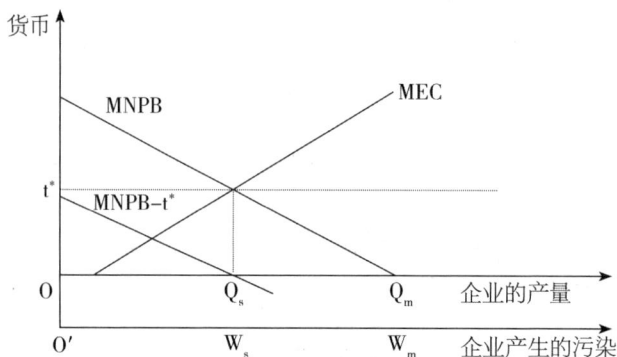

图5-7 外部性与征收庇古税

最优庇古税的制定不仅需要知道MEC的信息，而且需要知道MNPB的信息，但是政府往往难以得到企业的这类信息，政府也没有激励企业提供这类信息，这就是著名的信息不对称问题。信息不对称问题是庇古税实施的一个重要障碍。

（二）最优庇古税的数学推导

社会净效益（NSB）由产生污染的经济活动的总效益减去私人成本C，再减去外部成本EC：

$$NSB=P×Q-C（Q）-EC（Q）\tag{5.1}$$

式中：P为产品价格；Q为产生污染的经济活动的产量。在完全竞争的假设下，P值不依赖于Q。

NSB 最大化的一阶条件为：

$$\frac{\partial NSB}{\partial Q}=P-\frac{\partial C}{\partial Q}-\frac{\partial EC}{\partial Q}=0 \tag{5.2}$$

因此：

$$P=\frac{\partial C}{\partial Q}+\frac{\partial EC}{\partial Q}=\frac{\partial SC}{\partial Q} \tag{5.3}$$

式中：SC 为社会成本，等于 C 加 EC。社会净效益最大化要求满足（5.2）式。社会净效益的最大化也可表示为边际私人净效益等于边际外部成本：

$$P-\frac{\partial C}{\partial Q}=\frac{\partial EC}{\partial Q}$$

或

$$\frac{\partial NPB}{\partial Q}=\frac{\partial EC}{\partial Q} \tag{5.4}$$

式中：NPB 为私人净效益。

如果征收庇古税 t^*，可以满足社会净效益最大化的条件（5.3）式：

$$t^*=\frac{\partial EC}{\partial Q^*} \tag{5.5}$$

式中：Q^* 为最优经济活动量。也就是：

$$P=\frac{\partial C}{\partial Q^*}+t^* \tag{5.6}$$

但是，无论庇古税为正还是为负，最优庇古税都不等于最优产量上的 MEC。原因在于我们同时在解决两个问题：外部性和垄断。如果首先改正垄断问题，使 P=MC，那么庇古税就会等于 MEC^*。

以上结果可以总结如下：

完全竞争条件下：

$t^*=P-MC=MR^*-MC^*=MEC^*$

不完全竞争条件下：

如果 $MC^*>MR^*$，则：

$t^*=MC^*-MR^*$

如果 $MR^*>MC^*$，则：

$t^*=MR^*-MC^*$

（三）庇古税的优点

1.庇古税与排污标准比较

和排污标准（无税）比较，达到同样排污量庇古税的成本较低（如图5-8所示）。这方面的研究见 Baumol 和 Oates（1971），Pearce 和 Turner（1990）提供的函数证明。

在图5-8中，横轴表示污染减少量或污染控制水平。MAC_1、MAC_2、MAC_3 表示生产同样产品的3家工厂的边际控制成本。与前几个图不同，MAC 曲线向右上方倾斜，这是因为横轴表示污染减少量而不是污染量。不同工厂的 MAC 不同，是

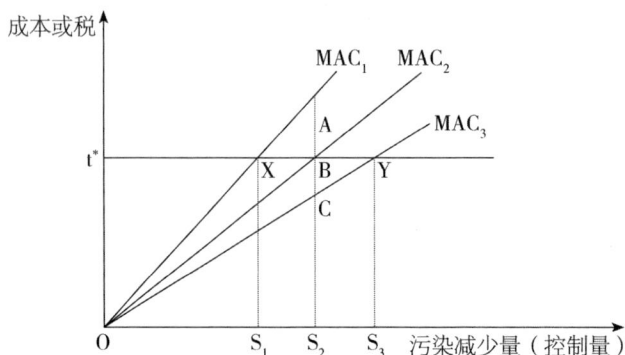

图5-8　庇古税与排污标准比较

因为使用了不同的技术，这与现实情况相符。对于同样的污染减少量，工厂1的成本最高，工厂2次之，工厂3最低。为简化分析起见，假设线段$S_1S_2=S_2S_3$，且$S_1+S_2+S_3=3S_2$。

现假定政府设定排污标准S_2，工厂1、2、3的边际控制成本分别达到A、B、C。再假设政府设定庇古税t^*，3家工厂将选择不同的污染控制水平。例如，对工厂1来说，污染控制量从0上升到S_1为止，控制污染比付税要便宜。但是超过S_1，$MAC_1>t^*$，付税比较合算。结果，工厂1的控制成本最高，控制量最少，工厂3控制成本最低，控制量最多，工厂2的控制成本和控制量均居中。虽然各工厂的控制量不同，总控制量达到$3S_2$。

为了比较总控制成本，需要计算MAC曲线以下的面积：

排污标准情况下：

总控制成本$=TAC_{st}=OAS_2+OBS_2+OCS_2$

庇古税情况下：

总控制成本$=TAC_{tax}=OXS_1+OBS_2+OYS_3$

两者之差：

$TAC_{st}-TAC_{tax}=S_1XAS_2-S_2CYS_3$

因为：

$S_1XAS_2>S_2CYS_3$，所以$TAC_{st}>TAC_{tax}$

所以，达到同样的排污控制量，庇古税比排污标准的成本低。庇古税成本较低的原因是庇古税使不同企业根据各自的控制成本选择控制量。至于庇古税的控制成本是否最低，还需要和其他控制手段比较。

2.庇古税与排污标准加罚款的比较

如图5-7所示，如果罚款过低，企业不会遵守排污标准，只会把产量（和排污量）降低到罚款大于MNPB处。罚款必须升高到最优庇古税的水平，产量和排污量才会达到社会最优水平。

（四）庇古税的缺点

庇古税在理论上是美妙的，但实行上有相当大的困难。最大的问题是缺乏确定最优庇古税所必需的信息。

1.准确地确定边际外部成本十分困难

准确地确定边际外部成本（至少该曲线的一部分）是确定庇古税的前提条件。要做到这一点，需要详细的信息和对这些信息的正确的、一致的理解。边际外部成本的确定是一个从污染的物理性损害转换到人们对这种损害的反应和感受，并用货币价值来计量的过程。这个复杂的过程被称为"剂量-反应"关系（dose-response relations）。这一过程至少包括以下几个环节的转换：

（1）企业产品的生产；

（2）这一生产所造成的污染的剂量；

（3）这些污染物长期在环境中的积聚；

（4）环境中污染物对人们的暴露；

（5）人们对这些暴露的反应，或这些暴露所造成的危害；

（6）这些危害的货币成本。

这些环节的转换不仅复杂，而且涉及不同利益集团的不同观点，因此实际中准确确定边际外部成本有一定困难。

2.管制部门不容易了解企业的边际私人净效益曲线

在市场经济中，没有激励机制使企业向政府如实报告其私人成本和效益。在面对众多企业的情况下，管制部门搜集每一个企业的净效益信息所耗费的成本更是难以想象的。

此外，实施庇古税还面临着监管和执法的挑战。确保庇古税的有效征收和执行需要适当的监管机构和执法机构，并需要建立有效的制度和程序来确保公平性和合规性。这些方面的缺失可能导致庇古税的实施效果受到限制。

（五）补贴

同样，在正外部性的情况下，政府应当给予补贴。在一些情况下，政府给一些商品以消费补贴（一般通过税收体系），因为政府相信这种消费能带来正外部性。例如，历史建筑物修复的开支，在税收方面得到优待，这是因为我们都从民族遗产保护方面获益。

在讨论污染造成的外部性时，我们已经注意到，减少污染没有给公司带来多少直接利益（大部分利益由工厂附近的居民获得），所以公司没有动力花钱去减少污染。从全社会的观点来看，就会出现在减少污染方面开支过少的问题。政府不仅可以对污染征税，而且可以对减少污染的开支予以补贴。通过提高与减少污染产生的边际社会收益和公司的边际私人收益之间差值相等的津贴，我们就可达到减少污染方面开支的有效水平。

三、排污权交易

（一）排污权交易的含义

排污权交易（marketable pollution permits）指管制当局制定总排污量上限，按此上限发放排污许可，排污许可可以在市场上买卖。企业可以根据自身需求和成本效益考虑，决定购买或出售排污许可证。这样，企业之间形成了一个排污权市场，通过交易排污许可证来实现环境污染的减少和经济效率的提高。排污权交易的想法首先是由戴尔兹（J.H.Dales，1968）提出的。排污权交易是一种市场导向的环境管制政策，旨在通过设定总体排污量上限并将排污许可证进行买卖来解决环境污染问题。

图5-9给出了排污权交易的基本思想。图5-9中，横轴表示污染水平和排污权，MAC表示边际控制成本。如前所述，如果控制污染的唯一方法是减少产量，MAC可以用MNPB来代替。最优排污权的数量为Q^*，排污权的最优价格为P^*。如果管制当局希望达到帕累托最优，应当发放Q^*排污权。S^*表示排污权的供给曲线，由于其发放是被管制的，对价格的变动无反应，S^*是一条垂直线。MAC实际上是排污权的需求曲线。当排污权的价格为P_1时排污者将购买Q_1排污权，因为在Q_1的左侧，购买排污权比控制污染便宜，排污者会购买排污权；在Q_1右侧，通过控制把排污量减少（例如从Q_2减少到Q_1）比购买排污权便宜，企业会选择控制污染。因此，MAC是排污权的需求曲线。

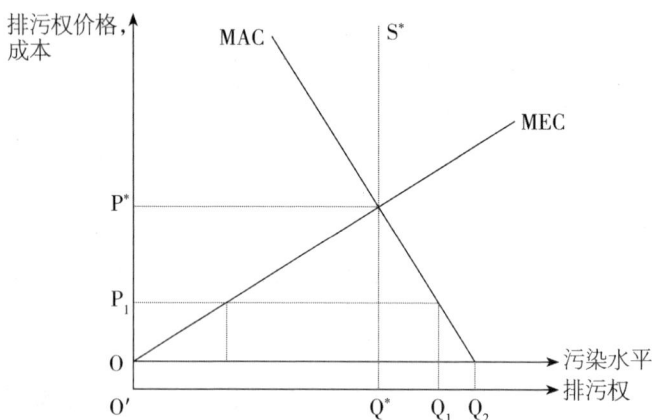

图5-9 排污权交易

既然存在排污权的供给与需求，排污权的供给者和需求者就可能进行交易。为什么要使用排污权交易这个工具呢？因为排污权交易有很多优点。

（二）排污权交易的优点

1.成本最小

排污权交易与制定排污标准如图5-10所示。图5-10告诉我们排污权交易使成本最小。图5-10中省略了MEC曲线。假设市场上只有两个排污者，在同样的排污权数量（即污染水平）上，排污者2的边际控制成本较高。因为如前所述MAC曲线也是排污权的需求曲线，总需求曲线是各排污者需求曲线横向相加之和，即$MAC=MAC_1+MAC_2$。观察MAC_1和MAC_2，我们看到，当价格为P^*时，排污者1和排污者2分别购买Q_1和Q_2排污权。边际控制成本较高的排污者2购买较多的排污权。在一定的排污水平上，控制成本较低的排污者将发现控制污染比购买排污权更便宜，控制成本较高的排污者则发现购买排污权比控制污染更合算。由于各排污者的控制成本不同，存在排污权交易的潜在可能，低控制成本的排污者将出售排污权供高控制成本的排污者购买。通过交易，达到控制成本的最小化。因此，排污权交易比直接制定排污标准更便宜。

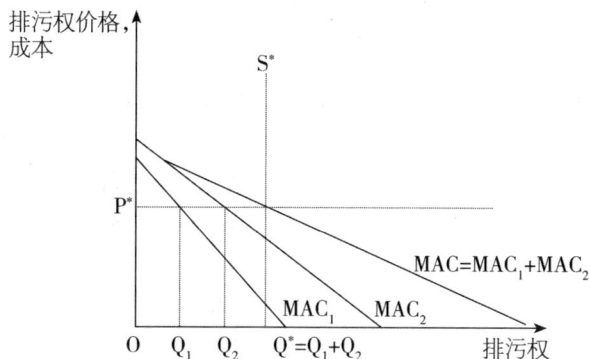

图5-10　排污权交易与制定排污标准

2.管制当局可以通过发放或购买排污权来控制排污权价格

排污权需求的变动会影响排污权的市场价格（如图5-11所示）。在图5-11中，假设新的排污者进入该行业，这将使排污权总需求曲线从 D_0 右移到 D_1。假设管制当局希望保持原有的总排污量，因此发放的排污权数量不变，排污权供给曲线仍为 S_0，而排污权价格从 P^* 上升到 P^{**}。新进入者或购买排污权，或添置污染处理设备控制污染，成本最小化仍然得以实现。如果管制当局认为由于新企业进入，排污权需求增加，需要增加允许的排污量，管制当局可以发放更多的排污权，使排污权供给曲线右移到 S_2，排污权价格下降到 P^{***}。相反，如果管制当局认为需要严格控制排污量，管制当局可以自行进入市场，买若干排污权，使排污权供给曲线左移到 S_1，价格上升到 P^{****}。总之，管制当局可以通过市场操作来控制排污权的供给量和价格。这和中央银行的证券市场操作类似。

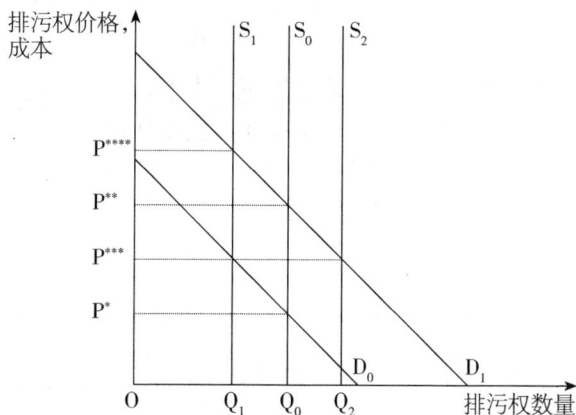

图5-11　排污权需求与排污权价格

3.给非排污者表达意见的机会

如果排污权市场是完全自由竞争的，则任何人（不管是不是排污者）都可以进入市场买卖，即通过排污权市场的完全自由竞争，为非排污者提供了表达意见的机会。如环境保护组织可以进入市场购买排污权，并将其控制在自己手中，以降低污染水平。这种解决方案在某种程度上是有效率的，因为它通过支付意愿反映了人们的选择。

4.和庇古税相比，不需要事先确定税额，也不需要对税额进行调整

排污权交易避免了庇古税的一些问题。排污权交易不需要事先确定排污标准和庇古税税额，而是通过确定排污权数量并建立发放排污权的机制，然后让市场去确定排污权价格。这种市场机制使得排污权交易能够更好地适应供求关系的变化。与庇古税相比，排污权交易在通货膨胀存在时具有一定的优势。由于排污权交易是基于市场供求关系来确定价格的，因此已经将通货膨胀的影响纳入考虑。而庇古税的真实价值可能会因通货膨胀而发生变化，从而降低其有效性。此外，排污权交易也具备一定的灵活性。随着供求关系的变化，排污权交易可以自动调整，而无须像庇古税那样进行进入和退出方面的调整。这种灵活性使得排污权交易能够更好地响应变化的环境条件和需求。

5.避免了管制部门对控制成本估计错误从而造成企业不愿投资的问题

污染控制投资往往是整体性的，需要大规模的投资来减少污染。然而，如果管制部门错误地低估了企业的控制成本，导致庇古税低于控制成本，企业可能会选择支付税款而不是投资于污染控制设备。这种情况下，企业可能会选择不符合最优庇古税下的行为，而是选择支付税款。这样一来，无法实现对排放量的有效控制。整体性的投资特性也加剧了企业对投资污染控制设备的不愿意。

排污权交易可以避免这个问题的发生。在排污权交易中，管制部门只需确定排污权的数量（即污染量减少的数量），而不需要对每单位污染的控制成本进行估计。排污权的价格由市场供求决定，这样可以更好地反映企业对污染控制的成本和效益的评估。通过排污权交易，企业可以根据自身的经济情况和成本效益考虑，选择是购买排污权还是进行污染控制投资。这样，企业将更有动力进行投资，以获得排污权并减少污染量，而无须担心管制部门对控制成本的错误估计。

排污权交易可以避免管制部门对控制成本估计错误所导致的企业不愿投资的问题。通过市场供求的决定，排污权交易能够更好地反映企业的成本效益考虑，从而促进污染控制投资的实施。

专栏 5-4

全国排污权有偿使用和交易试点工作取得阶段性成效

建立排污权有偿使用和交易制度，是生态文明制度建设的重要内容，自2014年国务院办公厅印发《关于进一步推进排污权有偿使用和交易试点工作的指导意

见》以来，在财政部、生态环境部、发展改革委的积极推动、指导下，各地试点工作取得积极进展。

试点范围不断拓展。在地域范围上，目前全国已有28个省（区、市）开展了试点，其中由三部委正式批复的省份有12个，另有16个省份自行开展试点；在行业范围上，大多数试点地区选取火电、钢铁、水泥、造纸、印染等重点行业作为交易行业，浙江、重庆等部分地区扩展到全行业范围；在污染因子的范围上，近一半的试点地区选取纳入"十二五"国家约束性总量指标的四项主要污染物（即二氧化硫、氮氧化物、化学需氧量和氨氮）作为交易的污染因子，另有部分地区结合当地实际的污染特征进行了扩展，如山西和甘肃兰州增加了烟粉尘，湖南省将重金属纳入交易试点范围，广东省顺德区因其臭氧污染突出而将挥发性有机污染物（VOCs）纳入交易试点范围。

法律法规制度逐步健全。在地方性法规或规章层面，全国有18个省（区、市）对试点工作做出了明确规定，其中专门针对排污权有偿使用和交易政策制定、发布的管理办法、指导意见等文件有30多份。在规范性文件层面，各试点省份共发布了300多份排污权有偿使用和交易实施方案、实施细则以及相关技术文件。

排污权有偿使用和交易金额显著增加。截至2018年8月，一级市场征收排污权有偿使用费累计117.7亿元，在二级市场累计交易金额72.3亿元。浙江、重庆、内蒙古、河南已完成了全部新增污染源的排污权有偿使用，浙江等少数地区已逐步将排污权有偿使用的范围扩展至现有污染源。

能力建设稳步推进。试点省份基本都成立了排污权交易管理机构。浙江、内蒙古、河北、山西、重庆、湖南6省（区、市）编委批准设立了交易管理中心；江苏、陕西两省环保厅成立了专门的交易管理机构；湖北依托排污权交易所开展交易管理；河南和陕西在环境保护厅下成立了排污权交易领导小组。大多数省份已经开发了集数据审核、指标申购、交易管理、交易买卖、信息发布于一体的交易管理平台及电子竞价平台。内蒙古还建设完成了集交易综合管理、储备综合管理、电子竞拍、价格测算、现场核查作业、水容量核算等多个配套排污权交易平台的综合性管理系统。

积极开展政策创新。试点省份在政策创新层面开展了有效尝试，江苏、浙江、山西、河北、陕西等省份开展了刷卡排污管理，浙江、湖南、重庆、河北、山西、内蒙古、陕西等省份开展了排污权抵押贷款，河南、陕西开展了总量预算管理及总量控制指标前置，湖北建立健全网格化环境监督体系，湖南使用环保专项资金实施排污权储备、实行"以购代补"的污染治理资金下达模式等多项政策创新，重庆建立了排污交易稽核制度等。

总体来看，试点取得阶段性成效，环境资源稀缺、有价理念深入人心，减少污染物排放腾出富余的排污权指标交易获利，激发了企业引进新工艺新技术加大污染治理力度的积极性，提高了企业的环境保护意识，在通过市场手段促进污染物减排的探索之路上迈出一大步。但从试点情况看，还存在排污权核定工作推进较慢、环境监测执法能力跟不上、行政审批较多等问题，还不具备在全国范围推广的条件。下一步拟会同有关部门重点抓好排污许可证颁发等工作，加强对地方的指导并深入总结经验，完善试点配套政策体系。

资料来源　包兴安. 全国已有28个省区市开展排污权有偿使用和交易试点［EB/OL］.［2019-01-24］. https://www.toutiao.com/a6649847172307091982/.

（三）污染许可证与庇古税的比较

虽然，用污染许可证减少污染看起来可能与用庇古税完全不同，但实际上这两种政策有许多共同之处。在这两种情况下，企业都要为污染进行支付。采用庇古税时，排污企业必须向政府交税。采用污染许可证时，排污企业必须为购买许可证进行支付（即使已经拥有自己许可证的企业也必须为排污进行支付，排污的机会成本是它们在公开市场上出卖它们的许可证能得到的收入）。庇古税和污染许可证都通过使企业排污要付出成本而把污染的外部性内在化。

可以通过考虑污染市场来说明这两种政策的相似性，污染许可证与庇古税的比较如图5-12所示。图5-12中，污染权的需求曲线表明，污染的价格越低，企业将选择的排污越多。在图5-12（a）中，环境保护部门用庇古税确定污染的价格。在这种情况下，污染权的供给曲线完全有弹性（因为企业纳税后想污染多少就污染多少），而需求曲线的位置决定了污染量。在图5-12（b）中，环境保护署通过发放污染许可证确定了污染量。在这种情况下，污染权的供给曲线是完全无弹性的（因为污染量是由许可证数量固定的），而需求曲线的位置决定了污染价格。因此，对任何一条既定的污染需求曲线，环境保护部门既可以通过用庇古税确定价格来达到需求曲线上的任意一点，也可以通过用污染许可证确定的数量来达到需求曲线上的任意一点。

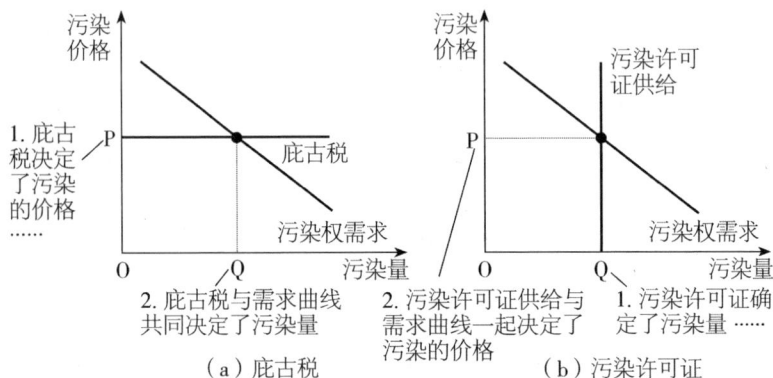

图5-12　污染许可证与庇古税的比较

但是在某些情况下，出售污染许可证可能比实行庇古税更好。假设环境保护部门想使倒入河流的废物不超过600吨，但是，由于环境保护部门并不知道污染的需求曲线，它无法确定征收多少税收才能达到这个目标。在这种情况下，它可以简单地拍卖600吨污染许可证。拍卖价格就得出了适当的庇古税规模。

专栏 5-5

碳排放权交易管理可借鉴排污许可证管理经验

生态环境部审议通过的《碳排放权交易管理办法（试行）》于 2 月 1 日正式施行。3 月 1 日，《排污许可管理条例》正式实施，为以固定污染源监管为核心的排污许可制度落实提供了法律基础。《排污许可管理条例》的出台，可以为全国碳排放权交易更高层级的条例制定提供参考与借鉴。

实施分类管理，降低主管部门的管理成本。《排污许可管理条例》提出，根据污染物产生量、排放量或者对环境的影响程度对排污单位实行分类管理。未来，全国碳排放权交易下重点排放单位碳排放报告核查的管理可以借鉴这一方式，除按排放量大小分类外，也可以考虑按照企业数据质量进行区分，进一步节约管理成本。

加强总量控制，确保实现切实的减排。《排污许可管理条例》规定，排放重点污染物的新建、改建、扩建项目以及实施技术改造项目的排污单位，申请取得排污许可证时，还应提交通过污染物排放量削减替代获得重点污染物排放总量控制指标的说明材料，强化污染物的总量控制。目前，全国碳排放权交易市场的总量设定仍是以自下而上加总的总量控制。未来全国碳排放权交易市场也应尽快纳入绝对总量控制。

明确数据质量的管理要求，从源头规范数据记录，强化企业责任。《排污许可管理条例》明确了企业建立环境台账制度的规定，从源头规范了企业的数据记录，并要求排污单位在开展自行监测的同时，对自行监测数据的真实性、准确性负责。数据质量是碳市场稳定运行的重要基础。下一步，应强化企业生产运营台账、碳排放相关数据记录的规范性，从数据源头保障碳排放数据报送的质量，并为后端碳排放核查提供可靠证据。

明确信息公开，强化跨部门的信息共享及结果运用。《排污许可管理条例》要求排污单位充分公开污染物排放、执法检查结果等信息，对于违规的处罚决定还要纳入全国信用信息共享平台，强化了征信体系的应用。下一步，可以细化信息公开的内容，如明确公开重点排放单位温室气体排放报告和履约信息。对不能按时履约的企业在强化处罚的同时，还应纳入全国信用信息的共享平台。

明确纳入生态环境执法计划，加强事后监管。《排污许可管理条例》规定，生态环境主管部门应将排污许可执法检查纳入生态环境执法年度计划，强化了执法与日常管理的衔接。对于全国碳排放权交易体系参与企业，可由设区的市级以上地方生态环境主管部门根据对重点排放单位温室气体排放报告的核查结果，确定监督检查重点和频次，并通过"双随机、一公开"的方式监督检查。碳市场履约作为确保碳市场有效运行的重要一环，下一步应加强对碳排放权交易企业的监管，明确重点排放单位温室气体排放和碳排放配额清缴情况的监管方式。

制定强有力的处罚条款，形成有效震慑。《排污许可管理条例》加大了对违法排污行为的处罚力度，针对不同的违法情景设置了最低5万元、最高100万元的罚款；同时，对情节严重的违法排污行为，可以采取责令限制生产、停产整治、停业、关闭等处罚措施；构成犯罪的，还将依法追究刑事责任。碳排放权交易受法律位阶的限制，对违规行为仅规定了1万元至3万元的罚款，对未履约的企业很难形成有效的震慑。未来条例的制定可参考借鉴《排污许可管理条例》的处罚力度和对违法行为的惩戒手段，实现对违规企业的有效震慑。

资料来源 刘洪铭，杨君. 碳排放权交易管理可借鉴排污许可证管理经验 [EB/OL]. [2020-3-19]. https://www.cenews.com.cn/opinion/rdjd/202103/t20210319_972070.html.

二十大专栏 5-1

"两山论"如何系统抑制负外部性

党的二十大报告指出，"尊重自然、顺应自然、保护自然，是全面建设社会主义现代化国家的内在要求。必须牢固树立和践行绿水青山就是金山银山的理念，站在人与自然和谐共生的高度谋划发展"。具体来讲，一是要"加快发展方式绿色转型"，二是要"深入推进环境污染防治"，三是要"提升生态系统多样性、稳定性、持续性"，四是要"积极稳妥推进碳达峰碳中和"。这实质上是对已有经济发展负外部性的一个系统修正。

"绿水青山就是金山银山"这一论断凸显了习近平总书记提出的绿色发展观，强调环境保护和经济发展的和谐共生。这个观点主张，绿色的山水和环境本身就是最宝贵的财富，而不应该为了短期的经济利益而牺牲环境。这个理念的核心是可持续发展，即在满足当前需求的同时，不损害未来几代人满足自己需求的能力。这就需要我们在发展经济的同时，保护环境，实现经济、社会和环境的三位一体发展。具体来说，"绿水青山就是金山银山"的绿色发展观包括以下几个方面：（1）环境友好的经济发展：推动绿色、低碳、循环、可持续的生产和消费模式，减少对环境的破坏；（2）生态文明建设：强调人与自然和谐共生，保护生物多样性，维护生态平衡；（3）绿色生活方式：倡导绿色、健康、环保的生活方式，提高公众的环保意识；（4）环境法制建设：完善环保法律法规，严格环保执法，保障环境权益。总的来说，"绿水青山就是金山银山"的绿色发展观是一种全新的发展模式，它强调环境保护和经济发展的平衡，以实现人类和自然的和谐共生。

绿色发展观通过多种方式来减少和消除经济发展中的负外部性。首先，绿色发展观强调可持续农业和农村发展，这可以通过提供本地资源、培训、信贷、营销、生态旅游、生物能源、生物工业等方式，增加就业机会，提高环境质量，减少对农村资源的压力。其次，绿色发展观也强调工业绿色发展，通过技术创新，政府规制，消费水平等因素，来减少工业污染排放，提高工业绿色发展效率。此外，绿色金融、创新、农业金融和可持续经济发展也被证明是减少碳排放的有效工具。最后，环保和经济发展的耦合协调也被证明是促进绿色经济发展的有效方式，这需要通过推动科技创新，培养高端人才，提高区域合作，转变经济发展模式，发展环保产业，提高人们的环保意识等方式，来减少环保对经济发展的负面影响，增强环保对经济发展的积极影响。

四、外部性的法律补救方法

运用法律系统解决外部性有一个很大的优点。在这个系统下，受害者有直接的既得利益，承担着执行法律的责任，而不是依靠政府来确保不发生外部性。很明显，这个系统更有效，因为受害者比政府更愿意弄清有害事件是否发生。

不论怎样，为使法律系统更有效，应当建立一套严格定义的稳定不变的财产权。这样，我们提过的与公共资源相关的外部性问题，就能用法律系统来加以解决。通过定义，没有一个人有权力排斥其他人使用这些资源，而这就导致了外部性的产生。通过建立在具体事例上的司法系统而建立财产权的过程，并没有导致建立一套严格定义且稳定不变的财产权来处理现代社会产生的各类外部性。然而，通过立法来定义财产权与其他方法比有两个优点，它不受利益集团压力的影响，并且，实际上经常发生的外部性的复杂性能通过审判过程得到最恰当的阐述。

解决外部性的审判过程有五个限制：

第一，任何诉讼都有很大的交易成本。诉讼存在着一定的交易成本，并且与维持管制或罚款系统的管理成本相比，两者之间的大小仍有争议。在某些情况下，外部性的损失可能过小，以至于不值得采取任何方法来解决。在管制和罚款系统中，这些成本由公共机构承担，而在法律系统中，这些成本则由个人承担。这种情况决定了我们需要评估采用法律手段限制某些外部性是否有效，而其他系统则不同。

第二，由于产生外部性的人知道诉讼是昂贵的，他们可能会削弱外部性的影响，使其接近或略低于受害者提起诉讼的成本。这可能导致相当大的效率损失。为了解决这个问题，一种方法是征收超过损失的多倍费用。例如，如果一家公司被发现以非竞争方式导致竞争对手损失，那么该公司可能需要赔偿受害者损失的三倍。将这个原则应用于污染问题，可以使公司不愿意产生损失超过诉讼成本的三分之一的外部性。这种做法被称为损害赔偿原则或惩罚性赔偿，旨在通过增加违法行为的成本来减少外部性的产生。它可以起到一定的威慑作用，使公司或个人在考虑其行为对他人造成的损害时更加谨慎。

第三，损失范围经常是不确定的，并且大多数诉讼结果经常也是模糊不清的。如果诉讼成本很大，不确定因素会进一步阻碍个人运用法律来解决外部性。

第四，诉讼过程的高成本和不确定因素，意味着实际上存在一些不同的法律补救方法与我们惯用的公平概念相冲突。法律补救方法的选择往往涉及到多种因素的综合考量，包括公平、效率、成本、时间等。在一些情况下，由于诉讼的成本和不确定性，法律系统可能会采取一些替代的补救措施，例如和解、调解、仲裁等，以达到一种相对较为公平且效率较高的解决方案。然而，这些替代补救方法可能与我们对公平的传统理解产生冲突。例如，在和解或调解过程中，双方可能会做出一些妥协，以达成协议，而这可能与我们对绝对公平的期望不完全一致。此外，仲裁的结果可能由仲裁员作出，而不是法院的判决，这可能会引发一些争议。

第五，在许多情况下，存在大量的受害者，没有哪个人的损失值得其个人去起诉，但受害者作为一个整体，其遭受的损失比诉讼费用大得多。"搭便车"问题使每个人都愿意让其他人先起诉。如果他人成功了，他便以此为样板提出诉讼，这会大大减少诉讼成本（实际上，通常存在法律外的解决办法）。人们试图在法律系统中建立集团诉讼（class-action suits）来解决"搭便车"。一个律师为了全体受害者的利益提出诉讼，如果诉讼获胜，他向所有受益于审判决定的人收费。这种方法的好坏，人们没有一致的意见，尤其是没有一个受害者代表来管理诉讼费用，并且这种费用通常过高（或者至少受害者这样声称，律师则声称诉讼的高费用取决于案例的具体性质）。

简而言之，法律系统没有提供一种能解决不同外部性的对应方法，但法律系统为某些外部性提供了重要的补救方法，而这些外部性不能用我们这一章讨论过的其他方法加以完全解决。弄清法律系统的局限性是很重要的，我们不能完全依赖法律系统去解决许多更重要的外部性。

专栏 5-6

解决共享单车乱停乱放不应从惩罚开始

2018 年 2 月 23 日《北京日报》报道，一家物业公司以其负责的停车场内共享单车乱停乱放、影响物业管理秩序为由，将摩拜起诉至法院索要管理费用。北京市海淀区人民法院最终认定物业公司的行为不构成无因管理，驳回了诉讼请求，但在审理过程中，法院发现共享单车在停放秩序方面确有可改进的空间，并据此向摩拜公司发送了司法建议。摩拜公司对法院的回函中表示研讨并上线了新版的信用分系统，如果用户出现不文明用车行为，其信用分降为一般等级，摩拜将会以当前单价的双倍向用户收取骑行费；而当信用等级降为较差级别时，收取的骑行费将会变为每 30 分钟 100 元。乱停乱放是共享单车这一新事物的一个严重负外部性。用户在平台付费使用共享单车，用后图自己方便把单车停放在停车场，却给物业公司增加了管理难度。这额外增加了物业公司的管理成本，而无论共享单车平台还是用车者都没有为这项成本付费。这类似于企业生产产品卖给消费者，消费者付费购买产品，双方各得其所，但企业生产产品过程中所产生的环境污染却让社会承担。后者是工业时代典型的负外部性，而前者则是信息时代的负外部性。

解决外部性有两种思路，一种是庇古的思路，就是对企业收税，将外部性成本化。一种是科斯的思路，就是界定产权，利用产权交易，将外部性消除。但无论哪个思路都不涉及对消费者的约束。因为消费者已经为其消费支付了费用，企业经营的外部性不应由消费者买单。而现在，共享单车平台却利用对消费者"不文明行为"的惩罚，来实现对外部性的约束。这的确是"独辟蹊径"。通过提高消费者"不文明停车行为"成本来制止乱停乱放也许短期可行，但长期则可能降低用户体验，造成用户流失。

所谓用户乱停乱放的"不文明行为"，是如何产生的？这有两种可能：

一是共享单车平台缺少固定停车区域。由于没有划定固定停车区域，用户自己也不明白停在哪里"文明"，停在哪里"不文明"。只要没有明确标示"禁止停靠自行车"的地方，用户均可根据自己的方便需要选择停靠。不过这种停靠可能会不方便别人，或者有碍观瞻。但每个人对"不方便"和"有碍观瞻"的理解不同。这就导致双方对"文明"和"不文明"各执一词。

二是也许有停靠区域，但停靠区域划定不合理或分布不合理，对大部分用户不方便，结果形同虚设，用户不买账，依然不停放在指定停靠点。就好比很多公园建设时设计有游园路径，但由于路径和很多游园者的游园需求不一致，导致设计好的路没人走，却另外"踩"出了很多小路。

解决之道是什么？共享单车平台不妨考虑利用科斯的思路，购买停靠权。平台可以与政府及物业公司进行谈判，在公共区域内和物业公司管理的区域内划定合理的停靠区，从而既方便用户停靠，也能满足道路通行和市容管理的需要。有了这个基础，再对不在指定区域停靠的"不文明停车行为"进行惩罚，才是合理的。否则，共享单车平台动辄将外部性的问题推给用户，不但缺少对消费者的尊重，也缺少对企业应有社会责任的担当。

资料来源　乔瑞庆. 解决共享单车乱停乱放不应从惩罚开始 [EB/OL]. [2018-02-25]. http://news.sina.com.cn/c/2018-02-25/doc-ifyrvnsw8517992.shtml.

◆ 关键概念

外部性　正的外部性　负的外部性　私人净效益　边际外部成本　庇古税　排污权交易

◆ 复习思考题

1. 外部性的种类有哪些？
2. 外部性产生的后果有哪些？
3. 外部性有哪些私人解决方法？
4. 简述科斯定理的主要内容。
5. 外部性私人解决方法的局限性体现在哪几个方面？
6. 外部性的政府解决方法有哪些？
7. 解决外部性的审判过程有哪些限制？

8.试述庇古税的优点及局限性。

9.试述排污权交易的优点。

思政专栏 5-1

精准扶贫政策的"外部性"

即测即评 5

第六章　消除信息不对称

本章学习目标

理解信息不对称的主要特征及表现，掌握信息不对称产生的原因及导致的经济后果；掌握市场解决信息不对称的途径；理解政府解决信息不对称问题的必要性；掌握政府解决信息不对称问题的方法。

本章知识结构

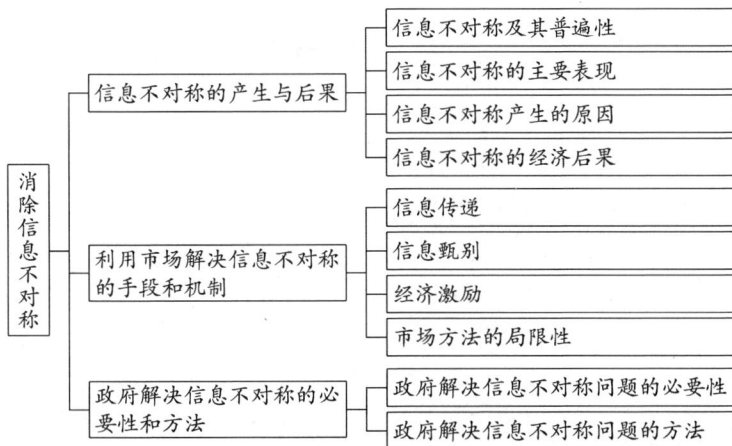

```
                      ┌─────────────────────┐      ┌──────────────────────┐
                      │                     │─────▶│ 信息不对称及其普遍性      │
                      │                     │      ├──────────────────────┤
                      │ 信息不对称的产生与后果    │─────▶│ 信息不对称的主要表现      │
                      │                     │      ├──────────────────────┤
                      │                     │─────▶│ 信息不对称产生的原因      │
                      │                     │      ├──────────────────────┤
                      │                     │─────▶│ 信息不对称的经济后果      │
        ┌──────┐      └─────────────────────┘      └──────────────────────┘
        │消    │      ┌─────────────────────┐      ┌──────────────────────┐
        │除    │      │                     │─────▶│ 信息传递               │
        │信    │      │                     │      ├──────────────────────┤
        │息 ───┼─────▶│ 利用市场解决信息不对称    │─────▶│ 信息甄别               │
        │不    │      │ 的手段和机制            │      ├──────────────────────┤
        │对    │      │                     │─────▶│ 经济激励               │
        │称    │      │                     │      ├──────────────────────┤
        └──────┘      │                     │─────▶│ 市场方法的局限性         │
                      └─────────────────────┘      └──────────────────────┘
                      ┌─────────────────────┐      ┌──────────────────────┐
                      │ 政府解决信息不对称的必    │─────▶│ 政府解决信息不对称问题的必要性 │
                      │ 要性和方法             │      ├──────────────────────┤
                      │                     │─────▶│ 政府解决信息不对称问题的方法  │
                      └─────────────────────┘      └──────────────────────┘
```

信息不对称是个普遍存在的问题，信息不对称导致一定的市场失灵。利用市场机制虽然在一定程度上可以缓解信息不对称问题，但还存在较大的局限性，这就为通过政府管制以解决信息不对称问题提供了客观必要性。本章讨论的逻辑顺序是：首先讨论信息不对称及其普遍性；其次讨论由信息不对称引起的逆向选择与道德风险问题；再次探讨利用市场机制缓解信息不对称的途径；最后讨论信息不对称与政府管制问题。

第一节　信息不对称的产生与后果

一、信息不对称及其普遍性

传统的经济学理论把完全竞争模型作为理想模型，因为在这种模型下才能实现帕累托最优，达到最高经济效率。而完全竞争模型的一个基本假设条件是：在完全竞争市场上，生产者和消费者都拥有充分信息，所有与产品有关的信息都是完全公开的，生产者和消费者可据此做出正确的决策。但在现实世界中，完全竞争模型的这种基本假设条件往往难以得到满足，大量存在的是市场交易者之间的信息不对称现象。这就刺激了许多经济学家对信息不对称理论进行研究，并取得了相当的成果。其中，美国哥伦比亚大学的威廉姆·维克瑞（William Vickery）和英国剑桥大学的詹姆斯·米尔利斯（James A.Mirlees）这两位经济学家分别在20世纪60年代和70年代揭示了信息不对称给交易带来的影响，并提出了相应的对策。为表彰他们对信息不对称理论所做出的开拓性贡献，1996年授予他们诺贝尔经济学奖，从而进一步推动了人们对信息不对称理论及其应用的研究。

信息不对称的基本特征是：有关交易的信息在交易者之间的分布是不对称的，即一方比另一方占有较多的相关信息，处于信息优势地位，而另一方则处于信息劣势地位。这种信息不对称问题是普遍存在的。在产品市场上，市场交易者由生产者、销售商和消费者组成。其中，生产者一般只生产少数几种产品，历经产品生产的整个过程，充分掌握自己产品的质量、性能和成本状况等方面的信息，因此，生产者与销售商、消费者相比，显然处于信息优势地位。对于销售商来说，虽然他们没有像生产者那样占有充分的信息，但他们经过多年的销售活动，对自己所经营产品的各种品牌、质量、可操作性等方面的信息也相当了解，形成了对消费者的信息优势。在同类产品的市场需求方面，销售商甚至比生产者掌握更多的信息。这样，对产品有关信息了解最少的是消费者，他们完全处于信息劣势地位。因此，消费者常常成为被欺骗的对象。在保险市场上，则存在另一种类型的信息不对称问题，其中多数信息不对称产生于保险（如汽车保险）的买主与卖主之间对所投保的不确定事件（如汽车被盗）所拥有的信息差异上。由于保险的购买者直接面对这些不确定事件，因此，他们通常在了解这些事件会发生的真实概率方面处于信息优势地位，并且通常还可以采取能够影响事件发生概率的行动（如加强或放松防盗措施）。劳动力市场与产品市场一样，也存在信息不对称问题，雇员十分清楚地知道自己拥有多少技能和敬业精神等，但雇主只能凭雇员的学历、外表和工作简历等对雇员进行评价，即雇员比雇主掌握更多的信息。此外，在医生和病人之间更是存在严重的信息不对称问题，医生清楚地知道给病人所开药方中药品的功效，而多数病人对此几乎毫不了解，因此，少数医生为了得到药品生产经营企业的好处而存在滥开药方的倾向，把一些对病情无关紧要的药品介绍给病人。目前在中国，在诸如电信、电力、煤气和自来水供应等具有自然垄断性质的服务供应市场上，企业与消费者之间在价格信息方面的不对称问题已成为社会关注的热点问题，企业完全了解其成本及其成本结构信息，而消费者则在缺乏选择对象的情况下，很难得到有关价格的真实信息。

由上可见，信息不对称问题是广泛而普遍存在的。事实上，凡是存在市场交易的地方，都不同程度地存在信息不对称问题。

二、信息不对称的主要表现

信息不对称在市场交易发生之前主要表现为逆向选择，在市场交易发生之后主要表现为道德风险问题，这两种表现都对市场效率有着一定的影响。

（一）逆向选择问题

美国加利福尼亚大学的乔治·阿克洛夫（George Akerlof）在1970年发表的著名论文《次货市场：质量不确定性与市场机制》，为研究逆向选择问题奠定了理论基础，阿克洛夫所设计的旧车市场模型则成为分析逆向选择问题的经典例子。在阿克洛夫的旧车市场模型中，逆向选择问题是由卖主与买主对车的质量信息不对称而引起的。每个卖主都知道车的真实质量，但买主不知道每辆车的真实质量，只知道车的平均质量，因而只愿意按平均质量支付价格。这样，车的质量高于平均水平的卖主就会感到吃亏而被迫退出市场，其结果是在旧车市场上，车的平均质量下降，相应地，买主愿意支付的价格也进一步下降，从而又迫使更多拥有质量较高的车的卖主退出市场。其最终结果是，在旧车市场均衡的状况下，只有低质量的旧车成交；而在极端状况下，可能造成旧车市场不存在。这样，就产生逆向选择效应：旧车卖主的构成随着价格下降而发生"逆向"变化，即价格越低，车的质量较高的卖主就越少。

我们可以用数字具体分析上述旧车市场上存在的逆向选择问题：假设旧车市场上有高、中、低这三类不同质量的车，又假设卖主对高、中、低这三类不同质量旧车愿意出售的底价分别为11 000元、8 000元和5 000元，而买主对这三类旧车愿意支付的最高价格分别是12 000元、9 000元和6 000元。为便于说明起见，假设这三类车的质量分布是均匀的，即买者任意挑一辆旧车，该车是高质、中质和低质的概率都是1/3。显然，如果所有卖主能如实标明所售旧车的质量等级并按质定价，或者所有的买者能客观分辨每辆旧车的质量等级并按质支付价格，那么，对旧车质量水平有不同偏好的买主就会分别选购高、中、低这三类不同质量的旧车，由于每类旧车的买主愿意支付的价格都高于同类旧车的卖主的底价1 000元（即存在1 000元的讨价还价余地），经过卖主和买主讨价还价一般都能达成交易。但问题是只有高质量的旧车卖主才会真实标明所售车的质量水平，而中、低质量水平的旧车卖主为了以高价出售，会向买主谎称自己的车也属于高质量的。同时，买主也不能客观辨别旧车的质量水平。因此，在旧车市场上买卖双方就存在着信息不对称问题，从而影响旧车交易的正常进行。在此情况下，由于买主不知道车的真实质量，他买到一辆高质量车、中等质量车和低质量车的概率都为1/3，愿意支付的价格分别为12 000元、9 000元和6 000元。这样，买主购买旧车的期望价格（EP）为：

$$EP=12\,000\times\frac{1}{3}+9\,000\times\frac{1}{3}+6\,000\times\frac{1}{3}=9\,000（元）$$

这就是说，如果旧车的价格超过9 000元，买主就不能接受。但对旧车卖主来说，如果买主愿意支付的价格不能超过9 000元，那么，由于高质量旧车的卖主的底价是11 000元，这部分卖主就会退出市场，只有中等质量和低质量车的卖主才能出售其旧车。但当买主知道在 9 000 元的价格下，高质量车的卖主退出市场后，旧车市场上只剩下中等和低质量的旧车，买主的期望价格就会做相应的调整。由于买到中等质量和低质量旧车的概率相等（1/2），则买主的期望价格（EP）调整为：

$$EP=9\,000\times\frac{1}{2}+6\,000\times\frac{1}{2}=7\,500（元）$$

这样，当买主最多只愿意支付 7 500 元购买旧车时，拥有中等质量旧车的卖主（其底价为 8 000 元）就会退出市场。最后的结果是，只有质量最差的旧车才能在市场上成交，从而造成旧车市场萎缩，成为一个"稀薄"的市场。

上述旧车市场模型虽然非常简单，但它反映了由信息不对称而引起的逆向选择会造成"劣质产品驱逐优质产品"，劣质产品泛滥的经济机制。从实质上看，逆向选择的"逆向"就是指这种"劣质产品驱逐优质产品"的不正常现象。旧车市场模型也适用于其他许多产品市场。对多数消费者来说，他们可以凭直觉和购买经验辨别诸如大米、蔬菜、毛巾等一般日用品的质量，而对多数产品，消费者就缺乏辨别质量差异的能力，特别是对外形基本相同的家用电器必须使用一段时间后才能知道其内在质量。因此，对那些价格比较敏感、具有求廉动机的消费者来说，他们既然无法辨别同类产品的质量，做出购买决策的主要依据就是价格；这样，尽管某些产品的质量较高，但由于价格高于同类产品，这些消费者就不会购买。当然，在市场上有一部分消费者以价格为指示器来辨别产品的质量，但劣质产品的卖主也可以标高价格以显示其产品的高质量，这就会使"高质高价"的机制失效。因此，在不少消费者的心目中，优质产品和劣质产品便是一个价。由于产品的质量水平与生产成本密切相关，优质产品的生产成本总是高于劣质产品的生产成本，如果优质产品和劣质产品同价，生产优质产品的企业就吃亏，而生产劣质产品的企业则占了便宜。这样，一个理性的生产者就不会自觉生产优质产品，从而造成市场上的产品质量不断下降，最终劣质产品就会将优质产品赶出市场。希望购买优质产品的消费者只能到其他产品市场上去购买替代品，从而造成市场萎缩。

（二）道德风险问题

道德风险的一般含义是指交易双方达成一项合同或契约后，交易一方在单纯追求自身利益时做出对另一方不利的行动。道德风险最早出现在保险领域：一些人购买某项保险后会产生一种麻痹大意心理，从而降低了他们防范风险发生的努力程度，进而提高了风险发生的概率，使交易对方受到损失。例如，某一个购买了汽车保险的人，他知道把汽车停在什么地方可能被盗，停在什么地方比较安全。他也可以花一定的代价（如停车费）把汽车停到比较安全的地方，他还可以在车上装上防盗装置，以减少汽车被盗的概率。但由于他购买了汽车保险，他就会减少在这方面的努力。这就属于道德风险问题。对汽车保险公司来说，要搞清每位汽车投保者怎样选择停车场，以及在汽车防盗方面所做出的努力程度等方面的信息是十分困难的，其代价非常大，所以，保险公司只能以众多投保者的平均行为作为确定保险费的基础。而这又会引起逆向选择问题，即保险费越高，投保的人就越少，最后只有汽车被盗可能性最大的人才愿意投保。由于存在严重的道德风险问题，因此造成一些保险业务难以为继。如目前中国许多城市的保险公司都不愿意开展自行车保险业务，其主要原因是许多投保人为自行车购买保险后，就会对自行车的失窃放松防范，从而造成自行车的失窃率很高，保险公司的损失较大，最后不得不放弃自行车保险业务。

除了保险市场，在其他市场上也存在大量的道德风险问题。例如，在房屋装修市场上，装修公司对人员素质、技术水平、用料等方面的信息了解更全面，而消费者往往难以获取这些信息。这种信息不对称问题可能导致一些装修公司利用劣质材料替代合同规定的优质材料，或者偷工减料，从而使消费者蒙受损失。类似地，在汽车和家用电器等修理市场上，修理商可能会使用劣质零配件，以减少修理成本，导致消费者无法获得按他们支付的费用所应得的修理质量。

三、信息不对称产生的原因

信息不对称问题普遍存在于生活当中。为什么会存在信息不对称呢？其基本原因主要包括三个方面：

（一）交易者的知识是有限的

社会分工使每一个交易者（企业或个人）专门从事某一项特定的业务活动，特定交易者较全面地掌握自身业务范围的知识，而对其他业务领域的知识缺乏了解。例如，消费者对于绝大多数商品的内在质量、真假并没有分辨能力。一个典型的例子就是很多烟民对于各种品牌香烟的真假分辨不清，特别是对那些仿真程度高的假烟绝大多数烟民根本不能分辨出来。交易者知识的有限性是由其所拥有和能支配的资源的有限性所决定的，其中最主要的是交易者所拥有和能支配的时间资源的有限性。市场交易是由人所形成的，而人的时间都是有限的。人们所从事的经济活动和其他活动在时间上是具有竞争性的，也就是说，一个人在从事这类活动时就不能同时从事其他活动；而且，由于市场竞争决定了人们之间的分工，使得没有人能够从事各种类型的经济活动，这样也就使得每个人只能够熟知或了解与其从事的活动或职业有关的知识。何况在现实中，很多人都不愿尝试从事各类经济活动，学习各类知识。虽然"三百六十行，行行出状元"，但对于一个人所从事的专业以外的事情，就完全会是一个门外汉，即所谓"隔行如隔山"。这就造成在市场交易中存在一个普遍的现象：生产者或卖方所拥有的信息要多于消费者或买方。因为消费者只可能熟知自己专门从事的活动或职业而经常接触到的一种产品或少数几种产品，只可能熟知交易的某一项内容或少数几项内容，而对于大多数产品和交易内容则完全无知或只拥有少量知识。俗语"走遍南京和北京，买的没有卖的精"应该说是真实地反映了市场交易中卖方处于信息优势方的情形。

（二）搜寻信息要花费成本

从理论上说，处于信息劣势方的市场交易者可以通过搜寻大量的交易信息，以取得比较完全甚至完全的信息。但在现实中，要了解某一方面的信息或知识是需要花费成本的。这包括人力、物力、财力等经济资源的投入。例如，消费者要了解某一条街上的众多餐馆中哪一家最物美价廉，就得花时间、花钱到各餐馆去品尝。再比如，交易者要知道交易对方的资信状况，就必须自己对对方的品德、资产、过去的交易记录或历史收益等进行调查或委托中介机构进行调查，这都需要花费很多金钱或人力。搜寻信息不仅需要花费成本，而且往往要花费高昂的成本，这就构成了市场交易者搜寻信息的障碍。一些人没有能力搜寻信息，因为其付不起搜寻费用；一些人不愿意搜寻信息，因为信息搜寻成本可能会超过其所能获得的收益，从而使搜寻信息变得无利可图。这样，在市场交易中，许许多多的交易者便不可能拥有与交易对方同样多的信息。

（三）信息的优势方对信息的垄断

在市场交易活动中，交易双方是根据自己所掌握的信息制定决策的，而决策的正确性在相当程度上取决于所掌握的信息数量与质量。因此，拥有信息优势的交易者为了在交易活动中取得主动权，往往会产生垄断某些真实信息的动机，有的交易者甚至会发出一些虚假信息，误导交易对方，以实现自身利益最大化。在现实中，很多信息是在交易达成之后，消费者或信息的弱势方才能了解真实的信息，但是交易却已经完成。例如，消费者在购买食品时会询问卖主食品的卫生状况，卖主总会说食品很卫生，但是只有当消费者买下来亲自品尝之后，才真正了解所购食品是否卫生。在现实中，信息的优势方隐藏信息，提供虚假信息是普遍存在的，这阻碍了交易者的信息搜寻，使得在市场交易中的另一方无法获得对称的信息。

基于上述三个方面的原因，可以得出结论，那就是在市场经济中，信息不对称现象总是存在的；同时，也可以得出推论，即在非市场经济中，信息的不对称也总是存在的。由于信息的获取和分配过程仍然存在一定的局限性，可能导致信息在不同层级或不同部门之间的不对称。这种信息不对称可能会对决策的公正性和效果产生影响。

四、信息不对称的经济后果

总的来说，信息不对称会导致市场失效，因为市场有效（导致帕累托效率状态）的条件是完全信息。经济主体的销售、消费决策的正确性依赖信息的对称性，如果交易者的信息不对称，决策者就会做出错误的决策，经济资源的配置便不可能达到最优。下面我们将对信息不对称的具体的经济后果进行分析。

（一）造成劣货驱逐良货

在消费者能辨清真货与假货、优品与次品的情况下，价廉物美或价高质优是完全能够赢得市场的，市场的正常现象是良货驱逐劣货；但在交易者无力分辨真货与假货、优品与次品的情况下，所谓价廉物美或价高质优并不能赢得市场。原因在于，如果真货与假货、优品与次品价格相同，由于真货和优品的生产花费的成本高于假货和次品，生产者得到的盈利就会少于假货、次品，甚至毫无盈利。在这种情况下，生产真货、优品显然处于劣势，真货、优品的生产就会减少，甚至消失。在假货、次品价格低于真货、优品的情况下，真货、优品会更无竞争力，因为消费者并不清楚价格低的假货、次品是假货、次品，还是真货、优品，从而会采取"一视同仁"的态度。如果真货、优品卖价高，则也同样难以扩张市场，因为消费者并不清楚卖价高者到底是真货、优品，还是假货、次品，"一分钱一分货""物有所值"完全可以成为假货、次品制售者所利用的一种营销策略。因此若无外力约束，在消费者无力辨别真货与假货、优品与次品的市场上，会出现的便是劣货驱逐良货。在我国经济中，由于消费者无力分辨真货与假货、优品与次品，生产者以假货充真货，以次品冒充优品，造成假货驱逐真货，次品驱逐优品，假货生产者挤垮众多真货生产者，即是典型的例证。

（二）使市场不存在或使市场缩小

由于在市场交易中，买方拥有的信息一般总是要少于卖方，买方为了获取最大化的经济利益或为了最大限度地减少损失，在对某类商品无力辨别真货与假货、优品与次品的情况下，因担心买到假货、次品，而会对所有商品采取拒买行为（无论是真货还是假货，无论是优品还是次品，由于分辨不清，会一律拒买），其结果最终会使这类商品的交易市场消失或不存在。例如，英国"疯牛病"的发生，就曾使许多国家和地区的牛肉市场消失，因为消费者分不清到底哪些牛肉不带病菌，从而只能拒买所有牛肉。在现实中，很多质量优异的产品形不成市场，主要原因大都在于消费者缺乏对这种产品的信息，不是不知道这种产品，而是不知道这种产品的性能到底如何。

另一种可能的也是经常出现的经济后果是，当消费者担心购买到假货或次品时，他们可能会减少购买量，这可能导致商品市场的扩张受阻甚至市场萎缩。比如"三鹿奶粉事件"给整个乳制品市场带来了重大的冲击，消费者对乳制品的信任受到了严重损害，由于消费者很难辨别哪些品牌的乳制品不含三聚氰胺，他们可能会选择减少乳制品的购买量，这对乳制品市场造成了不利影响。

（三）损害生产效率的提高

企业提高生产效率的内在动力是获取最大化的利润。在信息对称的经济中，买者知道谁的产品质优价廉，生产效率高的企业因此可以不断扩大产品销售，从而不断扩大生产规模，也就是说，市场上消费者的选择会给生产者提高生产效率以正的激励，从而促进企业不断提高生产效率。但在信息不对称的经济中，由于消费者无力辨清真货与假货、优品与次品，从而造成一方面由于消费者采取减少购买或拒买行为，使生产真货、优品的企业的产品不能得到应有的市场扩张，甚至会使投入于提高生产效率的成本都收不回来，这势必会减弱企业提高生产效率的动力；另一方面因为质优价廉并不能赢得更多的市场，获取更多的利润，所以企业不愿努力提高生产效率。总之，在信息不对称的经济中，消费者的理性选择行为给企业提高生产效率提供的是负的激励，从而会损害企业生产效率的提高。

（四）导致生产劣货的竞争

在消费者能辨清真货与假货、优品与次品的情况下，消费者自然会选择真货、优品，从而市场上出现的便是生产者生产良货的竞争。而在消费者无力辨清真货与假货、优品与次品的情况下，消费者采取拒买或少买的行为，就会使生产假货、次品有利可图，生产假货、次品要比生产真货、优品获得更多的利润。因为假货、次品的生产成本低于真货、优品的生产成本；在真货与假货、优品与次品价格相同的条件下，显然生产假货、次品有利可图，而生产真货、优品无利可图；即使假货、次品的价格低于真货、次品，仍然可能获得更高的利润率，赢得更多的市场。这样就会刺激生产者大量生产假货、次品，生产得越早、越多，获利越大，从而引起生产假货、次品的竞争。这不仅会损害真货、优品生产者的利益，而且会损害消费者的利益，并且会导致经济资源配置的严重扭曲。近年来在中国，假货、次品的生产屡禁不绝，是可以由此找到原因的。

（五）造成一些种类的产品供应不足

信息不对称势必造成劣品驱逐良货和消费者拒买或少买的行为选择，必然会使生产者担心生产出来的产品没有市场，投入得不到应有的回报，从而会造成这些类型的产品生产不足或没人生产，从而造成这些产品供应过少或缺乏供应。产品的研制、生产所需投入越多，被假冒、仿造的可能性就越大，生产者就越不愿生产这类产品，这类产品也就越可能出现供应不足。

（六）造成需求得不到满足（需求缺口）与供给过剩并存

在信息对称的经济中，一般是不会出现需求得不到满足（即存在需求缺口）的经济现象的。但在信息不对称的经济中，由于交易者对交易对方的资信等的信息缺乏，就往往会减少交易量，可能是买方，也可能是卖方要求减少交易量。其结果是造成一些产品（这里包括实物产品、资金、劳动、服务等）需求得不到满足，而另一些产品则又会出现供给过剩。例如，在实物产品市场上，由于消费者担心买到假货、次品而采取拒买或少买行为，一方面会造成消费者有购买力的需要未得到满足，而另一方面则又会造成企业生产的产品滞销，生产能力闲置；或者因为销货企业对购货企业的信誉、支付能力等抱有怀疑，采取拒卖或少卖行为，从而一方面造成销货企业的产品销售得不到应有的增长，另一方面购货企业的需要又得不到满足，从而造成社会有支付能力的需要得不到满足。再如，在信贷市场上，由于贷款人对贷款申请人的品德、能力、未来收入等的真实情况难以准确判定，就会对许许多多的贷款申请人采取拒绝贷款或减少贷款的行为，这样就会出现一方面社会贷款需求得不到满足，而另一方面银行体系又存在大量的过剩资金。又如，在劳动力市场上，由于用人单位对求职者在品德、知识、经验、操作能力等方面在试用之前无法做出准确的判定，有的甚至试用很长一段时间仍然会难以判定，因此用人单位对于招工就会采取十分慎重的态度，这样就会造成一方面有些职业岗位长期处于空置状态，而另一方面却又有大量的劳动力资源处于闲置状态。在信息不对称经济中，由于信息优势方为有利于增进自己的经济利益，倾向于隐藏信息或向对方提供虚假的信息，交易对方就只能采取"以防万一"的预防性、规避性行为，即少买或少卖，从而造成需求得不到满足和供给过剩并存，因此可以说，需求得不到满足与供给过剩并存是信息不对称经济无法避免的后果。

（七）造成不公平交易和不公平竞争

信息对称是公平交易和公平竞争的前提条件之一。在市场交易中，如果交易双方的信息不对称，信息优势方就会利用其信息优势欺诈对方，从事不公平交易活动，损害对方的经济利益，而信息的弱势方则会因信息弱势而做出不合理的经济决策。在信息不对称的经济中，卖方之间或买方之间是不可能有公平竞争的。例如，在产品市场上，在消费者对所有产品采取拒买或少买的行为时，真货、优品的生产者在竞争中显然处于不利地位；再如，在劳动力市场上，在假文凭泛滥的条件下，由于用人单位对招工采取过分谨慎的态度，使得有真文凭、真正具有才能的求职者在劳动力市场的竞争中处于不利地位（当然由于求职者的家庭关系、社会关系等的不同而造成的对劳动力市场信息的拥有量的不同也会造成劳动力之间的不公平竞争）。公平交易与公平竞争是经济资源得到最优配置的必要条件，信息不对称会导致不公平交易、不公平竞争，从而也就不能使经济资源得到最优配置。

（八）造成消费者和生产者行为扭曲或不能合理决策

对消费者而言，在信息对称的经济中，完全能够做出最优的消费决策。但在信息不对称的经济中，却完全可能因为信息的缺乏而买到质次价高的假冒产品、劣质产品。产品价格太低，消费者会担心其为假货、次品而不敢购买，即使其确实是真货、优品；价格太高，消费者也不敢购买，因为价格高的产品可能是真正的优品、真货，但也完全有可能是假货、次品。同种产品，谁的卖价低、质量优，谁的卖价高、质量次，消费者一般并不清楚。这样，消费者的购买决策往往成了一种"勇气"决策，本来应该是有计划的购买变成了随机购买，消费者无力判断其购买决策是否能够最大限度地增进自己的利益，在很多情况下处于无所适从的状态。

在信息对称的条件下，生产者能够做出最优的生产决策，而在信息不对称的情况下，生产者的投资、生产、销售决策也会变得无所适从。例如，在产品定价过程中，如果价格定得低，可能会被认为是假货、次品，即使是真货、优品；如果价格定得高，则又可能被认为是企业故意为之，是企业的一种价格策略。再如，就产品生产决策而言，到底是争先创优，还是生产假货、劣品，经常使企业犹豫不定，因为争先创优不一定就能赢得市场和利润。生产者在拓展市场、开发新产品等方面都往往因为信息不对称而不能做出合理的决策。

其实，目前中国经济中存在的许多问题都与信息不对称有关。假货挤走真货，次品驱逐优品，市场扩张乏力，企业技术创新与管理创新不足，生产效率低下，假冒伪劣产品盛行，很多产品供应远低于生产能力、需求缺口与供给过剩并存，广泛存在的不公平交易与不公平竞争、消费者与生产者的行为扭曲等都与信息不对称有关。因此，要解决这些问题，就应该增加信息供应，消除或减少交易者的信息不对称，严厉禁止或限制信息垄断者利用信息优势从事不公平交易和不公平竞争活动，这样才能提高经济资源的配置效率。

专栏 6-1

二手车交易中的"柠檬市场效应"

自2018年以来，国内先后出台了一系列利好政策措施，激活二手车市场的巨大潜力，从取消二手车限迁，到降低征收销售增值税。2020年4月9日，财政部、税务总局联合发布的《关于二手车经销有关增值税政策的公告》指出，"自2020年5月1日至2023年12月31日，从事二手车经销的纳税人销售其收购的二手车，由原按照简易办法依3%征收率减按2%征收增值税，改为减按0.5%征收增值税"。新政给二手车商减负，不仅有利于培育经营主体的成长，而且还会引导市场朝着经营主体多元化方向发展。

事实上，在多重利好政策的刺激下，近年来有不少车企凭借着已有的经销商网络渠道和完善的品牌管理体系，纷纷开通品牌认证二手车业务。早在10多年前就布局认证二手车业务的奔驰、宝马、奥迪等品牌，已陆续推动该业务的战略升级。奔驰官方认证二手车业务如今已迎来战略升级，承诺以一站式的数字化解决方案提供二手车的买、卖、置换等。在2016年10月、2017年5月，宝马和奥迪也早已经分别宣布旗下认证二手车业务启动战略升级。不止于此，许多二手车从业者也都在想方设法地打出"品牌"，"小散户"强调与流量"大V"的合作，以及人人车等"大平台"资源的引入。

品牌的背书确实可以打消一些消费者购买二手车的疑虑，但车辆的品质难以保证等问题，始终是二手车交易的痛点和难点。目前，在二手车交易过程中，不实维修行为时有发生，制造虚假事故、放大事故损失、虚报瞒报等行为较为普遍。此外，车辆承保、理赔等信息不能有效共享，也增加了车辆质量评估的难度、准确度。种种这些交易"黑洞"，给消费者购买二手车辆埋下了众多隐患。究其原因，信息不对称让消费者难以信任二手车的质量。

在这里，我们想起了经济学家乔治·阿克尔洛夫提出的"柠檬市场理论"。该理论讲的是在信息不对称的情况下，买方因为无法知晓商品的真正价值，只能通过压低价格来避免风险和损失；卖方不愿意吃亏，不愿意提供高质量的产品，从而造成好的商品遭受淘汰，而劣等品会逐渐占领市场，进而摧毁消费者对市场的信任，最终导致整体市场的萎缩甚至崩溃。

二手车市场就呈现出鲜明的"柠檬市场效应"特征。众所周知，同样年限、同样配置的二手车，由于使用情况不同，其价格和车况千差万别。正因为这种市场特殊性，消费者光看品牌是不能保证产品的质量的。因此，在推进二手车行业品牌化的进程中，众多从业者还得提升车辆信息的透明度，基于价值和服务来破解"柠檬市场效应"。

资料来源　王跃跃. 品牌化路上，二手车需警惕"柠檬市场效应"[EB/OL].［2020-12-08］. https：//www.toutiao.com/a6903724423862288903/.（作者有删改）

第二节　利用市场解决信息不对称的手段和机制

生产者与消费者均受到信息不对称的影响，使得各自的利益都得不到最大化满足。出于追求自身利益的考虑，生产者与消费者双方均有寻求解决信息不对称问题的动力和压力。因此说，信息不对称问题在一定程度上是可以由市场自身来解决的。

对生产者而言，由于消费者对信息不对称问题的忧虑，致使生产者得不到消费者的信任，从而影响其产品的正常销售。为解决这种"信任危机"，生产者被迫采用各种办法以取得消费者的信任，常见的如提供售后服务、进行质量担保、广告宣传、建立公司信誉等。

对消费者而言，出于对信息不对称的担忧，往往也有采取各种手段保护自身利益的倾向，如货比三家、追求名牌、组织消费者协会等。不过，消费者在保护自身利益方面似乎永远处于劣势，可采取的手段和方式有限。消费者似乎注定要通过"吃一堑长一智"这一痛苦的方式在众多的消费品中重复其试错程序以得到效益的最大满足。

与此同时，信息不对称的存在产生了寻利的可能，由此诱使大量以信息的搜寻与提供为谋利手段的社会中介机构在市场中出现，如会计师事务所、资产评估事务所、资信评估机构、征信机构、咨询服务机构等。它们着力于信息的搜寻与提供、产品质量的检查与鉴定、公司资信的评估与认定。它们的这种活动在很大程度上缓解和减轻了信息不对称问题所导致的效率损失。

由于信息不对称的根本原因在于私人信息的存在，因此，市场解决这一问题从本质上讲都是迫使拥有私人信息的一方将其信息公开，而且市场也确实不断在重复着这种行为。一般来说，市场解决信息不对称问题的方式可以区分为三种类型，即信息传递、信息甄别和经济激励。另外，由各种以营利为目的进行信息搜寻和信息提供的中介机构组成的信息市场的非官方力量，也是解决信息不对称问题的一种强大的市场力量与方式。

一、信息传递

信息传递或称信息示意，是指拥有信息优势的一方主动向市场发送信息的行为，一般是指交易中的卖方（生产者或供应商）做出的行动。通过信息传递来将自己的产品与其他产品区分开来是一种纯粹的市场行为，而且是自古以来都存在的一种市场行为。也许，其本意并没有与解决信息不对称问题存在必然联系，但其客观的效果却成为解决信息不对称的主要市场手段。市场中较常见的信息传递方式主要有做广告、产品质量担保和建立信誉等。

（一）做广告

广告可以分为告知性广告和说服性广告，它们在性质上有所不同。告知性广告主要是告知消费者产品的用途、价格、使用方法，或者告知企业的服务范围、新产品的推出等内容。而说服性广告则通过宣传产品的质量、特点来说服消费者购买，或通过广告本身来增强对企业的信任。

广告在信息传递方面的作用是显而易见的，但对于解决信息不对称问题而言，广告的作用和效果可能有所差异。告知性广告并不总是能够解决信息不对称问题，有时甚至可能加深信息不对称。因此，我们可以将广告作为解决信息不对称问题的信息传递手段，主要针对说服性广告而言。那些看似空洞而华丽、代价昂贵的广告通常属于说服性广告。这些广告的目的并不仅仅是告知大众他们的存在，因为这些厂商往往已经具有很高的知名度。他们连续地投入巨大的广告费用，主要目的是向消费者传递一个暗示：他们的产品是值得信赖的，他们是可靠的厂商。这样的广告通过强调产品的特点和质量来说服消费者，增强对企业的信任度。然而，由于广告在解决信息不对称问题方面具有这种双重性，因此一直以来都存在争议。反对者认为广告会进一步强化垄断者的地位，并且广告开支被视为社会资源的浪费。而支持者则辩称，在特定条件下，广告最终可以降低消费者的总支出价格。

（二）产品质量担保

在信息不对称的情况下，消费者往往难以辨别真货与假货、优品与次品，这可能导致消费者对所有同类产品采取谨慎的态度，拒绝购买或减少购买。这对于真货和优质产品的生产者来说，会导致产品销售不畅。为了扩大产品销售，生产者需要赢得消费者的信任。对产品实施质量担保（例如保修）是一种非常有效的信息传递方式。质量担保能够有效区分优质产品和劣质产品，是解决逆向选择问题的主要市场手段之一。我们熟知的产品质量担保方式除了保修，还包括更换和退货等方式。这些信息传递方式明确地传递出与劣质产品不同的信号，消费者可以根据厂商提供的保修、更换或退货政策的次数、频率或便利程度来判断产品质量的好坏。例如，对于一个厂商而言，如果他们提供长时间的保修期限、便捷的退货政策或无条件的产品更换，这些都传递出一个信号，即厂商对自己产品的质量有信心，并且愿意承担相应的责任。消费者可以根据这些信息来判断产品的质量水平，并且更倾向于购买拥有明确质量担保措施的产品。因此，质量担保是一种重要的市场方式，能够帮助消费者区分优质产品和劣质产品，解决逆向选择问题。通过提供明确的保修、更换或退货政策，生产者能够传递出产品质量的信号，赢得消费者的信任，促进产品销售。

（三）建立信誉

信誉是企业通过长期的努力和表现积累起来的一种无形资产，它在市场竞争中具有重要的作用。一旦企业建立了良好的信誉，它将成为企业参与市场竞争的有力工具。尽管企业建立信誉的初衷可能与解决信息不对称问题无关，但信誉确实在解决逆向选择问题方面发挥着重要的作用。信誉可以被看作企业利用各种信息传递手段综合运用的结果。在建立信誉的过程中，企业通常会采取广告、质量担保等手段来传递信息，增强消费者对其产品或服务的信任。信誉的重要特点是它容易受到损害。一旦信誉受损，对企业来说是非常严重的，因为信誉的毁坏可能导致消费者的流失和市场地位的下滑。因此，企业在建立信誉后通常会努力维护它，以保持消费者对其的信任和忠诚度。这也部分解释了为什么消费者倾向于信奉品牌消费观念。品牌是企业信誉的一种体现，消费者对品牌的忠诚往往基于对品牌信誉的认可和信任。消费者相信品牌的承诺和质量保证，因此更倾向于选择品牌产品。

二、信息甄别

信息传递是拥有信息优势的一方为了避免逆向选择导致"劣币驱逐良币"现象而主动向交易的另一方进行信息示意，传递自己真实的信息以帮助对方进行辨别。"劣币驱逐良币"是经济学中的一个著名定律，该定律是对这样一种历史现象的归纳：在铸币时代，当那些低于法定重量或者成色的铸币——"劣币"进入流通领域之后，人们就倾向于将那些足值货币——"良币"收藏起来，最后，良币将被驱逐，市场上流通的就只剩下劣币了。这一现象最早被英国的格雷欣所发现，故又称之为"格雷欣法则"。而信息甄别则是指处于信息劣势的一方为避免信息不对称对自己造成的损害而主动去发现或诱使对方暴露信息的行为。在信息不对称时，处于信息劣势的一方为了在交易中尽量避免遭受损害，总是会主动采取各种各样的手段去甄别信息。这些手段可以归纳为两个方面，即搜寻和制定不同的合同。

（一）搜寻

解决信息不对称的最原始和最直接的市场手段也许就是对信息的搜寻了。消费者为了买到最便宜的商品，会在一定范围内搜寻有关商品的价格信息，"货比三家"后再确定购买意向。对于消费者的信息搜寻活动，有一点可以肯定的就是，当在信息搜寻上花费的时间、精力甚至货币开支超过了价格之间的差异后，消费者便会停止其对信息的搜寻活动。

（二）制定不同的合同

当然，这里的合同是非常广泛的概念，不仅仅指通常意义上的合同，还可能包括尚未签订的、由交易的单方设计制定的一种意向性协议。之所以说设计、制定不同的合同是一种信息甄别的方式，是因为交易的一方凭借这种不同的合同提供给了另一方一个自我选择的途径。通过自我选择的结果，合同的设计者可以获取他所不拥有的信息，从而达到信息甄别的目的，以尽量规避因信息劣势而招致的损失。例如，在商业保险业务中保险公司要求投保者在申请表中填写投保者的基本情况和与保险相关的信息，在医疗保险业务中要求对申请人进行健康检查，招工中进行的笔试与面试等，都属于这种类型的信息甄别方式。

不过，采取制定不同合同以利用自我选择原理进行信息甄别，有时也会陷入一种困境中。比如，厂商想通过设计调查问卷了解消费者对其产品性能的评价以及改进建议的话，有可能就会掉进这种陷阱而得不到完全真实的信息。因为愿意停下来回答问题或花时间填写问卷的消费者，往往都是那些对你的产品具有强烈倾向性意见的消费者，而那些具有一般意愿的消费者大多懒得驻足回答或填写问卷。这样，厂商得到的信息往往不能反映所有消费者的真实评价。

三、经济激励

经济激励是针对隐藏行动造成的道德风险问题而提出的一种市场解决方法。在隐藏行动造成信息不对称的情况下，由于委托人对代理人的行动无法观察和监督，因此不能客观地根据代理人的努力程度选择恰当的效能指标来衡量和决定对其应支付的报酬，从而难以有效地解决委托人与代理人之间的效率问题。经济激励要解决的问题是：选择什么样的效能指标和设计怎样的奖惩制度，才能经济有效地激发适当的不能观测的投入。

显然，经济激励制度所选择的效能指标必须能客观地度量，同时也必须与不能观测的投入有密切联系。但效能指标的选择会面临两个难题：一是效能指标的特性往往是多维的且相互冲突的（如产出指标有数量与质量的二维性），只强调某一特性会产生不当的激励作用；二是效能指标有时往往显著地受到不为决策者（代理人）所控制的因素影响（如风险因素）。所以，有时强调效能指标可能不仅无助于激励适当的不能观测的投入，还可能会导致不公平，从而产生不良的副作用。

经济激励制度的设计一般都比较复杂，因为它涉及委托人与代理人的双重优化。给定一效能指标，代理人将采取最优对策以决定其不能观测的投入，这是代理人的优化问题；委托人则要选择最优效能指标，使得这一效能指标及其所决定的有关代理人的最优对策对委托人是最优的。这种双重优化问题的复杂性在于，委托人和代理人之间的利益可能存在差异和冲突。代理人可能会追求自身的利益，而不一定与委托人的利益完全一致。委托人需要设计合适的经济激励制度，以激励代理人采取符合委托人利益的最优行动，并协调双方的目标。

四、市场方法的局限性

不可否认，信息传递、信息甄别以及经济激励等方式确实是市场解决信息不对称问题的有效手段。但同样不可否认的是，这些市场手段并不能完全有效地解决信息不对称的所有问题。甚至在许多时候，其本身还会产生许多新的信息不对称问题。解决信息不对称的市场方法的局限性主要体现在三个方面：

（一）市场方法并非总是有效的，有些情况下市场手段也会显得无能为力

比如说，卖方向买方提供担保这种方法虽然运用较为广泛，但并不意味着这种方法就能从根本上解决信息不对称所引起的不信任问题。因为这种方法存在以下局限性：

（1）真货、优品的生产者可以向买方提供担保，假货、次品的生产者也同样可以向买方提供担保。在买方要求实现其权利之前，担保实际上都只是"空头支票"，假货、次品的生产者完全可以在履行担保承诺之前就逃避，或者以种种理由拒绝履行担保承诺。买方对卖方的道德并不能确知，担保存在着逆向选择或道德风险，越是不愿真正履行担保义务的卖方，越是敢于许诺提供内容更广泛的担保。这样，产品市场上的真假、优劣难辨的现象就会延伸到担保领域，使得消费者对市场

上众多生产者提供的担保本身难辨真伪。在我们的经济中，许许多多企业都向消费者提供担保，且企业提供的担保也多种多样（包括包退、包修、包换及用途担保等），可是消费者仍然不敢放心地买，担保并不能增加产品的销售量，原因即在于消费者对多种多样的企业担保难辨真伪，从而对担保本身缺乏信任。产品市场交易存在信息不对称，而担保的义务人（卖方）与权利人（买方）之间同样存在信息不对称问题，这样也就使卖方的担保只能发挥有限的作用。

（2）即使担保者的道德是可靠的，买方也相信担保者的道德，但是担保者是否有履行担保义务的能力，却是买方所不能准确判断的。就担保能力而言，提供担保承诺的担保人处于信息优势地位，而买方则处于不利地位，属于信息弱势方，双方仍处于信息不对称状态。由于买方分辨不清卖方的担保能力，因此同样可能对卖方的担保采取不信任态度。这样，即使卖方提供担保，买方也可能不会增加对提供担保的卖方的产品的购买量。

（3）任何卖方提供的担保都不是无限担保，而是有限担保。也就是说，卖方并不是对买方的所有权利提供担保，而只是对买方的部分权利提供担保。这样，即使卖方确实有能力履行担保义务，也并不能保障买方最重要的权利。对于许多产品，买方并不清楚最重要的、最需要担保的部分或权利是什么，即使卖方确实履行担保义务，买方仍然可能会遭受极大的损失，因此买方仍会对卖方的担保产生不信任。

总之，卖方向买方提供担保并不能解决信息不对称所引起的不信任问题，因为卖方与买方之间在担保本身上存在信息不对称，买方自然不能相信卖方了。

（二）解决信息不对称的市场手段本身有被模仿的可能，从而导致新的信息不对称问题

不管是处于信息优势的一方主动采取的信息传递，还是处于信息劣势的一方被动地采取的信息甄别、经济激励，其方式方法都有被对方或他人模仿的可能，从而使得那些应对信息不对称的市场手段失效。例如，信息传递中的广告、质量担保方式，劣质品厂商也可以采用，这样就出现了虚假广告、虚假承诺等新的信息问题。在信息甄别中设置的一些效能指标也经常因为被对方用虚假指标替代而失去指标的甄别功能。再如，在人才市场上雇主经常用学历文凭来衡量雇员的能力，于是就出现了大量的虚假文凭；在证券市场上投资者一般只能根据上市公司披露的信息进行投资，于是就存在着广泛的做假账的行为。如此种种，均属于利用市场手段解决信息不对称问题过程中产生的新的信息不对称问题。这就严重地混淆了人们的视听，扰乱了信息市场的秩序，最终导致了人们对市场的不信任。

（三）信息成本的存在使得许多情况下市场手段变得不经济

在交易过程中，交易的双方为促成交易的达成都有进行信息传递、信息甄别或采取激励手段的动机，但这些旨在解决信息不对称问题的行为不可避免地存在着成本，人们为获取信息总是会发生各种各样的费用开支。我们将这些以解决因交易而产生的信息问题为目的的费用统称为信息成本，具体包括以下各项行为所引起的成本支出：

（1）进行市场调查，获取关于商品和劳务的价格分布和质量的信息；寻找潜在的买者和卖者，获得与他们的行为有关的各种信息。

（2）当价格可以商议时，为确定买者和卖者的真实要价而进行的讨价还价过程。

（3）起草、讨论、确定交易合同的过程。

（4）监视合同签署人，看其是否遵循合同上的各个条款。

（5）贯彻合同；在一方未履行合同并因而造成另一方损失时，后者提起诉讼，要求赔偿。

（6）保护双方权益，防止第三方侵权，如防止剽窃、侵犯专利权等。

由此可见，交易双方为解决信息不对称问题而进行的信息传递、信息甄别等行为将受到信息成本的制约。一般的规律是，当获取信息的边际成本大于或等于获取信息的边际收益时，交易双方将停止其获取信息的各种行为。因此，如果要完全依赖市场手段来解决信息不对称的问题，从理论上说是可行的，但其前提条件是信息成本为零。

专栏 6-2 ▬▬▬▬▬▬▬▬▬▬▬▬▬▬▬▬▬▬▬▬▬▬▬▬▬▬▬▬▬▬▬

以合同公平增进交易公平

"特价商品，概不退换""本卡最终解释权归本公司所有""卡内金额过期作废"……常见的"霸王条款"，涉嫌扰乱市场秩序、侵害消费者权益。现实中，常有经营者利用信息不对称、市场强势地位等条件，迫使消费者接受不公平、不合理的合同条款，导致合同违法行为时有发生。

合同公不公平、合不合法，直接关系市场经济秩序，关系国家利益、社会公共利益和消费者合法权益。2023 年 7 月 1 日起，《合同行政监督管理办法》（以下简称《管理办法》）将正式施行。该办法列明虚构合同主体资格或者盗用、冒用他人名义订立合同，故意隐瞒与实现合同目的有重大影响的信息、与对方订立合同，以恶意串通、贿赂、胁迫等手段订立合同等禁止情形，明确市场监督管理部门在职责范围内开展合同行政监督管理工作。以此为起点，"霸王条款"将受到更严格监管。

市场交易中，消费者因为信息不对称往往处于弱势地位。下载应用软件，需要勾选"我已阅读同意"某某条款、协议，一不留心就可能"授权"平台过度采集个人信息。线下购买预付费服务，需要签字同意密密麻麻的合同条款，即使仔细阅读可能也无法发现其中的"重点信息"。对于这些问题，《管理办法》明确提出，经营者采用格式条款与消费者订立合同，应当以单独告知、字体加粗、弹窗等显著方式提请消费者注意商品或者服务的数量和质量、价款或者费用、履行期限和方式、安全注意事项和风险警示、售后服务、民事责任等与消费者有重大利害关系的内容。防范和纠正不公平的合同格式条款，有助于更好保护消费者权益，改善消费环境，让消费者敢消费、愿消费。

市场竞争中，"劣币驱逐良币"现象必须加以遏制。合同违法行为不仅破坏市场公平，还会挤压守法经营者的生存空间。与2010年施行的《合同违法行为监督处理办法》相比，此次修订的《管理办法》的处罚力度上限由原来的3万元提高到10万元，并规定作出行政处罚决定后，依法向社会公示，有效提升了对违法行为的威慑力。此举意在提高失信商家的违法成本，给守信商家以正向激励，促进市场良性竞争，有效维护公平竞争的市场秩序。

市场运行中，合同十分重要。合同公平，买卖双方才能公平合理地履行权利义务，商品要素资源流动才会顺畅。近年来，市场监管部门制定了一大批权利义务对等、内容完整、条款齐备、符合交易习惯的合同示范文本，涵盖房屋买卖、农村土地流转、旅游消费、养老服务等重点领域。针对特定行业或者领域制定和推广合同示范文本，能为交易双方在订立合同时提供参考，有效引导规范合同行为，提升社会合同法律意识。

小小合同，连接着大消费、大市场。以更高维度观察，加强合同行政监管执法，以合同公平增进交易公平，有助于打通制约经济循环的关键堵点，促进商品要素资源在更大范围内畅通流动，进而推动我国加快建设高效规范、公平竞争、充分开放的全国统一大市场。从每一项合同抓起，为高质量发展保驾护航，中国大市场将更具活力与魅力。

资料来源　林丽鹂. 以合同公平增进交易公平（人民时评）[EB/OL].［2023-06-27］. http://cpc.people.com.cn/n1/2023/0627/c64387-40021771.html.（作者有删改）

第三节　政府解决信息不对称的必要性和方法

一、政府解决信息不对称问题的必要性

市场本身不能有效地解决信息不对称问题，是否就一定需要政府来解决呢？回答这个问题我们还必须说明市场与政府以外的力量——第三种力量的作用。第三种力量包括行业协会以及其他多种民间组织与民间的公共协议等。第三种力量对于解决信息不对称问题有着积极作用。例如，行业协会可以通过质量认证、行业标准和监管行为来提高产品质量和消费者对产品的识别能力；宗教组织和民间消费者团体可以对抗卖方欺诈行为，保护消费者权益；企业之间达成的公共协议，如价格协议等，也可以约束企业的行为，减少信息不对称带来的不确定性。然而，第三种力量的作用是有限的。它们缺乏强制力和权威性，主要依赖约束对象的自律和合作。如果约束对象不自律，第三种力量的效果将受到限制。此外，第三种力量的范围和影响力也有限，无法覆盖所有行业和市场。经济现实也充分地反映了第三种力量作用的根本局限性。既然第三种力量没有能力弥补市场力量的不足，那就需要政府干预。

信息不对称会产生一系列不利的经济后果，这些经济后果说明不能无视信息不

对称问题。政府具有促进经济发展、维护社会安定、促进公平交易和公平竞争、促进经济效率提高的责任，不解决信息不对称问题，政府就很难履行好这些职责，因此政府也有必要进行干预。

同时，政府拥有市场力量和第三种力量所不具有的公共权力，拥有它们所不具有的权威性和强制力。虽然政府不是万能的，但由于其所具有的这一优势，将其作为解决信息不对称问题的最后依靠力量是必要的，也是有可能的。所以，政府必须尽其所能解决信息不对称问题。

二、政府解决信息不对称问题的方法

（一）政府通过立法强制卖方向买方提供充分而真实的信息

由于在市场交易中，卖方为获取更多的经济利益，会隐藏信息或故意向买方提供虚假的信息，如故意隐瞒产品的缺陷、夸大产品的优点等，政府可以通过立法强制卖方向买方提供真实的信息。此外，为增加产品的销售，卖方会不向买方提供买方所需要的信息，政府可以通过立法强制卖方向买方提供更多的信息。政府可以根据不同产品的特点，从买方利益出发，详列卖方必须向买方提供的信息内容。这样可使买方获取真实的、尽可能多的信息，从而有利于做出合理的购买或消费决策。例如，对于药品生产商，政府可强令其提供药品配方、生产日期、药品有效期、适用范围、禁用范围、使用方法等方面的真实的、尽可能多的信息，以此使药品的消费者获得尽可能多的、真实的信息，从而使其能够做出合理的决策。

就我国经济现实来看，近些年来政府在这方面做了许多工作，但还存在很多问题：①政府尚没有就许多产品明确地确定生产者应该提供信息的范围；②有些产品，政府虽然已经明确了信息供应范围，但所确定的信息供应范围过窄，远不能保护消费者的利益；③现有的信息供应法规并没有得到全面落实，许多生产者根本不按法规的要求向买方提供信息，而政府也并没有进行有效的治理；④对于某些产品的信息供应责任和范围缺乏明确的、具体的规定，从而使得相关产品的生产者规避法规，打"擦边球"。这些问题的存在说明，政府在这方面的工作才刚刚起步，应该快速推进这方面的工作。

专栏 6-3

"处方外配"有利于打破以药养医

2018年3月，广东省食品药品监督管理局宣布实施《药品零售企业分级分类的管理办法（试行）》。《办法》规定，按经营范围和风险将药店分为三大类以及四个监管等级。药店分级分类管理实施后，一类店只允许经营非处方药；二类店可经营处方药，但不允许经营中药饮片；三类店则可以销售非处方药、处方药、中药饮片等所有可在药品零售企业销售的药品，即仅二三类药店具备出售处方药资格。而在监管方面，零售药店将按照风险程度，从小到大依次分为A级、B级、C级和D级，方便食药监局日常监管及检查。

广东省实施零售药店分级分类管理，一方面可以看出药监部门整治滥用处方药的决心，另一方面，也可以看作是为最终的医院处方外配提前做准备。

随着我国医改逐步走向深入，医药分家，取消以药养医已成大势所趋，而取消药品加成，医疗机构处方外配，则成为药品零售行业当下最为关注的话题。在"重大利好"不断的情况下，长期处于过度竞争状态，利润率不断下滑的零售药店似乎又看到了新的机遇，药店的经营者们个个摩拳擦掌，准备迎接医院处方的"汹涌来袭"。

但天上从来不会白白掉馅饼，医院处方外配依然困难重重：一方面，医院不会轻易主动放弃这块肥肉；另一方面，患者尚未养成凭医院处方到药店购药的习惯；再有就是零售药店的药品种类和品质未必可以完全满足患者的需求。同时，零售药店在承接"处方外配"的时候也面临着诸多问题，包括：医院、医保、药店之间的信息不对称，缺乏一个共享的处方信息平台；医保统筹账户对零售药店没有开放；参保人员在医保药店享受不到与和基层医疗机构同等的医保报销政策等。

因此，应尽快实现医疗、医保和零售药店之间三方联动，并由相关部门牵头，搭建一个能够溯源的共享信息平台。这一方面可以避免出现大处方的问题，保障处方的安全和防止造假，减少处方药滥用的发生；另一方面，也可实现医保统筹账户对零售药店开放，让参保人员在医保药店也能享受到和基层医疗机构同等的医保报销政策。此外，还要保障患者拥有充分的自主选择权，防止医院处方流到自建的"院外药房"或跟医院"有关系"的零售药店。

医院处方外配阻力重重，其最主要的原因是医院获取利益的关系模式和体制还没有从根本上改变。目前，广东没有落地实施三方信息共享是因为其中的相关利益体制及运作问题没有解决，如何让医院、药店、主管部门、患者及医保局这几个部分都能够受益成为关键。

资料来源 欧旭江."处方外配"有利于打破以药养医 [EB/OL]. [2018-05-10]. http: // health.people.com.cn/n1/2018/0510/c14739-29976793.html.

（二）政府对信息优势方进行不公平交易和不公平竞争实行严格的管制

政府强令交易者向对方提供真实的、尽可能多的信息是实现公平交易和公平竞争的重要条件，政府应加强这方面的工作，不过任何法规都不可能没有遗漏，更重要的是如果有人不遵守法规而得不到应有的惩罚，那就表明利用信息优势进行不公平交易和不公平竞争是有利可图的。因此要解决信息不对称问题，仅有立法的威慑和强制作用是不够的。政府对于利用信息优势进行欺诈等各种不公平交易和不公平竞争行为必须予以足够的处罚。所谓足够的处罚意指行为人不能从不公平交易和不公平竞争行为中得到任何的好处，反会遭受损失。政府的处罚对卖方或买方造成的损失必须足以超过其进行不公平交易与不公平竞争所得的收益，政府的处罚措施中最重要的是经济处罚，同时应并以刑事和行政处罚（在必要条件下）。

我国目前存在的主要问题是对于利用信息优势而进行不公平交易和不公平竞争

的行为缺乏足够的处罚，或者没有任何处罚，或者处罚力度太轻。这些年来，以假充真，以次充优，假货不断，次品泛滥，消费者屡屡受骗受损，以假财产、假担保等欺骗交易对方的事例层出不穷，严重损害了信息弱势方的经济利益，引起经济秩序的混乱，主要原因就在于政府有关部门或对这些事件漠不关心，或处罚力度太轻。例如，对假冒伪劣产品往往只是罚没查到的产品而已，更有甚者，执法部门还将查没的假冒伪劣产品重新投入市场。我们认为，当前一方面要对现行法规进行修改，加大处罚力度，确保对违法行为者进行严厉的处罚，以起到震慑和警示的作用。这样能有效减少不公平交易和不公平竞争行为的发生，并保护消费者的合法权益。另一方面政府有关部门应真正履行其职责，加强执法力度和监管措施，及时发现和处理利用信息优势进行欺诈行为的案件。政府部门应该积极介入，追究责任，确保公平竞争和市场秩序的维护。这样方可最大限度地减少利用信息优势进行不公平交易和不公平竞争的行为，才能够促使形成一个有利于提高生产效率，良货驱逐劣货的制度环境。

专栏 6-4

多地出台"摇号购房"措施　能否实现公平选房？

2018 年 3 月份宣布"摇号购房"的武汉、杭州、西安等城市，开始推出摇号项目。记者梳理发现，截至目前，已经有上海、南京、长沙、成都、武汉、杭州、西安 7 座一二线热点城市陆续公布"摇号购房"通知。

买房为什么要摇号？实施"摇号购房"后效果怎样？能否实现公平选房？记者近日在成都、西安、武汉、长沙等地展开了调查。

库存下降"新市民"进入，热门区域现供应"短缺"

西南财经大学经济学院副教授刘璐分析认为，这些实行"摇号购房"的城市都是人口净流入城市，且当地新房市场都出现了结构性的供不应求局面，特别是热门区域。

2017 年 11 月，成都实施摇号购房。记者走访多个楼盘发现，在成都主城区和城南的热门区域，项目的摇号中签率偏低，部分楼盘比如招商中央华城、中国铁建西派城等楼盘中签率仅为个位数，其中招商中央华城普通房源 416 套，参与摇号人数近 4.4 万人，中签率约为 1%。郊区项目中签率则大很多，30%、50% 左右的项目都有。

"新市民"的增多，是导致住房短期供应紧张的原因之一。2018 年 3 月 30 日晚，西安市下发公证摇号通知。西安市房管局相关负责人介绍，近期西安房地产市场交易比较活跃，部分区域的项目出现了供应短缺的情况。据公安部门数据，今年第一季度，西安市外迁入共计 24 万余人，人口机械增长是 2017 年同期的 11.5 倍。

成都市统计局数据显示，2017 年从省外流入成都的常住人口达到 46.6 万人。

而与此同时，全国去库存"战役"效果明显。易居研究院 4 月 3 日数据显示，截至 2018 年 3 月底，全国百城库存规模相当于 2013 年 3 月的水平，即库存规模回落到了 5 年前水平，其中杭州库存同比上年下滑 48%。从去化周期来看，3 月份 100 个城市新建商品住宅存销比（库存去化周期）为 10.5 个月。

住建部在 2017 年 4 月发文要求去化周期在 12 至 6 个月的城市，要增加供地；6 个月以下的，不仅要显著增加供地，还要加快供地节奏。易居研究院认为，目前大多数一二线热点城市普遍面临新增住宅用地供应不足的局面。

信息不对称，部分区域存在人为制造销售紧张气氛问题

记者调查发现，出台新房"摇号购房"政策的城市，部分区域存在人为制造销售紧张气氛的问题，部分楼盘还存在歧视性售房现象，这也是政府出台公证摇号政策的一个重要原因。

西安市房管局相关负责人介绍，近期西安部分区域存在开发商设置全款优先、捆绑销售、捂盘惜售以及故意营造紧张气氛等现象。部分房地产中介、开发商通过各种渠道发布"只剩最后一套""一天保证售完""房价将涨到三万"等渲染气氛的广告语误导购房者。

2017 年 11 月成都发布"摇号购房"政策前，记者走访多家楼盘发现，部分楼盘不接受贷款，全款的购房者还得托关系，持有首付的刚需购房者买房无门。

有热门项目开发商实际开盘时间未向社会公布便已被"关系户"抢购一空，有的售后房源又被中介机构加价数十万元对外销售。有些项目捆绑搭售车位，挂牌价外收费不少。

此外，据记者调查，一些摇号城市投资购房需求依然旺盛，记者随机访问到多位意向登记者为非首套置业。

2018 年 3 月 31 日下午，西安市房管局对 42 家在售项目负责人进行了约谈，要求各企业不得故意延缓项目上市时间，不得散布、传播谣言或以房源紧俏、内部预留、后期涨价等方式营造紧张气氛。北京、四川等地陆续出台了重点整治房地产市场销售环节的举措。

销售乱象有所遏制，长效机制建设需加快

成都、长沙等地实施"摇号购房"政策已逾半年，效果如何？记者近期走访市场发现，政策效果开始显现，乱加价、托关系买房等市场乱象有所遏制。

在成都工作的大学生吴萧萧 2017 年看上 3 个楼盘都没有买到。"有一个就没通知开盘，还有两个不是要找关系就是要全款。"吴萧萧无奈地告诉记者。摇号政策出台后，他选择了 3 个楼盘去摇号，终于摇中了。

"摇号购房在规范新房市场的同时，能最大限度确保购房者公平买房。"刘璐表示，多个城市的摇号细则明确，全款支付的购房者不得被特殊对待，开发商不得设置捆绑销售、挂牌价外收费等不利于购房人的登记条件。

为了保证"刚需优先"，2018 年 3 月份，武汉、成都、长沙陆续推出城市摇号购房的"升级版"，筛选出刚需个人（家庭）进行优先摇号，增加中签概率。

2018 年 3 月 28 日起，长沙实行"限房价、竞地价"政策的商品住房项目、144

平方米以下的普通商品住房为首套刚需群体开辟购房"绿色通道",优先摇号。

西安交通大学房地产研究所所长杨东朗认为,人才落户政策叠加投资需求,导致热点城市、热点区域商品房供应不足、结构失衡,建议加快项目预售证审批速度,同时增加住宅用地供应。专家指出,从长远看,应加快建立楼市调控长效机制,满足多层次的住房需求。

资料来源 张超,李倩薇,刘良恒. 多地出台"摇号购房"措施 能否实现公平选房?[EB/OL]. [2018-04-17]. http://house.people.com.cn/n1/2018/0417/c164220-29930315.html.

(三)制定和实施经济合同法

政府制定和实施经济合同法的作用在于使市场交易双方所订立的经济合同能得到履行,减少或杜绝合同订立中的逆向选择问题,保障交易双方责任的履行和权利的实现。交易双方自行订立的经济合同需要有一个公正的外部强制力作为保障,唯有如此,合同对交易双方,特别是对责任方才具有真正的约束力。政府的角色就是作为这种公正的外部强制力,通过政府的力量,使经济合同能够充分发挥其解决信息不对称问题的作用,而对于合同中的欺诈和不公平问题则可由上述第二种办法解决。

现实中,合同人主观违约屡见不鲜,原因在于违约人不会因为违约而受到足够的处罚,违约属理性决策。目前我国存在的主要问题是:①经济合同法本身不完善,对违约者的处罚力度轻;②部分政府执法部门有法不依、违法不究,甚至有些执法人员执法不公,贪赃枉法。因此,要保障经济合同的当事人(主要是信息弱势方的权益),必须改变现状,强化政府这一外部强制力的作用。作为政府来说,一是要完善经济合同法,加大对违约者的处罚力度;二是要严格执法,以法律之剑促使合同人守约。

(四)对市场交易主体的交易资格进行审查

这是一种预防性措施,采取这项措施的目的在于通过对市场交易主体的资格审查,将不合格的交易者清除出市场,即"净化"市场,从而减少市场上出现欺诈等不公平交易和不公平竞争行为的可能性。政府实施这项措施的具体内容包括两个方面:①规定市场交易主体从事市场交易的资格标准,任何经济主体要进入市场交易,就必须达到政府所规定的标准,从而可以将不符合标准的交易者排除在市场之外;②对已进入市场交易的主体定期或不定期地进行审查,从而使已进入市场交易的主体必须始终遵循政府所规定的标准,一旦达不到政府规定的标准,政府就将取消其从事市场交易的资格,将其清除出市场。政府对交易主体进行资格审查将可大大减少利用信息优势来欺骗交易者或以不正当手段排斥竞争者而获利的市场交易主体的数量。

(五)政府搜寻和向市场提供某些方面的信息

许多信息是交易双方进行决策都需要的,但交易双方所拥有的信息量并不相同,从而造成交易地位的不平等,如宏观经济信息。这些信息可以也应该由政府提供。政府可以建立信息搜寻的专门体系,广泛搜集这类信息并及时向社会发布。在现代经济中，政府已经是市场的重要供应主体和需求主体，对于政府的供应与需求的结构、数量等应该向社会发布，以免造成交易者在这方面的信息不对称。由政府供应具有公共物品性质和非公共物品性质的信息可以直接改变市场上交易主体信息不对称的问题。虽然政府所能提供的信息量有限，更多的信息只能由市场供应，但政府在提供宏观经济信息及有关政府经济活动的信息中具有市场所不可替代的作用。

政府在解决信息不对称问题方面可以采取一系列措施，包括增加市场信息供应、规范市场交易主体等。这些措施可以最大限度地减轻信息不对称所带来的经济后果，提高经济资源配置效率。然而，我们不能过分依赖政府的干预来完全解决信息不对称问题，因为政府的能力也是有限的。政府的干预应该被视为市场作用的补充，为市场提供必要的条件，并在市场无法解决的问题上发挥作用。重要的是要意识到政府干预和市场作用应该分工合作。市场本身具备一定的力量，但在解决信息不对称问题时可能存在局限。政府的干预可以弥补这些局限，提供更多的信息供应和规范市场行为的框架。同时，鼓励第三方力量积极参与解决信息不对称问题也是重要的。因此，解决信息不对称问题需要市场本身的力量、政府的干预以及其他相关方的积极参与。这种分工合作有助于最大限度地提高经济资源配置效率，并减轻信息不对称所带来的负面影响。

二十大专栏6-1

构建新发展格局如何降低信息不对称

党的二十大报告提出，"必须完整、准确、全面贯彻新发展理念，坚持社会主义市场经济改革方向，坚持高水平对外开放，加快构建以国内大循环为主体、国内国际双循环相互促进的新发展格局"，特别地，"要坚持以推动高质量发展为主题，把实施扩大内需战略同深化供给侧结构性改革有机结合起来，增强国内大循环内生动力和可靠性，提升国际循环质量和水平，加快建设现代化经济体系，着力提高全要素生产率，着力提升产业链供应链韧性和安全水平，着力推进城乡融合和区域协调发展，推动经济实现质的有效提升和量的合理增长"。这为系统地降低中国特色社会主义市场经济中的信息不对称提供了方法论。

在构建新发展格局中，降低市场经济中的信息不对称可以从以下几个方面进行。在构建高水平社会主义市场经济体制方面，通过完善市场监管机制，加强信息公开和透明度，可以有效降低市场中的信息不对称。例如，政府可以通过发布政策信息，提供市场数据等方式，帮助市场主体更好地理解市场状况和政策导向。在建设现代化产业体系方面，通过推动产业升级，提高产业链的信息化水平，可以提高信息的流通效率，降低信息不对称。例如，企业可以通过引入先进的信息技术，如大数据、云计算等，提高信息处理和分析能力，提高市场反应速度。在全面推进乡村振兴方面，通过提升农村的信息化水平，可以有效缩小城乡信息差距，降低信息不对称。例如，可以通过建设农村宽带网络，提供农业信息服务，帮助农民获取市场信息，提高农产品的市场竞争力。在促进区域协调发展方面，通过加强区域间的信息交流和合作，可以有效降低区域间的信息不对称。例如，可以通过建设区域信息共享平台，促进区域间的信息资源共享。在推进高水平对外开放方面，通过加强国际信息交流，可以有效降低国内外市场的信息不对称。例如，可以通过参与国际贸易和投资活动，获取国际市场信息，提高我国企业的国际竞争力。

围绕以上各维度，可以进一步深化展开。以构建高水平社会主义市场经济体制为例，建设全国统一大市场对解决信息不对称有着重要意义。统一大市场的建设可以通过以下方式促进信息不对称的解决：一是提高信息的透明度和可获取性，在统一的大市场中，信息的流通更为便捷，消费者和供应商可以更容易地获取到市场信息，从而减少信息不对称的情况；二是增强市场竞争，统一大市场的建设通常会引入更多的竞争者，竞争可以促使企业提供更全面、更准确的信息，以吸引消费者，这也有助于解决信息不对称的问题；三是规范市场行为，统一大市场的建设通常伴随着更严格的市场监管，这可以防止企业隐瞒信息或提供误导性信息，从而减少信息不对称；四是利用技术手段，例如，可以通过建立信息平台，利用大数据和人工智能等技术手段，提高信息的透明度和可获取性，从而减少信息不对称。

◆ 关键概念

信息不对称　逆向选择　道德风险　信息传递　信息甄别　信息成本

◆ 复习思考题

1. 简述信息不对称的成因及其表现。
2. 信息不对称产生的危害有哪些？
3. 市场解决信息不对称的方法有哪些？有哪些局限？
4. 政府解决信息不对称的方法有哪些？存在哪些局限？
5. 在消除信息不对称的过程中，政府与市场应如何发挥其作用？
6. 信息不对称原理对我们有哪些启示？

思政专栏6-1

创新服务方式，着力解决银企
信息不对称问题

即测即评6

第七章　政府支出理论与政策

⟐**本章学习目标**

　　理解政府支出的概念，了解政府支出的分类、结构及原则；了解发达国家与我国政府支出规模增长趋势；掌握多种分析政府支出增长理论的内容；会分析政府支出的收入效应与替代效应、政府支出的直接效应和间接效应；理解政府支出的主要项目的内容。

⟐**本章知识结构**

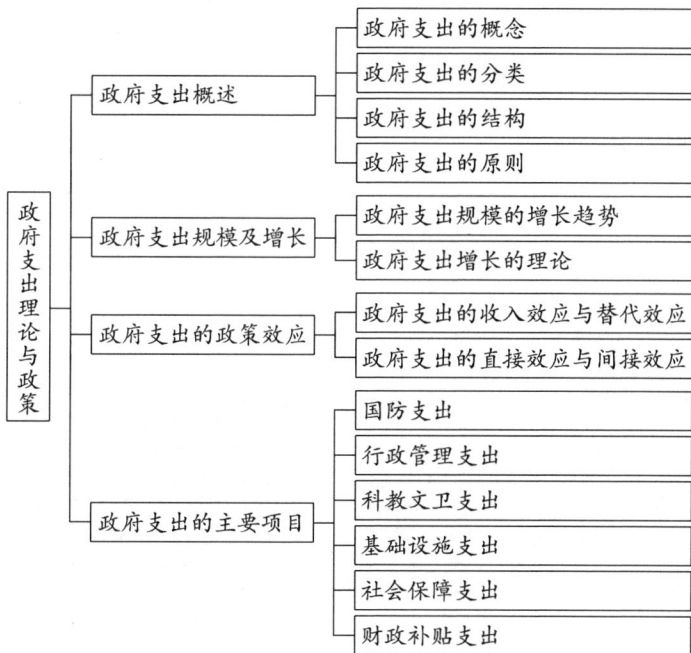

```
                              ┌─ 政府支出的概念
                              ├─ 政府支出的分类
                    政府支出概述 ┤
                              ├─ 政府支出的结构
                              └─ 政府支出的原则
  政
  府                          ┌─ 政府支出规模的增长趋势
  支          政府支出规模及增长 ┤
  出                          └─ 政府支出增长的理论
  理
  论                          ┌─ 政府支出的收入效应与替代效应
  与          政府支出的政策效应 ┤
  政                          └─ 政府支出的直接效应与间接效应
  策
                              ┌─ 国防支出
                              ├─ 行政管理支出
                              ├─ 科教文卫支出
              政府支出的主要项目 ┤
                              ├─ 基础设施支出
                              ├─ 社会保障支出
                              └─ 财政补贴支出
```

　　政府支出是对政府政策选择的反映。20世纪30年代世界性经济危机之后政府对经济干预逐渐增强，政府支出规模迅速膨胀，人们也日益认识到政府支出的重要性。通过政府支出分析，可以就政府是否或在何种程度上对纳税人负责做出更好的判断。政府支出分析的最终目的是改进政府支出管理。

第一节　政府支出概述

一、政府支出的概念

政府支出最先是由政府生产公共物品的支出所引起的，后来又包括了各种符合公众需要的收入转移行为。政府支出反映了一个政府的政策选择。一旦政府决定以多少数量、以什么质量向公众提供公共物品，则政府支出实际上就是执行这些政策所必须付出的成本。所以，政府支出就是政府行为的成本。因此，政府支出被界定为各级政府为履行其必要职能所进行的各项活动的成本，包括提供公共物品和准公共物品，以及为实现收入分配而进行的转移支出。

二、政府支出的分类

政府支出的分类体系因各国的政治体制以及社会经济发展程度的差异而不尽相同。联合国的"方案和实施预算手册"和"国民经济核算体系"提供了政府支出分类的核心内容。按照核算的目的，政府支出可以按其经济性质分类，划分为消费与投资等购买支出和转移支出。按照政府编制预算的目的，支出可以按照经济类型划分，如经常支出、资本支出等；或是按政府职能分类，如一般公共服务、国防、教育、卫生、基础设施开支等；此外，也可以将两种方法结合起来进行分类。政府支出的分类标准及分类见表7-1。

三、政府支出的结构

政府支出的结构按分析问题的不同需要可以做如下区分：按照政府支出的性质划分，按照政府支出的政府层次划分和按照政府支出的功能划分。

（一）按照政府支出的性质划分

按照政府支出的性质来看，可划分为耗尽性政府支出与转移性政府支出。

1.耗尽性政府支出

耗尽性政府支出也叫购买性支出，是政府对经常性商品与劳务的购买以及对资本品与劳务的购买。它由这些商品和劳务的数量与它们的价格相乘来计算。之所以称这类支出为耗尽性政府支出，是因为这类支出反映了公共部门要占用社会经济资源的要求，并由公共部门运用这些资源，这就排除了私人部门运用它们的可能性。因此，在西方国家，这类政府支出是不计入国民生产总值与国民收入之内的。

与耗尽性政府支出有关的一个问题是挤出效应，即由公共部门吸收这些资源，意味着这类政府支出的机会成本是别的部门所放弃的某些产出量。凯恩斯曾指出，只有当经济处于充分就业状态时，才发生挤出效应。然而，近来有人指出，在低于充分就业水平时，政府支出的增加在其他条件都不变时，会引起银行利率的提高；如果再进一步假定私人部门的投资支出对银行利率是有弹性的，则政府支出的增加会通过资本市场的影响排挤私人活动。

表 7-1　政府支出的分类标准及分类

分类标准	项目名称		其他说明
以政府职能为分类标准	一般公共服务开支		在各国政府的预算中，按照政府职能分别列项是通行的做法，这种分类方法可以直观地表明政府支出和政府职能的关系，使得政府职能明确，便于公众监督
	国防开支		
	教育开支		
	健康方面的开支		
	社会保险和福利费用		
	住房建筑和美化环境的开支		
	其他社会服务开支		
	经济服务的费用		
	无法归类的和用于其他用途的开支		
以经济类型为分类标准	经常开支	产品和劳务	政府支出按经济类型分类，对于衡量政府预算对经济的影响、说明政府支出在资源配置上有何作用以及如何发挥作用具有一定意义
		利息支出	
		补贴和其他转移支付	
	资本开支	政府原有固定资产和购置新固定资产开支	
		购买股票等金融资产开支	
		购买土地和无形资产开支	
		资本转移等	
	贷款净额	国内外贷款净额	
以经济性质为分类标准	购买支出	购买各级政府日常行政事务活动所需要的商品和劳务的支出	政府支出按经济性质划分，即按照支出是否能直接得到等价的补偿进行分类，这种分类具有较强的经济意义，可以表明政府支出在哪些方面对经济产生影响
		各级政府用于各种公共投资的支出	
	转移支出	财政补贴支出	
		各种社会保障支出	
		国债的利息支出	

2.转移性政府支出

转移性政府支出是指对养老金、补贴、公债利息、失业救济金等的政府支出。这些政府支出并不反映公共部门占用社会经济资源的要求；相反，转移只是在社会中的个人之间的资源再分配，公共部门只充当一个中介人的作用。

在考察政府支出的增长时，区分以上两个概念是有必要的。这是因为，影响一类政府支出的因素不一定影响另一类政府支出。比如在美国，从20世纪30年代以来，耗尽性政府支出与转移性政府支出都增长，但后者增长得更快，这表明政府财政的分配职能相对扩大了。

（二）按照政府支出的政府层次划分

按照政府支出的政府层次划分，有中央政府的政府支出与地方政府的政府支出。例如，美国政府系统划为联邦、州和地方三级，我们便可相应得出联邦支出、州支出和地方支出三类。中国的政府支出划分为三级：中央支出、省支出以及市县支出。

（三）按照政府支出的功能划分

按照政府支出的功能划分，可将全部支出划分为民用支出与国防支出两大类；也可按基本项目来划分，如中国就有24项。在中国，由于受苏联的影响，对生产性与非生产性的划分非常重视，就有生产性支出与非生产性支出划分之说。

研究政府支出时常用的方法是考察政府支出的弹性和边际倾向。这里的弹性是指政府支出增长对于GDP增长的弹性。这里的边际倾向也是指政府支出增量对GDP增量而言的。以后我们将会看到，不同类别政府支出的不同弹性与不同的边际倾向，将说明政府财政功能的变化。

二十大专栏7-1

新发展格局下的政府经济性支出

党的二十大报告在"加快构建新发展格局，着力推动高质量发展"篇章中将"构建高水平社会主义市场经济体制"列于首位，并重点强调要"健全现代预算制度，优化税制结构，完善财政转移支付体系"。这为新时代新征程新使命下的政府经济性支出指出了新方向。在新发展格局下，政府可以通过合理安排经济性支出来聚焦促进市场经济体制建设、高新技术产业发展、乡村振兴、区域协调发展和高水平对外开放等维度。

在市场经济体制建设维度，政府可以加大对市场经济体制改革的财政支持力度，具体支持范围包括加强法治建设，完善市场监管机制，推动公平竞争，保护知识产权，为市场主体提供良好的发展环境。此外，政府支出还可以加强对市场规则的制定和执行的支持，提高市场的透明度和公正性。在高新技术产业发展维度，政府可以增加对高新技术产业的投入，加大科研经费的支持，鼓励企业增加研发投入，提高技术创新能力。同时，政府可以制定相关政策，提供税收优惠、贷款支持等措施，吸引更多的投资和人才进入高新技术产业领域。在乡村振兴维度，政府可以加大对农村基础设施建设的投入，提高农村公共服务水平，改善农民生活条件。此外，政府还可以推动农业产业化发展，加强农产品加工和流通体系建设，提高农民收入水平。同时，政府可以加强农村土地制度改革，鼓励农民参与农村土地流转，推动农村经济的发展。在区域协调发展维度，政府可以加强区域规划和协调，推动不同地区之间的协同发展。政府可以加大对欠发达地区的扶持力度，提高基础设施建设水平，吸引投资和产业转移。同时，政府可以加强区域间的交流与合作，推动资源要素的优化配置，促进区域经济的协调发展。在高水平对外开放维度，政府可以加大对外贸易的支持力度，推动贸易便利化，降低贸易壁垒，提高进出口的效率。同时，政府可以加强对外投资的引导和管理，鼓励企业参与国际合作与竞争，推动产业国际化发展。此外，政府还可以加强国际合作，积极参与全球经济治理体系的建设和改革。

总之，政府在新发展格局下应该根据实际情况，合理安排经济性支出，促进市场经济体制建设、高新技术产业发展、乡村振兴、区域协调发展和高水平对外开放，推动经济的持续健康发展。这也对现有政府支出安排提出了改革要求。在改革新发展格局下的政府支出方面，可以从健全现代预算制度和完善财政转移支付体系两个角度进行具体改革。

在健全现代预算制度上，政府可以通过健全现代预算制度来提高财政支出的透明度、合理性和效益性。具体措施包括：一是建立绩效评估机制，政府可以引入绩效评估体系，将财政支出与政府目标、政策效果相对应，评估各项支出的绩效，及时调整和优化支出结构。二是加强预算公开和参与，政府可以完善预算公开制度，向社会公开预算信息，增加公众对财政支出的监督和参与，提高预算决策的科学性和民主性。三是强化风险管理，政府可以建立风险管理机制，对财政支出中的风险进行评估和控制，提高财政支出的稳定性和可持续性。

在完善财政转移支付体系维度上，政府可以通过完善财政转移支付体系来促进区域协调发展和资源优化配置。具体措施包括：一是确定合理的转移支付标准，政府可以根据地区经济发展水平、人口负担和基础设施建设等因素，确定合理的转移支付标准，确保资源的合理配置和区域的协调发展。二是加强转移支付资金监管，政府可以加强对转移支付资金的监管，确保资金使用的合规性和效益性，防止资金浪费和滥用。三是推动转移支付方式创新，政府可以探索多样化的转移支付方式，如项目补助、绩效奖励等，鼓励地方政府因地制宜地开展经济发展和民生改善工作。

通过健全现代预算制度和完善财政转移支付体系，政府可以提高财政支出的效益和公平性，促进新发展格局下的经济持续健康发展。同时，这些改革措施还可以提高政府的决策科学性和透明度，增强社会对政府支出的信任和满意度。

四、政府支出的原则

古典经济学奉行避免政府干预的经济思想，主张政府应尽量采取节约支出从而减少税负的财政方针，因而学术界对政府支出原则的讨论，比对税收原则的研究要少。19世纪中叶以后，财政学家们开始注意政府支出的问题：明确了不仅要考虑如何征税，还要考虑如何安排支出，才能保证各类用途的需要获得适当的满足。特别是凯恩斯创建宏观经济学之后，政府支出对经济发展可能产生的影响开始引起各国政府的注意。

政府支出与财政收入是有机的整体，因此，应该加以综合考虑。财政学界由此提出涉及收入和支出两方面的综合性的原则，即效益原则、公平原则和稳定原则：强调对经济资源的最有效配置；强调对社会收入与财富的趋于公平的分配；强调对社会产品供需关系的调节，以使社会经济保持均衡稳定的发展。

（一）政府支出的公平原则

公平原则的基本含义是同等情况同等对待，不同情况不同对待。前者是横向公平，即同等级别之间的公平；后者则是纵向公平，即不同等级之间的公平。这一概念既适用于税收，同样也适用于政府支出。

应该承认，在支出方面运用横向公平原则是正当的。因为这种原则强调对所有人平等的对待，不论其个人特征或社会地位。这意味着在分配财政支出时，政府会尽量确保每个人都能获得公平的待遇，而不会因为其个人特征而受到不公平的对待。但关于纵向公平原则，现代经济思想并不认为其有效。一方面个人的效用是不可测定的，另一方面不同的人之间的效用不能进行比较。这就使纵向公平原则失去了科学基础。

政府支出的公平原则是涉及受益能力的原则。根据这一原则，政府在各类支出中可能会考虑不同程度的受益能力。对于那些可以普遍享受利益的支出，如国防、司法、警察、行政、社会教育和公共卫生等，政府往往无法根据各类居民的受益能力来安排支出。这是因为这些支出的受益范围广泛，对整个社会的稳定和发展都具有重要意义，而无法仅仅根据个体的受益能力来进行分配。政府通常会根据公共利益和国家发展的需要来决定这些支出的规模和分配方式。而对于一些可以直接享受具体利益的支出，如学校教育、个人医疗、社会保险和社会救济等，政府可能更加具体地实行公平原则。在这些支出领域，政府可以根据个人的受益能力来安排相应的资源分配，以确保公平和社会正义的实现。例如，通过税收和福利制度，政府可以根据个人的收入和财富来确定相应的教育和医疗资源的分配方式，以使得资源更加公平地服务于全体居民。

根据受益能力原则，政府在补助支出方面确实可以通过征税和补助来调节社会收入和财富的分配状况，以减少贫富差距，实现再分配的目标。这类支出的目的是使社会获得最大利益，对于收入不超过规定水平的居民，政府可以提供补助以满足他们的基本生活需求。在补助支出中，对收入较低的居民给予更多的补助是符合公平原则的做法。因为对于收入较低的居民来说，补助金对他们的生活产生的效用更大，同时也对整个社会产生更大的效用。因此，符合补助条件的居民都应该得到相应的补助。此外，对于情况相同的居民，应给予同等的补助，而对于情况不同的居民，可以根据其具体情况给予不同等级的补助。这样的差别待遇是为了更好地满足不同居民的需求，确保资源的合理分配。

（二）政府支出的效益原则

由于社会效益是由公私两大部门的各类活动所产生的效益共同构成的，所以，资源配置的关键问题是怎样在公私部门之间配置资源，保证双方都获得合理的供应，既不妨碍私营部门的发展，又能满足公共部门的需要，从而使社会效益最大化。随着政府活动范围的日益扩大，公共部门控制经济资源的规模及其内部各类用途之间进行配置的问题，对于达到社会均衡也具有重要意义。

为了确定是否能够获得最大效益，必须进行成本-效益分析，评估某项支出所消耗的资源与其所产生的效益之间的比例关系，从而决定是否配置该项目以及配置的规模。在进行成本-效益分析时，政府与私人行为准则存在差异。政府更多地考虑社会成本和社会效益。社会成本包括公众所遭受的各种不利影响，如环境污染、公害问题和社会秩序不稳定等；而社会效益则包括整体经济发展、社会进步、公众文化水平和健康水平的提高以及社会秩序的稳定等。

政府支出的社会成本和社会效益既包括外在的成本和效益，也包括内在的成本和效益。外在的成本和效益往往只能进行粗略估计，根据支出对整个社会的利弊得失，决定支出的方向和用途，以实现合理的资源配置。而对于支出的内在成本和效益，应进行具体测算，以选择更符合效益原则的最佳支出方案。

（三）政府支出的稳定原则

作为宏观经济管理手段之一的政府支出，应该把宏观经济稳定目标作为支出的原则，即实现高就业水平、稳定的物价、适度的经济增长和良好的国际收支。

政府支出的总水平对总需求有直接影响，购买支出直接增加总需求，而补助支出则通过间接影响对总需求产生影响。在社会产品供过于求时增加政府支出，在供不应求时减少支出，可以在一定程度上使供求关系保持相对稳定的状态。此外，资源配置也会随着对公共物品和私人物品的偏好而转移。收入分配通过税收和转移支付的变动来稳定总需求。政府可以采取赤字或盈余政策来应对经济的稳定情况。公共服务的数量由支付意愿决定，而居民的偏好则通过投票机制来表达。如果社会对某项服务的需求下降，政府可以调整其行为以满足新的需求。因此，在经济周期低谷时，仅通过增加支出来刺激需求可能并不是最有效的做法。

稳定的政府支出政策是为了应对政策变化的不确定性而提出的。普洛登委员会在20世纪60年代提出的以公共政策为主的建议书倡导了这种务实的政策。该委员会认为，支出水平的变化会削弱成本意识，破坏财务纪律，降低公共服务的效益。从整体来看，短期的支出节约措施很少能够成功，有时甚至是有害的。因此，最好是避免使用这种方法。委员会建议根据与可预期资源相匹配的政府支出总额来制定稳定支出的政策，以促进坚定的决策、明确的标准和清晰的轻重缓急，从而对支出部门产生有利的影响。尽管该委员会极力推动稳定的支出政策，但也承认政府支出的某些变动是不可避免的，只希望这些变动是微小而重要的，并能及时进行调整。

专栏 7-1

"十四五"时期我国财政支出结构的优化调整方向

财政支出结构面临的主要问题

财政收支平衡压力加大。近些年，我国持续实施大力度减税降费，加之经济增速放缓，财政收入增速受到较大影响，但财政支出具有较强刚性，而且在经济增速放缓时期更需要发挥宏观政策的逆周期调节作用，使得财政收支矛盾进一步加剧，影响财政可持续性。

地方政府承担过多财政事权和支出责任。近年来，地方财政支出占比一直处于略高于85%的历史高位，在承担地方政府应有责任的同时，很多中央政府的事权也下达给地方政府，中央政府下拨的资金还要求地方配套，地方财政支出压力较大，财力与事权不匹配问题十分严重。

经济事务占比依然较高。与OECD国家相比，我国经济事务支出占比排名第一，较第二名高出9.5个百分点。将发展阶段因素考虑在内，我国经济事务支出占比仍比处于类似发展阶段的国家高。而且，随着我国基础设施日趋完善，财政投资对经济的拉动作用边际递减，财政投资效率有所下降，资源配置效率有待提高。

社会保障支出的潜在压力较大。2019年，我国65岁以上人口占比已达到12.6%，日本和韩国达到类似阶段时的人均GDP均显著高于我国，我国未富先老现象明显，可以预见，未来一段时期中国也将面临更严重的老龄化问题。同时，我国医疗卫生支出也将面临较大增长压力。

优化调整财政支出结构的政策建议

"十四五"时期要充分认识到财政支出结构调整所取得的成效，进一步优化财政支出结构，提高财政支出效率，为实现建立现代化财税体制的目标加快推进各项改革。

稳定财政支出与国内生产总值的相对比例。当前我国应该控制财政支出规模扩张速度，适应减税降费等带来财政收入增速放缓的情况，继续保持当前财政支出占国内生产总值比例趋稳的势头，将财政支出规模控制在合理范围，为长期可持续发展留有空间。

优化中央与地方的财政事权和支出责任划分。继续推进更多财政支出领域改革，形成中央与地方以及省以下财政事权和支出责任划分的清晰框架。适时制定修订相关法律、行政法规，研究起草政府间财政关系法。按事权优先原则，进一步调整优化税收划分和转移支付制度，确保各级政府尤其是省以下政府财力与事权相匹配，提高法治化和规范化程度，为基层政府提供有效的财力保障。

进一步减少对经济的直接干预。减少直接参与经济建设和财政补贴，降低对经济运行的干预，促进市场公平竞争，使市场在资源配置中起决定性作用和更好发挥政府作用。将节约的资金更多地用于提供公共服务，推动公共服务均等化，发挥好公共财政的职能。

针对社会保障支出的潜在压力做好应对预案。逐步推迟退休年龄，与我国人口平均预期寿命相比，逐步推迟至65岁退休比较适宜。在降低社保缴费率的同时，要做好相关缴费工作，切实履行参保人的缴费义务。根据人口结构和收入水平，做好养老保险精算工作，合理确定养老金待遇水平及其增长率。

资料来源 陈昌盛，李承健."十四五"时期我国财政支出结构的优化调整方向［EB/OL］.［2020-09-18］. https://www.xuexi.cn/lgpage/detail/index.html? id=7277809031593229823& item_id=7277809031593229823.

第二节 政府支出规模及增长

衡量政府支出规模的指标有两个：一个是政府支出的总额，即政府支出绝对量指标；另一个是政府支出占 GDP（或 GNP）的比重，即政府支出的相对量指标。一般来讲，绝对量指标在对一国政府支出变化进行纵向对比时有实际意义，而相对量指标在对一国政府支出与其他国家政府支出进行横向对比及对本国政府支出变化进行纵向比较时均有参考意义。

一、政府支出规模的增长趋势

（一）经济发达国家政府支出规模增长分析

在早期的资本主义经济中，政府支出数量及占 GDP（或 GNP）的比重是比较小的，那时，资本主义国家奉行经济自由主张，采取放任政策，对私人生活和私营企业的经营活动不加干预，国家的职能基本上限于所谓"维持社会秩序"和"保卫国家安全"，在经济、文化、社会等方面很少有所作为。随着资本主义基本矛盾的发展和激化，资本主义国家政府为了维持经济发展和克服日益频繁的经济危机，加强了对经济的干预。同时，为了防止社会动荡，不得不为公众提供基本的社会保障，由此导致政府支出日益膨胀。另外，随着 GDP 的增长，筹措政府收入的措施的加强，以及增发公债作为弥补支出的手段成为可能，也从财源方面支持了政府支出的不断增长。尤其从 20 世纪 50 年代开始至 80 年代这个时期，主要发达国家政府支出的绝对量和相对量均大幅度上升（见表 7-2），政府支出占 GDP（或 GNP）的比重上升得很快，主要的工业化国家的上升比例都超过了 20%（见表 7-3）。

表 7-2　　　　　　　　　　**主要发达国家政府支出增长情况**　　　　　金额单位：亿美元

年份	英国		法国		联邦德国		日本	
	支出金额	增长比率（%）	支出金额	增长比率（%）	支出金额	增长比率（%）	支出金额	增长比率（%）
1955	145		119		57		37	
1960	195	34.5	142	19.3	98	71.9	65	75.7
1965	289	48.2	216	52.1	158	61.2	112	72.3
1970	380	31.5	301	39.4	238	50.6	232	107.1
1975	884	132.6	645	114.3	668	180.7	599	158.2
1980	1 568	77.4	1 422	120.5	1 256	88.0	1 401	133.9

资料来源　《国外经济统计资料》编写小组. 国外经济统计资料（1949—1978）[M]. 北京：中国统计出版社，1981；佚名. 世界经济统计简编（1982）[M]. 北京：生活·读书·新知三联书店，1983.

表7-3　　　　　主要的工业化国家政府支出占GDP（或GNP）的比重（%）

年份	法国	联邦德国	日本	瑞典	英国	美国	意大利	荷兰
1880	15	10	11	6	10	8	—	—
1929	19	31	19	8	24	10	—	—
1960	35	32	18	31	32	28	29	31
1973	43.4	40.5	22.1	—	40.7	31.1	37.7	49
1980	45.2	46.2	33.3	—	41.7	32.7	46.5	57.7
1985	52	47	33	65	48	37	—	—

　　自20世纪80年代中后期开始，主要西方国家政府支出的绝对额依然继续增长，但在国民收入中的比重变化不大，有些国家甚至出现略有下降的局面。例如，荷兰1988年政府支出总额为2 843亿荷兰盾，占当年GNP的62.1%，到1992年，支出总额为3 351亿荷兰盾，占当年GNP的59.2%，1997年，支出总额为3 679亿荷兰盾，占当年GNP的53.1%。之所以发生这种变化，主要是因为从20世纪70年代开始，西方国家出现了滞胀现象，社会普遍认为政府支出过快增长是导致这一局面的重要原因之一，各国政府都在尽量控制政府支出的增长，采取了各种节支措施，因而延缓了政府支出的增长速度。

　　（二）发展中国家政府支出规模增长分析

　　发展中国家在经济发展过程中，同样出现了政府支出增长的情况。发展中国家自第二次世界大战结束后，纷纷独立发展自己的经济，为了能够早日赶上发达国家，解决本国贫困问题，政府大量参与经济方面的建设，从而使政府的支出规模迅速扩张。特别是20世纪80年代以来，这种支出增长的态势更加明显（见表7-4）。

表7-4　　　　　发展中国家政府支出占GDP（或GNP）的比重（%）

年份	印度	马来西亚	巴基斯坦	菲律宾	巴西	韩国	新加坡
1979	13.9	22.2	18.6	11.7	17.4	16.7	18.6
1980	13.3	28.5	17.5	12.3	19.0	17.3	19.2
1981	13.1	38.4	19.2	12.7	19.5	16.9	22.7
1982	13.8	36.1	17.1	12.0	20.8	18.6	20.7
1983	13.9	31.2	19.4	11.7	20.9	16.7	22.0
1984	15.2	27.6	19.7	9.8	20.3	16.4	26.3
1985	16.4	29.6	19.8	10.5	24.9	16.5	27.2
1986	17.7	34.6	23.3	13.1	27.5	16.0	28.9
1987	18.0	30.0	22.3	15.3	24.1	15.6	34.5
1988	17.9	27.1	21.2	15.6	29.5	15.2	23.1

　　尽管发展中国家的政府支出规模无论从绝对数量还是从相对数量来说都在增长，但与发达国家相比，发展中国家的支出增长主要集中在购买性支出方面，特别是公共投资方面，这与发达国家转移性支出增长更快是有所区别的。导致这种不同的原因在于：发达国家的经济发展水平已经很高，政府所关注的问题更侧重于社会的公平问题，而不是效率问题。对大多数发展中国家来说，面临的主要问题是贫穷；如何加快经济增长速度，尽快摆脱贫穷，是发展中国家普遍追求的目标。促进经济高速发展，提高经济效益就成为政府安排支出时首先要考虑的问题，体现的是一种"效率优先，兼顾公平"的支出政策与思想。在这种情况下，政府支出的增长主要体现在能促进经济增长的购买性支出特别是有关公共投资方面的支出，而转移性支出方面的比重则不高。

（三）中国政府支出规模增长分析

　　在计划经济时期，中国实行高度集中的计划管理体制，政府支出占GDP的比重是比较高的。一方面，实行"低工资、高就业"政策，在GDP的初次分配中，个人所占的比重较小，同时，许多个人生活必需品由国家低价乃至无偿供给；另一方面，国有企业的利润乃至折旧基金几乎全部上缴国家，而它们的固定资产和流动资金投资，乃至更新改造投资全都由国家拨付。此时国家扮演的是总厂长和家长的角色，这种角色在GDP分配上的体现，便是实行"统收统支"制度，政府支出占GDP的比重自然就很高。实行经济体制改革之后，打破了高度集中统一的计划管理体制，国家开始向国有企业放权让利并逐步提高人民群众的收入水平，政府收入、企业收入和居民个人收入在GDP中的分配比例发生明显变化，表现为政府收入的比重降低，企业收入和个人收入的比重上升。与此相对应，一些政府支出项目就在政府支出账上或多或少有所减少，有的甚至消失了，政府支出占GDP的比重出现了下降的趋势。尤其是政府支出规模受到了政府收入规模的强有力约束——在政府收入占GDP比重不断下降且很低的情况下，政府支出规模及占GDP的比重必然会受到很大制约。自实行改革以来，中国政府支出绝对额虽逐年增长，但政府支出占GDP的比重，从1978—1995年均呈现下降态势。自2005年以来，在积极财政政策的导向作用下，政府支出特别是政府投资的力度加大，政府支出的规模有较大增加，政府支出占GDP的比重开始回升，但与其他国家相比，仍处在较低的水平上。

　　中国财政支出规模及占GDP（或GNP）比重的情况见表7-5。

表7-5　　　　　中国财政支出规模及占GDP（或GNP）的比重

年份	财政支出（亿元）	GDP（或GNP）（亿元）	财政支出规模占GDP的比重（％）
1952	176.0	679.0	25.92
1955	269.3	910.0	29.59

年份	财政支出 （亿元）	GDP（或 GNP） （亿元）	财政支出规模占 GDP 的比重（%）
1960	654.1	1 457.0	44.89
1970	649.4	2 252.7	28.82
1978	1 122.1	3 624.1	30.96
1980	1 228.8	4 517.8	27.2
1985	2 204.3	8 964.4	24.59
1990	3 083.6	18 547.9	16.63
1995	6 823.7	58 478.1	11.67
2000	15 886.5	100 280.1	15.84
2005	33 930.3	187 318.9	18.11
2006	40 422.7	219 438.5	18.42
2007	49 781.4	270 232.3	18.42
2008	62 592.7	319 515.5	19.59
2009	76 299.9	349 081.4	21.86
2010	89 874.2	413 030.3	21.76
2011	109 247.8	489 300.6	22.33
2012	125 953.0	540 367.4	23.31
2013	140 212.1	595 244.4	23.56
2014	151 785.6	643 974.0	23.57
2015	175 877.8	689 052.1	25.52
2016	187 755.2	743 585.5	25.25
2017	203 085.5	832 035.9	24.41
2018	220 904.1	919 281.1	24.03
2019	238 858.4	986 515.2	24.21
2020	245 679.0	1 013 567.0	24.24
2021	245 673.0	1 149 237.0	21.38
2022	260 552.1	1 210 207.2	21.53

二、政府支出增长的理论

对于政府支出规模不断增长的趋势，许多经济学家从理论上进行了分析研究，主要的研究成果有以下几种理论。

（一）瓦格纳法则

19世纪德国经济学家瓦格纳（Adolf Wagner）在对当时许多欧洲国家以及美国、日本的公共部门增长情况进行了分析之后指出，现代工业的发展会引起社会进步的要求，社会进步必然导致国家活动的增长。他认为，随着国民收入增长和人均收入水平提高，政府的职能从内涵到外延也在不断扩大，政府支出占GNP的比重将会提高，这就是政府支出的相对增长，这一理论观点被归纳为瓦格纳法则。瓦格纳从政治因素和经济因素两个方面解释了财政支出增长趋势。从政治因素看，由于国家职能的扩展或国家活动范围的扩大，政府职能的内在质量在逐步提高，使得财政支出必然呈现出扩大的趋势。从经济因素看，随着经济的发展和工业化的实现，扩大的市场与市场中的当事人之间的关系日趋复杂，这种复杂性的增加会导致商法及经济合同的出现，从而要求建立有关的司法和行政制度，这就必然导致财政支出的增长。另外，城市化进程及人口密集现象开始出现，将会产生产品和劳务的外溢性问题，解决这种外部效应问题必须由政府进行管理与调节，从而要求政府支出扩大。此外，瓦格纳把对于教育、娱乐、文化、保健与福利等公共支出的增长归因于需求的收入弹性，即随着实际收入的上升，这些项目支出的增长将会快于国民收入的增长。

瓦格纳把政府看作一种经济组织，主张政府为完成其职能必须具有直接获得财力物力的手段，认为政府支出具有生产性。这种观点，为政府支出不断扩张的事实和发展趋势，一方面提供了理论解释，另一方面也提供了理论依据。瓦格纳学说的支持者进一步发展了政府职能和政府支出不断增长的理论，认为政府支出增长快于经济增长主要是由以下原因造成的：①政府消费随国家机器增大而增加，政府对经济的干预随经济发展而逐渐强化，其结果是政府的经济管理职能得到大大强化，政府管理机构增加，管理人员增多，因此管理方面的支出也必然增加。②人口的增加要求社会现代化和城市化所需要的公共设施和公共福利总量不断扩大，这对公共物品需求结构变化和公共物品需求总量具有推动作用。③生活水平的提高要求人均支出标准有所提高，成为政府支出不断增长的又一重要因素。④社会的发展和社会福利水平的提高，对政府转移支付提出了更高的要求，由此也会增加政府支出水平。

（二）国家干预理论

国家干预理论的杰出代表是凯恩斯。凯恩斯（Keynes）在其著名的《就业、利息和货币通论》中，全面地论述了其经济理论和政策主张，认为"萨伊定律"并不成立，供给不能自动创造需求，经济也不能自动地达到均衡；在边际消费倾向一般比较稳定的情况下，人们总是把所增加收入的大部分用于储蓄，而不是消费，这使得有效需求经常表现为不足，社会总供给和社会总需求难以自动实现均衡。所以，为了解决有效需求不足的问题，凯恩斯主张放弃经济自由主义，代之以国家干预的方针和政策。国家干预的最直接的表现，就是实现赤字财政政策，增加政府支出，以公共投资的增量来弥补私人投资的不足。增加公共投资和公共消费支出，实现扩张性的财政政策，这是国家干预经济的有效方法。由此而产生的财政赤字不仅无害，而且有助于把经济运行中的"漏出"或"呆滞"的财富重新用于生产和消费，从而可以实现供求关系的平衡，促进经济增长。

凯恩斯认为，政府通过扩大支出，包括公共消费和公共投资，可以改善有效需求不足的状况，从而减少失业，促进经济的稳定和增长。政府支出具有一种大于原始支出数额的连锁效应，一笔政府支出可以取得几倍于原始支出额的收入水平。这种现象被称为"乘数效应"。为了达到增加国民收入、促进经济增长的目的，政府实行扩张性的财政政策，就一定会不断扩大政府支出规模。

（三）非均衡增长理论

非均衡增长理论是由英国经济学家皮科克（Peacock）和怀斯曼（Wiseman）于20世纪60年代在对英国从1900—1955年间的公共部门成长情况进行研究之后提出的。这一理论认为，政府支出的增长并不是均衡、同一速度向前发展的，而是在不断稳定增长的过程中不时出现的一种跳跃式的发展过程。所以有人又将这一理论称为"梯度渐进增长理论"。这种理论的分析是建立在一种假设前提下的：政府喜欢多花钱，公民不愿意多缴税，因此，当政府在决定支出规模时，应当密切注意公民关于赋税承受能力的反应，公民所容忍的税收水平是政府公共支出的约束条件。在正常时期，经济发展、收入水平上升，以不变的税率所征得的税收也会上升，于是，政府支出上升与国民收入上升呈线性关系，但政府支出的相对规模不会有大的变化，这是内在因素作用的结果。但当社会出现激变时，如战争、经济危机发生时，这种渐进式的增长过程会被打破，政府会被迫提高税率，以增税来满足政府支出增长的需要，而公民在危急时期也会容忍比平时更高的税率，这就产生了"替代效应"，即政府支出替代了私人支出，政府支出的比重增加。在社会动荡结束之后，政府支出并不会退回到原先的水平，原因是：由于社会动荡造成的后果还需要政府去处理，某些如重建、抚恤、救助、公债的还本付息等事务仍需要大量的开支。

（四）经济发展的政府支出增长理论

经济发展的政府支出增长理论由美国经济学家马斯格雷夫（R.A.Musgrave）和罗斯托（W.W.Rostow）提出。他们用经济发展阶段论来解释政府支出增长的原因。他们认为，在经济发展的早期阶段，政府投资在社会总投资中占有较高的比重。这是因为这一时期各种基础设施十分落后，政府要为经济发展提供社会基础设施，如交通、通信、水利、环境卫生系统、法律与秩序、健康与教育以及其他用于人力资本的投资等。这些投资对于处于经济与社会发展早期阶段的国家开始"起飞"，以致进入发展的中期阶段是必不可少的。因此，在这一阶段政府支出中用于公共投资部分的比重很大，增长速度也很快，由此也造成政府支出总量大大增加。经济由起飞阶段进入中期阶段之后，私人产业部门已经发展起来，资本存量不断扩张，那些需由政府提供的具有较大外部经济效益的基础设施已经建成，对它们需求的增加也逐渐变缓了。此时私人资本积累开始上升，政府公共性投资虽然仍继续进行，但只是对私人投资的补充。这一时期人们在满足基本生存需要的同时，开始关注其他方面的需要，对政府所提供的公共性消费支出的需求扩大了，相应地，政府用于教育、卫生和安全等方面的消费性支出，以及用于解决收入分配问题的转移性支出开始增加。显然，为了满足经济达到一定发展程度后对社会基础设施硬件和环境、生态、收入公平分配等软件的要求，政府支出不仅不会下降，而且有进一步增加的要求。当经济进入成熟阶段后，政府公共性投资支出又呈增长势头，此时人均收入水平有了很大提高，对生活质量提出了更高的要求，如汽车的普及需要更完善的交通设施等，这些都需要政府参与进行。这一时期公共性投资的特点表现为一种对私人消费品的补偿性公共投资。但从总体而言，公共性投资占GDP的比重会趋于下降。罗斯托认为，一旦经济达到成熟阶段，政府支出将从基础设施支出转向不断增加的对教育、保健与福利服务的支出，且这方面的支出增长将大大超过其他方面支出的增长，也会快于GDP的增长速度。

（五）多因素影响说

福利经济学派认为，影响政府支出的因素有多种，其中主要的是：①社会需求变化的影响。对公共物品需求的变化情况，是影响政府支出的最基本的因素。事实上，如果没有对公共物品的需求，也就不会有政府支出。一般地讲，随着社会的进步和经济的发展，公众对公共物品提供具有量上增加和质上提高的要求。例如，公众在解决了温饱问题以后，就会对教育、医疗卫生等公共物品提出更高的要求，这就需要政府支出的增加。②公共物品生产组织的影响。公共物品的现实提供必须经过生产环节，而公共物品的生产效率及其组织状况，就直接关系到公共物品的生产成本，从而影响公共物品的提供成本和提供能力。这里所指的公共物品生产组织是一个广义的概念，它应当包括生产该公共物品的资源消耗及其生产过程的组织和管理，以及生产的技术能力等。从公共物品的生产组织看，为保持公共服务水平，政府就要在不断变化的环境下，组织资源或调整资源配置；从公共物品的生产和提供能力看，政府保质保量地提供公共物品并不是一件容易的事情，更多更好的公共物品需要更高的生产成本才能提供出来，比如高素质的公务员和优质的行政服务。③公共物品质量的影响。公共物品的质量并不是一个简单的个体质量问题，实际上，它既有个体质量又有相对质量和整体质量。个体质量如国家公务员的自身素质；相对质量或整体质量是指对公共物品匹配造成的效率上的差异。无可争辩的是，管理工作中纸加笔的手工作业与使用电脑、复印机等现代办公手段所产生的效率差异是显而易见的。可是，提供高质量的公共物品和完善的公共服务是以增加政府支出作为物质保证的，政府所提供的公共物品质量较好或更好时，其所花费的代价就必然更高。④公共物品生产投入的价格。公共物品生产和提供过程中需要投入物质资料和劳动力，这些投入的物质资料和劳动力价格都会影响政府支出水平。现实情况是，物质资料和劳动力的价格随着时间的推移呈现出逐渐提高的趋势，而且公共部门的生产率一般又低于私人部门的生产率，若想提供出更多更好的公共物品，就必须付出更多的政府支出才行。⑤人口的影响。国家机构的设置、人员的安排、管理能力的范围、国家防卫、警察和消防，以及医疗卫生、教育提供和各种社会保障支出无不与人口数量产生直接的联系。虽然，纯粹的公共物品对享受人数来说其边际成本为零，但大多数公共物品的受益范围是非常有限的。在一定的公共物品规模下，人口增加必然带来"拥挤效应"，人均享有的公共物品和福利标准下降，这就会产生对增加公共物品提供的要求；并且，"拥挤效应"导致了"拥挤成本"增加。所以，如果要求人均享有的公共物品水平和质量不变，人口增加将导致公共物品提供水平的提高，需要有更大规模的政府支出予以保证。此外，人口结构的变化也影响政府支出，处于不同年龄阶段的人口结构，具有不同的公共需求。例如，和平时期的生育高潮导致在校学生人数的激增，对教育提出了更高的需求；年龄结构的年轻化会对工作岗位和住宅设施提出更多的需求；年龄结构的老龄化则使政府面临严峻的老年人的赡养问题；城市人口的增加，产生对新增市政设施的要求，等等。

除了上述因素外，实际上还有许多其他方面的因素也会影响政府支出的规模，如国土面积、交通便利程度、自然条件、经济基础和政府的管理水平等。因此，多因素影响说的观点为进行政府支出增长及其原因的分析和研究提供了思路。

第三节　政府支出的政策效应

一、政府支出的收入效应与替代效应

政府支出会产生收入效应与替代效应。假如政府给某些贫困家庭补贴，借以改善他们的境遇，但不改变任何商品的价格，这时就会产生政府支出的收入效应。假如政府的某项政府支出导致了价格的下降，那么就有可能产生替代效应。例如，当政府对教育进行补贴时，人们教育的支出便会随着学校收费的下降而减少，从而可以产生节余，并用于其他商品的购买，这样就产生了替代效应。在许多情况下，往往是一项政府支出既有收入效应又有替代效应，并且在这两种效应中，替代效应往往造成低效率。这种情况可以从以下两个例子中看出。

（一）政府免费提供食品的情况

政府免费提供食品的情况如图7-1所示。在图7-1中，纵轴为食品消费量；横轴为其他商品消费量；B_1 和 B_2 为消费者的收入预算线；I_1 和 I_2 为消费者效用的无差异曲线。假如政府向低收入的消费者免费提供食品，那么消费者就可以用节余的钱去购买更多的其他商品，这必然导致预算线由 B_1 移至 B_2。在消费者偏好保持不变的条件下，新的预算线 B_2 将与效用无差异曲线 I_2 相切于 E′点。将 E′

点与 E 点相比较，我们可以看到，由政府免费供应食品所产生的收入效应使消费者的福利水平趋于提高，即消费者的总效用是增加的，这可从 $F_1E'O_1O > F_0EO_0O$ 中看出。

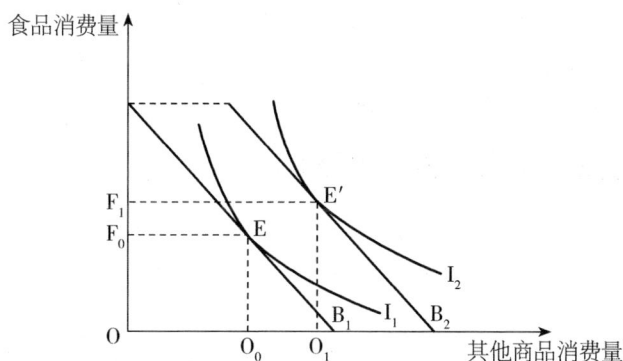

食品消费量

图 7-1　政府免费提供食品的情况

（二）政府提供食品券进行补助的情况

政府提供食品券进行补助的情况如图 7-2 所示。在图 7-2 中，纵轴为食品消费量；横轴为其他商品消费量；I_1 与 I_2 仍为消费者效用的无差异曲线；B_1 为政府进行补贴以前的收入预算线，B_2 为政府免费向低收入者提供食品以后的收入预算线，B_3 为政府向低收入者提供食品券补助后的收入预算线。B_3 与 B_1 相交于横轴，是因为当该消费者将其全部收入用于购买其他商品时，并不能增加其购买数量，造成这一后果的原因在于政府从价格上给予优惠的商品只是食品，即通过食品券进行补助，而不是其他商品。反之，当该消费者将其全部收入用于购买食品时，由于他能得到来自政府的价格优惠，因而其购买量可以大幅增加，这表现为纵轴上 $B_3>B_1$。

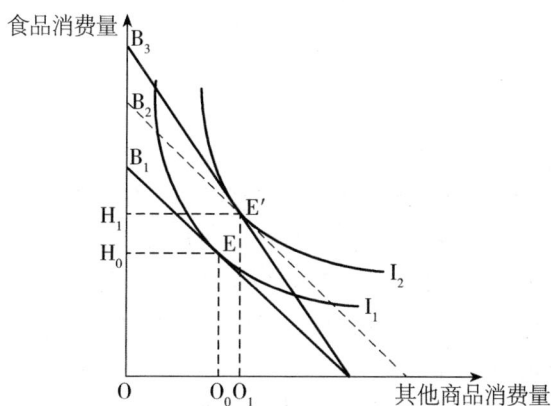

食品消费量

图 7-2　政府提供食品券进行补助的情况

现在让我们来比较分析 E 和 E′这两个均衡点的情况。在消费者偏好不变的情况下，随着政府向低收入消费者提供食品券，该消费者的收入预算线便从 B_1 移至 B_3，并与 I_2 相切于 E′点，从而使得该消费者的总效用增加（$H_1E'O_1O>H_0EO_0O$）。但是在这里会产生两个问题：第一个问题是，在总效用增加的过程中，食品的消费增量要远远大于其他商品的消费增量，这可能会导致由替代效应所引起的资源配置的扭曲。第二个问题是，为了使消费者达到同样的效用水平I_2，替代效应下的政府开支要大于收入效应下的政府开支，这可以通过E'点作一条表示收入效应的B_2线，并将其与B_3线进行比较而得知。从纵轴上看，$(B_3-B_1) > (B_2-B_1)$，这意味着替代效应比收入效应花的钱多，从而产生低效率。

二、政府支出的直接效应与间接效应

政府支出政策的目的之一是了解政府政策如何影响经济，并帮助决策者做出更有效的决策。政府支出政策的直接效应和间接效应是分析政府支出的重要方面。

政府支出的直接效应关注的是公共服务如何改变接受者的经济行为。这包括个人的购买、销售、储蓄、投资和劳动力供给等选择。当政府介入时，这些选择可能会发生变化。例如，政府提供教育补贴可能会鼓励更多人接受教育，从而改变他们的就业选择和未来的收入水平。通过研究直接效应，可以了解政府支出对个体和家庭经济决策的影响。

政府支出的间接效应关注的是政府支出如何改变一群人的行为或者影响其他人。政府政策的间接效应可能会增强或削弱公共措施的效果。供求分析和一般均衡理论是研究间接效应的常用方法。通过这些方法，可以分析政府支出对市场供求关系的影响，以及政策对资源配置、价格水平和就业水平等方面的影响。

现在让我们运用收入-预算这个分析工具来考察一项简单的政府支出政策是怎样发挥作用的。假定政府为了保证穷人的最低生活水平，决定对低收入家庭发放一种食品券，接受人凭券购买食物可以享受优惠价格。这里假定每单位食物的价格从20美元降到13.33美元，即降低原价的1/3，而由政府补贴价差6.67美元。那么，这项政策措施的直接效应、间接效应将是怎样的呢？下面分别进行分析：

（一）直接效应

这种食品券补贴将怎样改变个人的购买选择呢？预算线变更后的个人选择如图7-3所示。由于政府发给食品券，对低收入家庭购买食物进行价格补贴，使食品券接受者购买食物的实际价格降低，因而其预算线也将随之移动。当每单位食物价格为20美元时，其预算线为AB。现在每单位食物价格降为13.33美元，等于食品券接受者增加了其实际收入，因而其预算线改变为AC。于是这个消费者将做出新的选择，AB预算线上的X点不再是他的最佳选择。由于降低了食物价格，为了使其享受的效用最大化，AC预算线上的W点才是他的最佳选择。食物实际价格的降低，使他购买的食物由原来的25个单位（在预算线AB上）增加到30个单位（在预算线AC上）。所以，政府发放食品券这项政策措施，有效地增加了这个消费者的食物购买量，增进了他的福利，提高了他的物质满足水平，具体表现在无差异曲线由U_{50}提高到U_{55}。

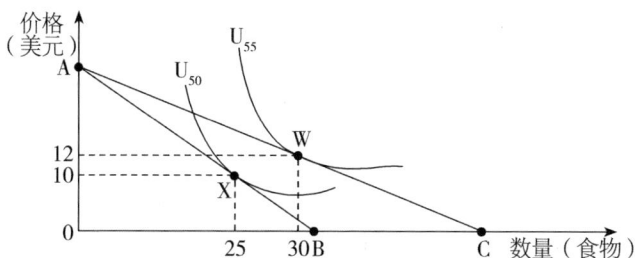

图7-3 预算线变更后的个人选择

注：当食品券补贴降低了食物的购买价格而使预算线改变为AC时，W点才是个人最佳选择。

（二）间接效应

接下来我们来分析发放食品券这项政策措施所产生的间接效应。食品券的间接效应之一如图7-4所示。食品券补贴使低收入家庭能购买更多的食物，增加了对食物的需求量，需求曲线向右上方移动，新的均衡点表示每单位食物的价格由20美元上升到24美元。这种间接效应使食品券计划不能产生最初预期的效力（即每单位食物的价格由原来的20美元降到13.33美元），因为间接效应导致食物单位价格上升到24美元，食品券接受者的实际购买价格则变为17.33美元（24-（20-13.33））。食品券补贴降低了接受者购买食物的价格，但其净效应（即降低的程度）比最初估计的6.67美元小得多，实际上只降低了2.67美元（20-17.33）。

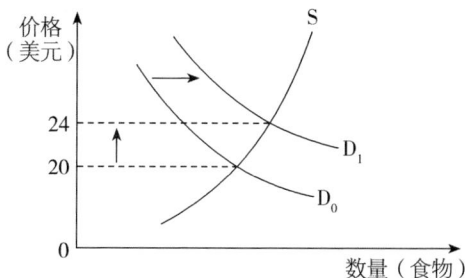

图7-4 食品券的间接效应之一

除了上述的间接效应之外，还有另一种间接效应。食品券的间接效应之二如图7-5所示。食品券补贴不仅降低了食物的实际价格，使接受者能够多买些食物，同时接受者还可以将其收益腾出一部分花费在住房上面，使住房的消费从原来的每月10个单位增加到12个单位，增加的住房需求使市场上的住房价格从原来的每单位50美元提高到55美元。

通过上述分析我们可以得出以下结论：即使像这样简单的食品券计划，其直接效应和间接效应都很明显。图7-3所进行的分析只说明了直接效应使预算线变更后的个人选择，如果同时把间接效应也考虑进去，则变化后的预算线将不是AC，而是DE（如图7-6所示）。由于需求量的增加促使价格提高，市场上住房的单位价格变为55美元。如前所述，市场上食物的单位价格提高到24美元，食品券接受者每

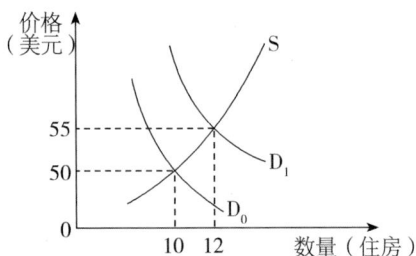

图 7-5 食品券的间接效应之二

单位食物得到 6.67 美元的补贴，每单位食物的实际价格降到 17.33 美元。食品券接受者为了使其效用极大化，如果将其 1 000 美元全部用于购买住房，则可买得约 18 单位（1 000/55）。如全部用于购买食物，则可买得约 58 单位（1 000/17.33）。当然他还可以选择 DE 预算线上的任何其他组合。

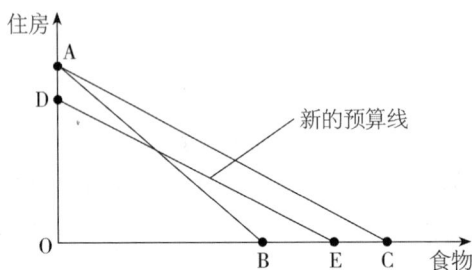

图 7-6 考虑间接效应后的新预算线

对于间接效应的分析可以获得以下启示：第一，市场效应确实可能削弱食品券政策的作用。当食品价格上涨时，食品券补贴可能无法完全有效地增加食物的购买量。此外，住房价格的上涨也可能导致一些消费者购买更少的食物，因为他们需要将更多的资金用于支付住房费用。因此，这些市场效应可能限制了食品券政策的实际效果。第二，政府的政策措施的间接效应可能会扩展到其他市场，如住房市场。例如，食品券补贴提高了食品价格，消费者可能需要用更多的资金来购买食物，从而减少了他们在住房市场上的购买力。这可能导致住房市场的需求减少，对住房价格产生一定的影响。因此，政府的政策措施往往会在经济的不同领域产生联动效应，需要综合考虑这些因素才能更好地评估政策的全面影响和效果。

另外，政府的政策措施确实会产生间接的分配效应。食品券补贴的实施可能导致食品和住房价格上涨，这对人们的收入产生再分配的效应。那些没有接受到食品券补贴的人将需要支付更高的食品和住房费用，这可能降低他们的福利水平。此外，他们还需要承担食品券补贴的资金来源，即税收负担。这意味着政策的分配效应会导致一些人承担更大的经济负担，而其他人则从补贴中受益。这种分配效应在实施食品券计划的过程中可能更加明显。

专栏7-2

疫情防控之下，全国多地送"压岁红包"提倡就地过年

2021年春节，为了有效防控疫情和促进当地经济社会稳定发展，全国多地发出"就地过年"倡议。其中，一些城市还向外来务工者发放红包、补贴、消费券，推出旅游景区免费游等"压岁红包"。疫情防控之下，就地过年成为一股"新潮"。如何让人们乐于选择就地过年，并且过得有"年味"，抚慰"无法团圆"的缺憾，考验着城市管理的智慧。浙江宁波、台州，福建泉州，广东佛山、东莞等多个东部沿海城市，相继发布了倡议书，提议外来务工人员就地过年，并拿出了"真金白银"的激励措施和人性化的暖心服务。

"过个奉化年、结个奉化情，我们将为你们送上500元春节消费券、210元溪口景区免费门票，以及500元'现金红包'。同时，我们会向宁波市消费者发放1 000万元奉化区消费券，首期发放500万元。"浙江宁波奉化区近日发出的《致全区民营企业外来员工的倡议书》说。同样在宁波，鄞州区云龙镇总工会及镇商会联合倡议企业对于安心留守的省外职工直接发放666元"压岁红包"，目前已得到近200家企业响应，发放出50万元。在浙江台州，各级政府将重点给部分企业发放留台州过年外来员工新春红包予以支持补助，以留在台州过年的外来员工人数计算，亩均绩效综合评价B类及以上的规上制造业企业380元/人，亩均绩效综合评价B类及以上的规下制造业企业、规上（限上）服务业企业、一级及以上建筑业企业、市级及以上农业龙头企业280元/人。福建省泉州市则出台了8条措施鼓励外来务工人员"留泉过年"，如"娘家发红包""同享年货节""包场看电影"……在现金补助上，非泉州籍企业工会会员，经审核确认后可凭相关证件按每人200元标准网上申领新年红包；非泉州籍困难家庭的企业职工，每户给予一次性困难补助1 000元；外来务工工会会员，凭相关证件向所在工会组织申领每人200元标准的新年红包；在暖心服务上，免费邮寄年货回老家、免费看电影、免费游景区等举措也相应出台。

除了直接拿现金红包，福建泉州还鼓励企业在春节期间组织开展外地务工人员职业技能培训。取得专项能力证书的，按每人500元给予补贴；取得职业资格证书的，根据证书等级按每人700~3 000元给予补贴；对初次通过职业技能鉴定并取得证书的，按每人130元再给予职业技能鉴定补贴。广东省佛山市顺德区，在鼓励企业发放过年红包、在岗津贴，灵活放假等的同时，还将对在2021年2月期间通过鉴定考核并取得专项能力证书的劳动者，根据证书工种目录按每证400~1 600元给予个人补贴。浙江省宁波市鄞州区发布的《关于支持企业留工优工稳增促投的实施意见》显示，该区已于2021年1月10日起向社会征集并发布项目制培训目录，鼓励技工（职业）院校和优质培训机构为企业提供职业技能培训服务，将对按规定开展培训的院校、机构和企业给予最高600元/人的补贴，对符合开展线上职业技能培

训条件的企业给予最高800元/人的补贴。

除了政府出台相关就地过年倡议书，不少企业也在第一时间号召员工就地过年。在浙江温州乐清一集团发布的《2021年春节放假通知》中，该集团号召员工就地过年。根据通知，除温州地区外，省内省外员工均给予补贴500元/人，车费补贴则另外发放。也就是说，就地过年的员工不仅可以拿到往返家乡的车费补贴，还可额外获得一笔补贴；在浙江宁波的一家企业，除了在春节期间食堂免费供应用餐外，还将给员工安装全新的电视屏幕、音响等娱乐设备并承诺在春运高峰期过后，给留守的外来职工一周时间的带薪探亲假，并提供往返车费。

分析指出，沿海发达地区财政实力比较雄厚，外来务工人员比较多，当前外贸出口订单很多，尽量留住外来务工人员，一方面有助于消化订单，促进经济社会稳定发展；另一方面，也避免了受疫情影响，部分地区务工人员节后返岗困难、影响生产等问题的出现。

资料来源　陈婷. 领春节消费券、免费游景区……全国多地送"压岁红包"提倡就地过年[EB/OL]. [2021-01-12]. https://www.xuexi.cn/lgpage/detail/index.html? id=4499229312479844390 & item_id=4499229312479844390. （作者有删改）

第四节　政府支出的主要项目

一、国防支出

国防支出是指政府对所筹集的财政资金有计划地投向国防建设和军队建设方面的费用。国家的一项重要职能就是防御外来入侵，保卫国家安全，因而，建设军队和军事设施是必需的。这就决定了国防支出是一项基本支出，是保证国家安全与领土完整，防止外来侵略，实现国家对外专政职能的财力保证。国防支出包括国防费、国防科研事业费、民兵建设费和有关专项国防工程支出等。

国防支出的需求来自社会成员对安全的渴望，国防支出代表的是全体社会成员为消费国家安全这一公共物品而支付的一种成本。政府作为社会成员利益的代理人，行使配置军事资源的职能，即通过法定程序，对军事资源做出安排，赋予军队一定的财力，从而形成国家安全和威慑，满足全体社会成员对安全的社会消费需要。世界各国对国防支出有不同的细目分类，但基本上都可以划分为维持费和投资费两大部分。维持费主要用于维持军队的稳定和日常活动，提高军队的备战程度，是国防建设的重要物质基础，主要包括军事人员经费、军事活动维持费、武器装备维修保养费和教育训练费。投资费主要用于提高军队的武器装备水平，是增强军队战斗力的重要条件，主要包括武器装备的研制费、武器装备的采购费、军事工程建设费和防空费。此外，从军队兵种角度看，国防支出又可分为国防部支出、战略部队支出、陆军支出、海军支出、空军支出、内卫部队支出和预备役部队支出。

国防支出从整体上看具有纯粹的社会消费性质，其目标是保卫国家安全，不会直接增加生产资料和消费品，也不会为社会经济的发展提供直接的物质财富；相反，国防支出会消耗大量的社会产品。从这个意义上说，国防支出属于非生产性支出。虽然大量的国防需求会刺激国防工业的发展，国防科技的投入也可能为民用工业科技水平的提高创造一定的条件，但并不能改变国防科技和国防工业增强国家国防力量、提高军事进攻和防御能力的基本功能。国防建设与经济建设有着密切的关系，体现在三个方面：第一，一个国家的国防状况受其经济发展水平和国家财力的制约，其军事生产也无法孤立，必须与加工工业、基础工业相协调。第二，国防建设对社会经济发展也不是消极被动的。国防科学技术的发展是经济发展的强大推动力，将先进的军用技术与民用技术结合起来，有助于国家的经济建设。第三，国防建设不仅直接影响投资环境，对经济建设起到保障作用，而且还可以促进科学技术的进步，从而推动社会再生产的发展。

一般而言，国防支出水平的高低，主要取决于以下几个因素：①经济发展水平。在正常情况下，一国的经济实力越强，用于国防方面的支出就可以越大；经济实力越弱，国防开支就会受到很大的限制。因此，每一个国家在安排国防支出时都不能以牺牲本国经济应有的发展要求为前提，在资源有限的前提下，应兼顾经济发展与国防建设需要的原则。②国家管辖范围。一个国家领土越大，人口越多，用于保卫国土、保护国民安全的防护性开支就会越大。从世界各国的情况来看，尽管小国的人均国防开支会比较大，但其总额却无法与大国相比。③国际环境及国际形势。在国际环境恶化、国际形势紧张时，一国国防支出可能大幅度增长。国际环境较为平静、国际形势趋向缓和，国防支出就可能因此而压缩。但是，一个国家往往通过分析其他国家或地区在国际社会中的经济力量、军事力量及在国际事务中所起的影响和地位的变化来估计未来的国际环境，从而决定本国的国防战略对策，并以此作为确定一定时期内的国防支出的依据之一。

国防具有纯粹的公共物品性质，因而国防的提供基本上无法通过市场和企业来进行，只能采取公共提供的方式。此外，对国防的消费也具有高度的非竞争性，这种公共服务很难通过市场解决，只有通过财政进行公共分配来实现。但是要注意，在这一提供公共物品的过程中，仍然可以让市场和企业介入。在一些国家中，国防科研及军事装备的制造是由政府机构或公共企业部门来完成的；而在另一些国家中，很多的国防科研工作和军事装备的生产是由私人企业来完成的，然后再通过政府采购制度形成国防战斗力，由政府提供给全民。因此，我们可以把国防提供的方式归为两类：①由政府组织公共生产并进行公共提供。这种方式往往用于战争时期以及国家安全受到严重威胁的紧急状况之下。②由私人组织生产并和政府采购制度相结合来进行公共提供。这种方式的优点在于，可以对国防提供进行比较和鉴别，将新一代武器装备可能具备的技术潜能充分地挖掘出来。

在国家经济发展的基础上，确保适度增长的国防支出是必要的。国防支出的分配结构应该经过优化，科学合理地确定国防支出的投向。在原则上，国防支出占财政支出的比例应该适度。过高的比例可能会挤占其他财政支出项目，破坏国民经济中的结构比例，进而影响国家经济实力的增强，最终可能削弱国防力量。而过低的比例则可能影响政府保家卫国的能力，滋生社会不稳定因素，无法满足全体社会成员对安全的消费需求。在确定国防支出的规模时，常用的指标包括国防支出的绝对额、增长率，以及国防支出占财政收入、国民收入和国内生产总值的比重等。这些指标可以帮助政府评估国防支出的合理性和可持续性，确保国防支出与国家的经济能力相匹配。

二、行政管理支出

行政管理支出的目的，主要是提供公共物品。它是政府维持正常运转所必需的支出，尤指用于国家各级权力机关、行政管理机关、司法检察机关和外事机构行使其职能所需的费用支出。它是维持国家政权的存在、保证国家管理机构的正常运转所必需的费用，也是纳税人所必须支付的社会成本。行政支出的大小，是公共部门效率高低的体现。其经费来源主要是税收。

行政管理支出具有稳定性。政府职能在一定时期内相对稳定，行政机构的设置是根据政府履行其职能的实际需要确定的，并经过一定的法律或制度程序确立。它体现了国家在既定时期管理社会经济工作的需要，且与各级政府之间或职能机构之间的职权划分有密切联系。

从世界各国的情况来看，影响行政管理支出的因素有很多，概括而言，主要有以下几种：①社会经济增长。随着社会经济的增长，行政管理支出会不断地扩张，这是一个不以人的主观意志为转移的客观财政规律。在分配格局一定的条件下，经济的增长会引起财政收入总量的增长，这也为包括行政管理支出在内的财政支出的扩张提供了可能与有利条件。另外，随着一国经济的增长，政府直接参与各种社会经济活动，会带来经济职能的扩张，其结果也会带来公共支出在国内生产总值中相对比例的提高。②政府职能和机构设置。行政管理支出是保证国家管理机关正常行使其职能所必需的费用，政府的职能范围和管理机构数目直接决定了行政管理支出的多少。③财政收支水平。由于行政管理支出是通过对财政收入的再度分配而形成的，因此，国家财政收入的状况是制约行政管理支出规模的重要因素。国家财政收入越多，行政管理支出规模也就可能越大。④通货膨胀。一般而言，行政管理支出与一定时期的通货膨胀水平是正比例关系，通货膨胀水平越高，行政管理支出就会越多。通货膨胀引起的物价上涨不仅会带动人员经费中物价补贴开支的增大，还直接导致行政管理支出标准的提高和各项支出货币需求量的同比提高。⑤政策性增支。国家出台的各项改革措施，工作人员的正常升级及职务变动等，都会使工资、补贴及各项福利开支等明显增加，相应地，也会导致行政管理支出的增加。常见的增长因素包括全面推行公务员制度、增发职务补贴、提高交通补贴费、书报费、洗理费和津贴标准，实行住房、医疗制度等改革而相应提取住房公积金、养老金、统筹基金等。

　　不同国家由于其社会制度不同，行政管理机构设置不同，因而行政管理的支出项目也有所不同。按照我国对外正式公布的预算科目，我国的行政管理支出包括行政管理费、公检法经费、武装警察部队经费、外事外交支出、对外援助支出等五大类支出。其中，行政管理费主要由以下几个部分组成：行政经费，包括人民代表大会经费（指各级人大机关经费、各级人大常委会和各级人民代表大会会议经费、人大代表视察费、选举费）；党派补助费（指中国共产党和民主党派各级机关的经费）；政协经费（指各级政协机关经费、各级政协常委会和各级政协大会会议经费、政协委员视察费等）；人民团体补助费（指各级妇联、共青团机关经费以及经批准由财政支付的各人民团体的机关经费）；各级政府机关经费；由国家预算的乡（镇）行政干部经费；居民委员补助费；人武部经费。公检法经费主要包括公安支出、安全支出、司法支出、法院支出、检察院支出等。武装警察部队经费主要包括内卫部队经费、边防部队经费和消防部队机关经费等。外事外交支出主要包括驻外机构经费、出国费、招待费和其他外事费。

　　行政管理支出，按其用途不同还可以分为公用经费和人员经费。公用经费是指公用部门的公务费、设备购置费、修缮费、业务费、其他费用和差额补助费，主要是各种费用的货币支付和购买商品支出。公用经费是政府实现其生产者职能直接所需的经费支出，是政府行政管理支出的主体。当政府生产的各种公共物品和决策的数量和范围增大时，公用经费必然要相应增加，而作为实现政府行政管理职能间接所需的人员经费也会随之有所增加，这时，整个行政管理支出的增加是必然的。人员经费是指用于个人部分的工资、补助工资、职工福利费和离退休人员费用等。人员经费方面的合理界限，是指现实人员经费的数量能够充分适应政府实现其行政管理职能的需要，不存在经费过剩的情况。如果人员经费需要随着政府行政管理职能的扩大而有所增加，这种数量上的增加同样为政府行政管理职能的扩大所必需。只有当公用经费和人员经费都处于合理的数量水平时，整个行政管理支出水平才是合理的。在政府的行政管理职能范围既定的条件下，当行政管理支出的边际成本等于行政管理支出的边际收益时，行政管理支出的数量达到最优。

专栏 7-3

对行政事业单位公务经费支出问题的探讨

　　随着中央八项规定、《党政机关国内公务接待管理规定》和《违规发放津贴补贴行为处分规定》等一系列文件的出台，各级党政机关事业单位的公务经费支出，特别是"三公"经费支出大幅度下降。但是在对各单位公务的检查中，检查人员发现公务经费的开支仍然存在着一些亟待解决的问题，如支出票据不规范、违规支出、挪用专项资金等。

　　究其原因分为以下几点：

第一，预算体制不健全。由于部门预算中对公用经费的预算不规范、不细化，部门和单位没有支出预算的约束红线，往往就会导致没有节制地开支经费，超范围、超标准开支或变相开支。检查起来没有规定的标准，处理处罚也没有相应的标准。

第二，管理制度不规范。管理制度主要是指支出的列支操作规定和监督机制。一是部门和单位没有制订一系列的财务管理规定，包括财务核算、内部控制和内部监管，或是虽有制度，但制度设计不完善、不合理，不能很好地指导财务管理和核算。二是缺乏制约的监督机制。单位的财务长期没有公开。也没有内部的审计和监督，干部根本不了解、不清楚单位的财务情况，财务就成了算账管账的部门。

第三，多年的惯性做法。一是单位财务及财务主管人员财务法规意识淡薄，认为只要是不贪不占就会没事，吃了喝了浪费了不会犯法犯规。二是多年来部门和单位超标准、超范围开支经费，但没有谁因为这个而受到处理处罚，从而认为经费用了不会有事。三是多年来形成的攀比之风，认为你能超标准、超范围开支，我也能，反正大家都一样。四是多年来违规支出经费的处理处罚力度不够，没有形成震慑力。

因此，有必要建立完善财务监管机制。

首先，建立源头控制制度，从源头上规范财务行为。一是完善和细化支出预算。在编制部门预算、单位预算时通过科学核算和预算，把本单位本部门的公用经费细化到每一项公用支出上来，特别是对"三公经费"等实行规范细致的预算，形成开支标准，使每一项经费支出都有章可循。二是建立本单位内部支出考核制度。年初根据经费预算把每一项经费支出量化到每旬每月每季，出台内部考核办法，分月分季量化考核。三是推行公务卡结算。公务卡结算可以把支出量化到每一个时间节点上，可以准确地核算公务经费支出的每一个环节、每一个方面，能杜绝现金支付经费开支行为，利于经费管理。

其次，建立相关操作制度，从过程上规范财务行为。一是制定严格的核算制度。从报账票据到财务核算都进行明确具体的规范，并形成相应的监管约束，杜绝不按规定不按程序不按科目核算行为。二是出台相关的管理规定。出台公务接待、差旅开支、补助补贴、奖金津贴、会议培训等系列支出详细规定和制度，便于核算、操作和检查。三是建立各项资金管理制度，并严格按规定实施和检查。

再次，建立监督检查制度，全方位监管财务行为。一是建立常态化监管制度。切实加强纪检监察、审计检查和财政监督的监督检查力度，使监督检查成为常态化的工作并深入到部门和单位的工作中。二是整合监督检查资源。对财务行为的监管应该有统一的检查标准和处理处罚措施，整合多方检查资源。促进监督检查工作的开展。三是建立检查整改制度。对监督检查出来的问题，不仅要责令限期改正，接受相应的处理处罚，而且还要建立回头看的约束机制。看整改的态度、整改的力度、整改的措施、整改的做法、整改的结果、整改的效果等，举一反三，达到切实解决问题的目的，规范财务行为。

最后，建立处理处罚制度，从根本上约束财务行为。一是建立问责制度。对查出的违规违纪责任人员，按照相关的法律法规进行过错追究和问责。二是建立惩处机制。对查出的严重违规违纪问题和违规违纪资金，不仅要进行相应的经济处罚，还要对相关责任人员予以党纪政纪处分，甚至追究法律责任。

资料来源　董斯成. 对行政事业单位公务经费支出问题的探讨［EB/OL］.［2020-12-13］. https：//www.toutiao.com/a6905666641133044231/.（作者有删改）

三、科教文卫支出

科教文卫支出是政府用于文化、教育、科学研究以及医疗卫生等方面的经费支出。在我国，代表政府承担全社会的文化教育、科学研究、技术进步、医疗保健、文化娱乐等多方面任务的单位被称为"事业单位"。事业单位是我国重要的公共部门，我国高级人才的70%~80%集中于这一部门，其拨款约占全部政府支出的一半。典型的事业单位具有三个特点：一是提供公共服务，即具有公共性；二是执行某些政府职能，是政府职能的延伸和具体化；三是属于非权力机关，这一点与行政单位不同。事业单位提供的服务在消费中具有外部收益，从性质上说，它们大都属于混合产品（亦称准公共物品），在消费中具有不完全的非竞争性和非排他性。在科技日新月异、人民生活水平不断提高的今天，科教文卫事业在社会经济生活中所发挥的作用日益突出，已成为各国政府优先发展的支出项目。

科教文卫事业是由一小部分纯公共物品和大部分准公共物品组成的混合体。由于科教文卫事业的产品属性不像国防那样明确，所以这就成为当前各级政府在制定事业单位支出政策中的一个难题。

第一，属于纯公共物品性质的事业包括气象、基础科学研究、农业技术的研究和推广、大型水利设施等。这类产品仅占少数。

以气象为例，气象台是重要的事业单位，它提供的天气预报，尤其是灾害性天气预报，对于国民经济具有重要意义。由于气象只有外部收益，无法通过对受益人收费而形成内部收益，因而属于纯公共物品。基础科学研究也接近于纯公共物品。这是因为，基础科学研究所要解决的是人类共同面临的难题，包括科学的理论和方法，它属于人类的共同财富；而且，这种研究需要长期的、连续的资金投入，而成果将会对经济发展和社会进步产生巨大影响。由于基础科学的研究成果可以应用于何种方面、会产生多大的经济效益，并不是人们事前所能预料的，因此，通常由政府拨款。如果由私人研究，则很难持续下去。

第二，大部分事业产品属于准公共物品，如教育、医疗、卫生、体育、动植物检疫、出版、广播、影视、文化等。而不同的事业产品，其外部性也是不同的。如何界定事业单位的排他性、竞争性和外部性三者之间的关系是一个难题。

科教文卫事业的不同属性说明了三个问题：第一，大多数科教文卫活动并不是纯粹的公共物品，而是介于公共物品与私人产品之间的中间地带；第二，准公共物品的外部收益主要由排他性程度决定，非排他性越强的产品，其外部收益就越高，相应地，其内部收益就越低；第三，基于科教文卫事业的多样性和复杂性，在我国建设公共财政的过程中，必须对不同的事业单位采取不同的政府支出政策。那种试图"一刀切"的政策，即以政府大包大揽或完全推向市场来解决所有事业单位问题的做法是不符合实际的。

（一）教育支出

教育支出是政府用于教育事业的各项支出。从经济性质看，教育服务是一种混合产品，受教育者获得更多的知识和技能，就会为将来找到一份较好的职业、获得较高的收入、拥有较多的晋升机会奠定基础。然而，从实践看，各国公共部门在提供教育服务方面却起着主导作用，之所以如此，是因为教育具有以下三个特点：

（1）教育具有正的外部性。经济理论和实践证明，技术进步是经济增长的源泉，而教育是技术进步的基础。教育使公民明辨是非且获得一技之长，有助于减少犯罪。教育能提高全民族的文化素质，这又有助于减少行政管理的成本。教育使公民文化程度提高，生育子女的机会成本增加，从而降低人口需求。虽说教育也具有一定的负外部效应，如提高犯罪技能等，但是一般而言，教育的正外部效应大于负外部效应。

（2）教育能缩小贫富差距。如果教育服务完全由私人部门提供，人们受教育的机会就会因为家庭出身的不同而有很大的差异；而公共部门提供教育服务，就会为所有社会成员提供相同的受教育机会，从而在源头上为消除收入分配的两极分化创造条件。

（3）教育资本市场不尽完善。这在高等教育中表现得尤为明显。对于家庭来说，用于教育方面的开支是一种人力资本投资，因为将来会有高额的回报。如果低收入家庭无力支付学费，按道理来说可以向私人金融部门申请贷款。但问题是人力资本市场是一个不完全的资本市场，在这个市场中，金融部门与借款者之间的信息是不对称的，人力资本投资究竟有没有回报或者回报率有多高，事先是难以确定的，因而私人金融部门不愿意轻易发放贷款。公共部门提供教育服务，有助于这个问题的解决。

由政府安排教育支出，至少有三种方式可以选择：

（1）对私立学校补助。这种补助的对象不是学生本人而是私立学校，政府企图通过补助降低私立学校向学生收取的学费标准，多出于扶持私立高等学校的需要。对私立学校补助后个人教育消费的变化如图7-7所示。其中，纵、横轴分别表示对其他产品的消费和对教育的消费，AB为预算约束线。在学费补助之前，预算线与无差异曲线I相切，个人对教育的消费为OD；学费补助之后，学费标准降低，个人的预算线外移到AC，与另一条无差异曲线I′相切，个人对教育的消费为OD′，增加了DD′。

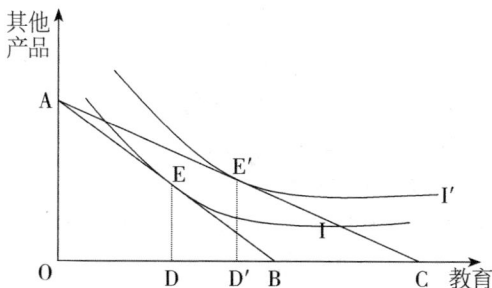

图7-7　对私立学校补助后个人教育消费的变化

（2）对低收入家庭补助。这种补助的对象是低收入的家庭，政府企图通过补助提高低收入家庭对教育消费的支付能力。对低收入家庭补助后个人教育消费的变化如图7-8所示。收入补助之后，预算线由AB外移到CF，无差异曲线由I变为I'，个人用于教育消费和其他产品的消费同时增加，其中教育消费由OD增加到OD'，增加了DD'。可见，对低收入家庭补助方式具有明显的收入效应，补助对象可将这种补助款用于购买其他产品，因此这种方式很难保证家庭增加对教育的消费。

（3）对学生本人补助。对学生本人补助有两种具体的做法：一是给学生发放免费入学卡；二是拨款兴办学校，提供免费教育。对学生本人补助的方式的意图在于普及义务教育。对学生本人补助后个人教育消费的变化如图7-9所示。对学生本人补助之后，预算线由AB外移到CF，其中AC部分即为补贴数额，由于AC等于BF，说明补助款全部用于教育消费，因为补助以后，无差异曲线由I变为I'，个人教育消费由OD增加到OD'，而DD'又等于BF。相比之下，给学生发放免费入学卡的做法更好，因为拨款兴建学校的做法容易产生一种风险，即学校当局可能在利己主义倾向的影响下，把教育经费用于提高自己和教师的待遇上。

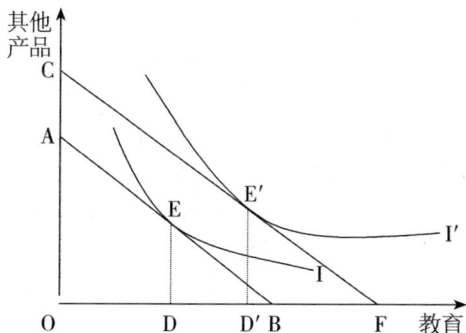

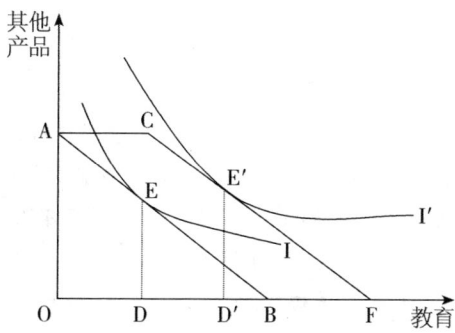

图7-8　对低收入家庭补助后个人教育消费的变化　图7-9　对学生本人补助后个人教育消费的变化

专栏7-4

给民办学校发学位补贴，接近教育券制度

政府向民办学校购买学位，大概率会提高生均教育经费支出规模，弥补民办与公办的生均教育经费差距，进而促进教育均等化。

深圳市部分就读民办中小学的深籍或持有居住证的非深籍家庭开始申请2018年度的学位补贴。早在2012年，深圳开始对符合本市义务教育免费就读条件的学生就读民办学校给予学位补贴，2017年将补贴标准提高至小学每生每年最高为7 000元，初中每生每年最高为9 000元。

义务教育是城市的基本公共服务，提供义务教育则需要成本。早先地方政府采用户籍作为识别工具，仅向本市户籍的适龄儿童提供服务。劳动力跨区域流动以后，大量的非户籍人口成为城市的常住人口，如何向随迁子女（亦称流动儿童）提供义务教育成为一个问题。

上海是国内最早开始相关实践的大城市，更在2008年推出三年行动计划，大幅降低随迁子女在上海接受义务教育的门槛，曾经是国内城市解决流动儿童接受义务教育的榜样。由于传统公办学校的容量是依照户籍人口设计的，短期内接纳流动儿童在上海就读，公办学校一时无法容纳新增的学生。上海采用了向民办中小学采购学位，向流动儿童提供，对每个学位的补贴逐步增长至5 000元，当前为6 000元。

深圳作为移民城市，户籍人口占常住人口的比重远低于上海，公办小学的容量更小。相比上海，流动儿童在民办小学就读的比重更高。据《中国流动儿童教育发展报告（2016）》的数据，2015年，深圳义务教育中，在校的流动儿童共有78.58万，占全部在读学生的69.54%，其中就读公办学校的只有36.29%，只占流动儿童的46.18%，其余的均在民办学校就读。

尽管民办中小学有高收费高质量的学校，但民办中小学整体的教育质量与公办中小学差距较大，核心原因在于生均教育经费的差距，而生均教育经费差距的重要来源之一就是政府财政投入的差距。

以2015年为例，全国的地方教育和其他部门直接管理的普通小学（主要是公办小学），教育经费收入总计为9 332亿元，其中来自财政（包括公共财政、政府性基金等）的为9 250亿元，占总经费收入的99.12%，折算下来，财政对每生投入近1万元。而民办的普通小学，教育经费总收入为456.5亿元，仅有85.5亿元来自财政，占比18.73%，生均教育经费仅有6 400元，仅及公办小学的60%，其中财政对每生的投入仅有1 197元。

政府向民办学校购买学位解决适龄儿童的义务教育需求，有两层好处：第一，在公办教育受限于编制等因素无法快速增加供给的情况下，民办教育能及时满足流动儿童接受义务教育的需求；第二，政府购买可能会降低家庭的学费支出，但大概率会提高生均教育经费支出规模，弥补民办与公办的生均教育经费差距，进而促进教育均等化。

此外，该政策还能促进民办学校间的竞争，从而提升教育质量。比如，与上海相比，深圳的该项政策更接近教育券制度，教育部门在家庭挑选民办学校上干预甚少，当家庭及其选择的学校同时在目录内，家庭就可以拿到补贴。目录内的民办学校势必为此而竞争，进而提升教育质量，以用更少的经费达到与公办同等的教育质量，反过来激励公办学校提升效率。这种模式值得其他城市借鉴。

资料来源 聂日明. 给民办学校发学位补贴，接近教育券制度［EB/OL］.［2018-04-09］. http://ifinance.ifeng.com/16062241/news.shtml? &back.

（二）科技支出

科技支出是指政府财政用于科学研究和技术开发等方面的经费支出。科学技术是经济增长的第一生产力已成为当今社会的共识，只有增加科技支出，才能适应方兴未艾的知识经济浪潮。

科学技术是推动经济与社会发展的重要因素。但科学技术的进步仅仅依靠市场力量是不够的，在科学技术是第一生产力的今天，在综合国力的竞争主要表现为科技实力竞争的知识经济时代更是如此。

科学研究是可以由私人部门去完成的，一般地说，科学研究的成果也可以通过市场交换，那些可以通过市场交换来充分弥补成本的科学研究（主要是应用性研究）可由私人部门来承担。但在某些情况下这种交换会变得十分困难。科学研究是社会共同需要的，一部分科学研究的成本与运用科研成果所获得的利益不易通过市场交换对称起来。所以，用于那些外部效应较强的科学研究（主要是基础科学）的经费应由政府承担，一个国家要在科技竞争中处于领先地位，离不开政府对科技的大力支持和投资。

因此，科技事业支出就成为公共支出中的一个重要组成部分。由于科技进步对经济与社会发展的重要作用，各国政府用于科学研究方面的支出日益增长。从相对数看，发达国家的科研经费占GDP的比重不断增加，而且其增长速度要高出同期GDP的增长水平。值得注意的是，发达国家的政府在科研方面的支出只占全国全部科研费用的半数左右，另一半则是由私人部门提供的。而在中国，科研经费的相当大部分要靠政府提供，从这个角度更可以看出中国科研经费的匮乏。在科技发展迅速、国际竞争激烈的形势下，尽快提高科学研究支出占GDP的比重是当务之急。

中国政府对科学研究事业领域的支出范围应该进行改革，不再实行全面包管的办法，政府可以考虑更加灵活和差异化的资金支持方式。在重点基础科学和公益性的科学研究方面，政府应该提供全部资金，这些研究项目通常具有较高的风险和较长的回报周期，可能不具备即时的经济效益，但对于科学知识的积累和未来的科技创新具有重要意义。在其他科学研究事业，特别是应用科学的研究方面，政府可以仅提供部分资金，因为这些研究项目通常与实际应用和经济效益更为直接相关，可能具备更高的市场化机会。通过适度减少政府的资金投入，并鼓励科研成果的转让和商业化，可以促进科技成果的产业化和市场化，实现研究成果的经济回报。这种资金支持方式可以更好地激励科研人员与产业界合作，加强科学研究与实际应用的衔接，推动科技创新的转化和推广。

专栏 7-5

让第一动力更强劲

101.6 万亿元！60%！

这是一组令人振奋的数字。2020 年，中国经济克服疫情影响，以极大的韧性逆势增长，全年国内生产总值突破 100 万亿元大关，达到 1 015 986 亿元。其中，全年研究与试验发展经费支出 24 426 亿元，与国内生产总值之比为 2.40%，科技进步对经济增长的贡献率预计超过 60%。这一亮眼的成绩单，再次有力地诠释了创新是引领发展的第一动力的重要论断。

习近平总书记一再指出，"创新是引领发展的第一动力。抓创新就是抓发展，谋创新就是谋未来"，"科技创新是核心，抓住了科技创新就抓住了牵动我国发展全局的牛鼻子"。在《努力成为世界主要科学中心和创新高地》这篇重要文章中，总书记再次强调，要"充分认识创新是第一动力，提供高质量科技供给，着力支撑现代化经济体系建设"。实施创新驱动发展战略，是建设现代化经济体系的战略支撑。从要素驱动发展为主向创新驱动发展转变，实现了发展动力的换挡升级，为加快转变经济发展方式、破解经济发展深层次矛盾和问题找准了突破口。党的十八届五中全会把创新放在新发展理念之首，党的十九届五中全会《建议》部署的 12 个方面重大任务中，"坚持创新驱动发展，全面塑造发展新优势"列在首位。进入新发展阶段，贯彻新发展理念，构建新发展格局，实现高质量发展，科技创新作为国家发展战略支撑的作用愈加凸显，我们比过去任何时候都更加需要增强创新这个第一动力。

如何发挥好科技创新对现代化经济体系建设的支撑作用？习近平总书记在文章中提出两点原则要求：一是以提高发展质量和效益为中心，以支撑供给侧结构性改革为主线，把提高供给体系质量作为主攻方向，推动经济发展质量变革、效率变革、动力变革，显著增强我国经济质量优势；二是通过补短板、挖潜力、增优势，促进资源要素高效流动和资源优化配置，推动产业链再造和价值链提升，满足有效需求和潜在需求，实现供需匹配和动态均衡发展，改善市场发展预期，提振实体经济发展信心。

当前，世界正在进入以信息产业为主导的经济发展时期，把握住数字化、网络化、智能化融合发展的契机，以信息化、智能化为杠杆培育新动能，对推动我国经济实现高质量发展至关重要。习近平总书记从 3 个方面对提供高质量科技供给指明方向：一是突出先导性和支柱性，优先培育和大力发展一批战略性新兴产业集群，构建产业体系新支柱；二是推进互联网、大数据、人工智能同实体经济深度融合，做大做强数字经济；三是以智能制造为主攻方向推动产业技术变革和优化升级，推动制造业产业模式和企业形态根本性转变，以"鼎新"带动"革故"，以增量带动存量，促进我国产业迈向全球价值链中高端。

资料来源　思力网评. 让第一动力更强劲 [EB/OL]. [2021-03-18]. https://www.sohu.com/a/456201489_117159.

（三）医疗卫生支出

医疗卫生支出是指财政用于防止各种疾病，保障人民身体健康的经费支出，其中包括政府对各类公立医院、防治所、防疫所、急救站以及红十字会等的经费支出。从产品属性上看，公共卫生和医疗服务都是混合产品或准公共物品，但二者有所不同。公共卫生近乎纯公共物品，私人不可能也不愿意提供这项服务，这项服务也不可能进入市场交换；公共卫生服务的利益也是由社会公众无差别地享受到的，所以，公共卫生主要应由政府出资提供。然而，医疗服务是效益外溢较强的混合产品，固然可由政府提供，但也可由私人提供。不管由谁来提供医疗服务，这项服务都是可以进入市场交换的。

现代化的生产技术和管理方式正在使人们的工作节奏不断加快，从而对劳动者的身体素质提出了越来越高的要求。与这种要求相适应，直接关系到国民身体健康和生活质量的医疗卫生事业在各国得到了迅速的发展。

政府为医疗卫生提供资金的目的，不仅是要减轻贫困阶层的负担，还要保证对所有居民进行适当的医疗和卫生保健照顾。公民的身体素质对经济社会发展和稳定具有重要作用。医疗保健服务会为社会产生大量的溢出效益，属于准公共性的服务。因此，提供相应的医疗卫生保健设施和服务保证是政府职能的一部分。

政府提供医疗卫生保健支出的内容，因不同国家的卫生保健制度不同而存在差异。有些国家实行公民免费医疗制度，有的国家则实行公私共同负担医疗费用的支出，同时负责公立医疗科研机构的建设和管理、流行病的防治，对退伍军人、残疾人以及老人和低收入者提供医疗补助。随着人口老龄化趋势的发展，这种对老人和丧失劳动能力的人的医疗和健康补助支出越来越大，因此，无论是发达国家，还是发展中国家，医疗卫生保健支出的相对数和绝对数都在增长。

四、基础设施支出

基础设施是一般经济活动赖以进行的外部条件。一国或者一地区良好的基础设施有利于降低生产成本，增加资本供给，吸引科技人才，掌握市场信息，所以基础设施是否超前发展，往往成为经济增长的关键。基础设施投资与一般产业投资之间的紧密关系如图7-10所示。其中，纵、横轴分别代表一般产业投资与基础设施投资，从原点出发的射线为产出线，I_1、I_2、I_3为一定数量的基础设施投资和一般产业投资的等产量线。

当基础设施投资与一般产业投资分别为K_{S1}和K_{P1}时，共同决定的产出量为Q_1；如果一般产业投资增加到K_{P2}，而基础设施投资不增加，那么组合点为A，即产出量不可能为Q_2；反之，如果基础设施投资增加到K_{S2}，而一般产业投资不增加，那么组合点为C，即产出量也不可能为Q_2。要使产出量增加到Q_2，必须使基础设施投资和一般产业投资分别增加到K_{S2}和K_{P2}，依此类推。就是说，为达到一定的产出量，基础设施投资和一般产业投资之间必须保持一定的配比关系，且按一定的比例递增。从实证分析的结果看，欧美发达国家从增加一般产业投资开始，再增加基础

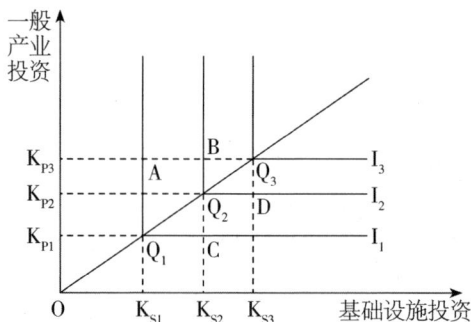

图 7-10　基础设施投资与一般产业投资之间的紧密关系

设施投资，增长的路径大体是：$Q_1 \rightarrow A \rightarrow Q_2 \rightarrow B \rightarrow Q_3$。日本、韩国的情况有所不同，在经济发展过程中，首先增加基础设施投资，再增加一般产业投资，因而增长路径大体是：$Q_1 \rightarrow C \rightarrow Q_2 \rightarrow D \rightarrow Q_3$。

从经济性质看，基础设施提供的产品和服务是一种混合产品，公共部门在参与基础设施投资之前，通常要就基础设施项目的特点进行分析，如是否具有自然垄断性质，是否具有生产上的外溢性，沉淀成本的大小，是否存在排他性等。像农村公路、城市街道等具有很强的外溢性，难以通过收费弥补成本，私人部门通常不愿意对这类基础设施进行投资，故这类基础设施必须由公共部门承担。但是像电信中的长话服务具有明显的排他性，就可以通过收费弥补成本，也不存在外溢性，因而适宜于私人部门投资。

归纳起来，公共部门安排基础设施投资主要有两种目的：一是维护公共利益的需要。这类基础设施投资通常涉及国家安全与社会稳定，投资数额和风险较大，技术要求高，且只有实行政府管理才能使公众的利益得到实现和保证，如对宇航事业、核电站、战备公路、城市街道等的投资。由于这些特点会使投资项目的私人边际收益小于社会边际收益，私人部门通常不愿投资或无力投资，但这些基础设施又是经济增长和社会发展所必不可少的，公共部门必须投资。二是反垄断的需要。垄断排斥竞争，垄断利润的获得以损害社会福利为代价，如较高的垄断价格和较低的服务质量。因此公共部门必然会通过公共定价等手段，控制其产品或服务的价格以实现反垄断的目的，然而低价低利润会降低私人部门的投资意愿。为确保社会对该领域的投资规模，公共部门要承担起投资责任。

专栏 7-6

当前基础设施发展格局的五大新趋势

趋势一：绿色基础设施需多产业协同规划

现时首要目标虽然是解决新冠肺炎疫情造成的卫生危机，然而，危机后的经济复苏应摆脱碳依赖，这给政策制定者提供机会，将公共政策更紧密地与气候目标结合，从而降低锁定碳密集型基础设施的风险。制定经济刺激方案时，可引导投资倾向一些能够加速经济转型和提高应对未来气候变化冲击能力的行业和技术。虽然近期绿色基础设施的投资趋势不错,但实际投资额仍远低于理想目标。

亚投行认为,新冠肺炎疫情令全球加速探讨病毒和其他疾病与未来生态灾难的关联性。在此背景下,订立环境、社会和治理(ESG)标准十分关键。ESG是资产管理的未来增长领域,能在投资决策中融入可持续性因素,对全球市场发展具有重要影响。不过,要配合可持续投资的趋向及相关的实施,需要强大的领导力、创新的文化和与所有利益相关方的有效沟通来支持。

趋势二:社会基础设施投资不足

新冠肺炎疫情暴露出了全球产业链的弱点之一,是众多国家对社会基础设施的长期投资不足。疫情突出了所有国家不论其发展程度,都面临基本医疗设施不足的问题。2020年全球基础设施指数显示,全球48%的受访国家倾向于加大对社会基础设施的投资,而倾向于投资传统经济基础设施的占32%。在过去10年间,卫生和教育基础设施的投资缺口不断扩大。根据全球基础设施中心(GIH)的估计,2019年社会基础设施的投资额从190亿美元下降至不到30亿美元。鉴于社会基础设施领域的公共支出有限,加上新冠肺炎疫情后经济复苏面临的挑战,吸引私人资本流向公共投资非常必要。

趋势三:资产循环或私有化将成为出路

随着新冠肺炎疫情对健康的即时影响逐渐消退,各国必须应对疫情造成的各种经济重创,包括大范围的破产、失业率上升和高债务水平。长线投资者对基础设施的投资必然重视资金安全,这意味着一些面对债务重压的经济体和实力较弱的机构难以吸引投资者。降低债务水平、改善监管和提高监管的确定性将会至关重要。能确实带来现金收益的资产将享有优势。上述因素将在疫情结束后更为明显。

亚投行认为,一方面,各国政府在面临财政压力的情况下,采取资产循环或私有化是可行途径之一,这也为私人投资者带来机遇。另一方面,私营企业可能会选择退出一些项目,转向资产表现较佳的投资。低利率的环境将有助于企业充分把握这些机会。多边开发银行在疫情后的环境中可发挥重要作用,因为他们有能力将融资者聚集在一起,确保项目的社会经济目标一致,并提供逆周期融资和防范政治风险。投资的灵活性和创新性将十分关键。多边开发银行的当务之急,是继续与私营部门合作,以动员急需的投资、刺激复苏和减低公共债务。

趋势四:技术驱动型的基础设施投资迎转机

尽管基础设施项目已开始利用新技术和创意,许多发展中国家由于缺乏对工业和基础设施用途的认识,创新技术的应用一直停滞不前。64%的基础设施利益相关方认为,缺乏了解是采用适当技术的主要障碍。新冠肺炎疫情的到来扭转了这一局面,迅速提高了人们的意识,让他们了解到技术的众多广泛用途。

基础设施投资者因担心资产流动性差和资产业绩表现,从而降低了对基础设施科技解决方案的兴趣。这些投资者必须选择是否投资于采用先进技术的项目,如选择放弃,将面临因技术落后导致投资受挫的风险。采取主动的投资者,正以不同方式实现基础设施科技资本化。很多投资者设立了基金、创业投资、内部技术咨询部门或与技术公司合作，以确保更好地理解和应用技术。

趋势五：互联互通和区域合作未来的发展将参差不齐

互联互通的基础设施将面临挑战，预期未来几年发展表现参差不齐。例如，机场基础设施将不会迅速恢复。全球供应链在整个危机中一直保持基本韧性，然而供应链基础设施方面，受到贸易和技术相关的紧张局势影响，加上与业务回流或近岸外包相关的讨论持续，供应链基础设施投资将继续面临不确定性。

不过亚投行也强调，即使贸易环境存在不确定性，投资活动最终有所得益。例如，通过自动化和绿色环保升级提高现有港口效益，将更能抵御未来宏观经济受到的冲击。从长远来看，投资更智能的道路基础设施、提高数字化程度、为未来的全电动化做好准备，这些投资也极可能获得回报。此外，市场还将注重使供应链更具弹性，这意味着可对仓库或存储基础设施进行投资。最后，投资数字互联互通将对各经济体为疫情后的未来做好准备。

资料来源　金立群．金立群谈基础设施发展趋势：技术驱动型的基础设施投资迎转机 [EB/OL]．[2021-01-13]．https://www.toutiao.com/a6917119051655283207/．(作者有删减)

五、社会保障支出

(一) 社会保障支出的内容

社会保障支出是政府对一部分社会成员提供补助以保障其基本生活需要的支出。从内容上看，主要包括社会保险支出、社会救济支出、社会福利支出和社会优抚支出等四个方面。

1.社会保险支出

社会保险支出是政府对劳动者在年老、患病、残疾、失业时提供的补助。社会保险具有强制性，即属于法定范围内的社会成员都必须无条件地参加并履行交费义务。社会保险支出一般通过社会保险基金支付，社会保险基金的来源除了雇主和雇员交纳的保险费之外，还有政府预算安排的拨款。

2.社会救济支出

社会救济支出是政府对由于自然灾害或无生活来源等原因无法维持最低生活水平的社会成员提供的补助。社会救济支出主要靠政府预算安排。

3.社会福利支出

社会福利支出是政府对老年人、残疾人、儿童、妇女等社会成员提供的补助。社会福利支出主要也靠政府预算安排。

4.社会优抚支出

社会优抚支出是政府对军人及其家属提供的保障。

(二) 公共部门介入社会保障的主要原因

公共部门介入社会保障的主要原因仍然是市场缺陷的存在。具体而言有以下几点：

1.市场调节难以消除收入分配的不公平

市场体系支付给人们的报酬是以人们做出的"贡献"大小为标准的，由于人们拥有的生产要素在量和质上有差异，取得的收入也会有很大的差异。而每个人的生命周期中都存在种种风险，比如失业的可能性，提前退休的可能性，出现伤残的可能性，患大病、重病的可能性，发生意外事故的可能性等。一旦这些可能性成为事实，当事人就会变得一贫如洗，没有政府的补助他就无法生活。

2.保险常常被视为一种优值品

市场经济中人们是否参加商业保险完全取决于个人意愿，有些人愿意投保以防不测，也有些人抱侥幸心理不愿投保。倘若未投保者真的遭遇不幸，社会又不得不为他们提供基本的生活条件，从而造成"理性预期者"去补贴"掉以轻心者"的局面，这是不公平的。为此，政府有必要强制地要求每个社会成员将一部分收入存入社会保险基金。

3.保险市场存在"道德风险"和"逆向选择"问题

保险的"道德风险"是指居民在投保前注意身体的保健，投保后就忽视了保健，这将加大其生病的概率，从而提高保险公司的赔付率，结果使保险成为一种蚀本生意。保险的"逆向选择"是指人们对自身健康状况的了解胜过保险公司，风险低的人不愿投保，风险较高的人纷纷投保，从而使保险公司的平均成本提高，经营风险增大。

4.经济运行的周期性波动

社会保障支出有助于促进经济稳定。在经济萧条阶段，失业者、贫困者大量增加，失业保险支出和社会救济支出也增加，从而使低收入阶层的购买能力增强，有助于刺激经济回升；在经济繁荣时期，失业者、贫困者减少，失业保险支出和社会救济支出也减少，从而有助于抑制经济过热。从这个意义上说，社会保障具有"自动稳定器"效应。

六、财政补贴支出

经济学界通常认为财政补贴支出就是公共部门支付给企业和个人，能够改变生产要素或产品相对价格水平的无偿支出。财政补贴支出的内容和方式很多，常见的有：拨款弥补特殊企业的政策性或经营性亏损；给居民的某些消费项目发放现金补贴；以低于市场价格的定价出售某些商品或服务；以高于市场价格的定价收购某些产品；为私人企业支付银行贷款利息。广义地说，税式支出也是一种财政补贴支出。所谓税式支出是指通过税收豁免、纳税扣除、税收抵免、加速折旧等一系列税收优惠方式实现的政府支出。

那么，公共部门为何要安排财政补贴支出呢？原因如下：

1.外部效应内在化的需要

对从事应用科学研究与高新技术开发的机构和个人发放补贴，就是为了矫正外部效应。一般说来，应用科学研究和高新技术开发由私人部门去承担更有效率，然而任何一项有突破性的应用科学研究和高新技术开发成果都会对许多领域产生影响，比如电子计算机的发明使人类社会进入一个全新的时代。由于应用科学研究与高新技术开发的投入很多，成功率却很低，而且从事研究、开发的机构和个人不可能获得全部的收益，因此政府要给予一定的补贴。

2.扶持弱质产业的需要

在产业结构优化过程中，财政补贴支出扮演着十分重要的角色。以农业为例，农产品虽然是典型的私人产品，但是许多国家都对农业或农产品发放补贴，原因在于农产品是人类生存的必需品，但是农产品的供给受自然条件的制约。相对于工业品而言，农产品市场需求自身的扩张能力也较弱，而且许多国家在工业化进程中人为地压低农产品的相对价格，这些都使农业成为一个弱质产业，从优化产业结构出发，政府要给予一定的补贴。

3.消除"挤出效应"的需要

在经济萧条时期，政府会采取增加公共工程支出的政策，在货币供应量不变的条件下，公共工程支出的增加，会直接增加对货币的需求量，从而引起市场利率水平上升。利率的提高会加大私人部门的融资成本，从而减少私人投资，结果会部分或全部抵消因政府投资增加而增加的国民收入，这就是所谓的"挤出效应"。"挤出效应"与财政贴息如图7-11所示。

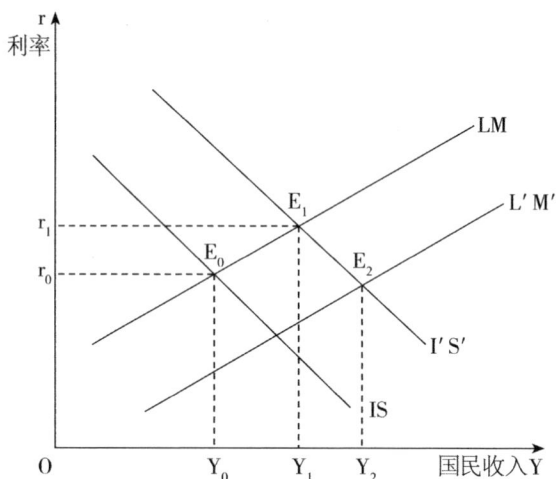

图7-11 "挤出效应"与财政贴息

在图7-11中，纵、横轴分别为利率和国民收入，IS曲线为储蓄与投资均衡的轨迹，LM曲线为货币需求与货币供给均衡的轨迹。IS-LM体系表示在商品市场和货币市场均衡条件下利率与国民收入的关系。假定最初IS曲线与LM曲线相交于E_0点，形成均衡的利率r_0和国民收入Y_0。

现在政府通过发行公债来筹措资金以增加投资，将使IS曲线向右上方移动变成I′S′曲线，如果货币供给量有所增加，将使LM曲线向右下方移动变成L′M′曲线，它与I′S′曲线相交于E_2点，国民收入可能增加到Y_2。但如果货币供给量没有增加，

那么 $I'S'$ 曲线只与 LM 曲线相交于 E_1 点，均衡的利率和国民收入分别变为 r_1 和 Y_1，说明由于政府追加投资引起国民收入的增加，但也引起利率的上升。由于利率上升会引起利率弹性的投资减少，结果会部分或全部抵消因政府投资增加而引发的国民收入增加值。从图 7-11 看，"挤出效应"的大小在很大程度上取决于 IS 曲线和 LM 曲线的相对斜率，即货币需求的利率弹性越小，投资的利率弹性越大，挤出效应越大；反之，就越小。

如果政府对私人部门的融资成本进行补贴，即安排财政贴息，私人部门的融资成本就会降低，国民收入水平仍为 Y_1。

◆ 关键概念

政府支出 耗尽性政府支出 转移性政府支出 国防支出 公共教育支出 社会保障支出

◆ 复习思考题

1. 政府支出可以划分为哪些类型？

2. 政府支出的原则有哪些？

3. 政府支出的政策效应有哪些？

4. 政府支出是由哪些项目构成的？

5. 政府是如何安排教育支出的？

6. 试述政府介入社会保障的主要原因。

7. 试述财政补贴存在的合理性和必要性。

8. 结合实例，分析政府支出的直接效应和间接效应。

思政专栏 7-1

让财政在新征程中发挥更大作用

即测即评 7

第八章 政府税收理论与制度

◈本章学习目标

◈本章学习目标

　　理解税收的含义和特征，了解税收的构成要素，理解税收的原则，掌握主要税种的分类；了解税制模式理论及税制模式的发展趋势，理解税收制度的设计；掌握税收转嫁的含义与形式，会用经济学方法分析税收归宿；掌握税收与生产、税收与资源配置、税收与分配、税收与消费之间的经济效率。

◈本章知识结构

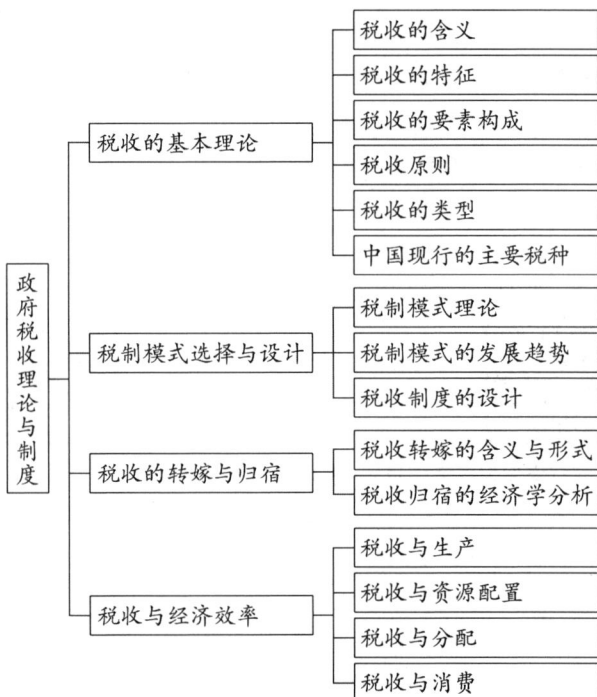

```
                                    ┌─ 税收的含义
                                    ├─ 税收的特征
                         ┌─ 税收的基本理论 ─┼─ 税收的要素构成
                         │                  ├─ 税收原则
                         │                  ├─ 税收的类型
                         │                  └─ 中国现行的主要税种
            政府          │
            税收          │                  ┌─ 税制模式理论
            理论 ─────────┼─ 税制模式选择与设计 ┼─ 税制模式的发展趋势
            与            │                  └─ 税收制度的设计
            制度          │
                         ├─ 税收的转嫁与归宿 ─┬─ 税收转嫁的含义与形式
                         │                  └─ 税收归宿的经济学分析
                         │
                         │                  ┌─ 税收与生产
                         └─ 税收与经济效率 ──┼─ 税收与资源配置
                                            ├─ 税收与分配
                                            └─ 税收与消费
```

　　政府的存在与活动需要相应的经费支持，而经费的取得主要依靠的就是税收。税收也是政府支出最基本的补偿方式，而课税行为又会对经济产生影响。税收原则是政府征税依据的基本准则，在经济发展的不同时期，政府征税所依据的原则也有所不同。合理的税制既有助于政府的税收筹资，又能够对微观经济主体的经济决策产生积极的影响。

第一节　税收的基本理论

一、税收的含义

马克思认为税收是从一个处于私人地位的生产者身上扣除的一切，又会直接和间接地用来为处于社会成员地位的这个生产者谋福利。

德国历史学派经济学家瓦格纳认为：所谓租税，从财政的意义上讲，就是公共团体为满足其财政上的需要，凭借其主权，作为对公共团体的事务性设施的一般报偿，依据一般原则和准则，以公共团体一方所决定的方法及数额，强制地征自个人的赋课物；再从社会政策的意义上说，所谓赋税，就是以满足财政上的必要的同时，或不问财政上有无必要，以规定国民收入的分配及国民财产的分配，借以矫正个人所得与个人财产的消费为目的所征收的赋课物。

美国新古典综合派著名经济学家萨缪尔森对税收定义的突破，在于其提出了税收除了强制征收以保证政府支出外，还具有再分配的经济性质。税收的再分配作用表现在，一方面通过征税对社会资源进行再分配，另一方面政府将征收的税款用于转移支付，对社会财富再进行一次分配。

英国税收专家西蒙·詹姆斯给税收下的定义是非常简洁的，他认为税收是由政权机构实行不直接偿还的强制性征收。

世界银行对税收和收费的定义做了如下的区分：税收是无偿性和强制性的支付，它主要由中央政府征收；而收费则是为交换公共部门所提供的特别商品和服务而进行的支付，它主要由国有企业和地方政府征收。

因此我们认为税收是政府为取得财政收入以便履行政府职能，按照法律的规定，以货币形式对私营部门的一种强制性课征。另外，现代意义上的税收概念，从公共物品理论的角度将税收看作公共物品的价格。

二、税收的特征

尽管对税收定义的各种表述注重不同的侧面和不同的角度，但总的看来它们具有一些共同特征。税收的特征有三个：强制性、无偿性和固定性。

1.强制性

税收的强制性，是指国家（政府）的征税活动是以国家的法律、法令为依据实施的，任何单位和个人都必须依法履行纳税义务，否则就会受到法律的制裁。税收的这种强制性，是人们感觉到的税收最为明显的特征，也是税收同公债收入、规费收入、公有财产收入（公产收入）等其他形式的财政收入最显著的区别。

强制性是税收作为公共物品的价格这一基本性质所决定的。由于公共物品的消费具有非竞争性和非排他性的特征，公共物品在其提供过程中，经常会出现"搭便车"的行为。如果任凭社会公众"自觉"纳税，则必然存在大量的不纳税现象，从而使政府缺乏足够的财力去为社会公众提供必不可少的公共物品。为了克服这一问题，国家（政府）往往采取强制性的方式，以克服"搭便车"可能带来的困难和问题。作为政权组织的政府，其具有的政治权力，使其能够进行强制性的征收活动。当然，现代政府征税，必须获得立法部门的同意或授权。

2.无偿性

税收的无偿性，是指国家征税之后税款即为国家所有，归国家自主支配和使用，国家并不承担任何必须将税款等额直接返还给纳税人，或向纳税人支付任何报酬的义务。当然，从税收是公共物品价格的角度看，市场经济下国家征税的本质并非无偿的，因为政府必须因此面向全社会提供相应的公共服务。这是从根本上看，即从政府面向全社会的作用所得出的结论。但如果从具体的税收征纳活动来看，则政府与某个企业、某一个人发生税收征纳关系时，却没有必然的义务必须将税款从政府那里直接返还给纳税人。这就表明了税收的无偿性的形式特征。

3.固定性

税收的固定性，是指政府在征税以前就以法律形式制定了税收制度，规定了各项税制要素，并按这些预定的标准进行征收。税法一旦公布施行，征纳双方就必须严格遵守。纳税人必须依法纳税，不得逃税、拖欠税款和抗拒征税；税务机关也必须依法征税，不得擅自减免，也不能超越法律的授权擅自加征。税法是通过政治程序由立法部门（议会，在中国为人民代表大会）制定的。税收以法律形式固定下来，不仅有约束强制企业和个人履行纳税义务的一面，也有约束强制政府必须正常有度地开展征税活动的一面。

税收的特征，使得税收能够区别于公共部门的其他收入。税收的强制性使得税收与公债、政府收费和捐款等区别开来。与税收相比，公债取决于债权人的意愿，捐款取决于捐赠者的意愿，他们都是自愿的，不具有强制性。税收的无偿性是从个体纳税人角度而言的，其享有的公共利益与其缴纳的税款并非一一对等。国家征税后，税款一律纳入国家财政预算统一分配，而不直接向具体纳税人返还或支付报酬。就国家与全体纳税人的利益归宿关系来看，国家征税虽然使纳税人丧失了部分经济利益，但国家用所取得的税收收入为全体纳税人提供社会秩序、公共安全、共同生产生活条件等，即公共物品。从这个意义上说，税收对全体纳税人而言是有偿的。税收形式上的无偿性和本质上的整体有偿性，不但将税收与罚款收入、特许权收入等收入形式区分开来，更是将税收与债务收入（必须按期还本付息）、规费收入（国家通过直接为付费者提供服务而取得的收入）根本性地区别开来。税收的征收标准和程序是经过法定程序确定的，不会随意变化。相比之下，货币的财政发行、摊派和罚没收入等形式的收入并不具有这种固定性，其数量和规模可能会受到政府决策和市场影响的波动。

三、税收的要素构成

政府征税必须有相应的税收制度。近现代税收是由既定的法律制度加以规范和界定的，因而税收制度是税收问题的最重要的内容之一。这样，每一种税都有相应的税收制度，都是依据相应的税收制度课征的。尽管各个时期各个税种有着不同的内容和特点，但构成税制的要素却是相同的。这就是为什么任何一部税法和任何一种税，都规定了对什么征税、向谁征税、征多少税、如何征税等问题的原因。这些就构成了税法的基本内容，成为税收制度的基本要素，简称税制要素。税制要素一般包括纳税人、征税对象、税率、纳税环节、纳税期限、减税免税、违章处理等。其中纳税人、征税对象、税率是税制的三个基本要素。

1. 纳税人

所谓纳税人，是税法规定的直接负有纳税义务的单位和个人。每一种税都有关于纳税义务人的规定。如果不履行纳税义务，即应由该行为的直接责任人承担法律责任。

税法规定的直接负有纳税义务的人可以是自然人（个人），也可以是法人。所谓"法人"，是指依法成立并能独立地行使法定权利和承担法律义务的社会组织，如社团、企业等。这里需要区分一组概念：纳税人和负税人。

负税人，即税款的实际负担者，它与纳税人是相互联系又相互区别的两个不同概念。有些税种，税款最终是由纳税人自己承担的。在这种情况下，纳税人就是负税人。而有些税种，税款虽然由纳税人缴纳，但纳税人可通过各种方式将税款转嫁给别人负担。在这种情况下，纳税人就不等同于负税人。

这里举一例予以说明。某商店销售一种商品，在未征税的前提下，价格是每单位10元；而在政府对商店就此课征20%税收的条件下，价格可能发生变化。如果售价为12元，则商店将所有相关税收转嫁给购买者，此时的负税人将不是商店，而是购买者；如果该商品的售价不变，则负税人是商店；如果售价在10元以上12元以下，则商店和购买者都是负税人。在这一例子中，纳税人没有发生变化，都是商店。

2. 征税对象

所谓征税对象，又称课税对象，或征税客体。它是指对什么事物和什么活动征税，即征税的标的物。通过规定课税对象，税法才能确定根据什么事物或活动征税。不同的税种有不同的征税对象，它是一个税种区别于另一个税种的主要标志，并且不同的税种名称由来以及各个税种在性质上的差别，也主要取决于不同的征税对象。理解征税对象，要注意区分以下一组概念：税目、计税依据和税源。

（1）税目是税法规定的征税对象的具体项目，反映具体的征税范围，代表征税的广度，它将征税对象具体化。有些税的征税对象简单明确，如房产税、屠宰税等，因而没有另行规定税目的必要。而大多数税种的征税对象则比较复杂，在征税时需要将征税对象进一步划分，并做出具体的界限规定，这就要依靠税目来完成这个任务。规定税目是贯彻税收政策的需要。例如，对有些税目要制定较高的税率，对有些税目可以制定一般的税率，对有些税目则可以制定较低的税率。规定税目也是征税技术上的需要，通过规定税目可以划分各个税目征免的界限，凡属于列举税目之内的商品或经营项目都要按照相应的税率征税，不属于这些税目的就不按此征税。

（2）计税依据是指计算应纳税额的依据，基本上可以分为两种：一是计税金额。这是采用从价计征方法时计算应纳税额的依据，如收入额、利润额、财产额、资金额等。计税价格乘以征税对象的数量，就可以得出计税金额；再用计税金额乘以适用税率，就可得出应纳税额。二是计税数量。这是采用从量计征方法时计算应纳税额的依据，如原油的资源税是按原油的实际产量以吨定额计税的。此时以适用税率乘以计税数量，就可以得出应纳税额。

（3）税源是指税款的最终来源。从总体上看，税收只能来源于国民收入。具体到每一种税，征税对象与税源有的一致有的不一致。例如，个人所得税的税源与征税对象都是纳税人的收入。又如房产税，其征税对象是纳税人拥有房产的数量或价值，而税源是房产带来的收益或财产所有人的收入。这里牵涉税本与税源的区别问题。税本是基础，税源是基础所产生的果实。有税本才有税源，有税源才有税收。国家运用税收对经济进行调节的作用点是在征税对象上，但作用的归宿主要在税源上。

经济学界还经常用到税基概念。这是一个与征税对象内涵有交叉的概念，现实中我们会经常碰到，下面简单予以介绍。税基是某一税种的课税依据。在税制设计上，税基的选择是一个重要问题。首先，税基本身的选择，或以人们的收入为基础课征所得税，或以支出为基础课征支出税，或以消费为基础课征消费税；其次，税基大小的选择，或以全部商品为基础课征一般销售税，或以部分商品为基础课征选择销售税。税基在大小选择方面的含义，接近于课税范围。

3.税率

所谓税率，是税法规定的应征税额与征税对象之间的比例，是计算应征税额的标准，是税收制度的中心环节。税率的高低，体现着征税的深度，反映着国家在一定时期内的税收政策和经济政策，直接关系到国家的财政收入和纳税人的税收负担。一般来说，税率可分为比例税率、定额税率（固定税额）和累进（退）税率。

比例税率是指对于同一征税对象，不论其数量大小都按同一比例征税的一种税率制度。其主要特点是税率不随征税对象数量的变动而变动。在其具体运用上，包括单一比例税率和差别比例税率。其中差别比例税率又可分为产品差别比例税率、行业比例税率、地区比例税率和幅度比例税率四种。

定额税率是税率的一种特殊形式。它是指按征税对象的一定计量单位规定固定税额，而不是规定征收比例的一种税率制度。它是以绝对金额表示的税率，一般适用于从量计征的税种。在具体运用上，也可分为单一定额税率和差别定额税率、幅度定额税率和分类分级定额税率几种。

累进税率是指税率随着课税对象的增大而提高的一种税率制度。它按征税对象数额的大小划分若干等级，每个等级由低到高规定相应的税率，征税对象数额越大，税率越高；征税对象数额越小，税率越低。累进税率因计算方法和依据不同，又可分为以下几种：一是全额累进税率，即对征税对象的全部数额都按与之相应的税率计算税额。在征税对象提高到税收的一个等级档次时，对征税对象全部都按提高一级的税率征税。二是超额累进税率，即把征税对象按数额大小划分为若干等级，每个等级由低到高规定相应的税率，分别按该等级的税率计征。此时，一定的课税对象同时使用几个税率，纳税人的应纳税款总额由各个等级计算出的税额加总而成。

在经济分析中，我们经常要用到边际税率和平均税率。边际税率是指在征税对象的一定数量水平上，征税对象的增加导致的所纳税额的增量与征税对象的增量之间的比例。而平均税率是指全部税额与征税对象总量之比。实行比例税率时，边际税率等于平均税率，而实行累进税率时，边际税率往往要大于平均税率。为了分析税收负担和税收作用效果等，我们还常将税率分为名义税率和实际税率。名义税率是指税法规定的税率；实际税率是指纳税人在一定时期内实际缴纳税额占其计税依据的比例。由于存在税收减免等原因，实际税率通常要低于名义税率。

4.纳税环节

所谓纳税环节，一般是指在商品流转过程中按照税法规定应当缴纳税款的环节。商品从生产到消费，中间往往要经过许多环节，如工业产品要经过工厂生产、商品采购、商业批发和商业零售等环节。具体确定在哪个环节缴纳税款，这是对商品流转额征税中的一个比较特殊又是十分重要的问题。它关系到税制结构和整体税收体系的布局，关系到对商品生产、流通是否有利，影响到物价的变化，关系到税款能否及时足额地缴纳入库，国家的财政收入能否得到保证，关系到税款收入在地区间的分配，也关系到是否便利纳税人纳税等多方面的问题。

5.纳税期限

所谓纳税期限，是指税法规定的纳税人发生纳税义务后向国家缴纳税款的期限。各个税种的法律都需要明确规定缴纳税款的期限，这是由税收的及时性所决定的。规定纳税期限，是为了促使纳税人及时依法纳税，以便及时地保证国家财政支出的需要。同时，这也是税收强制性和固定性的体现。

6.减税免税

所谓减税免税，是指税法对某些纳税人或征税对象给予鼓励和照顾的一种特殊规定。它体现了税收的严肃性和必要的灵活性的结合。它能够使税收制度按照因地制宜和因事制宜的原则，更好地贯彻国家的税收政策。税收制度的减税免税要素主要包括以下内容：

（1）减税和免税。所谓减税，是指对应纳税额少征一部分税款；所谓免税，是指对应纳税额全部免征。除税法列举的免税项目外，一般减税、免税都属于定期减免性质，税法规定有具体的减免条件和期限，到期就应当恢复征税。

（2）起征点。所谓起征点，是征税对象达到征税数额开始征税的界限。征税对象的数额未达到起征点时不征税。而一旦征税对象的数额达到或超过起征点时，则要就其全部的数额征税，而不是仅对其超过起征点的部分征税。

（3）免征额。所谓免征额是在征税对象总额中免予征税的数额。它是按照一定标准从征税对象总额中预先减除的数额。免征额部分不征税，只对超过免征额部分征税。

7.违章处理

所谓违章处理，是税务机关对纳税人违反税法的行为采取的处罚性措施，它是税收强制性特征的体现。它主要解决对于不缴、少缴、迟缴、偷税等违反税法的现象和行为怎么处理的问题，也是维护国家税法的严肃性的保证。在目前的中国，它还有保证税收任务的完成，以及严肃财经纪律等作用。

8.纳税地点

所谓纳税地点，是纳税人应当缴纳税款的地点。一般来说，纳税地点和纳税义务发生地是一致的。但在某些特殊的情况下，纳税地点和纳税义务发生地却是不一致的，如与总公司不在同一地点的分公司的利润应在总公司汇总纳税。

四、税收原则

（一）税收的公平原则

公平原则是设计税收制度的最重要的原则，被置于税收各原则之首。无论对于纳税人，还是对于政府，一个公平的税收制度都是非常重要的。只有纳税人相信税收制度是公平的，才能促使他们如实申报并依法纳税，从而有效地维持税收制度的正常运转。同时，税收具有矫正收入分配不均和差距悬殊的作用，公平的税收制度对于实现政府保持社会稳定的目标具有重要作用。

税收应该是普遍的，在税收管辖权范围内普遍课征于一切应纳税的自然人和法人，不让任何人、任何企业有任何形式的免税特权。因此，普遍性是实现税收公平原则的重点。此外，公平是指相对于纳税人的纳税条件，而不是税收本身的绝对负担问题，即税收负担要和纳税人的纳税能力相适应，并使各个纳税人之间的负担水平保持均衡。从这些要求出发，衡量税收制度是否公平，可以按受益原则和纳税能力原则两个标准进行。

1.受益原则

税收制度的受益原则主张，在公平的税制中，每个纳税人应该根据其从公共物品和公共服务中得到的受益多少而相应纳税，享受利益多者应该多纳税，享受利益少者可以少纳税，不享受利益者不纳税。

受益原则又可细化为不同的方面：

（1）一般受益原则。从理论上说，在严格的受益原则下，每个纳税人缴纳的税收应与他对政府提供的公共劳务的要求相一致。由于每个人对公共劳务的偏好不同，所以，也就没有一个能适用于所有人的一般税收规范。因此，最佳税收制度取决于偏好的模式。若收入相同的纳税人有相近的偏好，在一般受益原则下税收制度就取决于对政府的公共劳务需求的收入弹性与价格弹性。

（2）特殊受益原则。实际上要实行受益原则，必须知道每个纳税人从政府支出中得到多少收益，能真正做到这一点的只限于一些特定的场合，故受益原则的实际运用主要是在某些特定的场合。在这种情况下，受益原则要求对政府劳务的特定使用者课征税收或收取费用。

（3）间接替代征收原则。直接衡量纳税人从某种政府劳务中得到多少收益在技术上存在困难，或直接对政府劳务的使用征税虽在技术上可能，但代价太高而不可取，在许多场合下人们以间接替代方式实现受益原则。例如，政府修建公路，但对公路的使用直接征税有困难，可以采取征收汽油税、汽车税和其他汽车产品税，以此作为对公路使用税的间接替代征收。

受益原则具有一定的合理性，能较理想地分配税收负担，以支付某些政府公共服务的费用。在经济生活中，政府为提供公共物品和服务进行了支出，享受这些利益者应相应分摊这些费用。如果税收不是按照纳税人享受的政府支出利益的多少来课征的，政府提供的公共服务就成为对使用者的一种补助，会因享受服务的多寡不同而产生不公平。按照这个原则，公平程度应该按照公共支出结构的不同而不同。受益标准不仅应用于衡量税收政策，也应该应用于衡量公共支出政策。

但事实上，实行受益原则要求每个纳税人缴纳的税收和他对公共服务的需求一致，或必须测定每个纳税人从公共支出中到底得到了多少受益，这是非常困难的。因此，这一原则只能用来衡量某些特定的受益税税种，但就总体税收来说，按受益原则进行分摊是做不到的。

此外，政府的社会福利支出主要对象是穷人和残疾人，他们的纳税能力很小，甚至完全没有纳税能力，根本无法根据受益原则向他们征税。政府用于提供公共服务的税收收入和用于实现收入再分配的税收是无法分开的。所以，受益原则难以用于政府实现再分配目的的转移支付所需要的那部分税收。总之，按受益原则征税只能解决税收公平的部分问题，不能解决税收公平的所有问题。

2.纳税能力原则

纳税能力原则是指每个纳税人应按其纳税能力纳税，纳税能力大者多纳税，纳税能力小者少纳税，无纳税能力者不纳税。这是公认的比较合理，也易于实行的衡量税收制度公平的标准。按照这一原则，税制是否公平是从税收自身考虑的，与政府支出无关。这是完全不同于受益原则的。

根据纳税能力原则的要求，拥有同等纳税能力的人们必须缴纳相同的税收，而具有较高能力的人们则必须缴纳更多一些。这里有两个层次的含义：一是以同等的方式对待条件相同的人，即纳税能力相同者应当缴纳无差别的相同数额的税收，称作横向公平。横向公平只适用于最基本的平等方面。例如，在公平的所得税制下，具有相同收入的纳税人应缴纳相同的税收。二是以不同的方式对待条件不同的人，即纳税能力不同的人应当缴纳数额不同的税收，称作纵向公平。在纵向公平下，如以收入来衡量纳税能力，则收入较高的纳税人就应该多纳税。

纳税能力原则的优点，是它适用于包括实现再分配职能的移转支出在内的所有税收。其缺点是没有顾及公共物品和服务的提供。

度量纳税人的纳税能力，要求有一种能对纳税能力进行衡量的数量标准。从理想的角度看，这一标准应该能够反映每个人从所有可供他选择的机会中得到的全部福利，包括当期消费、未来消费、财富占有、对闲暇的享受等，但这种全面的衡量标准是不现实的。在现实中纳税人的纳税能力因人而异。税收学界对什么是衡量纳税能力的最优标准，存在着客观说和主观说两种不同的观点。

（1）客观说。客观说主张以纳税人拥有财富的多少作为测度其纳税能力的标准。纳税人的财富有多种表示方式，从税基的角度讲包括收入、消费和财产。

（2）主观说。主观说认为，衡量纳税能力应以纳税人因纳税而感受的牺牲程度大小为标准。牺牲程度的测定以纳税人纳税前后从其财富得到的效用的差量为准。对纳税人而言，纳税是经济上的牺牲，由于纳税，其享受程度会减小。如果缴纳税金后，每一纳税人所感受的牺牲程度相同，税收制度就是公平的，否则就不公平。

3.两种衡量标准的权衡

综上所述，从衡量税收公平的标准看，受益原则和纳税能力原则都有其重要性和各自的优点，但这两种原则都不能单独地解释税制设计的全部问题，也不能单独地实现税收政策的全部职能。因此，公平的税收制度的设计有赖于两个原则的配合使用。

从技术上看，两个原则的真正实现都存在一定困难，无论是度量纳税人从政府支出中得到的受益，还是衡量纳税能力都不是轻而易举的。尽管受益原则和纳税能力原则各有其缺陷，但这两个原则的配合运用，为公平税制的设计提供了较为理想的选择。

（二）税收的效率原则

税收制度设计的第二个原则是征税过程必须是有效率的。从资源配置的角度讲，税收要有利于资源的有效配置，使社会从可用资源的利用中获得最大利益，有利于经济效益的提高和宏观经济稳定增长。从税务行政的角度讲，税收制度必须简便，征纳双方的费用，包括征税的行政管理费用和纳税人的从属费用都要节省。此外，还应使税收的额外负担最小。总之，税收的效率原则可分为税收的经济效率原则和税收本身的效率原则两个方面。

1.税收的经济效率原则

税收的经济效率原则是指税收政策和制度的实施，应该有利于经济的有效运行。其衡量标准是考察税收对资源配置的影响，使税收额外负担最小化和额外收益最大化，即政府征税使社会所付出的代价，应以征税额为限，不能造成额外负担。税收额外负担，是指因征税引起的替代效应而增加的私人经济中资源使用上的效率损失。这种效率损失超出了国家征税使社会应该承担的效率损失，因而是不符合效率原则的。

帕累托效率的原意是，在资源配置中，如果无法通过重新调整来使任何一个人的境况更好，而不使其他人的境况变坏，那么这种资源配置被认为是最大效率的。如果资源配置无法达到这种状态，就说明存在改进的空间。在实际经济生活中，大多数经济活动可能会以使某些人的境况变好为代价，而其他人的境况变坏。这是因为资源和机会分配的不均导致一些人在经济活动中获益，而其他人可能会受到损失。因此，实际上，帕累托效率的含义可以解释为经济活动中的任何举措都应该使"得者的所得多于失者的所失"。这意味着经济活动应该追求最大化整体福利，并尽量减少负面影响，确保获益者的收益超过损失者的损失。只有在这种情况下，才能认为经济活动是有效率的。

将帕累托效率准则应用于税收，可以看到税收的征收活动同样存在"得者所得和失者所失"的比较问题。将社会资源从纳税人手中转移到政府的这一税收过程，必然对经济产生影响。如果这种影响限于征税数额本身，这是税收的正常影响。如果除正常影响外，经济活动因征税而受到干扰，并使社会利益受到削弱，便产生了税收的额外负担。若除了正常影响外，经济活动因征税而得到促进，社会利益得到增加，便产生了税收的额外收益。

2.税收本身的效率原则

税收本身的效率原则是指是否以最小的税收成本取得了最大的税收收入。这一效率原则主要是考察税务行政管理方面的效率状况。衡量税收本身的效率的标准，是税收成本占税收收入的比重。也就是说，包含税收成本的税收名义收入，与扣除税收成本的税收实际收入的差距是否最小。

（1）税收成本。税收成本是指在税收征纳过程中所发生的各类费用。征税活动的存在形成了税务部门这样一个重要的公共部门，和其他一切公共部门一样，税务部门的征收活动也有成本，也必须是有效率的。

狭义的税收成本专指税收的征收费用，即税务机关为征税而花费的行政管理费用，包括税务机关工作人员的工资和奖金、办公设备、征税过程中支出的费用和推行税收管理改革而付出的费用等。广义的税收成本除税务机关征税的行政管理费用外，还包括纳税人在按照税法规定纳税过程中所支出的费用。例如，纳税人申报税收方面的时间和交通费用，因填写纳税申报表而雇用会计师的费用，公司为个人代缴税款所花费的费用，以及纳税人为逃避纳税所花费的时间、精力、金钱和因违反税法受到的惩罚等。

税收的征收费用比较容易计算，而执行费用因纳税所花费的时间、心理方面的支出，无法用金钱来衡量，是一种隐蔽费用，因而难以准确计算。所以，税收本身的效率可以用税收征收费用占全部税收收入的比重为衡量指标。比重越高，说明税收成本越大，表明取得的税收收入是以较多的税收成本为代价的；比重越低，则说明税收成本越小，表明以较少的税收成本换取了较多的税收收入。

此外，税收征收费用占税收收入的比重这一指标，除了用于衡量政府税收本身效率之外，还可用于分析有关的税收理论问题。例如，通过计算各个税种的征收费用占该税种收入的比重，可以比较分析哪个税种的效率最佳。又如，通过计算不同时期税收的征收费用占税收收入的比重，有助于反映一国税收效率的历史发展变化。再如，通过计算不同国家税收征收费用占税收收入的比重，可以进行国际比较等。

（2）税收本身的效率原则，要求政府在税务管理上费用最小，同时也使纳税人的执行费用最小。为了提高税收的效率，政府需要设计税务管理制度，使其对征收人和纳税人都更加方便，以降低税收的管理成本和纳税人的遵从成本。简化税制是提高税收效率的重要途径，因为它使征收人易于理解和掌握，纳税人易于遵守，并减少了逃税的机会。

一旦税法确立，税务机关必须按照法律规定进行征税，不能随意行事。征纳双方对征税事项必须明确清楚，以避免不必要的争议和纠纷，确保纳税人不因纳税而承担额外的负担，从而最小化财政收入与税收之间的差距。

此外，高效率的税务管理也是提高税收效率的关键。现代化的征收手段可以被运用，以防止税务人员的贪污和舞弊行为，从而节约征收费用。通过采用先进的技术手段和有效的监管措施，可以提高税务管理的效率，减少资源浪费和滥用。

五、税收的类型

（一）税收的分类方法

税收的分类方法有多种标准，以课税权的归属为标准，可以把税收分为中央税、地方税；以课税权行使的方法为标准，可以分为经常税和临时税；以税收收入的形态为标准，可以分为实物税和货币税；以课税的客体为标准，可分为对人税和对物税；以计税依据为标准，可以分为从量税和从价税。这里介绍几种较为常用的分类方法：

1.按税负是否可转嫁分类

（1）直接税与间接税

世界各国通行的一种分类方法是以税收负担能否转嫁为标准，将税收划分为直接税和间接税。凡纳税人不能将税负转嫁给他人，即纳税人与税收的实际负担人相同，不发生转嫁关系的税种，称为直接税。凡纳税人可以将税负转嫁给他人，即纳税人与税收负担人不同，其间发生了税负转嫁关系的税种为间接税。直接税包括所得税、公司税、资本利得税、资本转移税和各种财富税，间接税包括消费税、增值税等。主要税种分类如图8-1所示。

（2）直接税和间接税的特点

直接税和间接税各有特色，直接税的一个特征就是税额与纳税人的纳税能力有关，而间接税则不考虑纳税人的纳税能力。因此，直接税能够在一定程度上起到收入再分配的作用，而间接税的再分配作用较小。直接税的另一个特征是其收入较有弹性，可以配合经济周期对税收收入的不同需要。但直接税的稽征工作难度较大，需要财产登记、税源统计、财务会计等的一系列基础工作，因而征收成本较高。此外，对于纳税人来说，直接税使他们直接地感受到税收的负担，容易遭到抵制，甚至发生逃税等现象。

```
                              税收
          ┌────────────────────┴────────────────────┐
        直接税                                      间接税
    ┌──────┴──────┐                          ┌──────┴──────┐
 当期收益税        资本税                    从价税      从价税和从量税
 ┌────┴────┐   ┌────┴────┐              ┌───┴───┐         │
累积税    比例税 资本转移税 财富税        增值税              消费税
  │     ┌──┴──┐
个人所得税 公司税 资本利得税
```

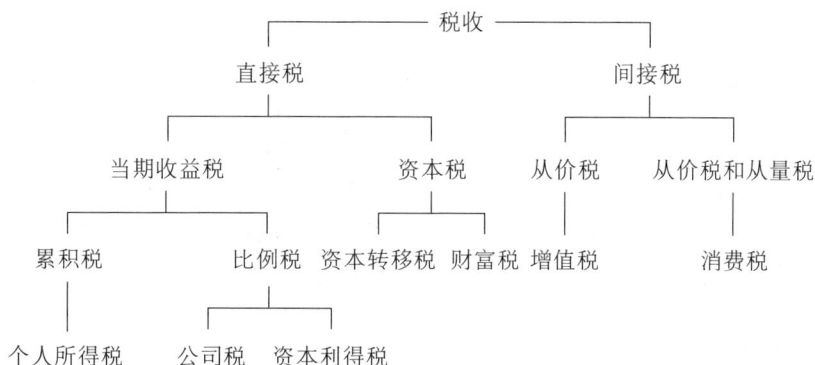

图 8-1　主要税种分类

间接税的最重要特点就是其征税范围较为普遍。间接税一般从企业征收，数量明确，易于征集，且收入量大，是政府的主要收入来源。对纳税人来说，间接税的负担不明显，且与消费相联系，易于接受。但事实上，间接税税负具有累退性质，贫困者的负担相对较重，违反税收公平原则；同时，其收入缺乏弹性，如果为了增加收入而提高税率，会减少消费，反而使税收收入降低。

从直接税和间接税的特征可以分析出，如果一国的直接税比重较大，表明该国的富有者负税较多。如果间接税的比重较大，则表明该国的广大群众负税较多。通过直接税和间接税两个税种的比较，可以制定出符合经济和社会政策的两者比例，建立健全的税收体系。

2.按课税对象性质分类

研究税收理论的最基本的分类方法是按课税对象性质的不同划分税收。对纳税人的所得额或利润额课征的税收，称为所得课税；对商品或劳务买卖的流转额课征的税收，称为商品课税；对纳税人的财产数量或价值额课征的税收，称为财产课税。

（1）所得课税

所得税类是目前发达国家的第一大税种，其中个人所得税远远超过公司所得税。

征收个人所得税的关键是定义个人所得。一般来说，有以下两种定义所得的方法：第一，亨利·西蒙关于所得的综合定义。个人所得可以为下列两种要素的代数和，其一是行使消费权的市场价值，其二是在一定时期的起点与终点之间财产存量的变化。这一定义包含了个人所得到的赠物、实际资本所得与比赛中所得的奖金等收入项目，显然，如果没有储蓄，则个人收入等于消费。这一定义虽然在逻辑上显得概念清楚，但是也有不少问题，比如此定义无法衡量没有表现为市场价值的个人所得。第二，应课税的所得定义。该定义在美国与英国基本上相同，它是指个人劳动所挣的收入加个人投资的收入减去扣除，再减去个人宽免，最后得到的余额就是应课税的所得。也就是说，个人劳动收入加个人投资收入就得到个人调整过的收入，调整过的收入减去扣除就是个人净收入，个人净收入再减去个人宽免就是应课税的所得。

专栏 8-1

中国个人所得税发展历程

1980年9月10日，五届全国人大三次会议通过《中华人民共和国个人所得税法》，个人所得税法正式颁布。征税对象包括中国公民和中国境内的外籍人员，但由于规定的起征点较高（每月或每次800元），绝大多数国内居民不在征税范围之内。为有效调节社会成员收入水平的差距，1986年1月，国务院发布了《城乡个体工商业户所得税暂行条例》，同年9月颁布了《个人收入调节税暂行条例》，上述条例仅适用于本国居民。

第一次修订

1993年10月31日八届全国人大四次会议通过《关于修改〈中华人民共和国个人所得税法〉的决定》，将《个人所得税法》《城乡个体工商业户所得税暂行条例》《个人收入调节税暂行条例》三个税收法律法规合并为《中华人民共和国个人所得税法》，建立内外统一的个人所得税制度，采用工薪9级累进税率，个人所得税起征点为800元/月。

个人所得税税率表（工资、薪金所得适用）

级数	全月应纳税所得额	税率（%）
1	不超过500元的	5
2	超过500元至2 000元的部分	10
3	超过2 000元至5 000元的部分	15
4	超过5 000元至20 000元的部分	20
5	超过20 000元至40 000元的部分	25
6	超过40 000元至60 000元的部分	30
7	超过60 000元至80 000元的部分	35
8	超过80 000元至100 000元的部分	40
9	超过100 000元的部分	45

注：应纳税所得额=月度收入−免征额−专项扣除（三险一金等）−专项附加扣除−依法确定的其他扣除

第二次修订

1999年8月30日，九届全国人大十一次会议授权国务院对个人储蓄存款利息征收个人所得税，税率为20%。

第三次修订

2005年10月27日，十届全国人大十八次会议决定将个人所得税起征点由800

元/月提高到 1 600 元/月，实行全员全额申报。

第四次修订

2007 年 6 月 29 日，十届全国人大二十八次会议授权国务院暂停对个人储蓄存款利息征收个人所得税。

第五次修订

2007 年 12 月 29 日，十届全国人大三十一次会议决定将个人所得税起征点由 1 600 元/月提高到 2 000 元/月。这适应了居民基本生活消费支出增长的新情况，减轻了中低收入者的纳税负担。

第六次修订

2011 年 6 月 30 日，十一届全国人大二十一次会议决定将个人所得税起征点由 2 000 元/月提高到 3 500 元/月，将个人综合所得（工资、薪金）的 9 级超额累进税率调整为 7 级，其中取消了 15% 和 40% 两档税率，并将税率中第 1 级由 5% 降至 3%。同时将个人所得税申报纳税时间由次月 7 日前改为 15 日前。

个人所得税税率表（综合所得适用）

级数	全年应纳税所得额	税率（%）
1	不超过 36 000 元的	3
2	超过 36 000 元至 144 000 元的部分	10
3	超过 144 000 元至 300 000 元的部分	20
4	超过 300 000 元至 420 000 元的部分	25
5	超过 420 000 元至 660 000 元的部分	30
6	超过 660 000 元至 960 000 元的部分	35
7	超过 960 000 元的部分	45

第七次修订

2018 年 8 月 31 日，十三届全国人大常委会第五次会议确定个人所得税起征点提升至每月 5 000 元，增加子女教育、大病医疗等专项费用扣除，合理减负，鼓励人民群众通过劳动增加收入，迈向富裕。

资料来源　国家税务总局. 中华人民共和国个人所得税法［EB/OL］.［2019-9-8］. http://www.chinatax.gov.cn/chinatax/n810219/n810744/n3752930/n3752974/c3970366/content.html.（作者编制）

公司所得税就是对公司利润课征的税，公司所得税的税基原则上是公司的净利润，即从公司总所得中减去工资、原材料费用和贷款利息的余额（即经常性的经营利润），但在征税时应根据公司的净利润、折旧（从净利润中减去）和存货价值的增加（应计入公司的净利润中）加以调整，调整后的数额就是公司的所得。

（2）商品课税

商品课税中的增值税，日益被人们所重视，不仅开征的国家不断增多，而且在税收中所占的比重亦有所提高。一些国家在降低所得税税率、避免高额所得税的同时，大力推广增值税，以防止财政减收，赤字增大。所以，扩大增值税的征收范围已成为各国间接税改革的方向。增值税的税基是指每一个生产阶段的新增价值额。当商品经过一系列生产阶段的时候，仅仅对商品每个连续阶段上可增加的价值征税，因此，当商品采取最终产品形态的时候，最终产品的每一个要素或组成部分仅征税一次。从以上的分析我们得知：增值税是一种中性的、对经济行为扭曲小，且税基广、收入大的税种。

（3）财产课税

与所得税是对经济流量征收不同，财产税是对经济存量征收的。财产税类作为古老的税种，在各国现行税收体系中一直是地方财政收入的主要来源，中央或联邦财政收入一般不将它包括在内。由于财产税是对经济存量征收的，因此财产税类的课征手段和评估技术存在一定难度。

之所以对财产课税是因为：第一，基于初始公平的原则。比如有两个人，收入水平相同，但其中一个拥有较多的财产，则该人就拥有较大的能力，财产会给他更多的安全，他可以减少储蓄，因此应对拥有较多财产的人征税。此外，来自财产的收入比平时挣得的收入更为长久，平时挣得的收入到一个人退休或死去时要终止，但财产收入可以被继承下去，因此，财产收入的贴现期比挣得收入的贴现期长，故也应对财产进行征税。第二，征收财产税能促进对财产更有效的使用。开征财产税会促使人们以租金较低的财产去代替租金较高的财产，因此，财产的现值也会降低，财产会更有效地得到利用。第三，征收财产税能促进对财产进行再分配。

3.联合国、经合组织（OECD）和国际货币基金组织（IMF）的税收分类

（1）联合国的税收分类

联合国国民核算系统（SNA）把收入分成直接税、间接税、财产收益、手续费及相关类别。

直接税就是公共机构对私人及团体的财产收入、就业收入或其他任何收入征收的税别，它由私人或团体直接支付。

间接税是对生产者征收的在生产、销售或对物品及劳务使用方面征收的税别。

（2）经合组织的税收分类

第一类，所得税，包括对所得、利润和资本利得的课税；

第二类，社会保险税，包括对雇员、雇主以及自营人员的课税；

第三类，薪金及人员税；

第四类，财产税，包括对不动产、财富、遗产和赠予的课税；

第五类，商品与劳务税，包括产品税、销售税、增值税、消费税等，也包括对进出口商品课征的关税；

第六类，其他税。

（3）国际货币基金组织的税收分类

第一类，所得税，包括对所得、利润和资本利得的课税；

第二类，社会保险税，包括对雇员、雇主以及自营人员的课税（按非税收入统计）；

第三类，薪金及人员税；

第四类，财产税，包括对不动产、财富、遗产和赠予的课税；

第五类，商品与劳务税，包括产品税、增值税、消费税等；

第六类，进出口关税；

第七类，其他税。

（二）中国的税收类型

中国的税收分类，按其划分标准的不同，也有多种分类方法：

1.以征税对象的性质为标准划分的税类

（1）流转税

流转税是以商品生产流转额，以及非商品生产流转额为课税对象征收的税种。商品流转额是指在商品生产交换的过程中，因销售商品而发生的销售收入额，或购进商品而发生的购货支付金额。非商品流转额是指因从事劳务、服务或其他业务经营而取得的商业性业务收入金额。

流转税的内容非常广泛，既包括对各种商品流转额课征的税种，也包括对各种劳务或服务（如交通运输、建筑安装、邮政电信、公用事业和各种服务性业务）流转额课征的税种；既包括对一般消费品、奢侈品课征的税种，也包括对生产资料以至全部商品生产交换课征的税种；既包括对商品生产、流通的销售收入课征的税种，也包括对国内制造货物和进境货物等无销售收入课征的税种；既包括对国内商品流通课征的税种，也包括对进出国境货物课征的税种。

（2）所得税

所得税包括各种企业所得税和个人所得税，是根据纳税人的生产经营所得和其他各种所得而征收的税种。是否应纳所得税以及应纳税额的多少，取决于所得额的有无和大小。所得税在中国税制结构中的地位仅次于流转税，其中较大部分是企业所得税。

（3）资源税

资源税是指以自然资源的使用和开发为课税对象的税种。中国现行的资源税，以及以土地资源为课税对象的城镇土地使用税、耕地占用税、土地增值税，均属于这个税类。

（4）行为税

行为税是指以某种经济活动为课税对象的税种。中国现行的行为税包括印花税、船舶吨税等。

（5）财产税

目前中国财产税类的税种开征较少。现行的契税，以及将要改征、开征的房产税、遗产税等都属于此类。

2.以不同的征税主管机关为标准划分的税类

（1）工商税收和所得税

工商税收和所得税自我国成立以来一直由国家税务系统征收管理。1994年实行分税制后，按不同的税类，分别由国家税务总局及其各地区国家税务局和各地的地方税务局征收管理。2018年国税地税机构合并后，由各级税务机关负责征收管理。现行的工商税收和所得税有增值税、消费税、城市维护建设税、企业所得税、个人所得税、资源税、房产税、车船税、印花税、城镇土地使用税、土地增值税。

（2）关税

关税由海关总署及各地海关机构负责征收，包括进口税、出口税。它是对进出口我国国境的货物和物品征收的一种税。

关税的课税对象是进出国境的货物和物品，货物是指对外贸易进出口的商品；物品是指入境旅客携带的、个人邮寄的、运输工具或服务人员携带的，以及用其他方式进口个人自用的行李、邮包、商品等。

关税税率分为进口税率和出口税率，一般采用差别比例税率。进口货物按照必需品、非必需品、限制进口品等分成若干个税级分别确定税率，各种货物的税率又分为优惠税率和普通税率两种。

3.以不同税收收入的支配权限划分的税类

（1）中央税

中央税是指由中央立法、收入划归中央，并由中央管理的税收，如我国现行的关税、消费税等税种。

（2）地方税

地方税是指由中央统一立法或授权立法、收入划归地方，并由地方负责管理的税收，如我国现行的房产税等税种。

（3）共享税

如果某一种税收收入由中央和地方按比例或按法定方式分享，便属于中央地方共享税。我国共享税由中央立法、管理，如现行的增值税、印花税、资源税等税种。

六、中国现行的主要税种

目前，中国共有18个税种，其中，16个税种由税务部门负责征收，关税和船舶吨税由海关部门征收。另外，进口货物的增值税、消费税由海关部门代征。

（1）增值税：对在我国境内销售货物或者提供加工、修理修配劳务以及进口货物的单位和个人征收。增值税纳税人分为一般纳税人和小规模纳税人。

（2）消费税：对在我国境内生产、委托加工和进口应税消费品的单位和个人征收。征税范围包括烟、酒和酒精、化妆品、贵重首饰和珠宝玉石等15个税目。

（3）环境保护税：对在我国领域和我国管辖的其他海域，直接向环境排放应税污染物的企业事业单位和其他生产经营者征收。应税污染物包括大气污染物、水污染物、固体废物和噪声。

（4）企业所得税：对中国境内的一切企业和其他取得收入的组织（不包括个人独资企业、合伙企业），就其来源于中国境内外的生产经营所得和其他所得征收。企业所得税以企业每一纳税年度的收入总额，减除不征税收入、免税收入、各项扣除以及允许弥补以前年度亏损后的余额，为应纳税所得额。

（5）个人所得税：以个人取得的各项应税所得（包括工资、薪金所得，劳务报酬所得，稿酬所得，特许权使用费所得，经营所得，利息、股息、红利所得，财产租赁所得，财产转让所得，偶然所得等9个应税项目）为对象征收。

（6）资源税：对各种应税自然资源征收。征税范围包括原油、天然气、煤炭、金属矿、非金属矿、海盐。目前，资源税采取从量定额或从价定率的办法征收。

（7）城镇土地使用税：以在城市、县城、建制镇和工矿区范围内的土地为征税对象，以实际占用的土地面积为计税依据，按规定税额对使用土地的单位和个人征收。

（8）房产税：以城市、县城、建制镇和工矿区范围内的房屋为征税对象，按房产余值或租金收入为计税依据，向产权所有人征收（此税不适用于外商投资企业、外国企业和外籍个人）。

（9）城市维护建设税：对缴纳增值税、消费税的单位和个人征收。

（10）耕地占用税：对占用耕地建房或者从事其他非农业建设的单位和个人，依其占用耕地的面积征收。

（11）土地增值税：以纳税人转让国有土地使用权、地上建筑物及其附着物所取得的增值额为征税对象，依照规定的税率征收。

（12）车辆购置税：对购置汽车、摩托车、电车、挂车、农用运输车等应税车辆的单位和个人征收。

（13）车船税：以在我国境内依法应当到车船管理部门登记的车辆、船舶为征税对象，向车辆、船舶的所有人或管理人征收。

（14）印花税：对经济活动和经济交往中书立、领受税法规定的应税凭证征收。印花税根据应税凭证的性质，分别按合同金额依比例税率或者按件定额计算应纳税额。

（15）契税：以出让、转让、买卖、赠予、交换发生权属转移的土地、房屋为征税对象征收，承受的单位和个人为纳税人。出让、转让、买卖土地、房屋的税基为成交价格，赠予土地、房屋的税基由征收机关核定，交换土地、房屋的税基为交换价格的差额。

（16）烟叶税：对收购烟叶（包括晾晒烟叶和烤烟叶）的单位，按照收购烟叶的收购金额征收，税率为20%。

以上是中国现有税种的大致介绍，除此之外，需要说明的是，尽管中国税法规定了上述税种，但并不是每个纳税人都要缴纳所有的税。

专栏 8-2

立法是消费税改革的开始，而不是结束

2019年12月3日，财政部、国家税务总局发布《中华人民共和国消费税法（征求意见稿）》，向社会公开征求意见。中国第四大税种消费税正式启动立法。

2019年国内消费税收入为12 564.44亿元，在整个税收收入中占比达8%，位列增值税和企业所得税之后，排第三位。作为增值税的重要补充，中国的消费税是一种"特别消费税"，针对包括卷烟、酒、成品油、小汽车等在内的15种消费品征收，在保护生态环境、维护人民健康、引导合理消费和缩小贫富差距等方面发挥重要的调节作用。由于个人所得税和企业所得税早已完成立法，增值税立法也于2019年12月26日结束征求意见，对中国税收而言，消费税立法是实现税收法定的关键一步。但对于消费税本身而言，立法是消费税改革的开始，而不是结束。

立法后消费税改革的方向：四位一体。

第一，征税范围扩围，有进有退。

一方面，随着经济社会发展的变化，过去征收现在没必要再征收的税目可以逐步退出征税范围。比如化妆品。过去，对化妆品征收30%这种高税率的重要原因，是化妆品并非生活必需品，带有奢侈品的性质。而随着居民生活水平的提升，化妆品已经成为居民日常必备的生活用品，没必要再用高税率进行调节。另一方面，将高污染、高耗能、高档消费品等"三高"消费品及奢侈性的消费行为纳入征税范围。比如，私人飞机、高档红木家具、奢侈性的服务消费等。"有进有退"的征税范围调整也是促进合理消费、健康消费，拉动消费升级的必然要求。

第二，调整部分税目税率。

消费税要发挥调节作用，税率设计至关重要。对于实木地板、一次性筷子等涉及资源节约、合理利用的税目，税率只有5%，难以发挥调节效果。真正能够改变人们消费行为的是垃圾分类，而不是5%的消费税。如果致力于通过消费税来更好地保护生态环境，可以针对实木地板和一次性筷子等税目提高税率。

第三，征收环节后移。

除了部分珠宝首饰在零售环节征税，卷烟在批发环节加征一道消费税和超豪华小汽车在零售环节加征一道消费税之外，绝大多数税目均在生产或进口环节征收消费税。生产环节征税带来的一个比较大的问题，就是转让定价、税收流失严重。比如，一家企业生产一种消费税的应税消费品，以极低价格卖给关联企业，税务局在生产环节征税，拿到的税收非常少，关联企业把价格提上去，消费者买到的东西很贵，税收都流失了。针对关联企业的转让定价调整在现实中总是有限，由此导致税收流失非常严重。过去，在生产环节征税的一个重要原因在于技术约束，征管水平达不到，对生产者征税总比对零售商或消费者征税容易得多。而现在，随着大数据、区块链、人工智能等技术的迅猛发展，在零售环节征税在技术上已经没有太大

问题。消费税征收环节从生产向批发、零售环节后移，将成为必然趋势。

第四，从中央逐步划给地方。

1994年分税制改革时即确立消费税为中央税。但自"营改增"以来，作为地方政府主体税种的营业税退出历史舞台，部分地方政府财力紧张，尤其在大规模减税降费的背景下，财力不足与事权、支出责任无法匹配的矛盾日益突出，由此健全地方税体系、充实地方财力的呼声越来越高。在2019年10月的国务院常务会议上也明确，要将消费税逐步从中央划给地方。但在转变之前，必须要先完成征收环节后移。如果保持在生产或进口环节征收，直接转为地方税，那一定会看到全国各地的烟厂和酒厂风起云涌。但烟、酒这样的行业，显然不是完全鼓励发展的行业，为了防止地方政府行为异化，首先要完成征收环节后移，才能从中央税转变为地方税。这样地方政府为了拿到更多的消费税，需要做的是培育良好的消费环境，吸引其他人到当地旅游消费，甚至不让本地人出门（比如国庆节的网红重庆），才能拿到更多的消费税，这才是更好的发展模式。

在"四位一体"的改革之外，还有一项至关重要、值得思考但短期内难以落地的改革内容，那就是消费税的呈现方式。作为一种典型的"价内税"，绝大多数消费者并不知道自己在"抽烟、喝酒、开车、加油"的过程中交了多少消费税。如果能像西方很多国家一样，将消费税价税分离呈现在购物小票上，让纳税人在每一笔消费中都清晰地知道自己交了多少消费税，纳税意识会强烈得多，一个好的纳税人社会才能更快来临。

资料来源　葛玉御. 立法是消费税改革的开始，而不是结束［EB/OL］.［2019-12-26］. https://finance.sina.com.cn/review/jcgc/2019-12-26/doc-iihnzhfz8368754.shtml.（作者有删改）

第二节　税制模式选择与设计

税制结构也被称作税制模式，包括税收制度的整体布局和分项构成，是税类、税种、税制要素以及征收管理的整体系统。税制结构是否合理，是税收制度是否健全、完善，税收作用能否充分发挥的前提。

一、税制模式理论

税制结构主要是指一个国家的税制体系由哪些税种构成、以哪类税种为主。世界各国的税制结构一般可划分成三大类型：以所得税类为主体税种，以商品税类为主体税种，所得税和商品税两者兼重的双主体税制结构。

随着经济和社会的发展，世界各国均在实行复合税制，税收制度越来越复杂。古典学派在关于税制分类方法论的基础上，提出了以个人收入所得税为主体税种的税制结构设想。斯密设计了三大税系，即工资税系、利润税系和地租税系。李嘉图继承和发展了三大税系的构想，为发达国家建立以所得税为主体的税制模式奠定了理论基础。但在当时，各国实行的仍然是以间接税为主体税种的税收模式。

凯恩斯学派反对古典经济学派的税制构想，他们认为，垄断时期难以完全依靠市场机制保证充分就业和避免经济危机，必须加强政府干预经济的力度，运用各种方法提高有效需求；同时，社会矛盾的激化和社会财富分配的贫富悬殊，也使消费倾向下降影响有效需求，应该加强所得税的收入再分配作用，因此，应以比较中性的间接税为主体税种构建税制，主张垄断时期的税收体系应以直接税为主。凯恩斯坚持税收体系应以累进的直接税为主，促进了第二次世界大战后发达国家以所得税为主体税种的税收制度的建立。汉森提出的税收体系模式，是以所得税等直接税为主，同时开征消费税等间接税。

不同国家的税收制度的内容有较大差异。世界各国税收制度的发展，大都经历了自然经济、自由竞争经济和现代经济等不同时期的税收制度。随着各国经济的发展，其税制结构也在逐步变化。由于各国生产力发展水平和生产结构有很大不同，税制结构也有很大差别。

二、税制模式的发展趋势

目前世界各国的税收占 GDP 的比重越来越大，税收征收的数额也越来越多。人均国内生产总值这一指标，集中体现了生产力发展水平，决定了税收占 GDP 的比重。世界银行以 1985 年的数字为例，分析了人均国内生产总值与税收之间的关系，税收占国内生产总值的比重，低收入国家在 15% 以下，一般约为 13%；中等收入国家超过 20%；工业发达国家在 30% 以上。

从税收占政府财政收入的比重看，发达国家的税收约占财政收入的 90%，如日本占 91%，英国占 96%，美国占 98%。从复合税收体系的角度看，发达国家的税种数量多，如美国多达 80 余种，日本有 50 多种，而且课税对象的覆盖面很大，收入、经营所得、租金、股息、产品、行为等都被列入课税范围。复合税收制度越来越复杂，主要在于经济的发展。经济增长不仅使运用多税种调节经济中的各种行为成为必要，也使运用多税种集中收入成为可能。

发达国家由于人均收入水平较高，有扩大个人所得税的潜力；同时，为鼓励投资，刺激经济增长，在公司所得税上多给予优惠照顾。因此，个人所得税在数量比重等方面都占重要地位。发达国家只有法国是将以增值税为中心的间接税作为主体税种，其余国家几乎都选择所得税为主体税种。例如，美国个人所得税长期处于领先地位，1985 年度个人所得税收入占税收总额的 45%，占所得税总额的 84%；英国、日本、德国、瑞典、荷兰等都是如此，其个人所得税的比重要比公司所得税的比重大得多。

在低收入国家，包括国内商品税和国际贸易税在内的商品税类占税收总收入的比重，1975 年为 66%，1985 年为 70%。同期，包括社会保障税在内的所得税类的比重，分别为 30% 和 26%；财产等其他税类分别为 4% 和 3%。

发达国家则明显以所得税类为主体税种，1975 年和 1985 年，所得税类（含社会保障税）分别占 63% 和 66%；财产等其他税类两个年度均为 3%。

中国在 1975 年和 1985 年，商品税类占税收总收入的比例分别为 84% 和 60%，所得税类分别占 9% 和 35%，资源、土地、财产、行为等税类分别占 7% 和 5%。我国税类的构成与低收入国家大致相同，并且所得税类中，由于个人收入平均水平很低，也如同其他低收入国家一样，个人所得税收入所占份额很小。

各国税制结构模式的发展具有一定程度的趋同性。发达国家在力图通过税制改革完善以个人所得税为主体税的税制模式的同时，开始探索用间接税的优点来弥补以所得税为主体税种的税收模式的缺陷。发展中国家则随着经济实力的增强和人均收入水平的提高，正在向个人所得税为主体税的税制结构模式迈进。

以所得税为主体税种对于缓解 20 世纪 30 年代后世界周期性经济波动起到一定作用，税收理论界也把具有广泛基础的所得税作为税收的最好形式。但是，目前税收理论界已转向把消费作为更好的税基。因为所得税有利于当前消费而不是未来消费，而间接税则是中性的，更有利于储蓄，进而有利于经济增长。

面对经济滞胀状况，各国主体税种的比重发生了逆转趋势，间接税比重有所提高。从 1977 年到 1983 年，世界各国所得税收入占财政收入的比重由 36.7% 降到 33.2%，降低了 3.5 个百分点，其中，发达国家由 40.3% 降到 36.6%。而间接税在发达国家占财政收入的比重却上升了 17.2 个百分点，仅英国在扩大增值税范围、大幅度调整增值税税率后，增值税在税收收入总额中的比重比 20 世纪 70 年代增加了将近一倍。

从税收模式的发展总体来看，主体税种有向双主体发展的趋势。这对综合利用其他税收的优点，使之相互配合，以达到发展经济、缓解通货膨胀的目的，具有一定的作用。

专栏 8-3

直接税与间接税：从发达国家经验看我国税制改革

工业革命初期，美、英、法、日等发达国家政府更加注重效率，偏好税源丰富、征收简便的间接税（特别是消费税和关税），对原始直接税的依赖逐渐降低，形成"双主体"税制结构。随着工业化的逐步推进，个人收入不断增加，个人所得税税基不断扩大，直接税比重快速提高。工业化实现后，政府更加注重公平，倡导建立福利社会，直接税（特别是所得税、社会保障税）的比重继续提升，最终形成以直接税为主体的税制结构。

20 世纪 80 年代以来，经济全球化下国际竞争的加剧使得发达国家转为效率与公平并重，在对所得税降低税率、拓宽税基，以尽可能使其有利于提高经济效率的同时，对那些侧重经济效率的税种，则尽可能弱化其对收入分配累退性的影响，呈现出所得税比重小幅下降、财产税比重小幅上升、货劳税比重小幅上升的发展趋势。

从美、英、法、日等发达国家的实践来看，直接税比重的提高有利于促进经济发展、增进社会公平，具有客观必然性。我国税制结构的问题不仅在于直接税占比较低，更在于所得税尤其是个人所得税占比过低，既不利于调节收入分配差距，又有碍税收自动稳定器功能的发挥，税制结构的优化调整实属必要。一方面，我国目前人均GDP近10 000美元，完全具备税制结构优化所必需的经济条件。随着我国经济增长进入"新常态"，财税收入增长也将进入"新常态"，今后政策目标的实现将主要依赖结构优化而非增量调整，这将对我国税制结构优化形成倒逼机制。另一方面，我国无论在信息化建设、税控系统建设还是人员素质等方面均优于当时的发达国家，在"金砖国家"中也名列前茅，税制结构优化所需的征管条件也已具备。

因此，为推进我国税制现代化可遵循思路如下：第一，以效率优先、结构优化、兼顾公平为税制结构优化的总体目标。我国经济正处于增长速度换挡期、结构调整阵痛期、前期刺激政策消化期叠加的阶段，优化税制结构应贯彻效率优先原则，进一步推进结构性减税。同时，优化税制结构必须要注重发挥其调节收入分配的重要功能，切实回应人民群众对社会公平的关切。第二，以高质量的"双主体"为税制结构优化的基本方向。税收需要从以间接税为主向以直接税为主迈进，从以生产端为主向以消费端为主迈进，从以流量为主向流量存量并重迈进。第三，以推行税制改革为税制结构优化的主要路径。一方面，深化增值税改革，优化间接税结构。另一方面，改革个人所得税、财产税和资源税，提高直接税比重。第四，以推进征管手段现代化作为税制结构优化的有力保障。一要完善税收法律法规，坚持依法征管、依法治税；二要加快税收管理信息化建设，推进纳税信用与其他社会信用联动管理，提升纳税人税法遵从度；三要努力实现更高水平、更加规范的纳税服务格局，减轻纳税人办税负担；四要充分发挥税务稽查的打击作用，严厉查处各种涉税违法案件，规范税收秩序。

资料来源 黄剑辉. 中国将来的税收体制什么样？先看看发达国家的经验 [EB/OL].[2019-06-11]. https://www.huxiu.com/article/303487.html.（作者有删改）

三、税收制度的设计

税制设计是指政府决策者根据本国经济发展水平、税源分布状况、财政收入需要，以及征收管理的可能性，对税种、征税范围、计税方式、课税环节、税率等做出的抉择。

（一）基于税收理论的税收制度设计

在设计税收制度时，主要应该考虑：设想的税制会对经济和社会产生什么影响；税收的几种职能如何发挥作用，相互之间是否会产生矛盾；税制如何为已经确定的社会和经济目标的实现做出贡献；如何使税收的额外负担最小；怎样的税收管理体制和制度才是最简单的。

取得稳定的财政收入以保证政府正常履行其职能是税制设计的首要目标。获取财政收入是税收的最原始和最基本的目的，即使在现代，取得稳定的财政收入仍是所有国家税制设计的首要原则。始于20世纪80年代的世界性税制改革，很多国家都采取了扩大税基、普遍征收的措施，这一方面是为了形成公平的税收环境，另一方面则是保证政府可以获取稳定的财政收入。此外，为了防止税收收入向境外转移，一般会对税收抵免条款进行严格控制。

公平税负以促进经济发展是税制设计的重要原则。促进经济发展是各国政府税制设计中普遍遵循的准则，在市场经济条件下，经济活动的主要场所是市场，税收的作用除了确保财政收入外，应提供一个让生产经营者平等竞争的外部环境。这就需要在课税制度的具体设计中，贯彻公平与效率两项基本原则，公平原则体现于不同的纳税人，效率原则则主要在不同的课税对象中体现。税制设计应尽量不影响市场进行正常的资源配置，这已成为税制设计者的共识。例如，20世纪80年代以来增值税的普遍推广，克服了传统的销售税重复课税的弊端，不再歧视企业的社会化专业分工和产品的深加工，有利于为企业创造公平竞争的环境。此外，为保证经济的发展，税制设计应鼓励投资。一般的做法包括实行加速折旧，减轻对资本利得的课税，对有形资产的投资给予抵免等。

简化税制以提高效率是实现税制设计各项原则的保证。20世纪80年代以来，各国不断反省以往烦琐的税制带来的效率低下问题。简化税制以提高效率成为税制设计的原则之一。例如，在所得税课征方面提倡源泉扣除法，以便堵塞偷税漏洞；在间接税方面推广增值税，使用注明税款的发票等，目的都是要简化税制和提高效率。

总之，一个良好的税收制度应该达到如下的要求：①税收负担的分配应该是公平的，以使每个纳税人支付合理的份额。当税收政策被用于其他目标时，必须使其对税制公平性的干扰达到最小。②对税收类型进行选择，以便尽量不影响市场经济的有效决策，把税收的额外负担减少到最低程度。③税收结构的设计应该适于财政政策为了达到稳定与增长的目标而进行的运作。④税收制度应该具备有效的管理体制，帮助纳税人理解税法，减少管理和征纳成本。这些要求可以作为评定税收制度的结构和质量的标准。

（二）最佳税收制度理论

从理论上说，所谓最佳税收制度，就是指一种税制已经处于不需要再进行任何能获益的改革状态。最佳税收制度理论为评判现有税制提供了一个基准。如前所述，税收可以影响或扭曲供应和需求行为，而且还会造成额外负担。政府应该在如何确保通过税收筹集到一定数额的财政收入的同时，又使额外税负最小，这就是所谓最佳税收制度的问题。

避免税收额外负担的最极端方法，是用课征人头税来获取全部的财政收入，让每个人无差别地缴纳相同数量的税金；或者采取即使有差别，但不影响经济行为或决策的做法，比如，允许不同性别的人交不同数量的税金，但同一性别的人必须交相同数量的税金。这样做，就可以避免全部的额外税负。但是很显然，从公平角度来看这种税收是无法接受的。因此，出于公平的考虑，税收就不可避免地会干预经济选择，从而会引起额外负担。

现代经济学认为设计税制有三个标准：一是效率要高，即减少征税成本；二是保持中性，税收负担公平合理，减少对经济的干预；三是便于征收管理。对最佳税收制度的各项标准，在实行中可能产生不一致性。例如，公平的要求会导致管理上的复杂，而且可能会妨碍中性原则。因此，当各标准之间存在矛盾时，政府应该做出权衡选择，寻求能够同时顾及效率和公平这两个原则的解决办法，在所有较为符合公平原则的税种中，选择较有效率的税种，在所有效率较高的税种中，选择较为公平的税种。

1.最适商品课税

对需求弹性低的商品课税引起的额外负担，要小于对需求弹性较高的商品课税所引起的额外负担。同时，对每一商品税率的提高，额外税负将以税率的平方加速上升。考虑到这些因素，在政府所需要的收入一定量的条件下，为了使额外税负的总额最小，最适商品课税原则要求政府只应对需求弹性较低的商品课税。但是，在现实生活中，由于在各种商品的消费之间，以及在商品与休闲之间存在着替代关系，情况要更为复杂。

（1）在各种商品的消费之间存在着替代关系，并假定替代关系不存在于商品和休闲之间。如果政府必须获得一定量的税收收入，政府必须同时向所有的商品课税，同时要使每种商品课税的边际额外负担相等。政府对所有商品课税的最适课税的整套税率，必须能做到在所有商品上的价格百分比变化达到均等，即做到整套税率全部一样的从价税。这是最适课税理论中的一个重要问题，即对商品课税的税率统一问题。

（2）在商品和休闲之间存在着替代关系，但假定替代关系不存在于商品的消费之间。在这种情况下，从理论上说应当对商品和休闲一视同仁，按同样的税率课税。但在现实中，由于尚有难以逾越的技术和政治方面的障碍，对休闲进行课税是不可行的。因此，作为一种次佳的办法，对商品课税的这套税率必须能使在所有商品上的价格百分比变化和这些商品的需求弹性成反比，即对需求弹性较高的商品课以较低税率的税收。

（3）在商品之间以及商品和休闲之间均存在替代关系。这是更接近于现实世界的情形。在这种情况下，应当考虑对休闲课税的间接方法，即对那些与休闲互补的商品（如娱乐物品）课以重税，以此来校正由于对商品课税，但无法对休闲课税而引起的在商品消费与休闲消费之间的选择的扭曲。

2.最适所得课税

最适所得课税要考虑效率与公平之间的关系，以及在它们之中做合适的权衡的最好时机。作为累进的所得课税与公平原则更为一致，但由于它要求有较高的边际税率，会造成较沉重的额外税负。因此，构成最适所得课税税率选择的最基本问题，就是在累进课税的边际额外税负与边际社会效用之间进行权衡，从而在获取政府所需的收入时，使社会总效用达到最大。

3.多税种情况下的选择

在其他选择保持不变的单一选择的假设下，从税种的效率方面看，可以得出的结论是：第一，有选择性的差别税率的消费税导致纳税人在消费品之间的选择产生扭曲，因而是不好的，不如采取同样的税率对所有的商品课征一般消费税。第二，所得税使纳税人在当前消费和将来消费之间的选择产生扭曲，因而要比不会导致这类变形的消费税差。第三，所得税使纳税人在商品和休闲之间的选择产生扭曲。这些是在单一选择假设下的情形。

在多重选择假设下，即在同一时间内各种选择都可以变动的假设下，情况将更为复杂。比如，如果所有的选择都可以变动，这在现实生活中是经常存在的，那么，单一选择假设下结论的第一点就不一定成立。特别是商品课税和所得课税的适当结合更是一个相当复杂的问题。

第三节 税收的转嫁与归宿

分析税收转嫁的目的，在于认清税收转嫁的过程及其最终归宿，认清税收的实际负担人，以便正确地衡量税收是否适当、是否符合税收原则，从而有助于研究各种税收对经济的影响，建立更好的税制结构。

一、税收转嫁的含义与形式

（一）税收转嫁的含义

税收转嫁是指纳税人在缴纳税款之后，通过提价或压价方式，将部门或全部税款转移给别人负担的过程。税收转嫁之后所形成的负担分布结果就是税收归宿。税收转嫁不论次数多少、程度如何，最终都会导致各经济主体之间税收负担的再分配，正是由于利益的驱动，才使纳税人努力将税款转嫁出去。因此，在设计税收制度时，必须充分考虑税收转嫁因素，合理选择税种、税率及课税范围。

（二）税收转嫁的基本形式

税收转嫁最基本的形式是前转和后转。

1. 前转

前转又称顺转，是指纳税人通过提高商品或者生产要素的价格，将其所缴纳的税款转移给购买者负担的过程。前转多发生在商品课税上，是税收转嫁最典型、最普遍的形式。前转有三种情况：如果价格上升的幅度等于所缴税款，则实现税负的全部转移；如果价格上升的幅度大于所缴税款，纳税人不仅实现税负的全部转移，而且还有额外利润；如果价格上升的幅度小于所缴税款，则纳税人只能实现税负的部分转嫁，即他自己要承担部分税款。

2. 后转

后转又称逆转，是指纳税人通过压低进货的价格，将其所缴纳的税款转移给销售者承担的过程。后转也有三种情况：如果价格下降的幅度等于所缴税款，则实现税负的全部转嫁；如果价格下降的幅度大于所缴税款，纳税人不仅实现税负的全部转嫁，而且还有额外利润；如果价格下降的幅度小于所缴税款，则纳税人只能实现税负的部分转嫁，即他自己要承担部分税款。

后转方式的一种特例是税收资本化。税收资本化又称为资本还原，是指生产要素的购买者将所购买的生产要素未来的应纳税款，折算成现值之后从购入价格中预先扣除。此后，名义上由买方按期纳税，实际上由卖方承担。

在实际生活中，有时前转与后转同时存在，即某种货物的税负既通过提高售价转移一部分，又通过压低进价转移一部分，这种转嫁方式称为混转。

二、税收归宿的经济学分析

（一）向买者征税如何影响市场结果

我们首先考虑对一种物品的买者征税。例如，假设某地区政府通过一项法律，要求汽水的购买者为他们购买的每一瓶汽水向政府支付0.5元。这项法律是如何影响汽水的买者和卖者的呢？

这项税收最初是影响汽水的需求。供给曲线并不受影响，因为在任何一种既定的汽水价格上，卖者向市场提供汽水的激励是相同的。与此相比，买者只要购买汽水就不得不向政府支付税收。因此，税收使汽水的需求曲线移动。由于对买者征税使汽水的吸引力变小了，在每一种价格时买者需要的汽水量也少了，结果需求曲线向左移动。

在这种情况下，我们可以更准确地了解需求曲线移动了多少。由于向买者征收0.5元的税收，所以，对买者的有效价格现在比市场价格高0.5元。例如，如果每瓶汽水的市场价格刚好是2元，对买者的有效价格就是2.5元。由于买者看的是包括税收的总成本，所以，他们需要的汽水就仿佛是其市场价格比实际高出0.5元一样。换句话说，为了诱使买者购买任何一种既定的数量，市场价格现在必须降低0.5元，来弥补税收的影响。因此，如图8-2所示，税收使需求曲线从D_1向下移动到D_2，其移动幅度正好是税收量0.5元。

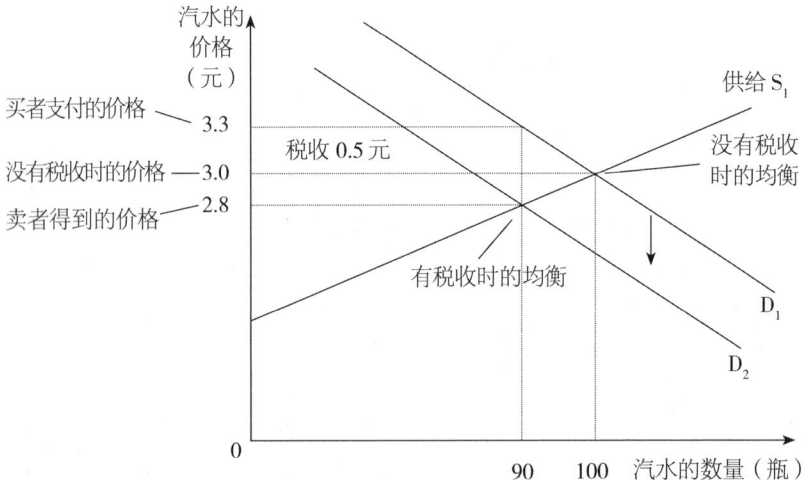

图8-2 向买者征税对市场的影响

为了说明税收的影响，我们比较原来的均衡与新均衡。可以在图8-2中看到，汽水的价格从3元下降到2.8元，而均衡数量从100瓶减少为90瓶。由于在新的均衡达成时，卖者卖得少了，而买者买得少了，所以对汽水征税减少了汽水的市场规模。

那么是谁最终支付了税收？虽然买者向政府支付了全部税收，但买者和卖者分摊了负担。由于引进了税收，市场价格从3元下降为2.8元，卖者每瓶汽水比没有税收时少收入了0.2元。因此，税收使卖者的状况变坏了。买者付给卖者最低的价格2.8元，但包括税收在内的有效价格从征税前的3元上升为有税收时的3.3元（2.8+0.5）。因此，税收也使买者的状况变坏了。总之，从以上分析可得出两个一般性结论：

（1）税收抑制了市场活动。当对一种物品征税时，该物品在新的均衡达成时，销售量减少了。

（2）买者与卖者分摊税收负担。在新的均衡达成时，买者为该物品支付的多了，而卖者得到的少了。

（二）向卖者征税如何影响市场结果

现在再来考虑向一种物品的卖者征税。假设地方政府通过法律要求汽水的卖者每卖一瓶汽水向政府支付0.5元。这项法律有什么影响呢？

在这种情况下，最初税收影响汽水的供给。由于并不向买者征税，在任何一种既定价格上，汽水的需求量是相同的，所以，需求曲线不变。与此相比，对卖者征税增加了销售汽水的成本，这就使卖者在每一价格水平时供给的数量少了。供给曲线向左移动。

我们仍然可以准确地知道移动的幅度。在任何一种汽水的市场价格上，卖者的有效价格——他们在纳税之后得到的量——要降低0.5元。例如，一瓶汽水的市场价格刚好是2元，卖者得到的有效价格将是1.5元。无论市场价格是多少，卖者总是在比市场价格低0.5元的价格上来供给汽水。换个说法，为了诱使卖者供给任何一种既定数量，现在市场价格必须调高0.5元，以弥补税收的影响。因此，如图8-3所示，供给曲线向上从S_1移动到S_2，移动幅度正好是税收量0.5元。

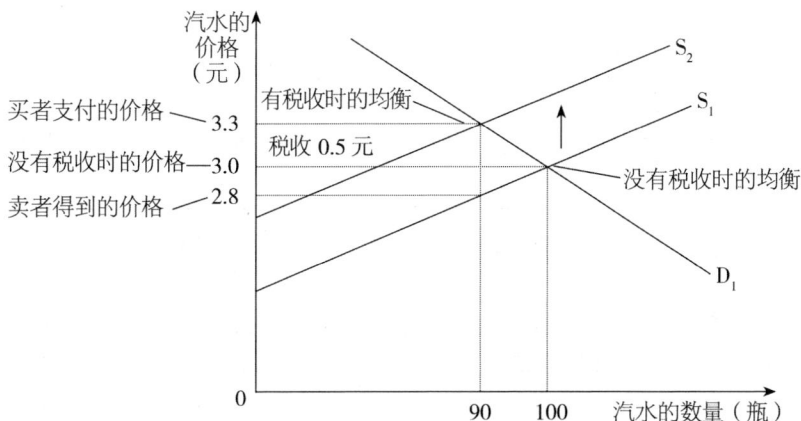

图8-3　向卖者征税对市场的影响

当市场从旧均衡向新均衡移动时，汽水的均衡价格从3元上升到3.3元，而均衡数量从100瓶减少到90瓶。税收减少了汽水市场的规模，而且买者与卖者又一次分摊税收负担。由于市场价格上升，买者为每瓶汽水比纳税前多支付了0.3元。卖者得到的价格高于没有税收时的价格，但有效价格（在纳税之后）从3元下降到2.8元。

比较图8-2和图8-3得出了一个令人惊讶的结论：对卖者和买者征税是完全相同的。在这两种情况下，税收在买者支付的价格和卖者得到的价格之间打入了一个楔子。无论税收是向买者征收还是向卖者征收，买者价格与卖者价格之间的楔子是相同的。在这两种情况下，这个楔子都使供给和需求曲线的相对位置移动。在新的均衡达成时，买者和卖者分摊税收负担。对买者征税和对卖者征税的唯一差别是谁把钱交给政府。

如果我们设想政府在每家卖汽水店的柜台上放一个碗来收取0.5元的汽水税，也许就容易理解这种税收方式的相等性了。当政府向买者征税时，要求买者每买一瓶汽水往碗里放0.5元；当政府向卖者征税时，要求卖者每卖一瓶汽水往碗里放0.5元。无论0.5元是直接从买者的口袋放入碗内，还是间接从买者的口袋放入碗内，都无关紧要，一旦市场达到均衡，无论向谁征税，都是买者与卖者分摊负担。

（三）弹性与税收归宿

当对一种物品征税的时候，该物品的买者与卖者分摊税收负担。但是税收负担如何确切地划分呢？只有极少数情况下是平均分摊的。为了说明税收负担如何划分，我们来考虑图8-4中两个市场的税收影响。在这两种情况下，图8-4表示了最初的需求曲线、最初的供给曲线和打入买者支付的量与卖者得到的量之间的楔子。这两幅图的差别是供给和需求的相对弹性。

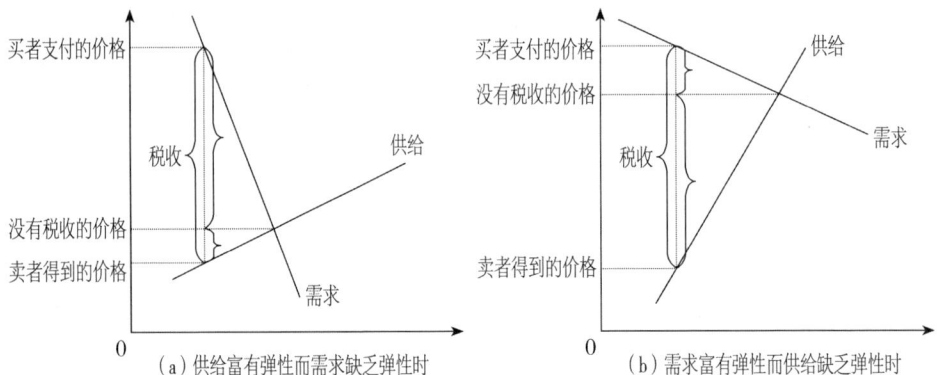

图 8-4　税收负担的分割

图8-4（a）表示供给非常富有弹性而需求较为缺乏弹性时市场上的税收。这就是说，卖者对某种物品的价格非常敏感，而买者非常不敏感。当对这些富有弹性的市场征税时，卖者得到的价格并没有下降多少，因此，卖者只承担了一小部分负担。与此相比，买者支付的价格大幅度上升，表示买者承担了大部分税收负担。

图8-4（b）表示供给较为缺乏弹性而需求非常富有弹性时市场上的税收。在这种情况下，卖者对价格不十分敏感，而买者非常敏感。图8-4（b）表示，当征

收税收时，买者支付的价格上升并不多，而卖者得到的价格大幅度下降。因此，卖者承担了大部分税收负担。

图8-4的两幅图说明了一个关于税收负担划分的一般结论：税收负担更多地落在缺乏弹性的市场一方身上。弹性实际上衡量当条件不利时买者或卖者离开市场的意愿。需求弹性小意味着买者对某种消费品没有适当的替代品。供给弹性小意味着卖者对生产这种物品没有适当的替代品。当对这种物品征税时，市场中缺乏弹性的一方不能轻而易举地离开市场，从而必须承担更多的税收负担。

专栏8-4

税惠力量擦亮"普洱茶"金字招牌

普洱"因茶立市、以茶兴市"，享有"世界茶园·中国茶都"的美誉，是茶马古道的源头。近年来，普洱当地把发展茶产业作为实施乡村振兴战略的重要抓手，普洱市税务局立足税收职能，以开展"便民办税春风行动"为契机，持续优化税收营商环境，劲吹税惠春风，为地方茶企注入"税力量"。

优惠政策助力企业品牌建设

"茶叶回收资金周期较长，流动资金需求量较大，去年受多方面因素影响，市场低迷，企业回流资金困难。"云南普洱茶厂有限公司法人高贵云说道。

该公司是一家集茶叶种植、加工、销售及茶文化推广为一体的普洱茶文化公司，有着丰富的熟茶加工技艺和多个注册商标。近年来，公司坚持创新发展理念，在产品创新、品牌塑造等方面持续发力，致力打响普洱茶厂品牌。

当地税务局紧紧围绕便民办税春风行动，把握夏茶时节，成立"税惠服务团"，深入茶企辅导涉税业务，个性化辅导茶企发展，将税收优惠政策和便民服务送到企业身边，全面释放政策红利，以"税"赋能，助力茶企品牌文化建设。

"税务部门送来的'税惠大礼包'，帮助我们盘活了账上资金，让我们的新一批夏茶阔步上市。"高贵云说道。

在普洱思茅，龙生茶业作为当地的龙头茶企，拥有茶园12万亩，是目前国内经营茶园面积最大的茶企之一。当地税务局组建"党员先锋帮扶专班"，进茶园、入车间、送政策、问需求，全面扶持茶企发展，助力茶企品牌建设。"去年，公司享受了企业所得税减免80多万元，政策红利为龙生品牌建设和打造集休闲养生、观光旅游、康体疗养、户外运动于一体的龙生有机普洱茶庄园缓解了不少资金压力。"该公司董事长朱启忠说。

优质服务助力茶叶飘香

在澜沧县景迈山，有着目前世界上发现连片面积最大、保存最完整、年代最久远的人工栽培型古茶林，茶庄园、茶企业应运而生。普洱景迈柏联普洱茶庄园有限公司是一家传承普洱茶文化、建设绿色生态有机茶园的企业，采用领先的微生物技术，建造了中国第一个专业化、标准化的原产地茶窖。

当地税务部门立足税收职能，聚焦"税收优惠促茶业发展"，围绕茶庄园特点和经营实际，以"便民办税春风行动"为契机，组建"党员先锋队""景迈山申遗工作专班"，深入茶山、走进茶企，采取"点对点""一对一"的政策宣传辅导方式，强化辅导落实和全程跟踪服务，"精准送达"组合式税费政策，为地方茶企注入源源不断的"税动能"，助力因茶而兴的美丽地方"因税飘香"。

"去年，我们公司享受了 39 万余元的研发费用加计扣除，还享受到了西部地区鼓励类产业企业减免税额 2.8 万元。有国家利好政策做后盾，再加上税务干部的优质服务，我们'从茶园到茶杯'的发展信心更足了！"该公司财务负责人段丽芝表示。

税务相伴助力茶旅融合

在白茶之乡民乐镇建立了集彝族文化内涵、乡村旅游资源、珍稀的白茶资源为一体的茶旅体验园区。不少游客一边喝着茶，一边听导游介绍采摘、制作春茶的流程，享受着茶旅带来的惬意。

"以前我们种茶只是卖鲜叶，由于品牌不响，价格不高，生活非常艰难。"茶农李如萍说道。后来，随着大白茶知名度提升，当地政府部门深挖白茶文化，建立茶旅园区，将白茶产业和文旅行业深度融合，让茶农们在茶旅"春风"的吹拂下过上好日子。

当地税务部门全力做好茶旅发展的"后勤"保障。密切关注产业发展变化趋势，从税收视角对白茶产业发展进行分析研判，根据企业实际经营情况，精准投放税收优惠"政策包"，组织业务骨干面对面为茶企讲解税收优惠政策，辅导申报流程和系统操作方法，助力茶旅成为企业、农户的"脱贫树"和"致富树"。

资料来源　周雨蒙. 税惠力量擦亮"普洱茶"金字招牌［EB/OL］.［2023-07-17］. http：//bgimg.ce.cn/macro/more/202307/17/t20230717_38634656.shtml.（作者有删改）

第四节　税收与经济效率

税制会对纳税人产生各种影响，形成税收效应。税收效应是指纳税人因政府征税而在其经济选择或经济行为方面做出的反应，以及由此对社会经济运行本身产生的影响。

保持税收中性只是建立完善税制的努力方向。在现实经济生活中，税收作为一种强制和无偿的国家占有社会产品的过程，总会对纳税人的经济选择或经济行为发生影响，对经济资源配置和经济稳定增长发生影响。也就是说，税收实际上是很难处于中性的。因此，我们必须对税收的经济影响加以研究，以有利于人们制定合理的或尽可能中性的税收政策。

一、税收与生产

税收对生产的影响主要通过对劳动供给和投资的影响而起作用。此外，税收状况对储蓄产生的影响也会影响生产，虽然传统的关于储蓄等于投资的理论在许多国家受到了挑战，但是储蓄对生产的影响依然存在。所以，我们在分析税收对生产的影响时，已将税收对储蓄的影响联系了起来。人们在分析、研究税收对劳动与投资的影响时，一般认为这种影响是两方面的：税收既对劳动和投资有收入效应，又对劳动和投资有替代效应。

（一）税收对劳动供给的影响

由于劳动者总是追求效用最大化的，而劳动者的效用主要由收入和闲暇两部分组成，税收对劳动者的影响主要是影响到劳动者对收入或闲暇的选择或者是两者的替换。作为纳税人的劳动者个人来说，税收是对其个人收入的一部分扣除。因而，征税会对其工作产生不同的影响，或是鼓励纳税人去努力工作，或是使纳税人放弃进一步工作的努力。开征一种税或增加税额，对纳税人的工作努力带来两种不同的影响：一方面是收入效应，另一方面是替代效应。

1.税收对纳税人劳动供给分析的前提

研究税收对劳动供给影响的主要方法是分析劳动力供给曲线。税收的这一效应也可以用需求弹性理论来分析。税收对纳税人的劳动供给是起阻碍作用还是激励作用，取决于纳税人对税后所得的需求弹性。假如征税使其所得比以前减少，当纳税人对所得的需求弹性较小时，税收对劳动供给有激励作用。比如，一个人有家属需要赡养，并希望其储蓄在将来达到不低于某一所得数额，以获得能够满足其日常生活的需要，在这种情况下，则常因课税或增税的压力而迫使他更勤奋地工作，以弥补因课税而减少的所得。但当纳税人对所得的需求弹性较大时，税收对劳动供给则会起到阻碍作用。当一个人生活达到一定的水平，可以允许对其所得作较大幅度的增减，在这种情况下，因课税使某一数量的劳动所得比以前减少，纳税人感到不值得像以前那样工作，从而选择闲暇来代替劳动。

2.税收对纳税人劳动供给的收入效应

税收对纳税人劳动供给的收入效应，是指由于政府增加税收而减少了纳税人可支配的收入，使纳税人不得不增加工作量的效应。一般说来，开征某种税的目的是希望这种税的收入效应能够激励纳税人更加发奋工作，其原理是由于征税使纳税人的收入减少，使他们不得不减少闲暇等其他方面的享受，更加努力地工作。从深层次的意义上讲，这一效应会进一步影响纳税人对其支出的分配，以及影响其消费和储蓄的数额。

收入效应的大小，是由某人的总收入与其缴纳的税款之间的比例，即由平均税率所决定的，且与平均税率变动方向一致（即平均税率高，税收对纳税人产生的收入效应就大；反之，收入效应则小）。

从图8-5中我们可以看出，当劳动力供给为曲线时，劳动者的劳动供给在开始阶段随着工资的提高而提高，但当工资达到一定的水平后，劳动者对收入的需求降低，随着工资水平的增加，劳动力供给不但不增，反而下降。假定劳动者征税前的可支配收入为 W_1，劳动时间为 H_1。政府征税 W_1W_2 后，劳动者的可支配收入为 W_2。随着劳动者税后可支配收入的减少，劳动者的劳动供给倾向于增加，劳动时间由原来的 H_1 增加到 H_2。

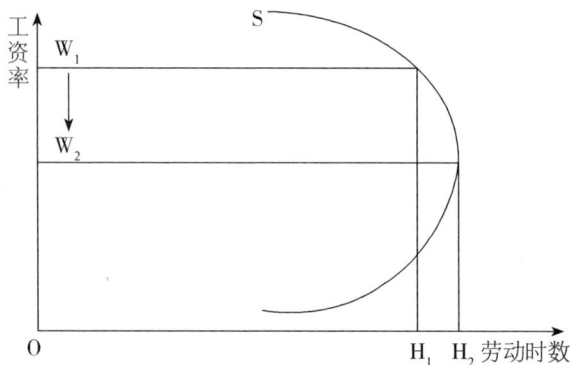

图 8-5　税收对纳税人劳动供给的收入效应（劳动力供给曲线）

3.税收对纳税人劳动供给的替代效应

税收对纳税人劳动供给的替代效应，是指由于政府征税，降低了闲暇相对于劳动的价格，从而引起纳税人利用闲暇来替代劳动。经济学的替代效应是用来说明相对价格变化及其所造成的和个人支出模式变化之间的关系。

对纳税人来说，经济福利不仅存在于由劳动所获得的物质收入之中，也存在于由闲暇所获得的精神享受之中。当所得税税率提高后，如果人们从增加的劳动收入中得到的好处并不很大，他们则不会多干工作，而宁愿选择休息，即用闲暇来代替劳动。这样，征税的结果是造成劳动供给的下降。

纳税人在追求福利最大化时，使他们的工作达到某一点，在这一点上，少量超额工作所获得的利益恰好等于把同等时间作为闲暇所获得的利益。如果低于这个水平，则工作的边际利益大于闲暇的边际利益，如果高于这个水平，则相反。因此，在课征所得税的情况下，替代效应的大小由其边际税率决定，且与边际税率同方向变动，即边际税率高，替代效应就大，反之，替代效应则小。

从图8-6中我们可以看出，劳动者的劳动时间随着工资率的提高而逐渐提高，当工资率下降时，劳动者就减少工作时间。假定劳动者在征税前可支配的收入为 W_1，劳动时间为 H_1。假定政府对其工资收入征收个人所得税，征收额为 W_1W_2，这时劳动者的可支配收入降至 W_2，随着劳动边际收益的减少，劳动者的劳动时间将由原来的 H_1 降至 H_2，这表明政府征税促使劳动者减少劳动供给时间而增加闲暇的时间。

4.不同税种对劳动供给的影响

税收效应分析并不能预测税收变化对劳动力供给水平的总影响，因为税收对纳税人工作努力的收入效应和替代效应作用方向是相反的。在收入效应下，税收会激励纳税人为取得更多的收入而努力地工作。而在替代效应下，税收会减少纳税人的工作热情，即对纳税人工作起反激励作用。两种效应相互抵消或相互作用后的净效应如何，取决于不同税种的特点，以及纳税人对它们的不同反映。因此，税收变化对工作努力所产生的实际效应取决于税收的收入效应和替代效应的相对强度，还取决于许多实际中的复杂因素。

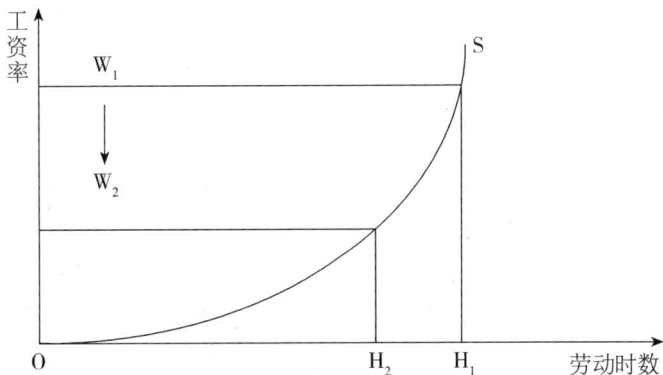

图8-6　税收对纳税人劳动供给的替代效应（劳动力供给曲线）

从不同的税种对劳动供给的效应比较来看，人头税按固定的数额征收，不会随着收入额的增减而发生变化，不会改变收入和闲暇之间的相对价格。因此，这一税种不具有妨碍劳动供给的替代效应，而会激励纳税人努力工作以增加收入。对劳务等征收的比例税，其边际税率与平均税率相等，对纳税人劳动供给的影响要大些，具有一定的替代效应，在某种程度上会刺激人们选择闲暇代替劳动。累进所得税对纳税人劳动供给的影响最大，其边际税率大于平均税率，使其替代效应较大，有碍于增加劳动供给。间接税由于具有累退性质，即随着收入的增加，纳税人所缴纳的税款占收入的比重反而下降，其边际税率低于平均税率，替代效应较小，与上述税种相比，间接税对纳税人的劳动供给具有更大的激励作用。

（二）税收对投资的影响

税收对投资的影响，除去因其对储蓄水平的间接影响外，这一效应还通过对投资收益率和折旧因素的影响来实现。

储蓄虽然为投资提供了可利用的资源，但储蓄并不一定能够转化为投资。纳税人的投资行为，是为了追求资金的最大利润，在其生产的边际成本未达到边际利润水平时，纳税人会不断增加投资。在政府征税的条件下，纳税人的投资行为最终取决于税后收益的大小，即由投资收益的状况所决定。决定投资收益的是税后的可支配投资收益，而不是税前投资收益。投资成本中包括折旧多少，也是由税收制度决定的。因此，税收对投资的影响是通过税收对纳税人的投资收益率和折旧的影响而实现的。

1.税收对投资影响的替代效应

税收对总收益率的影响，首先是由于纳税的缘故使总收益率下降。如果其影响降低了投资对纳税人的吸引力，造成纳税人以消费替代投资，即发生了税收对投资的替代效应。

2.税收对投资影响的收入效应

总收益率下降的趋势，也可能受到其他因素的限制，如折旧因素。由于折旧可以直接从应税收入中扣除，可以降低课税所得。如果其影响减少了纳税人的可支配收益，促使纳税人为维持以往的收益水平而增加投资，即发生了税收对投资的收入效应。

3.税收对投资影响的综合分析

限制总收益率的下降趋势，即税收鼓励投资的因素，一是在应税收入中扣除折旧，从而阻止总收益率下降的趋势。二是因为投资可以享受在应税所得额中直接扣除一部分由投资带来的收益的优惠。税收通过公司所得税税率和折旧率来影响投资。

加速折旧和投资性贷款等鼓励投资的形式，可增加净收益率，前者有利于长期投资，后者有利于短期投资。通过税收制度规定的税收折旧率与实际折旧率通常并不一致。若两者相等，税收对私人投资的影响表现为中性。若前者高于后者，税收对私人投资的影响表现为刺激性。若前者低于后者，税收对私人投资的影响表现为抑制性。公司所得税一般允许在应税收入中扣除折旧。为了鼓励投资，很多国家的税收制度允许采用加速折旧。

影响投资的税收因素除折旧外，还表现在对公司所得税的课征上。有些国家的税收制度，为了鼓励投资，允许从应税额中直接扣除一部分投资成本。

此外，政府某些间接税种，如消费税、增值税、关税等也会通过直接影响消费而间接地影响纳税人的投资行为。因对商品征税，会使消费能力降低，减少社会购买力，影响销售，使得利润减少，从而导致投资规模缩小。

根据这些特点，政府可视不同的经济环境，在需要减轻税收对纳税人投资的妨碍作用时，采取必要的措施，如降低公司所得税税率使折旧率高于企业的实际折旧率，从而提高有效需求，扩大投资规模。

二、税收与资源配置

税收的效率原则要求课税应有助于实现资源的最优配置。由于资源是稀缺的，因此，必须合理使用和分配资源才可以增进社会福利，满足人们的需要。然而课税对资源配置的影响本身又是客观存在的，所以政府应根据税收对资源配置的影响和以实现资源最优配置为目的来确定税收。

（一）资源在不同产品之间的配置

政府选择课税产品以及确定对不同产品的课税税额，会对资源配置有明显的导向作用。如果政府认为现有的资源配置是有效率的，其选择的课税产品范围就宽，纳税人权衡后认为经济资源移动造成的生产力损失比之回避课税产品税收负担更大，一般就不会重新配置资源。如果政府认为现有的资源配置是低效率的或是无效率的，则其会有意识地选择部分产品课税，纳税人出于长期考虑，会将资源投向非税产品的生产。这样政府选择部分限制社会公众消费的产品课以重税，则会使纳税人的投资改变方向，从而起到重新配置资源的作用，以实现资源配置的高效率。

（二）资源在不同产业间的配置

政府对不同产业实行不同的税收政策，会影响资源的流向，从而起到重新配置资源的作用。如果某一产业常需要负担税收，而其他产业不需要负担税收或负税较轻，则经济资源将从这一产业中流出；如果纳税人权衡后认为因资源的重新配置导致的收入损失低于支付较少税收后的所得，则经济资源的重新配置对于纳税人是有效率的，反之则是无效率的。政府可以有意识地采用不同产业的税收政策影响各种不同产业，从而使其实现均衡、协调发展。

（三）资源在不同地区的配置

税收也可以实现资源在地区之间的重新配置。如某一地区的资本与劳动因税负过高，这些资源就会转移到其他税负较轻的地区。政府运用税收的再分配作用，可以进行地区间的资源重新配置，即通过征税，促使某一地区的资源向其他地区移动，实现地区经济发展的平衡。尽管地区间存在的税制差异会为纳税人避税创造条件，但政府出于各种目的，有时会有意地制定地区间的税制差异。

三、税收与分配

税收对分配的影响是指政府通过税收参与国民收入分配。由于税收的种类、性质及其征收方法不同，对国民收入分配会产生的影响也是不同的。通过税收，可能会使国民收入分配更趋不公平，也可能会使国民收入分配趋向公平。

（一）征税方法不同对分配的影响

就征税方法而言，税收制度中有累进税、比例税和累退税。累退税最具促使国民收入分配不均的作用，比例税及轻缓的累进税总的来说也具有促进国民收入分配不均的趋势，只有较高的累进税才能抑制国民收入分配不均的状况。

（二）计税方式不同对分配的影响

就计税方式而言，对一般消费品课税，有从价税和从量税。纳税人在一般消费品的消费数量上差异不大，但在消费价格上有较大的差异。如果政府对消费品从量课税，则会加大国民收入分配不公；如果政府对消费品从价课税，则会起到公平分配的作用。

（三）税收性质不同对分配的影响

就税收性质而言，人头税最易加大分配不公；消费支出税由于仅对消费支出课税，不能反映纳税人的负担能力，也有可能造成分配的不公；所得税是对资本、劳动产生的所得课税，具有平等分配的可能；遗产税也具有平等分配的可能；一般财产税由于分级累进课征，也可以限制财富分配的不平等。

四、税收与消费

税收使商品价格发生变化，也使纳税人收入受到影响，因而必然会对消费产生一定的影响。政府的课税造成消费者减少对课税商品和重税商品的购买量，增加无税商品和轻税商品的购买量，因此，发生了税收对消费者选择的替代效应。政府的课税造成消费者可支配收入减少，从而使消费者降低了商品购买量，发生了税收对消费者选择的收入效应。税收从许多方面影响着消费，并会进一步影响到储蓄和投资。这一影响因商品的性质、课税范围，以及纳税人的经济实力等因素的不同而有所差异。

（一）税收、需求弹性与消费

从商品本身的性质来看，需求弹性大的商品，如非生活必需品、奢侈品、易于被替代的产品、用途广泛的产品和非耐用品等商品，对这类产品增加税收，价格上涨时，消费量会急剧削减。而对需求弹性小的商品，如生活必需品、不易替代产品、用途狭窄产品和耐用品等商品，征税后即使价格上涨较高，消费量也不会发生大的变动。

（二）征税范围、税种与消费

从税收征收范围来看，课税范围狭窄的税种，对产品购买的替代效应强，需求具有弹性。如果课税范围只包括少数几种产品，购买者可改变购买选择，减少课税商品的消费量，增加其他替代品的消费。这样，社会总消费量可能不变，改变的只是消费结构。课税范围宽广的税种，不易对产品购买者产生替代效应，需求缺乏弹性。如果课税范围涉及大部分产品，消费量不会因课税和价格的提高而减少。

（三）纳税、收入水平与消费

从纳税人的经济实力来看，低收入者由于其收入主要用于维持基本生活需要，征税后收入减少，迫使其降低消费水平，消费量减少的数额与纳税人所负担的税额大体相等。对高收入者征税，纳税人一般不会因纳税而减少消费，只会减少其一部分储蓄，即使其消费有所降低，也不会与其所增加的纳税额等量。因此，征税对低收入阶层消费的影响较大。

◈ 关键概念

税收　税收成本　税收结构　税率　累进税率　主体税种　税收转嫁　税收前转与后转

◈ 复习思考题

1.税收具有哪些特征？

2.简述税收制度设计的原则。

3.如何对税收进行分类？我国税收的类型有哪些？

4.税收转嫁的基本形式有哪些？

5.根据税收模式理论及其发展趋势，谈一谈我国税收制度改革的方向并提出一些建议。

6.试述税收会对经济效率产生什么样的影响。

7.试述课税对象的不同和课税对象的弹性不同分别会对税收归宿产生怎样的经济影响。

思政专栏8-1

继续拓展"一带一路"税收征管
合作机制朋友圈

即测即评8

第九章　调控宏观经济

◆本章学习目标

理解宏观调控的必要性和目标；掌握财政政策和货币政策这两种主要宏观调控手段的内涵、类型和作用机制；掌握 IS-LM 模型分析方法，会用 IS-LM 模型对财政政策和货币政策的配合使用进行政策效果分析；理解宏观调控的成效和问题，了解发达国家宏观调控政策的启示。

◆本章知识结构

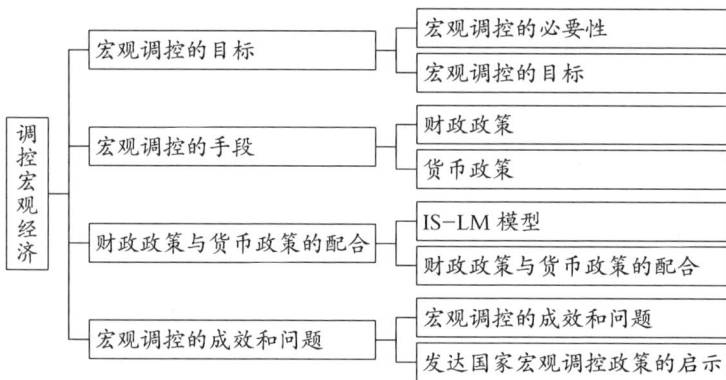

		宏观调控的必要性
	宏观调控的目标	宏观调控的目标
调控宏观经济	宏观调控的手段	财政政策
		货币政策
	财政政策与货币政策的配合	IS-LM 模型
		财政政策与货币政策的配合
	宏观调控的成效和问题	宏观调控的成效和问题
		发达国家宏观调控政策的启示

第一节　宏观调控的目标

一、宏观调控的必要性

市场经济在其发展过程中，先后经历了两个阶段，第一阶段是自由竞争的市场经济。在这个阶段，经济运行几乎完全依靠市场的自发调节，国家对经济运行不干预。完全自由竞争的结果是，经济危机频繁爆发，经济运行的波动巨大，造成了社会资源的极大浪费。特别是 1929—1933 年爆发了世界性的经济危机，这次危机使资本主义世界的工业生产下降了 40%，充分说明了市场自发调节的缺陷。在这种背景下，凯恩斯主义应运而生。凯恩斯主义主张国家对社会经济进行干预和控制。自此，市场经济进入第二阶段，即由放任自流转向国家干预，而且为现代市场经济运行模式奠定了基础，即国家宏观调控和市场调节相结合的运行模式。在现代市场经济条件下，之所以要加强国家的宏观调控，其必要性有如下几点：

1.宏观调控是社会化大生产的客观要求

生产高度社会化，使社会分工和协作关系日益发展，整个国民经济成为一个有机的整体。这在客观上要求加强和完善对整个国民经济的组织、协调、计划和指导。把社会经济各部门、各地区、各行业有机地联系起来，以促进国民经济的顺利发展。

2.宏观调控可以弥补市场调节的缺陷

在市场经济条件下，要充分发挥市场在经济运行中的调节作用。但经济运行的客观事实证明，市场经济有其自发性、盲目性和滞后性的弱点和消极方面。所以，为了有效地发挥市场对资源配置的基础性作用，必须要求国家对经济运行进行宏观调控，实现资源的最优配置，加快社会经济的发展。

3.宏观调控能够解决市场调节不能解决的问题

市场调节不可能为社会经济长期发展的目标提出指向性，经济发展过程中的失业问题是市场经济本身不能自发调节的。市场经济可以有效地提高经济活动的效率，但是市场经济本身不可能自发地形成分配的公平原则。所以，必须通过国家的宏观调控，规划社会经济发展的长期目标和特殊目标，并通过相应的调控手段来促进目标的实现。通过国家宏观调控，来解决社会失业问题，逐步缩小收入分配中的差距。国家的宏观调控还可以有效地限制垄断，保护竞争，提高市场的效率。

4.宏观调控可以实现微观经营目标同宏观发展目标相统一

在市场经济条件下，微观经济活动是分散经营，其目标是为了追求自身利益的最大化，因而它们的经济活动不可能自发地同宏观经济的发展目标及需要相统一，所以，必须加强国家的宏观经济调控。国家要在尊重市场经济活动主体合法经济利益的前提下，运用各种经济调控手段，将国民经济发展的宏观目标贯彻于微观经济活动之中，实现微观经营目标同社会宏观发展战略目标的相互统一。

除上述之外，加强和完善国家的宏观调控，可以为市场经济的良好运行提供制度上的保证，可以相对集中人力、物力，有计划地推进科学技术的进步，促进社会经济的发展。

二、宏观调控的目标

（一）宏观调控的根本目标

宏观经济又称总量经济，宏观经济运行的直接结果是社会经济的总量变化，而宏观调控的根本目标就是要通过国家的有效控制，使社会总供给与总需求实现均衡。

社会总供给与总需求是宏观经济运行中的两个重要的变量，两者之间的变化状况以及是否平衡直接关系到社会经济能否在稳定中实现增长以及经济增长的质量。经济波动的根本原因就是供求总量或供求结构的失衡。如果总供给大于总需求，必然会出现产品滞销、物价下降、企业倒闭、失业增加、货币金融危机等现象，使生产增长缓慢；如果总供给小于总需求，会引起市场紧张、物资匮乏，导致严重的通货膨胀，最终使社会生产不能正常发展。由此可见，供求基本平衡是社会经济良好运行的基本条件，是宏观调控的重要目标。为保持经济的持续、稳定、快速增长，就必须实现供求总量和供求结构的平衡。正是因为如此，实现和保持总供给与总需求的平衡就成为各国宏观调控的重要目标。另外，供求总量平衡问题是经济活动的核心问题，人类利用有限的资源从事生产、促进增长、扩大供给，就是为了更好地满足人类发展的需求，离开了这一点，经济活动就成为毫无意义的事情。

（二）宏观调控的具体目标

政府实行宏观调控的根本目标是实现社会总供给与总需求的均衡。西方各国在此基础上又进一步将宏观调控划分为四个具体目标，即实现充分就业、经济增长、物价稳定和国际收支平衡，而且这四项目标要协调结合，同时达到。

充分就业目标是指在一定的工资水平和现有设备得到充分利用的条件下，所有能工作而且愿意工作的人都能有工作机会。充分就业是一个有限的不确定概念，因为充分就业中还包括一定程度的失业率。其中包括诸如所谓"自愿性失业"和"摩擦性失业"。"自愿性失业"是指工人不愿工作而自愿失业；"摩擦性失业"是指因技术不对口或季节性原因而造成的失业。西方经济学认为除了"自愿性失业"外，国家可以采取多种措施，如技术培训等方法，减少"摩擦性失业"，使工人能适应新的工作机会。"自愿性失业率"和"摩擦性失业率"构成总的"自然失业率"。一般认为，"自然失业率"被控制在4%~6%范围内就算是充分就业了。因此，所谓"充分就业"，是指有限的充分就业。

经济增长目标是指国民经济的增长应达到一定的速度。这种适度经济增长速度既要能够满足社会发展的需要，又要能满足人口增长和技术进步的要求。衡量经济增长的指标就是一国总的产品和劳务的总量增长状况，即国民生产总值增长状况，或者是人均国民生产总值的增长状况。经济学的主要任务之一就是研究和寻找社会经济增长的条件和规律，为国家宏观经济调控提供理论依据和方法选择，以求能维持国家经济的稳定增长。将国民经济作为一个专门研究领域是凯恩斯主义产生以后才形成的。20世纪50年代日本等国的经济增长很快，英国和美国及其他欧美国家为了能在国际竞争中保持优势，都将经济增长作为国家宏观调控主要目标之一。

物价稳定目标是指将通货膨胀率控制在一个"安全区"内，使通货膨胀既能起到经济增长的"润滑剂"作用，又能为社会所接受，不对经济稳定产生不利影响。20世纪70年代以后，西方各主要资本主义国家出现了严重的通货膨胀，严重地阻碍了国民经济的稳定发展，稳定物价成了西方国家宏观经济调控的重要目标。西方国家大都是以"一般物价水平"来衡量物价指数的变动状况。"一般物价水平"是指各类商品和劳务的价格水平的平均数。各类商品物价指数中包括批发物价指数、零售物价指数、国民生产总值折算价格指数。其中，零售物价指数中的消费品物价指数的变化对确定通货膨胀率有决定作用。

国际收支平衡目标是指国家在一定时期内（一般为一年），国际贸易支出和收入相对保持平衡。过度的贸易赤字或盈余均对国民经济发展不利。国际收支的状况通常是用"国际收支平衡表"来反映。20世纪60年代末至70年代初，由于布雷顿森林体系瓦解，美元汇率的危机引起各国汇率的强烈波动，西方各国纷纷要求实现国际贸易收支平衡，希望能在国际贸易收支平衡的基础上保持一定数量的国际收支顺差，以便增加本国的外汇储备，提高其国民经济实力。

第二节　宏观调控的手段

为了实现社会总供给与社会总需求相均衡的这一宏观调控的根本目标，并同时实现充分就业、物价稳定、经济增长和国际收支平衡，政府需要采取一定的政策和措施来达到这些目标，这些政策和措施就称为宏观调控的手段。宏观调控的手段包括财政政策、货币政策、收入政策和外贸政策，其中最主要的是财政政策和货币政策。

一、财政政策

财政政策对于稳定经济具有重要作用。所谓财政政策是运用政府支出和税收的变动来影响总需求和总供给以平抑经济波动的干预措施。财政政策主要包括发挥内在稳定器作用的财政政策和斟酌使用的财政政策。

（一）财政政策的类型

1. 自动财政稳定器

所谓自动财政稳定器，亦称自动稳定器（内在稳定器），是指不需政府的干预和抑制，经济自动而即时地朝正确的方向变化，借以对总供给和总需求产生一种稳定作用的因素。也就是说，财政政策本身存在一种内在机制，会做出适时反应，在经济涨落时对其产生缓冲作用，并及时对经济体系产生保护功能。自动稳定器这一点颇类似人体内的自我免疫系统。当失业率提高、经济总体下滑时，这些稳定因素便自动降低税收和提高政府支出；而当失业率降低，经济过分景气之时，这些因素又会帮助经济刹闸。具体来说，财政政策的内在稳定器作用主要表现在三个方面：

（1）税收

随经济状况变动而自动改变的税收主要是直接税，其中最重要的就是个人所得税和公司利润税。一般来说个人所得税都具有累进的性质，如果再考虑到起征点，那么当经济进入高涨期时，人们的收入水平会普遍提高，一方面会有更多人达到起征点，加入纳税人的行列，另一方面也必然有一部分人进入更高的税率档次。因此在经济繁荣时期，税收的增长速度要高于收入的增长速度，对经济的扩张起到了一定的限制作用。相反，当经济衰退时，个人收入会减少，在税率不变的条件下，肯定要有一些人的收入降至起征点以下，而且另外一部分人退回较低的档次，税负总水平在下降，增强了经济的抗衰退能力。

从公司利润税的角度来观察，如果公司利润税也具有累进的性质，其效果类同于个人所得税。如果公司利润税不是累进税，在税率不变的情形下，随经济涨落税额也会发生较大变化，因为公司利润和经济状况密切相关，而税收又对公司利润的多少特别敏感。当经济处于高涨期，公司利润会大幅度提高，一般快于工资、收入和消费的增长，这必然导致税收的迅速提高。相反的情况下会造成税收的迅速减少，从而降低财政盈余或增加预算赤字规模，有助于在衰退时阻止经济进一步下滑或减缓其下滑速度。

（2）政府的转移支付

政府的转移支付主要包括政府发放的失业救济金和其他各种福利支出。当经济处于衰退或萧条时，失业人数会不同程度地增加，这时有资格领取失业救济金的人数同时上升，政府的转移支付增加，从而给总需求注入了新的力量；当经济兴旺时期，就业机会增多，失业率下降，依赖失业救济金和领取失业救济金的人数相应减少，政府的转移支付减少，由此对经济的总体扩张起到了一定的限制作用。

（3）农产品的价格维持制度

通常，在经济不景气时，价格水平呈下降趋势，农产品的价格也不例外。依照农产品的价格维持制度，政府要按支持价格收购农产品，一方面使农产品价格维持在一定水平上，另一方面，则会增加农场主的收入，保持农场主投资的积极性。当经济状况转入兴旺时，农产品价格水平上升，此时政府就会减少对农产品购买，不仅如此，而且还会抛售以往收购的农产品，以抑制农产品价格水平上升，控制农场主的收入，在一定程度上限制了总需求的扩张。但是部分经济学家认为农产品的价格维持制度在自动稳定方面的作用甚微，不足以担当"自动稳定器"。

"自动稳定器"是经济波动的第一道防线，在经济的整个防护体系中起重要作用。但从经验上看，我们并不能对它抱太大希望，因为它的影响相当有限。萨缪尔森认为，"自动稳定器的作用在于减少经济制度的波动，它不能百分之百地消除波动，消除它所留下来的波动是斟酌财政和货币政策的任务"。比如，假定总需求下降减少了产量和就业，在自动稳定器的作用下，赤字增加，如果政府做出的反应是实施紧缩性的政策，提高税收或降低政府支出，总需求将会减少，结果是衰退恶化，赤字更趋增加。对自动稳定器和财政政策之间的区别这一问题的错误认识是导致美国1932年政策严重失误的根本原因。

2.斟酌使用的财政政策

财政的收缩和扩张对经济的许多方面产生重要影响，政策的制定者在考虑实施一项具体政策时须再三权衡。如果财政政策要达到经济稳定的目的，刺激政策和限制政策都必须适时得当，否则会起到相反的作用。由于稳定政策采取逆经济风向行事，而且决策者在出台政策时要审时度势，因此称为斟酌使用的财政政策。一般地说，使用扩张性的财政政策即减税或扩大赤字规模（缩小盈余规模）促使经济升温，消除紧缩缺口；使用紧缩性的政策促使经济降温，消除通胀缺口，借此避免经济的大起大落。鉴于此也把斟酌使用的政策称为"反周期政策"。斟酌使用的财政政策的制定和实施需要有一个时间过程。首先，从制定到实施需要一定的时间，因为要使用这种政策必须改变税法和政府支出计划，而改变这一切都需要通过复杂的程序来实现，以至于作为反周期的政策失去其时间价值，所以要保证政策的有效性，政策制定者必须在时间上做出精心的安排。其次，即使政策实施后，真正发挥效力也需要6~12个月的时间，尽管人们具有一定的预测能力，但是毕竟有限，在这种情况之下出现错误不仅是可能的，而且完全是合情合理的。

在很大程度上，宏观经济政策的制定像在对一个移动的靶子射击，如果财政政策在经济复苏时发挥出全部作用，那么扩张性的财政政策将会导致过度需求；同理，如果实施紧缩政策时，总需求下降先于财政紧缩，原本冷却经济的紧缩性财政政策会引发经济衰退。由于我们生活在一个难以预测的动态经济世界，政策的制定者从来也不能确定政策实施以后6个月、12个月或18个月的经济状况如何，而这些会对财政政策的适时斟酌并相应改变造成较大困难。

经济中的自动稳定器和斟酌使用财政政策在对经济的作用方式和赤字之间的关系上有着不同的表现。预算赤字的增长可以由减税和增加政府支出，也可以由GDP的下降而促成。经济学家使用"充分就业预算"来区分这两种的赤字含义和对赤字的反应。充分就业预算是指在潜在GDP水平上对政府支出和收入的估算，用于保证实现充分就业的财政收支计划。扩张性的财政政策会使充分就业预算差额扩大，赤字增加；紧缩性的财政政策则会改善充分就业预算，赤字减少。充分就业预算的变化是斟酌使用财政政策变动的明显信号。相反，实际预算的变化是一种模糊不清的信号。日益增长的赤字既可能是扩张性政策的结果也可能是经济滑入衰退时自动稳定器的影响。因此，斟酌使用财政政策应主要依赖充分就业预算赤字的变化，而实施何种财政政策、实施到何种程度则应通过实际赤字水平或预算差额进行判断。

（二）财政政策的作用机制

1.财政政策乘数

政府购买支出和税收与投资行为一样都是总支出中的一种自发性变量，其增加或减少都会产生乘数作用。这种因财政政策的变动而引起的乘数变化，通常称为财政政策乘数，其中包括了政府购买支出乘数、税收乘数和平衡预算乘数。

（1）政府购买支出乘数

政府购买支出乘数是指国民收入的变动量与引起这种变动的政府购买变动量之间的比率。设 ΔG 表示政府购买支出的变动，ΔY 表示收入变动，K_G 表示政府购买支出乘数，则：

$$K_G = \frac{\Delta Y}{\Delta G} = \frac{1}{1 - b + bt}$$

式中：b为边际消费倾向；t为边际税率。政府购买支出乘数取决于以上两种因素。下面对上述乘数公式作简单说明。

如果其他条件不变，政府支出发生变动，设变化前为 G_0，变化后为 G_1，那么因：

Y=C+I+G

C=a+b（Y-T_0-tY）

Y=a+b（Y-T_0-tY）+I+G

经变化得：

$$Y=\frac{a+I+G}{1-b+bt}-\frac{bT_0}{1-b+bt}=\frac{a+I+G-bT_0}{1-b+bt}$$

所以：

$$Y_0=\frac{a+I+G_0}{1-b+bt}-\frac{bT_0}{1-b+bt}$$

$$Y_1=\frac{a+I+G_1}{1-b+bt}-\frac{bT_0}{1-b+bt}$$

$$Y_1-Y_0=\frac{G_1-G_0}{1-b+bt}=\frac{1}{1-b+bt}（G_1-G_0）$$

$$\Delta Y=\frac{1}{1-b+bt}\cdot\Delta G$$

所以：

$$\frac{\Delta Y}{\Delta G}=\frac{1}{1-b+bt}$$

如果不考虑税率的变动，把税收作为一个自发性变量，政府购买支出乘数为：

$$K_c=\frac{1}{1-b}$$

这与两部门的投资乘数是一致的。如果将投资纳入三部门经济分析，且考虑到边际税率，那么投资乘数与政府支出乘数完全一致。而且与两部门相比，投资乘数作用减弱，即：

$$\frac{1}{1-b+bt}<\frac{1}{1-b}$$

这是因为，当税收作为收入的函数时，投资支出和政府购买每增加一个单位，都要有一定比例作为税收上缴给政府，因而可支配收入减少。消费是可支配收入的函数，加入边际税率的消费函数的斜率小于原有的消费函数的斜率，那么总支出曲线的斜率也随之下降，结果是在相同支出水平下，消费量减小，因而国民收入水平受到限制，比以前有所下降。不但如此，其他的任何乘数的绝对值都要比不考虑边际税率条件下的值有所下降。

（2）税收乘数

税收乘数是指国民收入的变化量与引起这种变化的税收变化量之间的比率。

设自发性的税收发生变化，其增量为 ΔT。ΔY 表示收入的变动，K_T 为税收乘数。根据上述

$$Y=\frac{a+I+G-bT_0}{1-b+bt}$$

这一公式，税收变动前和变动后的收入水平分别为：

$$Y_0=\frac{a+I+G-bT'_0}{1-b+bt}$$

$$Y_1=\frac{a+I+G-bT''_0}{1-b+bt}$$

$$Y_1 - Y_0 = \frac{-bT''_0 + bT'_0}{1 - b + bt} = \frac{-b(T''_0 - T'_0)}{1 - b + bt}$$

所以：

$$\Delta Y = \frac{-b}{1 - b + bt} \cdot \Delta T_0$$

税收乘数为：

$$K_T = \frac{\Delta Y}{\Delta T_0} = \frac{-b}{1 - b + bt}$$

税收乘数为负值，说明国民收入与税收的变动是反向关系，税收增加，国民收入减少；税收减少，国民收入增加。这主要因为，税收增加，一方面表明人们的可支配收入减少，从而影响了消费；另一方面也减弱了生产者的投资热情，两方面的因素促使总支出水平下降。而且与政府购买支出乘数相比，税收乘数作用相对较小。从公式中直观地看，由于 b<1，K_T 的绝对值肯定小于 K_G。简单地说，这是由于政府支出和投资支出的变动引起的总支出的变动等于自发性的支出变动和引致性的变动之和。引致性的变动代表因自发性变动所导致的消费支出的系列变动和连锁反应。而政府税收的变动产生的直接影响是改变居民的可支配收入，从而改变了消费支出，此后便是消费支出引起的系列反应。从整个作用过程看，税收变动引起的总支出变动仅包括诱发的消费支出变动。

（3）平衡预算乘数

平衡预算的概念已人所共知，它是指政府的预算支出等于预算收入。如果在政府支出和税收的变动中依然要保持预算平衡，就必须使政府支出和税收同方向等量变动。因此，所谓平衡预算乘数是指政府购买支出和税收的同方向等量变动引起的国民收入的多倍于前者的变动。

以 ΔY 代表政府支出和税收同量增加时，国民收入的变动量，以 ΔG 代表政府支出增量，以 ΔT 代表税收增量，K_G 和 K_T 分别代表政府购买支出乘数和税收乘数，K_B 代表平衡预算乘数，则：

$$\Delta Y = \Delta G \cdot K_G + \Delta T \cdot K_T = \frac{1}{1 - b + bt} \cdot \Delta G - \frac{b}{1 - b + bt} \cdot \Delta T$$

又由于 $\Delta G = \Delta T$，因此，

$$\Delta Y = \frac{1 - b}{1 - b + bt} \cdot \Delta G$$

$$\Delta Y = \frac{1 - b}{1 - b + bt} \cdot \Delta T$$

所以：

$$\frac{\Delta Y}{\Delta G} = \frac{\Delta Y}{\Delta T} = \frac{1 - b}{1 - b + bt} = K_B$$

从上式可以看出，当全面考虑各方面的条件时，平衡预算乘数小于1。这种状态表明，当政府购买支出增加同时保持同量税收增加时，政府支出的增加会导致小于自身的国民收入的增加额。这一现象说明，以同量税收为基础的政府支出的扩大对于国民收入的扩大作用十分有限。

财政政策乘数理论在政府对国民经济管理活动中起重要的作用，根据当时经济状况和乘数的大小，政府可以选择实施不同的财政政策。

2.财政政策的作用机制

（1）扩张性财政政策的作用机制

在现实经济运行中，如果由于总需求的过度萎缩造成了现实的GDP小于潜在GDP，这时真实的失业率高于自然失业率，经济面对的是紧缩缺口，政府这时可以无所事事地等待自动调节机制发挥作用。由于总需求下降，必将迫使工资和其他生产要素的价格下降，从而降低生产成本，导致总供给增加，随着总供给曲线右移，当AS_1移至AS_2时，现实的GDP和潜在GDP水平归于一致，充分就业实现（如图9-1（a）所示）。

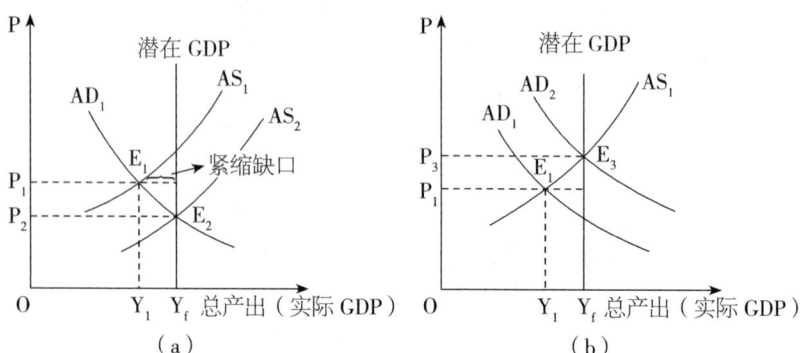

图9-1 扩张性财政政策的作用机制

凯恩斯主义者认为，经济处于潜在GDP水平之下运行时，存在着失业现象，依赖自动调节机制要花费过长的时间，这使得宏观经济的运行缺乏效率。因此这些经济学家建议政府使用扩张性的财政政策以扩大总需求。扩张性的财政政策包括增加政府对物品和劳务的购买或者减税，政府的行为通过乘数作用过程推动整个总需求增大而且总需求的增加将远远超出政府购买的增加或减税的数量。如果时机比较适当，扩张性的财政政策将会刺激总需求向左上方移动，使总需求由AD_1移至AD_2，促使经济走向充分就业的均衡（E_3点），如图9-1（b）所示。当政府的财力不能满足政策的需要时，凯恩斯主义者的处方便是实行积极的赤字预算，以举债填补支出超出收入的部分，在凯恩斯主义的经济政策中赤字预算成为其政策内容的一个重要特点。

（2）紧缩性财政政策的作用机制

当需求冲击使总需求扩大形成现实GDP超出潜在GDP时，现实的失业率低于自然失业率构成了膨胀缺口。同样政府也会面临两种选择：自动调节机制和经济政策。如果政府等待市场的自动调节，市场本身在膨胀缺口存在的条件下，将会导致工资水平、利息率以及其他生产资源的价格上升，带动生产成本的提高，从而使总供给曲线向左移动（如图9-2（a）所示），在AS_2上膨胀缺口消失，现实的GDP和潜在GDP趋于一致，失业率等于自然失业率。

从另一方面来说，政府也可以采取经济政策来降低总需求，引导经济实现非通货膨胀均衡，如果从财政政策入手，称之为紧缩性财政政策。此种政策主要是指政府通过减少政府购买或提高税收降低总需求。如图9-2（b）所示，政府的增税和减少购买使总需求从 AD_1 左移至 AD_2，使GDP处于潜在水平上，价格水平为 P_3，这时的价格水平低于自动调节形成的价格水平，避免了通胀现象的恶化。如果政府减少政府购买，增加税收，预算赤字将会因此而减少以至于出现预算盈余的现象。在凯恩斯主义的理论分析中，这种政策是治疗由过度总需求引发的通货膨胀的良方。

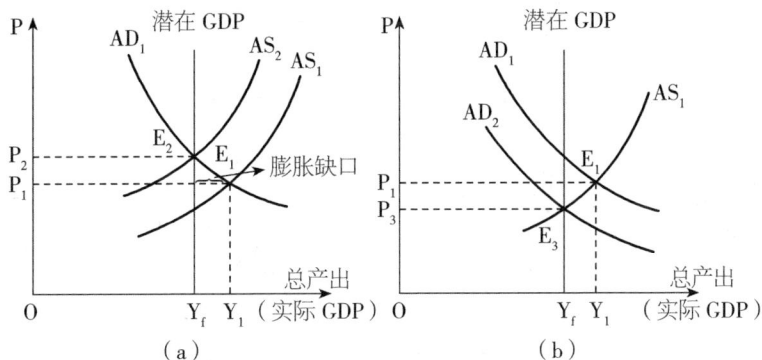

图9-2　紧缩性财政政策的作用机制

从以上分析可看出，凯恩斯主义的稳定政策的取向不是年度的预算平衡，而是总体经济状况是否稳定于潜在的产出水平，因而评价预算政策的依据就不应是实现年度的预算平衡，而是一种预算是否实现了总体经济状况的好转。稳定政策实际上是一种反周期政策，这种政策强调当经济受衰退威胁时政府应寻求一种积极的预算赤字政策，而当经济受通胀威胁时则应寻求积极的预算盈余（或减小赤字）的政策，不应拘泥于每个年度的预算平衡，可着眼于一个周期内实现平衡的目标。财政政策并不是一个消极的措施，政府应积极、主动运用财政政策实现预期的目标。和一些经济行为一样，财政政策可以帮助实现政策目标，也会带来某些消极影响和副作用，特别是使预算赤字表现得更为明显。

专栏9-1

全球疫情冲击下的凯恩斯主义和熊彼特创新理论

伯南克说"大萧条"是宏观经济学的"圣杯"。只要是经济总需求不足，凯恩斯主义的宏观政策就必须出来。从政策角度来说，关键在于行动，在于能够及时解决当下的实际问题并兼顾未来的发展战略。因此，检验目前应对疫情"大冲击"宏观经济政策好坏的标准只有一条：管用。这里的"管用"包括了两个方面的含义：首先要解决当下的迫切问题；其次，要站在全球竞争的视野上去看待解决当下问题大政策的未来期盼。

众所周知，凯恩斯的《就业、利息和货币通论》（以下简称《通论》）基本是基于封闭条件下的《通论》，没有涉及跨国的贸易和投资，教材中就是IS-LM模型；后来扩展到开放条件下的IS-LM-BP模型，加入了国际收支均衡作为第三个条件，成为开放宏观经济学分析的基础模板。而事实上，全球外部基本从来没有平衡过，外部不平衡是常态。

按照上述简化的理论逻辑，我们可以看到在封闭条件下，总需求不足时，用凯恩斯主义经济政策就差不多的时候，放在开放条件下，凯恩斯主义的经济政策可能还会加码，原因在于：如果一直持有大量的顺差，外部平衡意味着外部总需求减少的幅度会大一些。因此，"稳外贸"的重要性之一也在于有助于降低内部政策刺激的力度。

主流的经济增长理论是基于各种生产函数基础之上的，增长就是各种要素的累积、技术进步以及制度的变迁。经济在各种要素、技术和制度等的组合下产生一个潜在的GDP水平，而实际中遇到的各种负面冲击会使实际增长率偏离这种潜在产出水平。每一次负面的大冲击就是短期总需求的萎缩带来的经济偏离潜在水平过多，需要政策刺激短期总需求，凯恩斯主义经济政策就是解决这类问题的。

事实上，开放条件下也存在从需求角度来研究决定增长的理论，只不过与主流的增长理论相比，这一派理论属于小众。经济学家Thirlwall（1979）提出的国际收支约束的经济增长模型（简称BPC模型）及其扩展模型（Thirlwall and Hussain，1982），就认为需求增长率的不同是经济增长率差异的根源（也称为Thirlwall法则）。尽管是小众理论，但提供了开放条件下一个不同的看待增长的视角，而不是单纯从长期的要素角度去看待增长。

全球贸易摩擦的过程也是全球外部再平衡的过程。再平衡过程意味着要保持原有的增长率，有大量顺差的经济体就面临着比封闭条件下凯恩斯刺激政策力度还要加码的力度。无论如何，凯恩斯主义的经济政策是解决短期总需求不足的基本疗法。

那么，凯恩斯的扩大总需求的理论及其政策是如何和熊彼特的创新理论及其政策结合在一起的？熊彼特认为，创新就是要建立一种"新生产函数"，即生产要素需要重新组合，要把一种从来没有的关于生产要素和生产条件的"新组合"引进到现有的生产体系中，企业家的职能就是实现"创新"，在创新中推动经济增长。熊彼特提出了五种形式的创新：采用一种新产品、采用一种新方法、开辟一个新市场、寻找投入品的新来源、实现一种工业的新组织。可见，熊彼特的创新理论主要是生产理论，聚焦于创新驱动质变，有提高经济潜在GDP的意思。涉及的内容也非常广泛，涉及产业发展动力、金融市场功能和公共部门保障等重要的内容。

一个是短期总需求理论，一个是"新生产函数"的增长理论。其结合点就在于当下刺激总需求的政策措施中有一部分是生产性的，比如投资。刺激投资在当下是提高总需求，但又构成了未来的生产能力，投资什么也决定了未来一段时间生产增长的方向。投资到技术创新的行业，当前总需求的扩张政策就形成了未来的创新行业的产能；投资到传统行业，当前总需求就形成了未来传统行业的产能。不论是采用财政政策（比如税收激励、补贴等），还是采用货币政策（比如更低利率的信贷等），刺激当前总需求的宏观政策方向将在一定程度上决定未来产业发展的方向。

放在开放条件下，刺激短期总需求的政策与长期增长（创新）的有机结合就显得尤其关键。在开放条件下，国际竞争是任何一个经济体要直面的问题。要想在竞争中有自己的位置，除了你拥有独特的资源禀赋以外（比如原油），对绝大多数经济体来说，技术是核心。技术来自持续的创新，创新是带来增长最重要的源泉，这是经济学家熊彼特一生追求和秉持的观点。

如今全球已经进入了高强度的经济增长竞赛期。世界经济的多极化是全球共同参与治理的基础，按照马克思的话来说是经济基础决定上层建筑。要在全球竞争中获得更好的增长，就要参与全球竞争，那么创新是本源。我们看到一些发展中经济体拥有不错的资源禀赋，但经济没有创新，在世界经济中也因此没有好的位置。因此，放在开放的视野下，刺激性的政策在扩大短期总需求的同时，兼顾长期的国际竞争发展战略，才能使得刺激总需求的经济政策有新的含义。这个新含义就是：刺激总需求的同时包含了当下和未来的产业创新。

从2008—2009年和今年这两次的刺激政策来看，2008—2009年的总需求刺激政策更多考虑了凯恩斯主义的刺激政策，宽松的财政和货币政策带来大量的货币进入传统产业，比如房地产行业。当然，房地产行业产业链长，有助于就业，但涉及了水泥、钢铁等传统行业，结果带来了产能过剩和"僵尸"企业问题，还催生了影子银行、P2P各种"创新"以及房价泡沫等。2020年这一次的刺激总需求的政策明显不同，刺激政策中更多体现出了创新的因素，典型的就是中国经济的"新基建"。新基建是指以5G、人工智能、工业互联网、物联网为代表的新型基础设施，大多数是信息数字化的基础设施，本身是创新行业，也是未来其他行业进一步创新的平台。"新基建"体现了提升总需求的同时促进创新发展的战略。当然，遵循市场财务纪律约束的"新基建"是最佳。

尤其是在当前国际环境复杂多变的背景下，来自发达经济体的各种贸易摩擦、技术禁售等，都是为了维持自己在国际市场竞争中的有利位置。因此，改善营商环境、激励和保护企业家创新精神是在扩张性经济政策刺激总需求的同时，要继续坚持和强化的发展战略。简言之，在经济总需求急剧下滑的时候，凯恩斯告诉我们怎么活下来，而熊彼特则告诉我们怎么在未来的全球竞争中活得更好、活得更有品质。因此，可以参考"凯恩斯+熊彼特"的经济政策组合。

资料来源　王晋斌. 应对全球疫情冲击，我们需要凯恩斯还是熊彼特？[EB/OL].［2020-04-16］. https://www.sohu.com/a/388373028_100160903.

二、货币政策

货币政策是国家为实现其宏观经济目标所采取的调节和控制货币供应量的金融政策。它由三个不可缺少的部分构成，分别为政策变量、中间目标和政策工具，其中政策变量也称为最终目标。所谓政策变量，也就是政府实施货币政策所要影响的变量，实际上也是政府实施货币政策的最终目标。一般地说，货币政策的最终目标是影响实际 GDP 和价格水平。为了达到以上目标能直接被控制的变量称为政策工具，既不是政策变量也不是政策工具却能在货币政策实施过程中起关键作用的变量被称为中间目标。

（一）货币政策目标

货币政策目标主要包括两部分：一是货币政策的最终目标；二是货币政策的中间目标，中间目标是为达到最终目标而设定的。政策工具、中间目标和最终目标三者的关系应是：政策工具影响中间目标，而中间目标又最终导致国民收入、价格水平和就业量发生变化，也就是说，政府利用政策工具通过影响中间目标实现最终目标。

1.最终目标

宏观经济学的开篇已经提到宏观经济政策的目标，政策目标包括充分就业、价格稳定、经济增长和国际收支平衡。其实货币政策作为宏观经济政策的重要组成部分，其目标和宏观政策目标是一致的。在政策目标中经常被人们重视的是国民收入水平和价格水平，因为国民收入水平的高低和就业水平是一致的，实际上这两大变量又可以归结为一个单一变量：名义国民收入。

名义国民收入的变动，既反映了实际国民收入的变动也反映了价格水平的变化，原则上中央银行要弄清名义国民收入的变化是怎样在这两个组成部分之间分割的。如果货币政策的操作影响了总需求，短期内货币政策将会推动总需求 AD 曲线向右上方移动，在短期总供给曲线（SRAS）为斜线时，AD 曲线的上移将造成价格和国民收入同时移动，两者同时提高。中央银行要考虑价格和国民收入的分别反应，至少在短期内独立达到这个目的是不现实的，这两者的变动是不可分割的。一种货币不能够同时实现价格和国民收入两个独立的既定目标，正因为如此，美联储倾向将名义国民收入（PY）作为货币政策在短期内的目标。

在 AD-AS 模型中，长期内总需求 AD 曲线的移动和短期不同，长期内它只会影响价格水平而不会影响国民收入。如果货币政策在长期内只对 AD 产生影响，那么货币政策在长期的最终目标主要表现为对价格水平的控制。

但是事情并不是绝对的，国与国之间在同一时间内的政策目标不一定相同，同一国家在不同时期内的政策目标也不一样，选择什么样的最终目标与一国的具体情况有关，政策目标并不能同时得以实现。

2.中间目标

中间目标处于最终目标和政策工具之间，它是中央银行为实现最终目标而设置的可供观测和调整的指标。中央银行之所以要设置中间目标是因为当其决定使用政策工具时，不能确切预知政策变量正在或将会发生什么样的变化。具体地说，从政府决策到政策工具发生作用、影响、最终目标要经过一段"时滞"，这个时间差少则几个月，多则一年以上，在这段时间内经济形势可能会发生变化，政策变量也会因此改变，如果这时再改变政策工具已经没有意义了，政府苦心制定和实施的经济政策也难以奏效。要使货币政策发挥应有的效力，实现其最终目标，政府必须找到一些可供观察和控制的变量，这些变量能够在短期内显现出来并与货币政策的最终目标高度相关，这些变量就是中间目标。中央银行设置恰当的中间目标对于最终目标的实现具有重要意义。

适中的中间目标必须符合两个条件：第一，变量的有关信息及时、灵活，具有良好的可控性；第二，变量的变动必须和政策变量具有高度相关性，通过变量的变化可以预期政策变量的变化。最符合这两项条件并且普遍被采用的中间目标是货币供给和利率。由于这两者之间并不是相互独立的两个变量，因此中央银行应注意不要选择一个目标使其中一个变量与另一变量发生冲突，这就给政策的顺利执行设置了障碍。比如，中央银行意图通过迫使利率上升来消除通胀缺口，这时它将卖出债券驱动其价格下降，由此带来利率的上升，但是以提高利率为目的的公开市场操作也将会收缩货币供给，其中一项实现的同时完成了另外一项；同样，如果想使利率下降，在公开市场上买进债券，迫使债券价格下降，这个过程会造成货币供给量的扩大，两者之间也存在着这种连带关系，中央银行对此也束手无策，这并非所愿。即便如此，使用利率作为中间目标和选择货币量作为中间目标还是有其不同之处。

在美国政府实施货币政策的过程中，其所依赖的中间目标并不是单一的，在每个不同时期，中间目标甚至最终目标都在发生变化，也可能确定多个中间目标。其中最为显著的变化是将政策的中间目标从利率变为货币供给总量。在20世纪70年代以前，美联储使用的中间目标主要为利率，70年代以后货币供给量开始发挥重要作用。这种显著变化还包括从一个货币供给总量（M_1）作为中间目标变为多种货币量，中间变量不仅包括M_1，而且也包括M_2。

在美国宏观经济管理的实践中，经常使用的中间目标就是利率和货币量，但是在理论上货币主义的代表人物弗里德曼强调以"单一货币规则"替代其他中间目标，无论经济状况如何，中央银行应以不变的比率增加货币供给量。为了支持这种观点，他提出三点理由：第一，如果货币供给量以等于长期潜在产出水平的增长率的固定比率增长，则经济增长和价格稳定都是有保证的。第二，由于货币政策着眼于长期和不易把握的时滞，为消除GDP缺口而发展和补充短期政策是不可取的。第三，固定的货币规则将会避免美联储的失误。迄今为止，弗里德曼的"单一货币规则"还未引起政府响应。

（二）货币政策工具

利率和货币供给量两个中间变量对最终目标产生重要影响，那么中央银行调节利率和货币量的手段依赖于货币政策工具，包含一般性货币政策工具、选择性货币政策工具、直接信用控制及间接信用控制等。下面分别分析之。

1.一般性货币政策工具

一般性货币政策工具是指经常被运用且能对整体经济运行产生影响的工具，主要指法定存款准备金率、再贴现率及公开市场业务，有时亦称三大货币政策工具或三大"法宝"。

（1）法定存款准备金率。法定存款准备金率是指商业银行及其他金融机构上缴中央银行的法定存款准备金占其存款总量的比率。法定存款准备金制度建立的最初目的是防止商业银行盲目发放贷款，保证其清偿能力，保护存户的资金安全及保障整个金融体系的稳健运行。后来不少国家政府通过法律形式赋予中央银行自由调节存款准备金率的权力，借此调节商业银行创造派生存款的能力。

中央银行调整法定存款准备金率，不但会影响基础货币，而且会影响货币乘数。其政策效果可以体现在以下几方面：第一，会引起货币供应量的巨大波动。因为法定存款准备金是通过货币乘数影响货币供应量的，这样即使变动幅度不大，对货币供应量的影响也是十分大的。第二，影响超额准备金。商业银行因各种原因会持有超额准备金，这部分准备金也会因法定存款准备金率的调整而产生变化，如提高或降低法定存款准备金率，实际上就等于冻结或增加了一部分超额准备金。第三，在很大程度上限制了商业银行体系创造派生存款的能力。由于调整法定存款准备金率对银行信贷规模的作用十分甚至过分敏感，因此在运用时对经济发展速度及整个社会心理预期等方面也有一定的负面影响。

（2）再贴现率。再贴现率是中央银行最早、最典型的货币政策工具，也是目前各国中央银行十分重视的一个金融调控工具。所谓再贴现率，是指中央银行向商业银行提供再次贴现服务时所收取的利息率。商业银行通过将未到期票据转让给中央银行来获取资金，这个过程就是再贴现。再贴现率反映了中央银行向商业银行提供再次贴现服务的成本和风险，通常高于贴现率。再贴现率的高低直接影响了商业银行获取资金进行信用扩张的能力，因此，中央银行通过制定或调整再贴现率，可以达到影响市场利率进而影响货币供应量的目的。例如，当中央银行认为有必要放松银根刺激经济发展时，就可以降低再贴现率，使商业银行取得资金的成本下降，商业银行就会增加对中央银行资金的需求，而这也就扩大了可贷资金；反之，提高再贴现率，则会减少货币供应与可贷资金。

再贴现率政策措施一般又包含两个方面的内容：一是中央银行调整再贴现率，它主要影响商业银行的融资成本，控制社会资金供求。在再贴现率提高的情况下，无论向中央银行借款还是通过其他方法融资，融资成本都会提高；在贴现率降低之时，融资成本减小。如果融资成本提高，商业银行或减少向中央银行借款，或是提高向居民和厂商的贷款利率，两者同样起到了收缩信用的作用。如果降低再贴现率，结果恰恰相反。二是中央银行规定申请再贴现的票据种类、资格，它主要影响商业银行及全社会的资金投向。中央银行通过实施再贴现率政策，一方面发挥了货币信贷供应的宏观控制作用，另一方面也发挥了促进社会资源高效流动的作用。但再贴现率政策也存在局限性，例如，其作用比较被动，当中央银行降低再贴现率时，商业银行不愿意增加借入资金，则中央银行也就无法达到增加货币供应量的目的，不能达到预期的效果；再如，再贴现率的运用必须要以存在一个发达的金融市场为前提，如果不存在发达的金融市场，再贴现率政策也难以发挥有效的调节作用。

（3）公开市场业务。这是指中央银行在金融市场上买卖有价证券，由此影响商业银行准备金，进而影响其货币创造能力的一种业务。它也是被西方国家经常使用且极具力度的一种货币政策工具。

中央银行公开市场业务主要包括两方面：第一，中央银行与商业银行之间的有价证券买卖。中央银行通过卖出或买进政府债券，来达到紧缩或扩张银根的目的。例如，中央银行把政府债券卖给商业银行，后者主要动用原有的超额准备金，如果超额准备金不足，将收回一部分贷款或减少其他资产，这样实际上就等于缩小了商业银行创造货币的能力，进而紧缩信用；相反，中央银行从商业银行手中购回政府债券，其效果是信用的扩张。如我国央行实行的中期借贷便利（medium-term lending facility，MLF）和逆回购操作。中期借贷便利，是指中央银行提供中期基础货币的货币政策工具。对象为符合宏观审慎管理要求的商业银行、政策性银行，可通过招标方式开展。发放方式为质押方式，并需提供国债、央行票据、政策性金融债、高等级信用债等优质债券作为合格质押品。中期借贷便利利率发挥中期政策利率的作用，通过调节向金融机构中期融资的成本来对金融机构的资产负债表和市场预期产生影响，引导其向符合国家政策导向的实体经济部门提供低成本资金，促进降低社会融资成本。逆回购，是指中国人民银行向一级交易商购买有价证券，并约定在未来特定日期，将有价证券卖给一级交易商的交易行为。逆回购为央行向市场上投放流动性的操作。中央银行主动借出资金，获取债券质押的交易。第二，中央银行与私人、其他企事业之间的买卖。这种买卖的效果与上述中央银行与商业银行之间的买卖相似。例如，中央银行把政府债券卖给私人或其他企事业单位，后者一般要动用在商业银行里的存款或手持货币，这样会直接引起基础货币量的减少和信用规模的收缩，即引起银根紧缩；反之，中央银行向私人或企事业单位买进债券，其效果是扩张信用。

公开市场业务，与法定存款准备金率、再贴现率等政策工具相比，具有如下优点：①公开市场业务作用范围大、影响深。因为该业务不但对商业银行的准备金产生影响，而且也影响到私人或其他企事业机构在商业银行的存款及手持的货币量。②公开市场业务是中央银行根据市场走势及自己对经济形势的判断直接对市场进行干预的，因此，较之再贴现率有很强的主动性与攻击性。③公开市场业务具有极大的弹性，中央银行在市场上买卖政府债券数量可大可小，买卖方式及步骤也可随意安排，因此是一种较为灵活的调控手段。④公开市场业务可以持续进行操作。当然，中央银行进行公开市场操作也必须具有一定的条件，包括中央银行必须真正是该国的金融核心、具有发达与完善的金融市场、拥有一定种类与数量规模的政府债券、有健全的相关法规等。如果不具备这些条件，要开展公开市场业务或想达到预期的效果，是比较困难的。

2.选择性货币政策工具

所谓选择性货币政策工具，是指除一般性货币政策工具以外，还有一些可对某些特殊的经济领域或特殊用途的信用加以调节与影响的措施，主要包括消费者信用控制、证券市场信用控制、房地产信用控制及优惠利率等。

（1）消费者信用控制。这是指中央银行为了控制需求过旺及通货膨胀，对商业银行与其他金融机构发放购买耐用消费品的贷款采取控制的行为。其主要内容包括：规定用分期付款购买耐用品时第一次付款的最低金额；规定用消费信贷购买商品的最长期限；规定可用消费信贷购买耐用品的种类及对不同消费品规定不同的信贷条件等。由于这种信用控制范围很宽，中央银行有时会失去控制。

（2）证券市场信用控制。这是指中央银行为了限制借款购买证券的数量，防止过度投机而对有关证券交易的各种贷款进行限制的行为。控制方法包括规定一定比例的证券保证金比率（以现款支付的金额占证券交易额的比例），并根据金融市场的变化予以及时调整。中央银行通过这种控制可以达到防止大量资金直接注入证券市场的目的，保持金融市场的稳定。

（3）房地产信用控制。这是指中央银行对商业银行办理房地产之类不动产抵押放款的一种管理措施，主要包括规定放款的最高限额、最长期限及第一次付款与分期还款的最低金额等。这种控制的目的在于防止房地产交易的投机性，借此稳定货币与经济。

（4）优惠利率。这是指中央银行对国家重点发展的经济部门或产业所采取的一种鼓励性政策工具。其目的在于促进发展重点经济部门的生产，实现产业结构的及时调整与升级。

3.直接信用控制

直接信用控制是指中央银行以行政命令或其他方式，直接对商业银行及其他金融机构的信用活动进行管制，主要方式有：①信用分配，即中央银行根据需要对各个商业银行的信用规模加以分配，限制其最高数量。②流动性比率，即中央银行规定流动资产占存款的比重。商业银行为了保持中央银行规定的流动性比例，必须压缩长期贷款，扩大短期贷款，同时增加随时应付提现的资产比率，由此满足中央银行压缩投资规模的要求。③利率最高，即中央银行对商业银行的定期与储蓄存款规定最高利率，对此限制商业银行抬高利率的恶性竞争。④直接干预，即中央银行直接对商业银行的信贷业务、放款范围等加以干预。⑤特别存款，即中央银行在严重通货膨胀时期要求商业银行及其他金融机构存入一种特别款项，由此削弱这些金融机构的信用扩张，减少货币供应量。

4.间接信用控制

间接信用控制，亦称道义劝告，是指中央银行根据经济形势做出调整信贷的判断，然后与商业银行及其他金融机构的决策者进行多种方式的交谈并提出建设性建议，同时指出违背中央银行意愿将来可能难以得到贷款。通过这种控制或劝告，引导金融机构的微观信用行为。道义劝告在日本称为"窗口指导"。

（三）货币政策传导机制

货币政策实施的目的就是通过影响中间目标作用于最终目标。货币供给量作为中间目标可由政府进行控制，而货币需求量则不能由政府支配。但无论是货币供给量的变动还是货币需求量的变动均能影响总需求。通过货币供给和需求的变动影响总需求的机制称为"货币政策传导机制"。凯恩斯主义者和货币主义者在这一问题上所持的观点也存在很大差别，这里我们介绍的主要是凯恩斯主义的观点。

凯恩斯主义者提出的货币政策传导机制可以归纳为四个阶段（如图9-3所示），它们分别为：

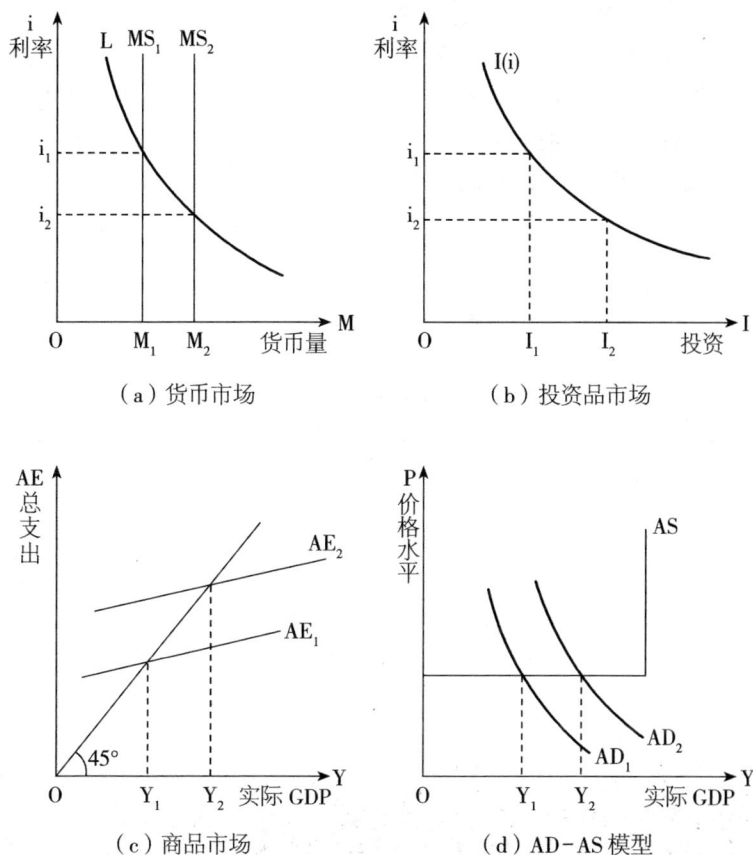

图9-3　货币政策传导机制的四个阶段

第一阶段，货币量的变动对利率的影响，如图9-3（a）所示。假设在原有利率水平 i_1 上货币市场处于均衡状态，如果中央银行决定增加货币供给量，在流动偏好曲线不变的条件下，货币供给的增加将会使货币供给曲线右移，由 MS_1 移至 MS_2，过度的货币供给最终会引起利率下降。这个过程表现为，货币供给过多迫使人们减少手中持有的货币量，将这些货币用于购买债券或转入储蓄账户等，这时可贷资金的供给增加，从而产生利率下降的压力，图9-3（a）中利率由原来的 i_1 下降为 i_2。

第二阶段，由以前所学知识可知，利率的下降降低了投资的成本，刺激投资支出的增加，在投资品市场上表现为对投资品需求的增加，图9-3（b）中利率下降使投资水平从 I_1 提高至 I_2。

第三阶段，投资水平的上升促使总支出 AE 增加，在图9-3（c）中总支出由 AE_1 平移至 AE_2，其结果是实际 GDP 从 Y_1 提高到 Y_2，由此可见，货币供给量的增加或者货币需求的减少最终会导致实际国民收入的增加。

第四阶段，总支出的增加引起的国民收入增加，还可以用 AD-AS 模型表示（如图9-3（d）所示），因为总支出的增加在 AD-AS 模型中表现为 AD 曲线向右上方移动，如果此间不考虑价格因素（AS 曲线为平行于横轴的直线），AD 曲线右移形成的国民收入也会由 Y_1 上升为 Y_2。如果 AS 曲线为正斜率，由于价格同 AD 曲线一同变动，国民收入的增加幅度因价格上升的影响变小。货币量的变化造成的国民收入的增加也表明就业水平的提高。

凯恩斯主义的货币政策传导机制的另一种表现如图9-4所示。

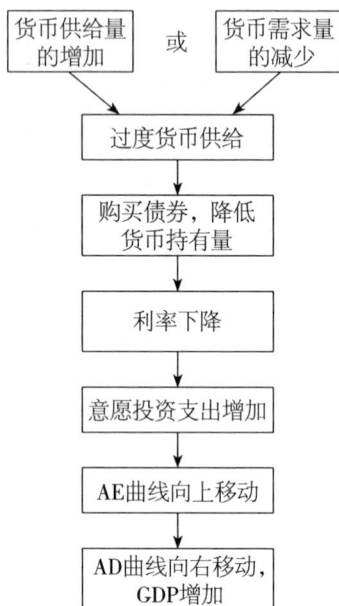

图9-4 货币政策传导机制

凯恩斯主义者的货币政策传导机制论并未得到广泛赞许和认同，货币主义就是反对者之一。凯恩斯主义的货币政策传导机制至少在两种情形下是失灵的：

其一，当投资对利率的变化缺乏敏感度时，传导机制被堵塞。凯恩斯主义也认为投资并不总是能对利率的变化做出反应，比如当投资者对未来缺乏信心时，即使利率降低，也不会促成投资的大幅度变化，当投资对利率完全不敏感时，投资曲线也就变成了垂直于横轴的一条直线。这时货币供给和实际 GDP 之间的联系将被斩断。其二，流动陷阱存在时，同样会发生上述结果。如果利率下降到一定程度，将会使货币需求曲线变成平行于横轴的直线，这时货币供给量的增加，并不使人感到持有的货币过多，因为持有货币的机会成本极低，所以货币供给量的增加对降低利率不起任何作用，利率已经下降到其最低点。从这一点来说，货币供给的增多最终也不会导致国民收入的增加。于是凯恩斯主义者总结道：货币政策有时对增加实际国民收入和就业水平并不奏效，相对而言紧缩性的货币政策却有效得多。据此他们认为，货币政策的作用并不是对称的，他们倾向于肯定紧缩性货币政策的有效性。

货币主义者在货币政策传导机制方面的论点要比凯恩斯主义者简洁明了，他们把货币供给的变化和实际 GDP 直接联系起来，其中没有中间环节。当货币供给增加使人们手中持有更多的货币时，他们将不仅仅把眼睛盯在债券上，各种消费品和投资品也在他们的考虑范围中。货币供给变化直接影响总需求，而不是通过货币市场影响利率完成这个过程。货币的扩张和收缩在短期内能对实际国民收入造成影响，但在长期只会使价格水平变动。

专栏 9-2

高质量发展阶段货币政策需兼顾三个维度

改革开放以来，我国货币政策不断适应经济形势变化，主动适时灵活调整，实现了物价基本稳定、经济较快增长的良好局面。随着我国经济发展进入新时代，经济金融形势稳中有变、变中有忧。为保持经济稳中有进的态势，实现高质量发展，需立足既有的实践经验，贯彻执行稳健的货币政策，同时不断探索创新，确保中国经济长期向好、行稳致远。

推动高质量发展是当前和今后一个时期确定发展思路、制定经济政策、实施宏观调控的根本要求。从改革开放以来中国货币政策的调控经验来看，高质量发展阶段的货币政策，需要兼顾经济发展的阶段、经济转型的程度乃至社会制度三个维度的要求。

一是推动形成符合高质量发展的货币政策目标。随着我国社会主要矛盾发生改变，经济发展需要更加注重质量和效益，更加着重于解决发展不平衡、不充分的问题。因此，货币政策的目标不应过分关注经济增长的速度，而应以经济发展的质量和效益为落脚点，关注经济发展的稳定性。

二是营造适应经济转型升级的货币金融环境。首先，货币政策的调控方式需要从数量型向价格型转变，依靠利率价格信号引导金融资源流动，以更好发挥市场在金融资源配置中的决定性作用，增强金融服务实体经济的功能。其次，目前央行通过各种借贷便利工具投放的货币资金，并非直接投向实体经济，容易形成资金空转，需要疏通货币政策传导渠道，保持流动性合理充裕。金融机构应对国有与民营企业一视同仁，同时拓宽融资渠道，大力发展多层次资本市场，缓解中小企业融资难问题。最后，要加强对创新驱动发展战略的金融支持力度，形成激励创新的股权融资模式，推动银行主导的间接融资体系向市场主导的直接融资体系转变，提高直接融资比重。

三是选择符合社会制度要求的货币政策目标。保障和改善民生是社会主义制度的内在要求，是党和政府关切的大事。就业是最大的民生。据统计，我国民营企业贡献了80%以上的城镇就业，是解决就业问题的重要途径，支持民营企业发展与保障社会就业是相统一的。当前，由于经济存在下行压力，部分民营企业经营困难，融资难问题突出。在此背景下，将充分就业纳入货币政策目标体系既是社会制度的要求，亦是经济发展的需要。下一步，应不断强化货币政策目标责任意识，实施差别化准备金政策、用好结构性货币政策，提高金融对民营企业的支持力度，增加民营企业发展动力。

资料来源　范从来. 高质量发展阶段货币政策需兼顾三个维度［EB/OL］.［2019-04-02］. https://epaper.gmw.cn/gmrb/html/2019-04/02/nw.D110000gmrb_20190402_1-11.htm.（作者有删改）

第三节　财政政策与货币政策的配合

虽然财政政策和货币政策的最终目标一致，而且同种类型的财政和货币政策的作用相似，但是两者并不能完全相互取代来达到政策制定者所设定的任何目标。在政策实施的过程中，需要具体问题具体分析，审时度势，相机选择财政或货币政策，有时两者需要相互配合才能达到最佳效果。在对财政和货币政策的配合以及财政、货币政策的效力分析中，IS-LM曲线模型是重要的理论工具。

一、IS-LM模型

IS-LM模型也被称为希克斯-汉森模型，可对商品市场和货币市场进行综合分析。该模型表示在商品市场和货币市场相互作用同时达到均衡时，形成均衡的利率和国民收入。模型表现了商品市场上的储蓄、投资以及货币市场上的货币供给和货币需求对产出水平和利率水平的决定作用。这种一般均衡的分析方式为财政和货币政策的运用奠定了理论基础。IS-LM曲线分析是凯恩斯的继承者对其《通论》所表述的整个理论体系的概括和总结，在当代宏观经济学中占据重要地位。

1.IS曲线

IS曲线是表示商品市场均衡的曲线。首先我们假定国民经济中只存在两大经济部门即居民和厂商，而且储蓄是收入的函数，投资仅为利率的函数。那么，在商品市场上存在着三种函数：

消费函数：$C=C(Y)$

储蓄函数：$S=S(Y)$

投资函数：$I=I(i)$

当商品市场达到均衡时：

$C(Y)+S(Y)=C(Y)+I(i)$

于是我们可以说，商品市场实现均衡的条件为：

$S(Y)=I(i)$

可见，商品市场实现均衡即达到I=S取决于两种因素：国民收入Y和利率i。Y

和 S 属于同方向变动的关系，而 i 和 I 则是反方向变动，利率越高，投资水平越低；利率越低，投资水平越高，因此，国民收入必须和利率反方向变动才能保持商品市场的均衡。能够使商品市场实现均衡的各种国民收入 Y 和利率 i 的组合连接起来形成的曲线称为 IS 曲线，显然 IS 曲线在以 Y 为横轴和以 i 为纵轴的图形中是一条自左上方向右下方倾斜的曲线，其斜率为负。在 IS 曲线的任何一点上都表明商品市场是均衡的，而且国民收入和利率必须相互配合才能使商品市场的均衡得以实现。它表示这么一种关系：当利率下降时，投资水平提高，从而促进 Y 的增加，Y 的增加又使储蓄水平上升；反过来说当 Y 下降时，储蓄下降，为保持商品市场的均衡要求投资水平降低，只有利率的提高才能实现这一目标。这一关系在 IS 曲线的推导过程中可被清楚地表现出来，在经济学中通常以四个图形推导出 IS 曲线（如图 9-5 所示）。

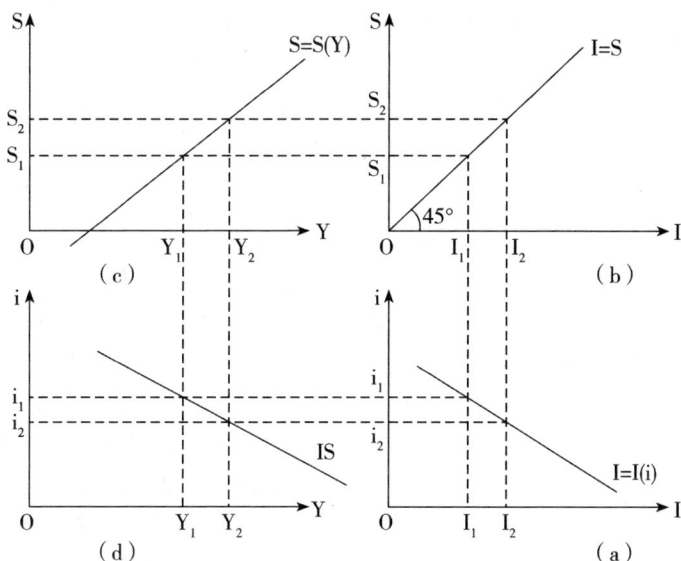

图 9-5　IS 曲线的推导

在图 9-5 中分别设置有（a）、（b）、（c）、（d）四个相关的图形，其中：（a）图表示投资曲线；（b）图表示总供给和总需求达到均衡的 45°线；（c）图表示储蓄曲线；（d）图则表示实现商品市场均衡的 Y 和 i 的多种组合。

在图 9-5 中，（a）图存在着一条投资曲线，它反映了一个投资函数，先找出一利率 i_1，可由投资曲线找到一相应的投资水平 I_1，然后将这个投资水平带入（b）图。（b）图的横轴为投资，纵轴代表储蓄，45°线则表示总供给等于总需求，I=S，因此将确定的 I_1 延伸至（b）图时，可据 45°线找出一个能实现商品市场均衡的 S 即 S_1。同样将 S 带入（c）图，（c）图纵轴代表储蓄，横轴代表收入 Y，根据给定的 S_1 可找出相应的 Y_1，这个收入水平实现了均衡的国民收入。在图（d）中这个均衡收入和开始时的利息率 i_1 形成了一种组合，i_1 和 Y_1 形成了一种使商品市场达到均衡的特殊配合。

同样还可以在（a）图中设定另外一种利率水平i_2，找出相应的投资水平I_2，根据上述同样的分析方法分别找出S_2和Y_2，实现了另外一组特殊组合i_2和Y_2，这个过程可以继续下去。在（d）图中连接这两个组合点或多个组合点就可以得到IS曲线。这条曲线上的任何一点都代表商品市场上实现了均衡，但是在（d）图中并非所有的i与Y的组合都能使商品市场达到均衡状态，如果i和Y的一种组合处于IS曲线的右方，商品市场处于非均衡状态，这时S>I；相反，如果i和Y的组合发生在IS曲线的左方，这时S<I。

既然IS曲线表示I=S，IS曲线代表的函数和储蓄函数以及投资函数是相关的，IS曲线的斜率也取决于储蓄曲线的斜率及投资曲线的斜率。储蓄曲线的斜率和边际消费倾向成反比，边际消费倾向越大，储蓄曲线的斜率越小；相反，边际消费倾向越小，储蓄曲线的斜率越大。而IS曲线的斜率和储蓄曲线的斜率大小是一致的，这也说明边际消费倾向与IS曲线的斜率呈反方向变动。

除此以外，IS曲线的斜率还受投资曲线斜率的影响，投资曲线的斜率则表示投资需求对利率变动的反应程度。投资曲线的斜率越小，投资的变动对利率变化的反应则较为敏感；相反，曲线的斜率越大，表明这种反应程度越小。进一步分析可知，投资曲线越平缓，IS曲线的斜率也就越小，趋向平缓；投资曲线陡峭，则IS曲线的斜率较大，IS曲线也趋于陡峭。

如果决定IS曲线的两个函数发生变化，则会导致IS曲线发生移动，IS曲线移动的方式有两种：一是因储蓄曲线的斜率或投资曲线的斜率变动而引起IS曲线的斜率变动；二是由于外在因素的影响而导致函数中的自发性变量变动引起的IS曲线的平行移动，这里主要就第二种变动进行分析。储蓄函数和投资函数中自发性变量变动首先引起储蓄曲线和投资曲线的平行移动，进而引起IS曲线的平移。

IS曲线分析不仅适合两部门经济，而且也适合对三部门经济的分析，因为三部门经济中的税收T和政府支出G分别和S及I具有相同的性质，T和G的变动也会推动IS曲线移动。一般来说，税收的增加会使IS曲线向左方移动，反之则向右方移动；政府支出的增加则使IS曲线向右方移动，反之则向左方移动。在其他因素既定的条件下，IS曲线向右方移动，对国民收入起扩张作用；而IS曲线向左方移动，对国民收入起着紧缩作用。由此可见，实施紧缩性的财政政策即增税或减少政府支出表现为IS曲线左移，实施扩张性的财政政策减税或增加政府支出则表现为IS曲线右移。

2.LM曲线

LM曲线是一条表示货币市场均衡的曲线，货币市场的均衡表示货币供给量等于货币需求量。货币供给量由货币当局控制，并不是一个内生的变量，因而如果中央银行的货币政策不发生变动，货币供给量则固定不变。货币需求量为收入和利率的函数。货币市场的均衡表现为M=L，即$M=L_1(Y)+L_2(i)$，能够满足这一条件的Y和i的各种组合形成了LM曲线。LM曲线是一条自左下方向右上方倾斜的曲线，同样可利用图形推导出这条曲线，如图9-6所示。

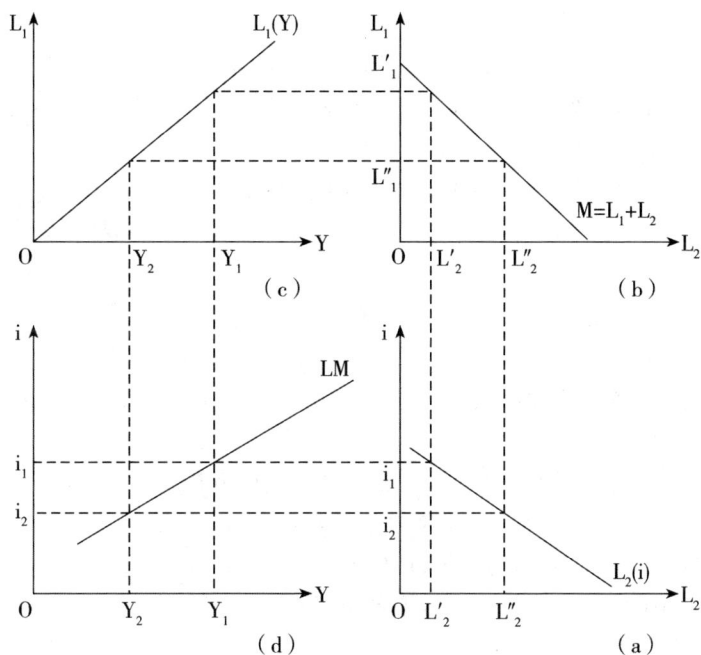

图9-6 LM曲线的推导

图9-6中，（a）图横轴为L_2，纵轴为i，向右下方倾斜的曲线为投机性货币需求曲线。（b）图中横轴对应于（a）图代表L_2，纵轴为L_1，与两轴都呈45°角的曲线表示$M=L_1+L_2$，即在货币供给量不变且货币供求相等的条件下，L_1和L_2的各种数量组合。（c）图的纵轴对应于（b）图为L_1，横轴为Y，向右上方倾斜的曲线表示受收入支配的货币需求曲线。（d）图中纵轴对应于（a）图，代表利率i，横轴对应于（c）图，代表国民收入Y。LM曲线的推导过程为先设定一个利率水平i_1，先在（a）图中找出相应的L_2'，然后再通过（b）图以L_2'找出L_1'，通过（c）图找出与L_1'相应的Y_1，将Y_1延伸至（d）图中，同时在（d）图中找出相应的i_1，Y_1和i_1的组合表示货币市场实现了均衡。再设定另一利率水平i_2，以同样方法找出Y_2，形成另一种组合，再将这两个组合点连接起来，就是所谓的LM曲线。

图9-6中，虽然在（d）图中还有很多Y和i的组合点，但是这些组合点都不足以使货币市场达到均衡，LM曲线上的任何一点都代表Y和i的一种特殊组合。如果有一点在LM曲线的左方，表明这点上L<M；相反，如果有一点在LM曲线的右方，表明这点上L>M。LM曲线向右上方倾斜说明Y和i同方向变动，这是因为如果国民收入提高，在货币供给不变的条件下，L_1的增加必然要求L_2减少，否则就要打破均衡，L_2减少意味利率提高；如果利率水平提高，L_2随之减少，在货币供给不变的条件下，要保持货币市场的均衡，L_1必须提高，这意味着国民收入的增加。另外，由图形可知，LM曲线的斜率取决于L_2和L_1曲线的斜率，L_2曲线的斜率越小，LM曲线的斜率越小，这时LM曲线比较平坦；L_1曲线的斜率越小，LM曲线的斜率越大，曲

线比较陡峭，反之则较平缓。

决定LM曲线移动的因素要比决定IS曲线的因素多，货币供给的变动，L_2和L_1曲线的移动都会使LM曲线发生位移。这里假定L_1和L_2曲线的斜率不变，分析以上三种曲线平移对LM曲线产生的影响。

首先，L_2曲线的移动将会使LM曲线发生方向相反的移动，即L_2曲线右移则使LM曲线左移，L_2曲线左移则使LM曲线右移。右移意味着在同样的利率水平上国民收入的增加。

其次，L_1曲线的移动使LM曲线同方向移动，即L_1曲线左移，LM曲线左移，L_1曲线右移，LM曲线也右移。

最后，在图9-6（b）中，曲线的移动将使LM曲线发生同方向变动，即当货币供给量提高，LM曲线右移，反之则左移。这是因为，如果货币供给增加，在利率不变的情形下，要保持货币市场的均衡，L_1提高，这便意味着Y的提高。

政府在进行经济干预时，一般来说难以直接影响货币需求，因而政府实施货币政策难以通过L_1或L_2曲线变动促使LM曲线移动，而主要通过改变货币供给量使LM曲线移动。因为货币供给量的多少直接掌握在货币当局手中，政府可以利用货币供给量这个工具控制经济的缩胀。

3.两个市场的均衡：IS-LM分析

IS曲线和LM曲线分析仅仅描述了单个市场均衡的条件和状态，但在其中的任何一个市场上形成的均衡国民收入和利率，都不一定使另一市场达到均衡，因此在市场体系中国民收入和利率水平就不会处于稳定状态。凯恩斯继承者建立了IS-LM模型（如图9-7所示），这一模型把商品市场和货币市场结合起来对国民收入和利率进行了一般均衡分析。

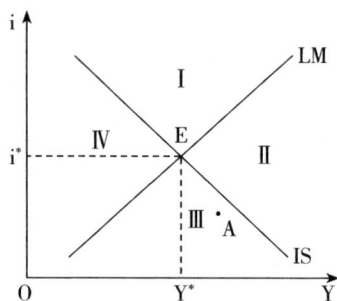

图9-7　IS-LM模型

所谓一般均衡就是商品市场和货币市场同时达到均衡，这一状态表现在图形上就是IS曲线和LM曲线的交点。能使商品市场达到均衡的Y和i有多种组合，能使货币市场达到均衡的Y和i也是如此，但能使两个市场同时达到均衡的Y和i的组合点却只有一个，那就是IS曲线和LM曲线的交点，这个交点上Y和i的数值可通过解I=S和$M=L_1+L_2$方程求得。商品市场和货币市场达到一般均衡时的状况表现在图9-7上E点为均衡点，在IS曲线和LM曲线既定的条件下，E点以外的任何一点都不能使两个市场同时均衡。两条曲线把坐标平面分割为四个部分，分别以 Ⅰ 、Ⅱ 、Ⅲ 、Ⅳ 表示。在这些区域中，都处于非一般均衡状态，在 Ⅰ 区域中的任何一点都处于 IS 曲线的右上方，表明 S>I，同时，各点也都处于 LM 曲线的左上方，表明货币市场上 L<M。其余各区域 I 和 S、L 和 M 的关系分别推知为：Ⅱ 区域中，S>I，L>M；Ⅲ 区域中，S<I，L>M；Ⅳ 区域中，S<I，L<M。而当市场处于这些区域的任何一点时，市场自身的调节会把非均衡状态消除，使得市场恢复到 E 点。因为如果商品市场不均衡会导致收入变动，I>S，国民收入增加；I<S，国民收入减少。货币市场不均衡会导致利率变动，L>M，利率上升；L<M，利率下降。国民收入和利率水平的不断调整最终会实现两个市场的均衡。比如在图 9-7 中，Y 和 i 的组合处于 A 点的位置上，A 点被分割在 Ⅲ 区域，这时 S<I，L>M，S<I 使国民收入下降的收入水平会沿平行于横轴的方向向左移动，L>M 促使利率上升，利率沿平行于纵轴的方向向上移动。这二者的合力最终引起 Y 和 i 的组合点向左上方移动，达到货币市场的均衡，这时，由于商品市场仍未达到均衡，市场仍会进行自动调节，直至在 E 点上实现了一般均衡。

决定均衡国民收入和利率的是 IS 曲线和 LM 曲线，若 IS 曲线和 LM 曲线发生变动，均衡点也会因此而发生变动，即均衡的国民收入和利率移位。其中财政政策使 IS 曲线发生移动，货币政策使 LM 曲线发生移动，政府既可以单独使用财政政策和货币政策，也可以同时运用，这就涉及了财政政策和货币政策的相互配合问题。

二、财政政策与货币政策的配合

在政府干预的过程中，将财政政策和货币政策配合使用的原因是：两者虽然在扩张和紧缩经济的方向上是一致的，但是在实现某一最终目标时，两者是不能完全替代的。比如，上面内容中曾经提到的"流动陷阱"和极度通胀期，财政政策必然作用甚微或者失效，这时两者便不能完全相互替代。当"流动陷阱"发生时，经济一般处于极度萧条状态，这时试图使用货币政策使经济复苏的努力将是徒劳的，因为利率已经下降到最低限度，比较有效的办法是财政政策，或者两种政策并用。当出现极度通胀时，只使用紧缩性的货币政策，而不辅以紧缩的财政政策，效果也不会理想。

同样财政政策也不能完全替代货币政策。例如，当政府实施扩张性财政政策刺激总需求，增加政府支出固然会使经济在某种程度得以扩张，但是这种扩张伴随着挤出效应的出现，挤出效应会使财政政策的效果大打折扣，以赤字预算的方式来刺激总需求也同样面临这种问题的困扰。从这个角度来说，扩张性的财政政策应辅以货币政策才能显示出其效力。

财政政策和货币政策各有优点和不足，两种政策配合使用可以克服缺陷相得益彰。具体来说，两种政策的区别主要有三点：第一，财政和货币政策中某些具体措施的猛烈程度不同，比如政府支出和法定存款准备金制度作用猛烈，而税收和公开市场业务则相对柔和。第二，政策时滞不同，财政政策由于需经多道程序才能付诸实施，其行动时滞较长，货币政策的行动时滞则较短，但是财政政策的影响时滞要短于货币政策的影响时滞，前者发生作用的时间较快。第三，两者实施过程中遇到的困难和阻力不同，由于财政政策在运用时涉及多方面的利益关系，遇到的困难和阻力更大，货币政策阻力较小。在财政政策中，增税和削减政府支出，特别是福利开支遇到的阻力最大。

（一）财政政策效果分析

财政政策效果是指政府收支变化对总产出变动影响程度的大小。影响大小会因IS曲线和LM曲线斜率的不同而不同。

1.在LM曲线斜率不变的条件下，IS曲线斜率绝对值越大，移动IS曲线时总产出变化就越大，财政政策效果就越大

IS曲线斜率不同所引起的财政政策效果的差别如图9-8所示。

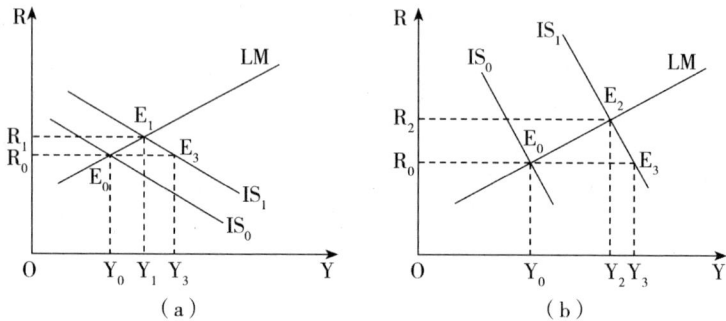

图9-8　IS曲线斜率不同所引起的财政政策效果的差别

图9-8中，（a）图和（b）图的LM曲线斜率完全相同，表明货币市场均衡不变。初始均衡点 E_0 相同，且政策强度也相同，由于乘数作用，都能使总产出增加到 Y_0。所不同的是（a）图中IS曲线比较平坦，即斜率绝对值较小，而（b）图中IS曲线比较陡峭，即斜率绝对值较大，由于IS曲线斜率的差别，因而导致了实行同样的财政政策，（a）图中总产出只增加了 Y_1-Y_0，而（b）图的总产出却增加了 Y_2-Y_0。由此可见，（a）图中IS曲线斜率绝对值小，财政政策效果小，（b）图中IS曲线斜率绝对值大，财政政策效果也大。为什么会出现这种政策效果的差别呢？是因为IS曲线斜率绝对值反向取决于利率反应系数d，正向取决于边际消费倾向b，（a）图中IS曲线斜率绝对值小，说明投资对利率反应系数d或者边际消费倾向b的数值较大，而d值和b值大，都会使政府支出的"挤出效应"大，所以实际增加的总产出就少，即政策效果小。（a）图中的 Y_3-Y_1 和（b）图中的 Y_3-Y_2 为"挤出效应"而减少的总产出，$Y_3-Y_1>Y_3-Y_2$。

2.在IS曲线斜率不变的条件下，LM曲线斜率越大，移动IS曲线时总产出变动就越小，即财政政策效果越小

LM曲线斜率不同所引起的财政政策效果的差别如图9-9所示。

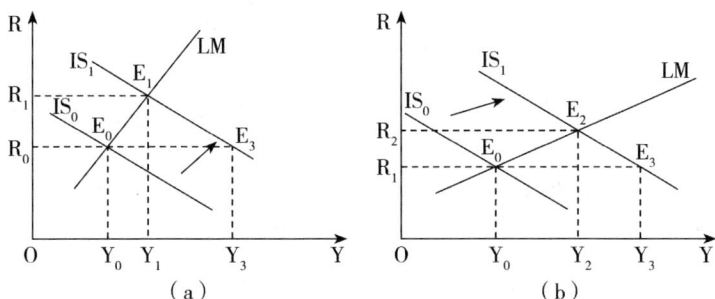

图9-9 LM曲线斜率不同所引起的财政政策效果的差别

图9-9中，（a）图与（b）图中的IS曲线斜率相同，移动幅度也相同，说明财政政策强度相同。不同的是（a）图中LM曲线斜率大，曲线陡峭，而（b）图中LM曲线斜率较小，曲线平坦。由于LM曲线斜率等于k/h，斜率大说明货币需求对利率敏感系数h值小（假定k值不变）。h值小，"挤出效应"就大，所以财政政策对总产出的影响就小些。在图9-9中，Y_3-Y_0表示政府支出的乘数效应所增加的总产出，（a）图的Y_3-Y_1和（b）图的Y_3-Y_2分别表示在两种货币市场均衡条件下的"挤出效应"，$Y_3-Y_1>Y_3-Y_2$。财政政策效果在（a）图中为Y_1-Y_0、（b）图中为Y_2-Y_0，（a）图的政策效果小于（b）图。

（二）货币政策效果分析

货币政策效果是指变动货币供给量对总产出变动的影响程度。货币政策效果大小，与IS曲线和LM曲线的斜率有密切关系。

1.在LM曲线斜率不变的条件下，IS曲线斜率绝对值越小，IS曲线越平坦，LM曲线移动对总产出变动的影响就越大，货币政策效果就越明显

IS曲线斜率不同所引起的货币政策效果的差别如图9-10所示。

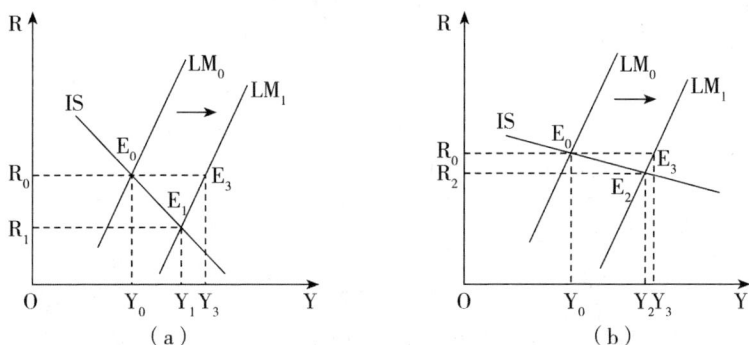

图9-10 IS曲线斜率不同所引起的货币政策效果的差别

图9-10中，（a）图和（b）图的初始状态是一样的，均衡点为E_0，均衡利率和均衡总产出分别为R_0和Y_0，都实行扩张性货币政策，政策强度也一样，都从LM_0向右平移至LM_1，因此在市场利率不变的条件下，货币供给量增加引起的总产出增加都是Y_3-Y_0。但货币供给量增加必然会引起市场均衡利率的下降。在（a）图中IS曲线陡峭，利率下降使总产出增加量并不多（增加了Y_1-Y_0），货币政策效果较小。

而（b）图中 IS 曲线斜率绝对值较小，所以利率下降使总产出增加较多（增加了 Y_2-Y_0），政策效果明显。

2.在 IS 曲线斜率不变的条件下，LM 曲线斜率越小，曲线越平坦，LM 曲线移动对总产出变动影响越小，货币政策效果就越小

LM 曲线斜率不同所引起的货币政策效果的差别如图 9-11 所示。

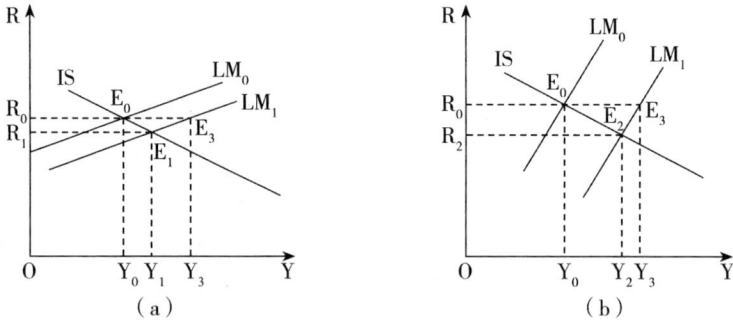

图 9-11 LM 曲线斜率不同所引起的货币政策效果的差别

图 9-11 中，图（a）和图（b）初始均衡利率和均衡产出分别为 R_0 和 Y_0，增加的货币供给量也相同，并且都引起市场利率的下降。图（a）中 LM 曲线的斜率小，增加相同的货币供给量所引起的利率下降较少，因此在 IS 曲线不变的条件下，将引起总产出较小幅度的增加，说明货币政策效果较小。在图（b）中，LM 曲线斜率大，货币供给量增量所引起的利率下降较大，因此，刺激总产出有较大增加。

（三）政策组合效应分析

财政政策会引起均衡利率和均衡产出同方向变化，即扩张性财政政策使利率和总产出都增加，紧缩性财政政策使利率和总产出都下降。货币政策会引起均衡利率和均衡产出反方向变化，即扩张性货币政策使总产出增加而利率却下降，紧缩性货币政策使总产出下降而利率却上升。根据两种政策的不同特点，在不同的经济环境中适宜地组合使用，就能有效地控制总产出和利率的变动方向和幅度。两种政策的组合归纳起来有以下四种：

1.扩张性财政政策与扩张性货币政策组合

这种组合会使总产出较大幅度增加，利率变动却不确定，它取决于两种政策的相对强度。这种组合一般在经济萧条比较严重时使用。扩张性财政政策会增加总产出，同时利率会上升，用扩张性货币政策降低利率以克服可能带来的"挤出效应"。当通货膨胀比较严重时不能使用这种政策组合，因为这种组合对通货膨胀是火上浇油。

2.扩张性财政政策和紧缩性货币政策组合

这种组合会使均衡利率上升而总产出变动方向不确定。在经济萧条不太严重而又要控制通货膨胀时可采用这种政策组合。用紧缩性货币政策控制通货膨胀，可能引发的总产出减少则通过扩张性财政政策加以弥补。比如 20 世纪 80 年代初，美国经济处于经济萧条和通货膨胀并存的"滞胀"局面，里根政府适时地采用了减税和紧缩货币的组合政策，一方面刺激需求，使总产出增加，另一方面又控制了通货膨

胀进一步恶化。

3.紧缩性财政政策和扩张性货币政策组合

这种组合会使利率下降而总产出变化方向取决于两种政策的相对强度。在经济出现通货膨胀而又不太严重时可采用这种组合。由于通货膨胀不严重，所以用紧缩性财政政策压缩总需求可达到目的，为防止利率提高引发衰退，再适当用货币政策降低利率。

4.紧缩性财政政策和紧缩性货币政策组合

这种组合会引起总产出大幅减少而利率变化不确定。在经济发生严重通货膨胀时可考虑使用这种政策组合，因为这时往往伴随着经济过热，紧缩性财政和货币政策可有效控制经济过热和通货膨胀，同时紧缩性财政政策又可防止利率过分提高。

使用政策组合调控经济必须研究经济的 IS-LM 曲线的形态特征。如前所述，两种政策在不同的 IS-LM 曲线形态下政策效果是不一样的，择机使用合适的宏观经济政策才能起到有效的作用。

专栏9-3

以财政货币政策助力经济高质量发展

我国经济已由高速增长阶段转向高质量发展阶段，需要坚定不移贯彻创新、协调、绿色、开放、共享的新发展理念，在发展过程中不断提升资源配置效率，更好实现经济效益和社会效益，更好满足人民的美好生活需要。为此，我国财政政策和货币政策需与新的经济发展阶段相适应。一方面，进一步发挥财政政策和货币政策的稳定器作用，提升政策的前瞻性、针对性、有效性，推动经济持续健康发展；另一方面，推动财政政策和货币政策提质增效，避免大收大放的调控方式，更多致力于提升经济效率和补足民生短板，营造良好的宏观经济环境。具体来看，财政政策和货币政策需在以下几个方面切实发力：

第一，积极的财政政策要提质增效，注重结构调整。

就目前经济形势来看，新冠肺炎疫情冲击与外部风险相叠加，我国经济下行压力加大。为更好统筹推进疫情防控和经济社会发展，我们短期内需要以积极的财政政策保障经济平稳健康运行，可考虑适度提高地方政府专项债规模，适度提高财政赤字率目标，扩大积极财政政策的政策空间。同时，要更多聚焦新型基础设施建设和推动产业升级，重点支持具有示范效应的先进制造、新型基础设施建设等领域，持续激发内需活力。还要通过减税减轻企业税收负担，提高企业的获得感，刺激企业扩大固定资产投资规模、提升生产能力。此外，需调整财政支出结构，提高资金使用效率。可考虑进一步加大对教育、医疗、社会保障、保障性住房等民生领域的支出，加大对传统产业技术改造和创新的支持力度。

第二，深化金融改革，保持货币政策灵活适度。

货币政策方面，需增强货币政策的灵活性，注重降低实体经济的融资成本。在当前的经济形势下，可以利用多种货币政策工具保持市场流动性合理充裕，同时促进信贷结构优化，引导银行加大对民营企业、制造业中长期贷款的支持力度，并加大对疫情防控的关键领域及受疫情影响严重地区的信贷支持力度。在降低实体经济融资成本方面，可以通过下调中期借贷便利（MLF）等政策利率，引导贷款市场报价利率（LPR）下行，切实减轻企业负担，并加快推进金融机构资本补充，提高金融机构服务实体经济的能力。与此同时，需完善市场利率形成机制，提升货币政策传导的有效性，进一步完善贷款市场报价利率的定价机制，根据宏观调控政策的需求，重点引导中小企业贷款、"三农"贷款参考LPR定价，以达成结构性降息的效果。

第三，不断优化财政政策和货币政策的调控方式。

我国经济增速进入换挡期，同时还面临经济结构优化的任务，对此，要不断优化宏观调控方式，更好适应当前经济环境，着力改善结构性失衡问题。一是明确宏观调控的政策边界和职能范畴。二是优化宏观调控目标，未来可考虑更加突出物价稳定和经济结构调整的目标。三是政策目标需锚定中长期，更多关注在中长周期内实现宏观调控目标，增强宏观调控的政策权衡空间。

第四，有效加强财政政策和货币政策的协调性。

推动经济高质量发展，要加强财政政策与货币政策的协调。在财政政策方面，需通过实施积极的财政政策对经济增长形成支撑；在货币政策方面，需更加审慎，避免总需求波动带来的系统性风险，为高质量发展培育良好的宏观经济环境。

在政策分工方面，货币政策与财政政策应分别针对总量和结构目标发力。从政策工具的属性来看，货币政策偏重总量调控，而财政政策则兼具总量和结构调控功能。因此，加强财政政策和货币政策的协调性，需进一步区分二者的角色：货币政策应更多地承担总量调控的任务，主要作用于总需求；财政政策则需在总体宽松的同时，更关注通过结构性调控影响总供给，实现供给质量的提升。就当前经济环境而言，保增长的积极财政政策不仅要立足于财政支出的规模扩张，还要在保持适度财政收入增长的情况下，优化财政支出结构，加大对社会公共物品的支出，保障基础设施建设投入，在稳增长的同时实现产业优化升级和经济效率的提升。

有效加强财政政策和货币政策的协调性，需构建财政政策与货币政策制定部门的日常协调沟通机制并有效防范风险。在沟通机制方面，应进一步加强促进财政政策与货币政策协调的体制机制建设，增强政策制定程序和具体措施的公开性和透明度，并在政策执行过程中加强与公众沟通。在防范风险方面，特别要重视地方财政风险，建立财政风险监控与预警机制，建立从中央到地方的风险预警指标体系，重点关注地方政府当年债务偿还情况、债务余额、偿债能力和债务风险指标等。

总而言之，我国经济转向高质量发展阶段，这对做好宏观调控提出了新的、更高的要求。对此，财政政策和货币政策应在发挥稳定器作用的同时，更加注重结构性和体制性问题，不断提升资源配置效率和民生服务水平，保障我国经济健康平稳运行。

资料来源　闫坤，汪川. 以财政货币政策助力经济高质量发展［EB/OL］.［2020-07-16］. https://www.sohu.com/a/408125040_114882?_trans_=000014_bdss_dkwhfy.（作者有删改）

第四节　宏观调控的成效和问题

第二次世界大战以后，各发达工业国普遍采取了相机抉择的宏观经济政策，应用财政和货币政策相结合调节国民经济的总需求，一定程度上降低了经济波动的程度和衰退的严重性。像20世纪30年代那样的大萧条，再也没有发生过。但政府对宏观经济的调控仍然是很大的一个问题。

一、宏观调控的成效和问题

政府要能对宏观经济的运行真正起到稳定的作用，首先必须准确地判断经济是处在何种状况，预测市场景气变化的趋势。就像一个医生给病人看病，首先要正确地诊断病情，才可以对症下药。一般关于经济衰退的正式定义是国内生产总值连续两个季度下降。所谓国内生产总值就是一国在一定时期内生产的商品和劳务的总值。只要统计数据及时正确，政府判断经济是否陷入衰退相对而言是比较容易的，但是，我们知道，相机抉择的宏观经济政策的意义在于逆经济景气潮流而动，所以政府不光要观察已经发生的事，还必须明察秋毫，预见经济趋势，才能够防患于未然。目前，预测经济动向的方法不外乎这样几种类型：一是计量经济模型的方法，即根据历史统计资料估算各种经济变量之间的基本相关或因果关系，以此推测下一步经济变动的趋势；二是领先指数的方法，即搜集证券市场、企业存货、建筑业开工指数等可能预示经济变化动向的数据，用以预测市场风云；三是普查的方法，即普查企业界和消费者的生产和消费计划，从中猜测市场何去何从。这些方法都各有利弊，没有一种是完全可靠和完美的。平均而言，20世纪七八十年代经济学家对国民经济总产值的年度预测数字和实际数字相差1%~1.5%，但在1974—1975年和1981—1982年两次经济衰退中，预测误差却大大增加。可以说，人类现有的经济预测技术有助于政府减少一定程度的经济波动幅度，但还不能够提供足够精确及时的信号使政府能够防止经济衰退的发生。

就财政政策来说，存在着缺乏灵活性的问题。一般财政开支和税收是由国会按财政年度制定修改的，往往很难及时地根据经济情况加以调节。更重要的问题是财政开支的政治性。在民主选举的制度下，政治领导人常常为了政治利益讨好选民，所以，总是减税容易加税难，增加福利开支容易砍掉难。结果只见政府开支水涨船高，盈余减少，赤字增加，不见政治领袖们开源节流的诺言兑现。相机抉择的财政政策在不少发达资本主义国家演变成了赤字财政政策，并不是偶然的。

货币政策比财政政策灵活些，因为中央银行或货币当局可以随时调整，不必等到每个财政年度定预算的时候。但货币政策也有个"时滞"的问题。从问题的发现、政策的制定，到政策的实施乃至生效，都要经过一段时间，通常要好几个月，甚至一年半载。往往当制定政策时，经济需要的是刺激扩张，而到政策生效时，经济已经在复苏的轨道上了。所以，有些经济学家认为，由于时滞的存在，相机抉择的货币政策未必能有助于经济稳定，说不定还会反而加剧了经济的动荡。货币当局与其把精力放在经济稳定上，还不如放在稳定的货币供应和价格水平上。

有的经济学家还指出，宏观经济政策的有效性，取决于政策能不能在人们没有防备的时候生效。比如人们如果预计到增加货币供应量后商品价格会上涨，就会要求增加工资来抵消涨价，放松银根以减少企业成本的政策愿望就落空了。在人们对于政策效应的"理性预期"下，积极的货币政策很可能造成工资物价轮番上涨的恶性循环，而实际经济却刺激不起来。

另外，一些经济学家还从理论上根本怀疑相机抉择的经济政策依据的可靠性。一般经济学家都同意，在市场经济正常运作时，一定范围内的失业是正常的。因为产业结构的调整变化、季节变化，都会造成某些行业正常的失业现象，如农业对劳动力需求的变化、工人自愿放弃工作另谋发展等。这种因正常市场经济运作引起的失业率就叫作"自然失业率"。怀疑相机抉择必要性的经济学家认为市场经济机制实质上还是有很强的内在稳定机制的，市场经济要比凯恩斯所描绘的要稳定得多。当失业率超过自然失业率时，失业人数的增加使得市场需求减少，市场价格于是在市场萧条中下降（或者表现为通货膨胀率减低）。这样，人们手中资产和财富的实际价值就提高了，这种相对富裕的情形会引导人们增加消费，带动经济复苏。所以，衰退和萧条发展到一定时候，必然会出现经济复苏。如果不是人为的政策失误，市场经济应当不会偏高自然失业率太远太久。20世纪30年代的大危机其实很大程度上不是由于市场经济的失败引起的而是政府的愚蠢政策引起的：美国政府在1929年股市危机后错误地把所得税提高了一倍，把进口税提高了一半，从而导致了商业信心的崩溃，把整个经济推入了大萧条的深渊。

需要补充的是，大多数主张凯恩斯经济政策的学者其实并不否定市场经济的自我复苏功能，只是认为这种自我复苏过程太长、太慢，社会成本太大。

最后，自20世纪70年代初以来，世界市场上的固定汇率体系被有控制的浮动汇率体系所取代，这导致了金融市场发生了重大变化。在固定汇率制度下，各国货币之间的兑换率是基本固定的，不会随着各国经济状况自动升值或贬值。这种制度是建立在美元作为各国货币后盾的基础上的，同时各国对外汇市场上的资金流动也受到一定限制。然而，随着美国国内财政赤字的增加、通货膨胀加速和贸易逆差扩大，美元的稳定地位逐渐动摇，固定汇率制度难以维持。于是各国政府放开了外汇市场，放松了金融管制，让货币兑换率自由波动，只在外汇市场异常波动时才进行干预。在浮动汇率制度下，由于金融业的技术进步和制度创新，世界金融资本的活动变得更加活跃。国与国之间的资本投机活动导致宏观政策环境的变化。例如，当政府采取货币政策放松银根刺激经济时，本国的利率降低，导致人们将资金流向本国的收益减少，从而减少了外国资金的流入，增加了本国资金的流出。此时，人们将资金转移到境外时，需要将本国货币兑换成外国货币，从而增加了对外币的需求，导致本国货币贬值。本国货币贬值会使出口货币更具吸引力，抑制进口，从而增加本国市场的总需求，更有效地刺激经济增长。当政府增加开支、减少税收，用财政政策刺激经济时，国内投资增加，利率上升，外国资金流入增加，本国货币升值，这会刺激进口、减少出口，给本国市场的总需求带来压力，从而减弱了财政政策的扩张效果。因此，世界经济环境的变化加大了实施宏观经济政策的难度，使政策的效果更加不确定。尽管开放的经济环境使货币政策更具威力，但并不意味着政府能够轻松掌控经济的前进方向，就像一个习惯了自行车的人转换为骑摩托车后，未必能够更加自如地控制前进的方向一样。

二十大专栏 9-1

新发展格局下如何进行宏观调控

党的二十大报告在"加快构建新发展格局，着力推动高质量发展"篇章中将"构建高水平社会主义市场经济体制"列于首位，并重点突出了宏观调控的地位作用，指出要"健全宏观经济治理体系，发挥国家发展规划的战略导向作用，加强财政政策和货币政策协调配合，着力扩大内需，增强消费对经济发展的基础性作用和投资对优化供给结构的关键作用"。这为理解新时代新征程新使命下的政府宏观调控划出了重点。具体来说，在新发展格局下，政府可以在以下维度进一步完善宏观调控。

一是健全宏观经济治理体系，政府可以加强宏观经济调控的组织和协调机制，建立健全统一决策、协同推进的工作机制，确保宏观经济政策的一致性和稳定性。二是发挥国家发展规划的战略导向作用，政府可以制定和实施国家发展规划，明确经济发展的战略目标和方向，引导各方面资源的合理配置，推动经济高质量发展。三是加强财政政策和货币政策协调配合，政府可以通过财政政策和货币政策的协调配合，实现宏观经济稳定和结构调整的双重目标。财政政策可以通过减税、增加政府支出等方式刺激经济增长，货币政策可以通过调整利率、适度扩大货币供应等方式提供流动性支持。四是着力扩大内需，政府可以通过增加居民收入、提高社会保障水平、扩大消费信贷等方式，促进居民消费的增长，进一步释放内需潜力，推动经济增长。五是增强消费和投资的作用，政府可以通过优化投资环境、加大基础设施建设投资等方式，引导和支持企业增加投资，提升供给结构的质量和效率；同时，政府可以加大消费扶持力度，提高消费者购买力，增强消费对经济发展的拉动作用。

总之，在构建新发展格局视角下进行宏观调控，应充分发挥国家发展规划的战略导向作用，加强财政政策和货币政策的协调配合，着力扩大内需，增强消费和投资的作用，以推动经济实现高质量发展。

二、发达国家宏观调控政策的启示

综观上述讨论，我们可以得出工业发达国家实行宏观经济政策的几个经验教训：

其一，由于市场经济中"合成谬误"的效应，应用"看得见的手"调控宏观经济是有必要的。

其二，鉴于现有经济预测技术的限制，准确预见宏观经济的走向并实施恰到好处的反波动的相机抉择措施是很困难的。因此，宏观经济政策仍应以保持货币增长稳定和物价的稳定为主。切不可过于自信地轻举妄动，反而使经济更加不稳定。

其三，只有在经济衰退的征兆明显或经济萧条持续不愈时，才可以相机抉择地实施财政政策和货币政策的反危机措施，但仍然必须仔细计算政策时滞和开放经济条件下的政策效应，注意适可而止。

其四，考虑到人们的理性预期反应，政府如果实行反衰退的扩张政策，宣布要晚，实行要快，这样才能最大限度地发挥政策效应。

其五，凯恩斯经济学的问题之一是笼统地谈政府开支和增减税收。经过多年的实践经验教训，许多国家政府认识到，政府的行政福利开支易增不易减，并且会增加人民对政府救济的依赖，无助于生产力的提高；国防开支过大也会加重国民经济负担，拖累经济发展；政府增加开支应当以教育和基础设施等与长期生产力有关的项目为主。税收调节，也不宜笼统地谈增税和减税，而应当具体改革税收制度，使其更为公平、更有利于鼓励生产和投资。

其六，凯恩斯的一些弟子鼓吹的"财政赤字无害论""通货膨胀有益论""国民储蓄太多论"，理论上很片面，实际上也经不起各国经济实践的检验。

◆ 关键概念

财政政策　自动财政稳定器　政府的转移支付　财政政策乘数　货币政策　法定存款准备金率　再贴现率　公开市场业务　选择性货币政策工具

◆ 复习思考题

1. 宏观调控的具体目标有哪些？
2. 财政政策的类型有哪些？
3. 货币政策的目标有哪些？
4. 货币政策的工具有哪些？
5. 试述财政政策与货币政策的配合。
6. 试述发达国家宏观调控政策对我国的启示。

思政专栏 9-1

宏观经济政策多重积极效应持续显现

即测即评 9

第十章 促进社会公平

◆本章学习目标

理解收入分配不均等与社会公平的内涵，了解收入分配的公平标准；掌握用基尼系数衡量收入差距程度的分析机理、优点和不足，掌握收入分配不公平的原因；理解政府调节收入分配的必要性，掌握政府调节收入分配的原则；掌握可供政府选择的调节收入分配的手段。

◆本章知识结构

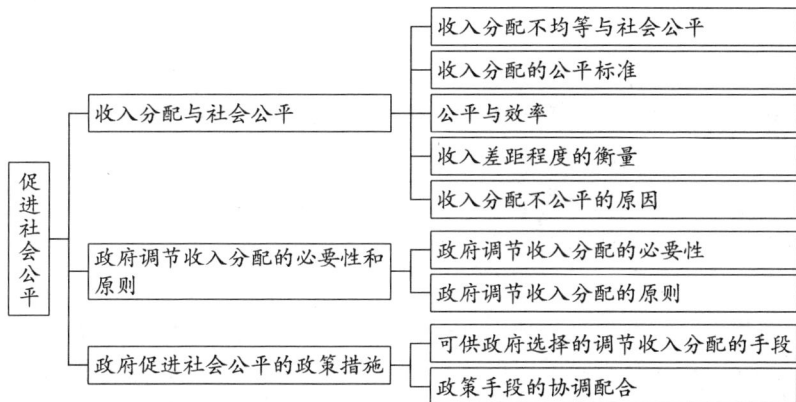

```
                              ┌─ 收入分配不均等与社会公平
                              ├─ 收入分配的公平标准
            ┌─ 收入分配与社会公平 ─┼─ 公平与效率
            │                 ├─ 收入差距程度的衡量
促                            └─ 收入分配不公平的原因
进
社          ┌─ 政府调节收入分配的必要性和   ┌─ 政府调节收入分配的必要性
会 ─────────┤   原则                  └─ 政府调节收入分配的原则
公
平          └─ 政府促进社会公平的政策措施 ─┬─ 可供政府选择的调节收入分配的手段
                                       └─ 政策手段的协调配合
```

第一节 收入分配与社会公平

一、收入分配不均等与社会公平

总的说来，通过市场的竞争实现优胜劣汰的市场机制，有利于提高经济效益、实现资源的有效配置，但它并不是十全十美的，可能会带来收入的分配不均，甚至是严重的贫富悬殊。由于各人的禀赋不同、机遇各异，竞争的结果可能导致一部分人在竞争中的地位不断加强，变得更加富裕；而另一部分人则在竞争中处于劣势，地位不断减弱，相对会变得更加贫穷。这对社会的稳定发展和人的全面发展可能会构成一定的威胁。

社会公平是指社会实行公正的分配，使分配格局达到社会满意的状态。社会公平是一种价值判断，是历史的、社会的、道德的等各种因素形成的一种意识形态。既然是一种意识形态，它是随着时间、环境、条件的变化而变化的。所以说，要对社会公平下个十分精确的定义是比较困难的。

关于公平和不公平，我们可以从三个方面来看：其一是初始条件的公平和不公平。如果初始条件是不公平的，那么我们可以说，它本身就是不公平的。如果初始条件是公平的，那么，最终结果会不会是公平的呢？很显然，未必。其二是过程的公平和不公平。事物发展过程是否公平可能是一个更复杂的问题，但无论如何，如果过程是不公平的，这本身也就是一种不公平。其三是结果的公平和不公平。如果认为初始条件和过程的公平最重要，是真正意义上的公平，那么，结果的不同就不是什么不公平问题。

通常情况下，当人们谈论社会不公平时，往往更多的是指结果的不公平，而不是机会的不公平。公平是一个历史的范畴，它既以一定的历史关系为前提，又随着历史关系的改变，而使自己的内容发生变化；同时，历史又以其独特的方式把处理人与人之间关系的基本准则赋予公平范畴，使它具有历史继承性和内涵的延续性。公平概念的历史性和内涵上的延续性，要求人们在社会生活中贯彻公平原则时，既要看到一定的社会经济结构和经济发展水平对公平的制约，又要兼顾公平原则所具有的共同内涵。

公平作为一个具体的、历史的概念，可以从许多不同侧面来把握。我们可以从伦理的、政治的和经济的意义来理解公平。在市场经济体制下，公平概念首先可以从伦理意义上理解。这种伦理意义上的公平是指人与人之间以及人与社会之间合理地享有社会基本价值的道德关系和道德要求。传统的价值观和道德意识是伦理公平观念形成的历史前提和现实基础。它们以自由、机会、财富、自尊和荣誉等社会基本价值为基础，要求人们在相互交往和社会交往中遵循一定的道德准则。这种伦理公平观念依赖于个人的自觉行动来维护，同时也受到个人内心深处形成的公平意识的影响。然而，实现公平并不仅仅依赖于个人的自觉行动，也需要社会的支持和制度的保障。个人因为天赋、能力等条件的不同可能无法获得相同的机会，因此社会应该提供每个人基本的生存条件和基本的政治、经济权利，以保障机会的均等实现。

二、收入分配的公平标准

收入分配标准可分为三种：第一种是贡献标准，它按社会成员的贡献来分配收入，这种分配标准能保证经济效率，但由于社会各成员在能力和机遇上是有差别的，因而，可能会引起收入分配上的不均等；第二种是均等标准，它按每人均等的方法来分配收入；第三种是需要标准，它按社会各成员的需要来分配国民收入。

这三种标准哪一种是公平的呢？不同的人就会有不同的回答。在考虑收入分配的公平性问题时，可以从以下几个方面来讨论收入分配的标准：

（1）一个人在市场上能赚多少就得多少；

（2）一个人在完全竞争的市场上能赚多少就得多少；

（3）在初始条件相同的前提下，一个人在完全竞争的市场上能赚多少就得多少；

（4）在最低生活水平确保以后，一个人在市场上能赚多少就得多少；

（5）每一个人都应该得到完全同等的收入；

（6）按照需要进行分配。

显然，在第一种情况下，收入分配基本上是不加限制的。而在第二种情况下，该准则的贯彻就有了限制，即只限于认为在完全竞争市场上的所得才是公平的，而从垄断性市场上取得的垄断利润或靠自己的垄断优势所取得的收入就被看成是不公平的。第三种情况假定每个人的初始条件（比如家庭背景）相同，又由于假定是在完全竞争的市场上，因而人们的机会也是均等的。在此前提下，最后在收入上存在的不平等则是来自各人不同的劳动能力。对于收入与闲暇之间不同的偏好以及节俭程度、冒险等方面的差异，按照这一标准，这种收入分配上的不平等是公平的。但由财产继承关系或家庭地位所产生的不平等是不公平的。再看第四种情况，在现实世界中初始条件往往是不同的，而且由于现实世界的市场往往并不是完全竞争的市场，所以，机会均等和竞争过程公平在现实中很难实现。因而，社会或者说政府有责任保证使所有的人能够享受到作为一个人应该享受的基本生活保障，然后根据能力、贡献的大小来分配收入——能力大、贡献大就多得，能力小、贡献小就少得。第五种情况是每一个人都应该得到完全同等的收入，也可称之为平等主义或平均主义标准。这一标准要求所有的人都拥有和占有同等的财富，人人都是完全一样的，任何差距都意味着对人的平等性的侵犯，是不公平的。这一标准在人类历史上也曾有过各种各样的实验与实践，但并未真正实现。一般认为，实行收入分配的完全均等，会使人们失去勤奋工作的动力，从而造成社会总收入的减少。在社会总收入减少的情况下，人们的状况会更加恶化。一定程度的收入不均等可以增强激励，从而最终增进所有人的利益。

三、公平与效率

公平与效率是人们经常讨论的两个概念。但是，由于人们对于这两个概念的意义理解不同，因而在公平与效率关系问题上的理解也存在较大差异。公平与效率关系问题上的争论，也与人们对这两个概念的不同理解有关。

从分配关系的角度来说，市场经济的分配机制是按市场的供求关系来进行的。这种分配的一个基本特点是，把个人的收入与其劳动密切联系起来，并通过这种分配方式来达到高效率。公平分配是一种激励机制，当个人感到自己受到公平待遇时便会努力工作，否则他便愤怒不平，并因而导致生产的低效率。这里说的公平分配当然不是每个人都获得相同量的劳动报酬，而是劳动的投入量与自己的收入是相对应的。公平是能促进效率的，而不公平则会在很大程度上产生低效率。有效率的市场分配格局是社会公平的基本内涵，这是因为社会价值判断不能脱离现实的经济机制，市场不完善会产生偏离有效率的分配格局。

公平与效率之间绝不是一种此消彼长的负相关关系，即公平产生低效率，高效率需以丧失公平为代价。在不同的范围内，公平的内涵是不同的。公平在自己适用的范围内对效率是有促进作用的。从这个意义上说，公平是实现效率的有效途径。

公平原则要求社会法律制度和政治决策是公平的，执行社会法律制度和政治决策是公平的。政治公平既适应了大众渴望社会公正的心理，又给个人以社会压力，这种社会压力又使公正具有强制性。由此，政治上的公平成为内隐于社会中的自发的维护社会稳定的"稳定器"。它既维护了社会的整体力量，保持了社会的安定，又促进了个人的自由发展和个性的充分发挥。政治上的公正一方面起到社会整合的功能，使社会成员同心协力，另一方面起到促进个性发展的作用，为个人能力的发挥提供有利的社会环境，促进劳动生产率的提高。

由于每个人的家庭背景都不同，个人的受教育机会、就业机会可能是不同等的。这种由于初始条件不同而导致的分配差异从社会来看则可能是不公平的。为了实现社会公平，就要校正效率市场形成的分配差异。

四、收入差距程度的衡量

要了解收入分配是否公平，就要知道人们收入差距程度的状况，这通常用基尼（Gini）系数来衡量。基尼系数是在洛伦茨（Lorenz）曲线（如图10-1所示）的基础上提出来的。洛伦茨曲线是反映人们收入状况的曲线。首先要对家庭划分收入等级，等级的划分并非随机的，而要根据当时的具体情况且能大体反映生活水平的差异来划分；然后将每个等级的家庭人口汇总以后计算出他们占人口总数的比例；同时，将每个家庭的实际收入汇总以后计算他们占总收入的比例。最后，根据上述数据可以画出洛伦茨曲线。

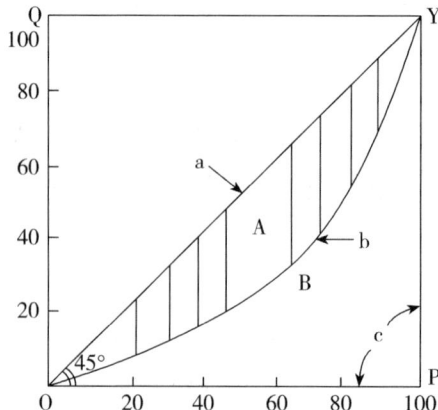

图10-1　洛伦茨曲线

图10-1中，横轴表示人口百分比，纵轴表示每个人（或每个收入等级的人）占所有个人收入的百分比；洛伦茨曲线b也就反映了各种人口比例所占的收入比例。曲线a（即直线段OY）为45°线，表示收入分配是绝对平均的，因为该线上每一点都表示每一比例的人口都占有相同比例的收入。曲线c（即由两条轴组成的OPY）表示收入分配的绝对不平均，因为所有收入只被一个人占有，而其他人均无收入。

基尼系数可用来反映收入分配差异的程度。基尼系数是指洛伦茨曲线b和绝对平均曲线a之间的面积A（即图中阴影部分的面积）与绝对平均曲线和绝对不平均曲线之间的总面积A+B（B为非阴影部分的面积）之间的比值。

显然，若A为0，则基尼系数为0，表示收入分配绝对平均；若B为0，则基尼系数为1，表示收入分配绝对不平均。一般而言，基尼系数总在0~1之间。基尼系数越小，收入分配越平均；基尼系数越大，收入分配越不平均。

基尼系数具有以下优点：①能用一个数值来反映收入分配差距，使用起来非常方便。最重要的是便于分解分析，这对于我们正确找出差距产生的原因有重要作用。可将基尼系数变化分解为收入集中度变化、收入比重变化和两者综合作用变化三部分：其中收入集中度引起的变化称为收入集中效应；收入比重引起的变化称为结构性效应。显然处理两种效应的对策是不同的。就我国而言，由结构效应引起的收入分配差距是暂时的，也是正常的，会随着我国经济结构调整的完成而缩小。②基尼系数的计算方法很多，便于应用各种资料数据。③基尼系数是国际经济学界通用的指标，便于进行国家之间的收入分配差距的比较研究。

因此，基尼系数法深受经济学家、哲学家、社会学家的青睐，在当前的经济学界得到了广泛的使用，是人们公认的分析收入分配差距的好方法之一。

与此同时，我们还应注意到，基尼系数自身及其计算过程中都存在着不同程度的缺陷和不足，主要表现在：

第一，它不能反映个别阶层的收入分配变动情况。从基尼系数数值来看，它只反映收入分配差距的总体状况，不能够知道哪一个阶层的收入份额上升或下降了多少。

第二，基尼系数虽然可以对总收入分配差距在不同分项收入之间进行解析，但不能用于对总收入差距在不同阶层（或地区）之间进行分析，需要其他指标来补充。

第三，对低收入阶层的收入比重变化不敏感。例如，当从较高收入阶层转移1%的收入到较低阶层时，低收入阶层的收入比重变化一般较大，但从基尼系数的变化来看却很小。

第四，在用基尼系数指标进行国际比较时，还须剔除一些不可比因素。如分别按人口和按家庭计算得到的基尼系数数值通常是不同的，不能以一国的人口收入基尼系数与别国的家庭收入基尼系数相比较。

第五，计算时会遇到一些实际障碍。例如，在对人（户）均收入等级进行分组时，没有一个通用的标准。理论上，应以可支配收入为标准。国际上，一般用消费支出代替可支配收入。但使用消费支出计算出来的基尼系数，在一定程度上掩盖了收入分配差距的真实性。因为消费支出只是可支配收入的一部分，其中一些必要支出即使在穷人和富人之间有差别，但也不会像收入差别那样大。

由于基尼系数存在着上述不足，因此在计算和运用时应注意以下几个问题：

第一，就基尼系数数值的相对准确性而言，要求我们在分组时尽可能多地增加观察点。分组越多，组内差距就能得到越多反映，基尼数值便会大一些。在统计收入时，应充分考虑各种实物收入、隐性收入和灰色收入等情况，应使用人（户）均可支配收入指标。若使用人（户）均GDP等指标，就不能真实地反映收入分配差距的情况。

第二，不能简单地以基尼系数大小来评价收入分配差距大小的问题。基尼系数是一个综合指标，其数值大小受社会制度、经济体制、地区差异等多种因素的影响，因此不能简单地以某一年的基尼系数来判断收入分配差距的合理性。尤其在进行国与国之间的比较时，也不能一味地认为基尼系数越小越好。我国在改革开放之前基尼系数很小（约为0.16），但那意味着严重的平均主义分配。

第三，运用基尼系数来考察一个社会的经济发展水平和福利水平时，应考虑人均实际收入。因为任何收入分配的不平等都是以一定的人均实际收入水平为前提的。若两个国家的人均实际收入相差悬殊，也可能存在基尼系数相等的情况。世界银行的数据表明，阿马蒂亚·森的福利指数与人均实际GDP之间存在着极强的正相关，而与基尼系数的相关度较低。因此，基尼系数并不能揭示经济发展过程中的收入分配差距的全部，在运用此指标时，不能脱离该国的实际情况。

国际上通常认为，基尼系数在0.2以下表示绝对平均，0.2~0.3之间表示比较平均，0.3~0.4之间表示比较合理，0.4~0.5之间表示差距过大，0.5以上为差距悬殊，当达到0.6时表示暴发户和赤贫阶层同时出现，社会动乱随时可能发生，因此0.4被视为警戒线。西方发达国家的基尼系数一般在0.3~0.4之间。

专栏10-1

"基尼系数"里读"春秋大义"

基尼系数曾引发轩然大波。基尼系数对中国老百姓来说是个生僻的学术术语，但对经济学家来说则是研究一个国家宏观分配的标尺，对政治家来说则更是社会公平与稳定的晴雨表。

正因如此，中国的基尼系数曾是一个讳莫如深的禁区，也是一个官方数据与研究者数据相差悬殊、争议颇大的指标。如2010年西南财经大学甘犁教授的课题组的研究结论是：中国的基尼系数已达0.61。0.61是什么概念？是社会收入分配很不公平的表现，国际通行的警戒线是0.4。更有一些学者的研究结论危言耸听，认为2012年中国净资产基尼系数已达到0.73。这个数值若是真的话，意味着社会财富已经集中在极少数人或家庭手中，社会阶层的撕裂已非常严重。为回应社会关切，现在国家统计局每年都公布中国的基尼系数，如2015年为0.462，2016年为0.465，虽然高于0.4警戒线，但远低于一些学者的研究结论。

基尼系数为何如此敏感？我们知道，基尼系数是指国际上通用的、用以衡量一个国家或地区居民收入差距的常用指标。基尼系数介于0~1之间，基尼系数越大，表示不平等程度越高。当然，基尼系数并非基尼发现，而是一个美丽的错误，它实际上是赫希曼发现的。赫希曼曾于1964年，在AER发表了一页纸的澄清文字，标题是《一项指标的父权认证》(the Paternity of an Index)。

基尼系数的计算比较复杂，但经济含义非常简洁明了。如收入基尼系数，是指在全部居民收入中，用于进行不平均分配的那部分收入所占的比例，最大值为"1"，最小值为"0"。前者表示居民之间的收入分配绝对不平均，即100%的收入被一个人或家庭的人全部占有了；而后者则表示居民之间的收入分配绝对平均，即人与人之间收入完全平均，没有任何差异。当然，1或0这种极值基本不存在。

按照联合国有关组织规定：基尼系数低于0.2属于收入绝对平均；介于0.2~0.3属于收入比较平均；介于0.3~0.4属于收入相对合理。0.4则作为收入分配差距的"警戒线"，根据黄金分割率，其准确值应为0.382。一般发达国家的基尼系数在0.24~0.36之间，日本最低，2011年仅为0.2708，美国偏高，为0.45。近5年中国国家统计局公布的我国基尼系数，2012年为0.474，2013年为0.473，2014年为0.469，2015年为0.462，2016年为0.465，显然都超过了国际上0.4的警戒线。

中国的基尼系数到底高还是低呢？探讨这个问题，首先要清楚基尼系数只是反映"分蛋糕"平均程度的指标，至于"被分蛋糕"大小则无法反映。换言之，基尼系数很小，也可能是共同贫困下的平均，基尼系数较大，也可能是共同富裕下的不平均。其次要清楚以牺牲效率换来的收入平均，对发展中国家创造财富会造成不良影响，只有"蛋糕做大了"，才有"蛋糕可分"。

从1981年至1986年的中国基尼系数看，普遍落在0.2~0.3这个比较平均的区间（1981年为0.288；1982年为0.2494；1983年为0.2641；1984年为0.297；1985年为0.2656；1986年为0.2968），看似非常公平，而实际上这是共同贫困的另一种表现。如1981年全国人均可支配收入491元，1986年也仅有899元。

从1987年至1993年的数据看，中国的基尼系数普遍落在了0.3~0.4区间（1987年为0.3052；1988年为0.382；1989年为0.349；1990年为0.343；1991年为0.324；1992年为0.376；1993年为0.3592），属于国际标准的相对合理区间。单纯看基尼系数，似乎社会分配不公加大了，但看一下每个人分到的蛋糕量则是普遍富裕了，1987年人均可支配收入达到了1 002元，1993年进一步提高到2 577元。

从1994年至2011年的数据看，中国的基尼系数除个别年份外（1999年为0.397），几乎都落在了0.4~0.5之间（1994年为0.436；1998年为0.403；2005年为0.485；2008年为0.491），且在2008年达到峰值，属于国际"警戒线"之上。这个时期，有两大标志性事件：一是 1994 年中国确立社会主义市场经济体制，意味着市场逐渐在资源配置中起决定性作用；二是 2001 年中国成功加入 WTO，意味着中国重新成为世界市场的重要参与者。正是因为内外市场的开放，中国经济"效率优先"的政策效应得到彰显，1994 年人均可支配收入为 3 496 元，比 1993 年增加了近 1 000 元，到 2011 年则进一步提升到了 21 810 元。当然，同时也出现了社会收入差距拉大、社会仇富现象增多等问题。

从 2012 年至 2016 年的数据看，中国的基尼系数尽管还在"警戒线"上运行，但已呈逐年趋稳趋降态势（2012 年为 0.474；2013 年为 0.473；2014 年为 0.469；2015 年为 0.462；2016 年为 0.465），说明中国社会财富创造与收入分配正在向比较合理的区间逆转。近 5 年中央政府通过转移支付、精准扶贫、创新创业，使全社会收入分配更加合理的同时，依然保持了很高的财富创造效率。如 2012 年全国人均可支配收入为 24 565 元，2017 年则在高基数基础上提高到了 25 974 元。

综上，纵观改革开放以来中国的基尼系数，总体上反映了中国经济政策"效率优先，兼顾公平"的大原则，而近 5 年的"效率与公平兼顾"原则也逐渐显现出效果，大体上要到 2035 年左右，中国才可能有条件实行"公平优先，兼顾效率"的政策导向。

资料来源　房汉廷．"基尼系数"里读"春秋大义"［EB/OL］．［2018-04-19］．http：//www.kepu.gov.cn/index/keputop/201804/t20180419_2988795.shtml.

五、收入分配不公平的原因

在市场经济中可以观察到的一个基本事实是：由市场决定的收入初次分配（纳税前收入的分配）差异是相当大的。其主要原因在于初始条件、能力或劳动贡献以及机会的不同。初始条件包括家庭出身、家庭结构、遗产继承、遗传天赋。这些条件常常是个人不能选择或不能左右的，由于这些条件的不同，人们在社会经济过程中的竞争条件就是不同的，在其他条件相同的情况下，仅由于这些条件的不同也会导致最终分配结果的不平等。如有的人出生在富裕地区，有的人则出生在贫困地区；有的人出生在富裕家庭，有的人则出生在贫困家庭。这些不同会影响到人们今后的受教育程度和就业机会，从而可能造成以后收入上的差异。家庭的社会和经济地位不同，会导致个人受教育和发挥才能的机会不同；甚至由于各个家庭经济状况不同，子女所能得到的营养和关怀不同，也会影响到个人的天赋。这样，有的人就会处于较有利的竞争地位，从而获得更高的收入。因此，完全靠市场机制调节收入分配，就可能会使社会收入差别不断扩大。但总体来说，引起收入分配不均等的最主要原因是人的能力或劳动贡献。一个没有任何初始优势条件的人，可以靠自己的能力和劳动贡献获得比具有较大优势初始条件的人更多的收入。一个有较强能力和勤奋的人可以为自己创造更多的机会或更好地利用机会去获得更多的收入。具有不同能力的人和做出不同贡献的人，他们的竞争机会也就不均等，从而他们的收入也就不平等。

把异质的劳动转化为同质的劳动或单一性质的劳动可以解释收入分配产生差异的原因。由于人们为社会财富的积累所付出的劳动总是不同的，从而他们对社会财富积累的贡献总是不同的。既然如此，人们占有不同的财富并进而占有不同的生产资料正是按劳分配的客观结果。如果按劳分配原则是公平合理的，那么，人们占有不同的财富并进而占有不同的生产资料就是公平合理的。实行财富或收入的平等占有与分配意味着，对社会财富及生产资料的积累没有做出贡献或者贡献很小的人，无偿地占有和获取了那些为社会财富及生产资料积累做出贡献或者做出较大贡献的人的劳动成果。

自由主义哲学家罗伯特·诺齐克认为，人的不平等是不可更改的事实，没有理由对最不幸的人做出补偿。诺齐克强调，能力大的人有权获得更多的利益。只要财产的分配过程是正当合法的，转让也是正当合法的，那么这种分配就是正义、公平的。只要收入分配不是以不公正手段进行的，政府就不应该干涉。除非有人以偷窃、抢劫等不正当手段来获得财产，那么政府必须要干预。除此以外，政府不应介入收入分配。诺齐克强调说，确认收入取得的正当合法性，其目的并非鼓励弱肉强食，而是着眼于机会均等。他认为，机会均等比收入平等更为重要。政府在收入分配上所应做的事只有一个，即强调个人的权利，确保每个人有同样发挥自己的才能的机会并获得成功和相应的报酬。只要建立了使每个人充分发挥自己才能的制度框架，政府也就没有必要为改变既定收入分配而操心。

1998年诺贝尔经济学奖得主阿马蒂亚·森在研究饥荒时指出，饥荒更可能是由于个人可以用来获取食品的权利分配不均造成的。他以1943—1944年孟加拉大饥荒为例，这次饥荒有天灾原因，但更主要的原因是普通百姓无法参与政府的食品分配机制所造成的。阿马蒂亚·森提出的参与政府权力运作的观点所隐含的是：当人们被剥夺了保护自己权益的机会时，收入分配不均等就会出现，这种不均等显然是不公平的。

在竞争社会中，优胜劣汰是竞争的一般原则，但若将这一原则应用于个人收入分配，则在一定程度上可能是不适当的。企业在市场竞争中失败可以破产淘汰，而人却不能因为他在竞争中失败了，就应该被从社会上淘汰掉，剥夺他生存的权利。因此，居民特别是贫困居民的收入不能完全取决于市场分配机制，而且这里还应考虑伦理和道德的因素。市场机制不完善会加剧收入分配的不公平，如垄断企业会利用其垄断地位获得垄断利润；价格信号失真会导致当事人之间利益的不公平分配；市场秩序的混乱会导致各种非法收入的出现等。总之，为促进收入分配的相对公平，就需要政府通过财政、税收和收入再分配政策，对收入差距进行必要的调节，在保持市场机制有效运作以刺激经济效率的同时，缩小社会分配的不公正程度。否则，贫富两极分化的加剧，会导致社会矛盾和社会冲突，影响社会安定。

第二节　政府调节收入分配的必要性和原则

一、政府调节收入分配的必要性

（一）市场在收入分配方面的作用及其局限性

市场供求的变化、市场要素或资产价格的变化是可以对收入差距产生调节作用的，不能排斥市场力量对于缩小收入分配差距的作用。

从劳动收入来看，劳动力市场供求关系的变化、市场工资水平的变化可以缩小居民劳动收入的差距，这发生在以下几种情况之下：①劳动力总需求超过劳动力总供给，而资本等非劳动要素出现普遍的过剩，则就业机会会增加，工资率会上升，劳动收入增加，特别是有利于增加劳动力素质较低的居民的劳动收入。②原工资率低的劳动力市场劳动力需求上升，从而使其工资率上升，由此会缩小与原工资率高的劳动力的拥有者的收入差距。③劳动力从工资率低的部门流向工资率高的部门，使前者的劳动力供给减少，后者的劳动力供给增加，从而使前者的工资率上升，后者的工资率下降，这样也会缩小居民劳动收入的差距。这说明，市场力量可以自动地缩小居民劳动收入差距。

但是市场力量的这种自动调节存在着多方面的局限性。具体表现在：①劳动力的市场供求关系总是在不断变化的，就业机会、工资率也因而会发生变化，如果劳动力市场出现了劳动力总供给超过劳动力总需求，那么失业率会增加，工资率会下降，居民的劳动收入就会减少，特别是劳动力素质低的居民的劳动收入会减少；如果工资率低的部门劳动力需求下降，工资率下降，那么该部门劳动者的收入就会下降，从而会使劳动收入差距扩大。②劳动力在部门间的流动总是要受到各种因素的限制，高工资率部门往往是高素质劳动力集中的部门，低工资率部门往往是低素质劳动力集中的部门，低工资率部门的劳动力向高工资率部门流动相当困难，这样，依靠劳动力从低工资率部门向高工资率部门流动来缩小劳动收入差距就受到很大的限制。③市场力量没有能力削减由劳动能力、就业体制差异所造成的劳动收入差别。这就说明，不能依靠市场力量来削减居民劳动收入的差距。

从资产收入来看，不同种类的资产的相对价格或收益率的变化可以缩小居民资产收入的差距，这就是在高收入居民拥有的资产和市场价格或收益率出现下降时，其资产收入会减少。例如，证券价格下降会使证券的持有者收入减少，房地产租金下降使房地产出租者的租金收入减少。价格下降或收益率下降的资产都是市场需求下降，或市场供给增加的资产。虽然高收入居民的资产收入可能会因此而下降，但是也可能出现另一种情况，即高收入居民资产的相对价格或收益率上升，低收入居民资产的相对价格或收益率下降，这样市场力量所起的就不是缩小而是扩大居民资产收入差距的作用。并且，市场本身一般也不能改变人们所拥有的资产存量，尽管市场力量会使资产价格或资产收益率发生变化，从而调节居民之间的收入，但对于没有资产的人来说，资产价格的任何变化都不会使其收入增加。另外，由于高收入居民拥有的资产多，选择投资的空间大，可以进行资产组合；而低收入居民则不能。一般来说，资产价格的变化并不会使资产收入结构发生多大的变化，即使资产收入结构发生变化，所引起的也不是收入差距的缩小，而只是富人、穷人的具体对象的改变；今天这部分人是富人，明天可能变成了穷人，另一部分人今天是穷人，明天变成了富人，而富人与穷人的收入差距并没有因此而缩小。这说明，市场力量也不能作为削减居民资产收入差距的依靠力量。

（二）马太效应与市场力量的局限性

"让富有的更富有，让没有的更没有"，此话在控制理论中被称为"马太效应"。在收入分配领域，市场力量不仅不能作为削减居民收入差距的依靠力量，而且任由市场力量发挥作用可能会产生收入分配的"马太效应"，即富者愈富，穷者愈贫。原因在于：

第一，居民收入水平越高，越可能获得更高的劳动收入。因为收入水平越高的居民，越可购买更多的质量更好的教育服务，从而越可具有更高的劳动力素质，寻找有利的就业机会的能力越强，越可找到和占领可获得更高收入的工作岗位；收入水平低，结果正相反。

第二，居民收入水平越高，越可能获得更高的资产收入。收入水平越高，投资能力越强，投资途径越多，选择有利的投资机会的能力越强，越能获得更高的资产收入；收入水平低，结果正相反。

"马太效应"的存在进一步证明了市场力量在调节居民收入差距中的作用存在着根本的局限性，因此，在收入分配领域，不能任由市场力量发挥作用。

（三）政府调节收入分配的必要性

1.收入分配差距的存在所产生的后果要求政府调节居民收入差距

若对居民收入差距的存在采取听之任之的政策，会导致收入差距的扩大，从而会产生严重的经济与社会后果。从根本上说，其损害的是公众利益、社会的长期利益。政府作为代表公共利益的机构，应该采取措施缩小居民收入差距，以便缓解收入差距所导致的经济和社会后果。

2.政府履行其经济职能需要调节居民收入差距

政府作为公共权力机构，在市场经济中应履行多方面的经济职能，其中包括：提供公共物品（包括公共安全等）、促进经济长期稳定地增长、实现居民的权利平等、维持社会稳定等。如果居民之间存在着较大的收入差距，那么会损害社会稳定、经济的长期稳定增长以及居民的权利平等。这就意味着，如果居民之间的收入差距得不到有效的调节，政府就无法履行好经济职责。因此，政府要尽其责，就须努力缩小居民收入差距。

3.市场力量和第三种力量的局限性要求政府积极调节收入分配

市场力量和第三种力量在调节居民收入差距中可起到一定的作用，但是它们都不能作为缩小居民收入差距的主要依靠力量，其在收入调节中所能起的作用是有限的。这样，缩小居民的收入差距唯一可选择的依靠力量就只有政府，因此政府应积极调节居民收入差距。这是在对市场力量和第三种力量的作用进行分析后，得出的必然的逻辑结论。

4.政府具有调节收入分配的能力

政府是公共权力机构，享有其他任何机构和个人都不具有的立法权和司法权，依靠这种权力，它就具有其他任何机构和个人都不具有的合法的强制力以及高度的权威性。政府能强制性地向高收入居民征税，也能给低收入居民以财政补贴；能让低收入居民接受教育，也能建立起社会保障制度，向低收入居民提供基本生活保障。也就是说，政府有能力使对居民收入差距的调节保持持续性、稳定性，有能力长期使收入从高收入居民向低收入居民转移，有能力根据收入不平等的程度加大或减轻调节力度，有能力避免收入援助的偶然性、随机性。因此，政府不仅应该，而且能够成为调节居民收入差距的依靠力量。

专栏 10-2

研究当前我国收入分配的三个角度

改革开放40多年来，收入分配一直是社会普遍关注的问题，目前学界讨论的焦点集中在三方面：一是我国在公有制基础上发展市场经济为何会出现收入分配差距？二是怎样衡量当前的收入分配差距？三是如何调节收入分配差距？回答以上三个问题，关键是要选准正确的研究角度，如果研究角度不对，得出的结论必然似是而非。

一、交换角度：收入差距的成因

中国成功地从计划经济体制向市场经济体制转轨，其中一个重要标志，是分配体制从单一按劳分配转向"以按劳分配为主体，多种分配方式并存"。萨伊于19世纪初曾提出关于收入来源与收入分配的"三位一体公式"：资本-利润、土地-地租、劳动-工资。马克思在《资本论》中批评过萨伊，说他混淆了收入来源与收入分配的区别，并指出资本得到利润、土地得到地租，并不是资本创造了利润或土地创造了地租，资本与土地不过是创造收入的条件。马克思的分析是对的，收入只能来源于劳动者的劳动，可这并非意味着其他要素就不能参与收入分配。事实上，只要建立市场经济体制，就必须允许全要素参与分配。

马克思明确讲，利润是资本的价格，地租是土地的价格，工资是劳动力的价格。从这个角度来看，按要素分配其实就是给要素定价。价格要由供求决定，供不应求的要素价格会高，供过于求的要素价格会低，由于要素的稀缺度不同，在收入分配中的占比也必然不同。在中国现阶段，劳动、资本、技术、管理诸要素中，劳动力相对丰富，资本和技术相对稀缺，由此便决定了资本、技术等要素的收益率会高于劳动要素的收益率。可见，按照供求决定价格原理，只要生产要素稀缺度存在差异，收入分配就会出现差距，当前我国存在收入分配差距的原因即在于此。

二、消费角度：衡量收入差距

学界通常用基尼系数衡量收入差距，基尼系数作为衡量收入差距的工具并没有错，关键是我们对收入怎样理解。在经济学里，收入分资产性收入和劳动收入两种：资产性收入是指投资利润，而劳动收入则主要指工资。目前人们希望缩小收入差距，那么我们就得弄清楚这个差距的含义是什么？究竟是指资产性收入与劳动收入的差距，还是仅指工资性收入之间的差距？

举例来说，某民营企业一年利润为 2 000 万元，而某员工一年工资为 10 万元。若从资产性收入来看，企业主收入是 2 000 万元，两相比较，企业主收入是员工收入的 200 倍，差距可谓大也。可值得注意的是，若从收入使用的角度来看，利润却不同于工资：利润主要用于扩大再生产，而工资则主要用于个人消费。若用利润与工资之比来反映收入分配差距，是否也不太合理？当年马克思选择用资本家利润（剩余价值）与工人工资做对比，目的是揭示资本积累的历史趋势，唤醒工人推翻资产阶级。而我们今天研究收入差距的目的显然不同，是为了给政府调节收入分配提供依据。

正因为目的不同，研究当前我国的收入差距就不能用利润与工资做比较。前面说过，利润会转化为投资，投资形成的资产虽为企业主所有，但主要不是用于企业主个人消费。恰恰相反，企业资产越多，创造利税越多，对社会的贡献也就越大。从这个意义上说，企业主资产也是社会资产。民营企业家是中国特色社会主义事业建设者，而且企业利润并不是企业家的个人收入，因此我们不能用利润与工资之比反映我国当前的收入差距。由此说，中国基尼系数的测算应以消费支出为基础，否则会夸大收入差距，误导人们的视听。

三、兼顾公平效率角度：调节收入差距

我们不能夸大收入差距，当然也不能否认当前存在收入差距。《中华人民共和国国民经济和社会发展第十四个五年规划和2035年远景目标纲要》中指出，要优化收入分配结构，坚持居民收入增长和经济增长基本同步、劳动报酬提高和劳动生产率提高基本同步，持续提高低收入群体收入，扩大中等收入群体，更加积极有为地促进共同富裕。改善民生、逐步实现共同富裕是社会主义的本质要求，政府必须重视调节收入分配差距。

政府调节收入分配应把握三个重点：第一，公平事关人心向背，为防止收入分配差距过大，政府要密切关注收入分配状况并适时予以调节；第二，对"帕累托改进状态"的收入分配改革，应尽可能加快推进；第三，调节收入差距应兼顾公平与效率，要立足供给侧"造血"扶持农民发展生产，提高劳动力要素的技术含量，才能不断巩固拓展脱贫攻坚成果，全面推进乡村振兴战略，带领全体人民向共同富裕迈出坚实步伐。

资料来源　王东京. 研究当前我国收入分配的三个角度［EB/OL］.［2019-06-27］. https：//www.ccps.gov.cn/xxsxk/xzx/201906/t20190627_132605.shtml.（作者编改）

二、政府调节收入分配的原则

（一）经济平等与效率提高并重

政府调节收入分配应采取什么原则？这首先需要弄清政府调节居民收入差距的目标。经济学界最流行的观点认为，政府调节收入分配是为了实现居民在经济上平等的目标；简言之，政府的收入调节是为了平等。那么经济平等是不是政府调节居民收入差距的唯一目标呢？

居民的劳动能力、就业机会、实际劳动贡献、继承的遗产的数量或获得的财产的数量、投资能力以及面临的投资机会等的差异，使居民之间出现收入差距。收入差距的存在意味着人们在经济上存在不平等。经济平等是人类社会自古以来所追求的目标，特别是近代以来，平等不仅是多种政治运动和社会改革的目标，而且已经成为社会伦理的重要内容。政府调节收入分配，自然是要实现平等。但如果认为政府调节收入分配，就只是为了实现平等，那就是对政府调节收入分配的目标的理解不准确、不全面。

居民收入差距过大，会引起社会的不稳定，如果贫富差距极大，往往会引起重新分配财产的暴力革命或行动，从而会导致大量经济资源的非生产性消耗；居民收入差距过大，会导致劳动供给减少，会使劳动者的劳动积极性下降，也会导致大量的奢侈性的消费，因而会导致生产效率和资源配置效率的下降。由此可见，居民收入差距过大，不仅会损害平等，而且会损害经济效率。政府对收入分配的调节，不只是要促进居民在经济上实现平等，而且还要提高经济效益。

政府调节收入分配的目标是双重的，既要通过对收入分配的调节促进居民之间在经济上的平等，也要通过对收入分配的调节促进经济效率的提高。经济平等并不是政府调节居民收入差距的唯一目标。如果认为经济平等是政府调节居民收入差距的唯一目标，就会导致平等目标与效率目标的相互对立；这样，要么会只考虑居民之间的经济平等而过度地缩小居民之间的收入差距，要么因为要提高经济效益，而放弃对居民收入的积极调节。无论是前者还是后者，最终都会损害经济效率。政府调节居民收入差距既是为了促进平等，也是为了促进经济效率的提高。

（二）机会均等与结果平等并重

经济平等有两个方面的含义：一方面是收入水平的相等。收入水平的高低是收入分配的结果，收入水平的平等也就是结果平等。另一方面是机会（经济机会）平等，即获取经济收入机会的平等。从结果平等与机会均等的关系来看，两者可以一致，结果平等可导致机会均等，机会均等亦可导致结果平等，从而既实现机会均等，也实现结果平等。但是两者也可能不相一致或相矛盾，即机会均等可能会导致结果的不平等，而要求结果平等，则又可能牺牲机会均等。现实中两者的关系呈现既对立又统一的关系。

结果的不平等对社会稳定、劳动力市场的公平竞争、劳动供给的增加等会产生不利影响，并且会导致不能实现社会平等的伦理要求和实现社会福利最大化。因此，结果不平等的问题应该予以解决，应当通过收入调节尽可能实现结果的平等。结果的平等是人类社会最高的社会价值追求，有结果的平等才会有居民在经济上的完全平等，否则便意味着人们在经济上实际存在着不平等。

对于机会的不平等我们也不能忽视。原因在于，机会的不平等会造成结果的不平等。机会不均等不可避免地会造成结果的不平等，公众对于由机会均等造成的结果不平等和由机会不均等造成的结果不平等所持的态度是截然不同的。如果说公众对由机会均等造成的结果不平等还能容忍的话，那么对由机会不均等造成的结果不平等是不能容忍的，公众最不满的就是由机会不均等造成的结果不平等。

上述分析的结论是：既需要机会的平等，也需要结果的平等。

（三）合理把握结果平等和机会均等的度

1.结果平等的度

上面的分析说明既需要机会的均等，也需要结果的平等，但是平等乃是有差别的。结果平等的极端状态是绝对（完全）平等，这种绝对（完全）平等实际上就是收入分配的绝对（完全）平均，也就是所有居民的收入完全相等，所以这种平等就是平均分配。平均分配一方面会导致劳动供给的减少和储蓄增长的下降，而这会对经济增长产生不利影响；另一方面又会对经济效率的提高产生不利的影响。因此不能实行平均分配，就是说结果的完全平等不能作为政府调节收入所追求的目标。

结果平等不是结果的绝对（完全）平等，而只能是处于绝对平等与收入差距过大（极不平等）之间的平等状态，即相对平等状态。相对平等状态本身无法做严格的数量界定，即洛伦茨曲线在靠近绝对平等线的区域内的多种分布状态都可视为相对平等状态，或者基尼系数在接近于零的值域内都可视为相对平等状态，在此值域内，我们只能说，B社会同A社会相比更平等一些，或更不平等，或者说，B社会或A社会在此时期比彼时期更平等一些，或更不平等。

2.机会均等的度

机会均等指的是人们经历机会或获取收入的权利的均等。机会均等是指机会的绝对平等吗？应该说在人们的认识中，一般都把机会的绝对平等视为理想目标。的确，人们愿意在同一游戏场按照同一规则参加游戏。但是这一目标能实现吗？作者认为很难实现这一目标，原因在于：

（1）政府没有能力使所有人都享有均等的机会。例如，劳动力市场的公平竞争要求劳动力具有同质性，而这就要求政府具有使所有人都接受同样程度的教育和训练的能力，然而政府并没有这种能力。在经济发达国家也不过是政府免费提供中小学教育而已。大学毕业生与高中毕业生在劳动力市场的竞争地位是不同的，他们之间的机会并不均等。

（2）机会的绝对均等同结果的不平等或相对平等是不可能并存的。只要存在着结果的不平等或相对平等，就不可能有机会的绝对均等，因为存在着结果的不平等或相对平等，就表明一部分人在劳动力市场或在资产市场上处于优势地位。只有存在着结果的完全平等，才可能有机会的绝对均等。然而仅仅由于人的先天禀赋的差异，机会的绝对均等也会造成结果的不平等，从而反过来造成机会的不均等。

（3）一定程度的机会不均等是可以为社会所接受的，特别是由劳动者本身的原因造成的机会不均等（如有的勤奋学习，素质高，有的不勤奋学习，素质低，结果前者在劳动力市场上有更高的、更好的机会，这可以为社会所接受），而且也不会对经济发展造成严重的后果，甚至仅有微弱的影响。

以上这些说明，我们不能实现机会的绝对均等，而同时一定程度的机会不均等可为社会接受，社会所不能接受的是严重的机会不均等和由政府力量、社会力量造成的机会不均等。因此，我们只能实现机会的相对均等。

但这并不意味着政府所有法规和政策本身都以机会的相对均等为宗旨。就政府的法规和政策本身而言，应以机会的绝对均等为宗旨，尤其是劳动市场法规和政策要以绝对均等为宗旨。既要以消除劳动力市场的各种机会的不均等为宗旨，尤其是由社会因素造成的不平等，如男女之间、种族之间等的不平等必须要消除，政府更不能去制造机会的不均等，同时政府要帮助那些并非由自身原因造成的竞争能力弱的劳动者，提高他们的竞争能力，努力实现机会的均等。

结论是：政府调节只能以相对平等为目标，实现相对平等。因此，如果现实中存在严重的不平等，政府则应进行较大程度的调节；如果现实中的不平等程度较轻，则政府只需进行微调。

第三节　政府促进社会公平的政策措施

政府自身具备的促进公平、维护社会稳定等方面的职能，以及市场力量和第三种力量在调节居民收入差距中作用的局限性，决定了政府应该承担调节收入分配的责任，并且应该成为调节收入分配的依靠力量。与市场力量和第三种力量相比，政府在调节收入分配中所具有的明显优势就是它可以利用多种手段来调节居民收入差距。政府作为享有立法权、司法权、行政权及合法的强制力，其制定的规则具有普遍的适用性，因而具有超出任何机构和个人力量调节收入的能力。不过，虽然政府可以运用多种政策手段来调节收入分配，但这些手段在适用范围等许多方面是存在差别的，因此需要弄清各种手段所具有的功能及缺陷，以便通过合理的调节政策组合来充分利用各种手段的功能，克服各种手段的缺陷，使各种手段能够得到最优组合。

一、可供政府选择的调节收入分配的手段

（一）对居民收入征税

对居民收入征的税属于所得税，它是政府调节居民收入的重要手段。作为缩小居民收入差距的税收政策，其性质当是差别性的。具体的政策包括：

（1）纳税主体（纳税人）的区别对待。例如，政府可以规定对残疾人不征收所得税，只对正常人征收所得税，则可缩小残疾人与正常人的收入差距。

（2）课税对象（税收客体）的区别对待。居民收入包括劳动收入、资产收入和

转移性收入。劳动收入、资产收入和转移性收入又包括各种具体的类型。劳动收入主要包括工资和奖金；资产收入主要包括利息收入、股息收入、金融投资利润或溢价收入、租金收入、出卖收入；转移性收入包括营利与非营利机构向居民个人提供的转移性收入、居民个人向居民个人提供的转移性收入。政府可根据高、中、低收入居民的收入来源结构，对高收入居民的主要收入来源征税或征高税，对中低收入居民的主要收入来源免征所得税或征低税，或根据不同收入来源的性质区别对待。

（3）起征点与免征额的规定。起征点与免征额的规定本身就具有缩小居民收入差距的作用，起征点与免征额不同，缩小居民收入差距的效果是不同的。

（4）税率的区别对待。税率的区别对待有两种类型：累退税率和累进税率。累退税率不能缩小居民收入差距，反而会扩大居民收入差距，因此不属于缩小居民收入差距的手段。累进税率是按课税对象数额的大小以不同的税率征税，即课税数额越大，税率越高，数额越小，税率越低。这种税率能缩小居民的收入差距，因此是政府缩小居民收入差距的手段。

对居民收入征税是一种比较简单的缩小居民收入差距的手段，也是市场经济国家通行的缩小居民收入差距的手段。采用这种手段，政府不仅可以直接使居民之间的收入差距得以缩小，而且能为政府采取其他调节政策（如对低收入居民的财政补贴、建立社会保障体系等）提供物质条件。

但这种手段的运用对政府税收征管能力等的要求高，且其作用范围也受到限制。其具体反映在以下四个方面：

第一，要求政府能掌握居民收入的全面的、及时的、准确的信息，或者说要占有完全的信息。如果政府不占有完全的信息，那么漏征、少征、多征的问题就难以避免，这样，既会在实际上损害税收公平原则，也会使其在缩小居民收入差距中的作用受到损害，甚至可能导致居民收入差距的扩大（如果对收入高的居民漏征或少征，而对低收入居民超征，那么就会出现这一结果）。

第二，要求政府要有能力防止、发现和惩罚逃税行为。纳税义务人既可能依法申报收入、依法纳税，但也可能隐瞒收入，逃避缴税。对不同来源和不同形式的收入，政府对其所占有的信息是存在着很大差别的，因此，如果纳税义务人有意逃税，政府发现和准确地判定其逃税金额是存在着较大困难的。并且，在政府本身不能有效运行的条件下，也无法建立起使政府征税部门努力防止、发现和惩罚逃税行为的机制。如果这样，对居民收入征税这一政策工具的效能就不能充分地发挥出来，反而会造成税负不公，损害公平和效率。

第三，要求政府能够做出最优的税收制度设计。缩小居民收入差距的所得税当属于差别性税收，纳税主体、课税对象、起征点与免征额的制度安排决定了哪些人、哪些类型的收入、什么水平的收入应当纳税。不同的制度安排会对收入调节产生不同的影响，对居民的行为也会产生不同的影响，这种制度安排既要能够缩小居民收入差距，也要不过多地损害劳动供给和储蓄的增长。累进税率有全额累进税率与超额累进税率之分，两者对缩小居民收入差距的效果并不相同，应合理选择。同时，税率要适度，因为税率过低，达不到缩小居民收入差距的目的，税率过高，则又会对劳动供给、储蓄增长等产生负面影响。

第四，所得税的调节能力是有限度的。首先，所得税只是对居民所得征税，这样那些无收入来源者，并不能因此使收入增加。即使是有效运行的所得税制度，也只能减少高收入居民的可支配收入而缩小居民之间的相对收入差距，却不能因此而增加低收入居民的收入。其次，所得税并不能改变居民财富（财产存量）的分配结构，因此不能消除资产收入差距产生的根源。最后，所得税不能改变居民的劳动能力的差别，从而就不能解决劳动收入差距产生的问题。

（二）对居民财产征税

财产税的课税对象是居民的财产价值。同所得税不同的是，它是根据财产的价值，即对财产"存量"价值课税，而所得税是对财产所带来的净收益或所得来课税，即对"流量"课税。居民所拥有的财产包括动产和不动产。不动产是指土地、房屋等具有不可移动性的财产，动产是指各种具有可移动性的财产，包括有形动产和无形动产两大类。有形动产是指各种以实物形式存在的动产，如家具、车辆、农业机械、船舶、金银饰品、衣物等；无形动产是指以非实物形式存在，而是以所有权或债权证书的形式存在的动产，如股票、债券、存单、抵押证等。

经济学家认为，财产税具有省力易行、不易转嫁、税收收入比较稳定、可避免投机、促进财产转化为生产资源、矫正社会的奢侈行为等优点。从缩小居民收入差距来看，对居民征收财产税是必要的，理由在于：

第一，财产拥有量的不均是居民资产收入出现差距的主要原因。如果不对财产征税，财产不均的程度会提高，居民资产收入差距会进一步扩大；因此，要缩小居民资产收入差距，就需要对居民财产征税。

第二，财产分配不均会损害就业机会均等，从而造成或扩大居民的劳动收入差距。一方面，财产分配不均导致资产收入分配不均，而资产收入不均则会导致居民接受教育机会的不均，从而在居民劳动力素质方面导致相应的差异；另一方面，财产分配不均会导致居民在劳动力市场寻找、等待就业岗位能力方面的差别，由此会导致居民在劳动力市场上竞争的不公平。拥有的财富越多，越有条件接受更多、更好的教育，劳动力素质便越高，也就更容易得到高收入就业岗位，就越可获得更高的劳动收入；反之，亦然。因此，从缩小居民劳动收入差距来看，也应对居民征收财产税。

由于财产分配不均会引起或扩大居民之间的收入差距，因此，政府应该对居民财产征税。同时，对居民征收财产税也是防止或减少纳税人逃避所得税的必要手段。如果只征收所得税，居民就会倾向于将其收入转化为不动产或动产，这样所得税就会大量流失。由于所得税属于累进税，因此高收入居民将会更多地将收入转化为财产，所得税就会失去调节居民收入差距的作用。因此，征收财产税是使所得税有效地发挥缩小居民收入差距的作用的必要条件。

虽然政府应该对居民征收财产税，若要在税收公平的原则下，通过征收财产税达到缩小居民收入差距的目的，就需要有效地解决此种税制建构的一些重要的问题。这些问题主要包括：

（1）财产价值的确定。财产税只适宜于从价计征，然而由于财产种类繁多，对未进入市场交易的财产，只能估定其价值。但要对居民的所有种类的财产的价值进行准确估价是极其困难的：因为若由财产所有者自己估价，会出现普遍的低估，低估程度也会存在差别，而且有许多财产，居民并没有能力估定其价值；若由税务人员或中介机构来估价，则有可能出现高估或者随意估价，也可能出现徇私舞弊等问题。估价不准有三种可能：第一，高收入居民的财产价值被普遍高估，低收入居民的财产价值被普遍低估。若如此，则可更大程度地缩小居民收入差距。但一方面可能导致高收入居民转移或隐匿财产，另一方面会引起高收入居民的反对，也可能会对储蓄增长等造成不利影响。现实中并不太可能出现这种情况。第二，高收入居民的财产价值被普遍低估，低收入居民的财产价值被普遍高估。若如此，财产税的征收导致的不是居民收入差距的缩小，而是居民收入差距扩大。第三，一部分高收入居民和低收入居民的财产价值被高估，另一部分高收入居民和低收入居民的财产价值被低估。若如此，一方面会损害税收公平（包括横向公平和纵向公平）原则，另一方面将无法起到缩小高、低收入居民的收入差距的作用。现实中最可能出现的就是这种情况。这表明，政府征收财产税要在税收公平的原则下起到缩小居民收入差距的作用，准确估定居民财产的价值是其前提，如果做不到这一点，征收财产税对缩小居民收入差距的作用就不能有效地发挥出来。

财产价值估价的困难主要在于：①许多种类的财产难以查实，特别是无形资产的查实非常困难，这样在财产税中就往往只能将其排除在课税对象之外，其结果是造成税负不公平。②一些种类的财产价值估计存在技术上的困难。例如，居民收藏的艺术品的价值就难以准确估价。这样，在财产价值估计中，随意性就会成为一个突出的问题。

（2）财产税的逃避。财产税估价的困难，会为居民逃避征税提供机会：①将属于课税对象的财产转换为不属于课税对象的财产；②隐匿各种可隐匿的财产；③与估价人员串谋，使其低估财产价值。如果政府没有能力防止或约束此类行为，财产税的征收不仅难以起到缩小居民收入差距的作用，反会造成税负不公。

（3）财产税起征点、免征额的确定。财产税的起征点、免征额定得越高，对低收入者越有利；定得越低，对高收入者越有利。起征点、免征额不同，征收财产税对收入调节的作用程度是存在明显差别的。如果起征点、免征额定得不合理，就不利于收入调节。

（4）税率的确定。税率不同，收入调节的效能就不同。税率确定的困难在于找到使其对效率损害最小，而又能最大限度地实现平等目标的最优税率。确定的税率如果不是最优税率，要么会对效率造成很大的损害，要么不能最大限度地实现平等。

当然，同所得税一样，财产税调节居民收入差距的能力也是有限度的，它既不能使无财产的居民获得财产或收入，也不能改变居民的劳动能力的差别，从而对居民收入差距的调节能力相对有限。

（三）征收商品税

商品税是对从事经营活动的法人和自然人，就其提供给社会消费的商品（包括劳务）课征的税。商品税是一种间接税，纳税人可将税负转嫁给商品的购买者，直至最终消费者。这就提供了政府通过征收商品税而缩小居民收入差距的可能性。由于高、低收入居民的消费结构往往存在着差别，低收入居民的消费集中在生活必需品上，高收入居民则消费大量的非生活必需品，这样政府即可根据不同消费品的用途对不同的消费品以不同的税率计征，对基本生活必需品免税或征低税，对非基本生活必需品，特别是高档消费品，课以重税。这样，在消费结构不变的条件下，商品税的课征就可以起到缩小居民收入差距的作用。

通过征收商品税来缩小居民之间的收入差距，具有以下优越性：

（1）课税比较容易。商品税由生产者（卖方）缴纳，税收征管部门并不同税收的最终负担者发生直接的联系，而只对商品的生产者（卖方）课税，但商品的生产者（卖方）并不是税收的最终负担者，因此税收征管部门征税就比较容易。

（2）商品税具有较强的隐蔽性。所得税与财产税都属于直接税，是直接减少居民的所得与财产价值，是"明拿"；而商品税隐含在消费者所购买的消费品的价格之中，消费者是在支付消费品价格时承担税负的，是"暗拿"。因此，居民对"纳税"总额以及税率的差别等并不清楚，从而就不会对此产生抗拒行为。这样，政府即可以在居民不知不觉的条件下缩减居民收入差距。

（3）在税收征管效率相同的条件下，居民偷、漏税的可能性要少于所得税与财产税。商品税的纳税人是商品的生产者（卖方），税收征管部门只要对商品的生产者（卖方）进行监管，由于税负的可转嫁性，商品的生产者（卖方）偷、漏税行为就可减少，而所得税、财产税是直接由居民缴纳，不能转嫁，因此居民就会以各种可能的方式偷、漏税。从这个方面来看，商品税的征收可以起到更明显的缩减居民收入差距的作用。

就税收手段来看，作为"无声的"调节居民收入差距的商品税，在缩小居民收入差距中是具有所得税、财产税所不可替代的作用的。

但是，利用征收商品税来缩小居民收入差距也面临着一些问题：

首先，课征商品税的对象的确定。若要使商品税课征达到缩小居民收入差距的作用，就应合理确定课征商品税的消费品的种类。如果课征对象确定不当，则无法达到目的。要合理确定课征对象，不但要弄清收入水平不同的居民由收入水平的不同所决定的消费结构的差异，而且要根据居民收入水平的普遍提高适时地调整课征对象。但这两方面的工作，在实际中都存在着一定的困难。就前者而言，消费结构不只受收入水平的影响，还受消费品的供应、居民的消费偏好等因素的影响，因此对消费品课税不一定能达到缩小居民收入差距的作用。就后者而言，经常调整课征对象既不利于税制的稳定，也会增加税收成本。

其次，税负不公平与生产结构调整问题。分类征收的差别性的商品税会使不同商品的生产者面临不公平的税负。虽然商品税可以转嫁给消费者，但由于课税所导致的消费品价格的上升，会导致需求减少；商品的价格弹性越大，对需求的影响就越大，居民消费结构变化的可能性也就越大，这样就越可能因此而使生产结构改变。对那些在一定阶段被视为高收入居民的消费对象却有可能带动经济发展的产品征收高额的商品税，会损害其在市场上的扩张，从而制约生产的扩张，这对经济发展是不利的。因此，政府只能对高收入居民的高档消费进行选择，确定其中的某些高档消费品为课税对象。但这样做，就会限制商品税在缩小居民收入差距中的作用，而且会造成经营不同商品的经营者、消费结构不同的高收入居民的税负不公。

（4）商品税的逃、漏税问题。由于价格提高会使需求量减少，从而使销售收入减少，就容易出现经营者为了增加销售收入而逃避商品税。在税制不健全的条件下，这可能会成为生产者的普遍行为。对于这种行为，税收监管部门往往难以进行有效的监管。例如，在餐饮业中，业主不开发票或以假发票代替真发票的现象相当普遍，从而造成大量的逃、漏税。商品税的逃、漏税，既会造成经营者实际税负不公，也会损害其调节居民收入差距的作用。

从以上的分析我们可以得出结论：虽然征收商品税可以起到缩小居民收入差距的作用，但它不可能作为缩小居民收入差距的主要的税收手段，只能作为一种辅助性的税收手段，当然也是一种不可缺少的辅助性税收手段。

（四）政府向居民提供教育服务

在劳动力市场上，劳动力素质越高，越具竞争力，面临的就业机会越多，获得就业岗位的能力越强，所能获得的劳动收入越多。劳动力素质的高低主要取决于居民后天所接受的教育。接受的教育越多，质量越高，劳动力素质越高；反之，亦然。对于居民的劳动收入的差别，虽然可通过征收工薪税这种个人所得税或运用其他税收政策来缩小，但这种"事后"的政策手段并不能消除劳动收入差别产生的根源，只要劳动力素质存在差别，在市场化的工资制度下，必然会出现劳动收入的相应差别。因此，采取"事前"缩小劳动收入差别的政策是有必要的。由于劳动力素质的差别主要取决于居民受教育程度的差别，因此"事前"政策的主要内容就应该是向居民提供教育服务。

政府向居民提供教育服务能够在多大程度上缩小居民之间的劳动收入差别，受以下因素的影响：

（1）政府向居民提供的教育服务的数量。政府向居民提供的教育服务的年限越长、项目越多，居民之间劳动力素质的差别会越小，对于缩小居民劳动收入差距的作用越大。

（2）政府向居民提供的教育服务的质量。质量越高，质量差别越小，劳动力素质的差别就越小，对于缩小居民劳动收入差距的作用会越大。

（3）受教育者接受教育的数量和质量。首先，这取决于教育的性质，如果是强制性的，那么符合条件的居民均须接受教育，这样在教育数量上差别就小；如果是自愿性的，在教育数量上就会出现较大或很大的差别。其次，取决于居民接受教育的态度，居民愿意努力学习，教育质量就高。最后，取决于居民自身的资质，居民资质好，教育质量就高。

（4）劳动力市场竞争的公平性。劳动力市场竞争越公平，政府向居民提供教育服务越可缩小居民收入差距。

政府向居民提供教育服务的方式包括：①政府举办教育，免费向居民提供教育服务。②政府不直接举办教育，而是为居民支付全部教育费用。③政府向居民提供一定数量的教育费用补助。这种补助包括三种具体的方式：第一，政府直接向接受教育的居民提供一定数额的教育费用补助，如学费补助等。第二，政府向教育服务的提供者（如大学、职业学校等）提供一定数额的补助，使其能扩大规模，向更多的居民提供教育服务，或使其提高教育质量（如聘用高水平的教师、添置先进的教学设备等），向居民提供更高质量的教育服务；或使其以更低的费用接收受教育者，向经济困难的受教育者免费提供教育服务。第三，政府向为教育机构和受教育者提供货币形式和非货币形式的经济支持的营利与非营利机构给予优惠政策。如对教育机构的捐款从纳税人应税收入中做免税扣除、对向学生提供的贷款的利息免征或减征所得税等，都属此类优惠政策。

以上这些方式都可以使更多的居民接受更多、更好的教育。采取何种方式，要依教育服务的类型和政府的能力而定。若政府有能力举办基础教育，那么政府应免费向居民提供基础教育服务，对向基础教育的捐款或贷款等给予免税或减税等优惠政策；若政府没有能力向居民提供非基础教育，则可采取教育费用补助和给予优惠政策的方式。

政府采取向居民提供教育服务的方式来缩小居民收入差距，具有以下几方面优于其他政策工具的特点：

（1）对经济效率的提高可产生促进作用。政府提供教育服务，能够使劳动力素质得到提高，因而有利于提高经济效益，有利于经济增长。

（2）对实现机会均等可产生促进作用。政府提供教育服务，有利于缩小劳动力素质的差别，推动劳动力的均质化，从而有利于实现居民在劳动力市场上的机会均等。

（3）既有利于缩小居民的绝对收入差距，也有利于缩小居民的相对收入差距。政府向居民提供教育能够提高低收入居民的劳动力素质，从而缩小收入水平不同的居民的劳动力素质的差距，而低收入居民劳动力素质的提高可增加其就业机会和劳动收入，并可间接地增加其资产收入，因而有利于缩小居民间的绝对收入差距。绝对收入差距的缩小将会带来相对收入差距的缩小。

（4）制度设计与实施的成本较低。就政府提供教育服务的政策设计本身来看并不复杂，制定出来的政策得到实施也不困难，并不会遇到居民或机构的反对，因为政府的角色不是"拿"，而是"予"；因此，这是一项便于执行的缩小居民收入差距的政策。

（五）发展社会保险

社会保险是指政府充当组织者，以立法的方式强制实施，以居民作为保险对象，给予居民基本生活保障的制度。它包括养老社会保险、医疗社会保险、失业社会保险、工伤社会保险、残疾社会保险、生育社会保险、疾病社会保险、遗属社会保险等。其中最主要的是养老社会保险、医疗社会保险、失业社会保险。社会保险基金一般由雇主、企业或个人缴付，政府提供补助。政府一般以征收社会保险税（费）的方式集中社会保险基金。征收社会保险税（费）遵循横向公平原则，一般是按工薪收入的相同的固定比例征收。但社会保险金的发放则以保险事件的发生为原则，只要符合社会保险金的领取条件，被保险人即可依照规定领取或获得相应数额的社会保险金，而不论缴付的社会保险税（费）的多少。虽然某些保险项目，被保险人领取的社会保险金同其个人或单位缴付的社会保险税（费）具有正相关关系，但一方面大部分保险项目不具有此特征，另一方面社会保险金的支付以保险事件的发生为原则，因此若未发生社会保险法所规定的支付保险金的保险事件，被保险人也不可能得到任何保险金。这样就使得被保险人所缴付的社会保险税（费）同其所获取的社会保险金数额不一致，从而使社会保险具有收入再分配的功能。一般来说，低收入居民获取的社会保险金数额要高于其缴付的社会保险税（费），而高收入居民所获取的社会保险金数额要低于其所缴付的社会保险税（费），因此，社会保险也是一种政府使收入从高收入居民向低收入居民转移的手段，可以起到缩小居民收入差距的作用。

社会保险作为缩小居民收入差距的手段有其优越性，主要反映在：①一旦建立起社会保险制度，它就能自动地实现收入转移；②既可促进结果的平等，也可促进机会的平等；③既可缩小居民的绝对收入差距，也可缩小居民的相对收入差距；④只要被纳入到社会保险体系，居民的基本生活即可获得一定程度或完全的保障。因此，社会保险这一被称为"社会稳定器"的政策工具在缩小居民收入差距中具有其独特的作用。

不过，将社会保险作为缩小居民收入差距的手段，其局限性也是明显的：

（1）社会保险在缩小居民之间收入差距方面所起到的作用，受到社会保险覆盖面的制约。社会保险覆盖面越广，其在缩小居民收入差距中的作用越大；社会保险覆盖面越小，其在缩小居民收入差距中的作用越小。而社会保险覆盖面的大小受经济发展水平的制约，经济发展的渐进性意味着社会保险在缩小居民收入差距中的作用是逐渐上升的。在经济发展水平低的阶段，社会保险在缩小居民收入差距中的作用是很有限的。例如，在中国，长期以来未将农业户口居民纳入社会保险体系，而农业户口居民的收入水平却又远远低于城市户口居民，这种社会保险对于缩小农业户口居民和非农业户口居民的收入差距是基本不起作用的。

（2）社会保险制度设计和实施程序制约着其对居民收入差距的调节。如果社会保险首先从高收入居民实施，那么这种制度就起不到缩小中低收入居民与高收入居民之间的收入差距的作用，反而可能会导致收入差距的扩大。

（3）有一些社会保险项目，社会保险金的获取数额与社会保险税（费）的缴付是对称的。社会保险税（费）的缴付数额越多，可获取的社会保险金数额就越多；反之，亦然。这样的社会保险项目对于缩小居民之间的收入差距，或者是完全不起作用，或者只起很小的作用。

（4）社会保险税（费）的课税对象（或征缴对象）是居民的工薪收入，一般是按比例税（费）率计征。社会保险税本身不具有缩小居民收入差距的作用，同时，资产收入和转移性收入并不是其课征对象，从而不能缩小居民的资产收入和转移性收入的差距。

（六）社会救助和社会福利

1.社会救助

社会救助是居民遭受自然灾害、意外事故，或因个人生理、心理出现残障等而致生存困难时，由政府（有关部门）按照法定标准向其提供货币或非货币形式的援助的社会保障制度。社会救助包括救灾、扶贫以及特殊救助等，其救助对象是因各种原因而面临生存危机的居民。

社会救助具有以下特点：

（1）社会救助面向所有面临生存危机的居民。无论居民身份如何，只要遭遇生存危机，均可申请社会救助。

（2）救助对象的特定性。居民是否能获得社会救助取决于其经济状况。只有面临生存危机、符合法定救助标准的居民才能获得社会救助。政府在决定是否提供救助时，要对申请人的财产、收入等情况进行调查，只有在申请人被确认符合法定救助标准时，政府才会给予救助。

（3）权利义务的单向性。权利义务的单向性，即面临生存危机的居民只是单方面地享受获得社会救助的权利，而并没有缴付救助费的义务。社会救助不以救助对象缴付救助费为条件，实际上也不需要救助对象缴付救助费，社会救助基金是由政府财政拨款建立的。

（4）救助形式多样化。社会救助既包括货币形式，也包括非货币形式。货币形式一般采取向救助对象发放救济金的形式，非货币形式则包括向救助对象提供其所需的物品（包括住房、棉被、衣服、食品等）和向救助对象提供其所需的服务（包括住房建造、维修服务、医疗服务、保健服务等）。社会救助既包括单纯的救济，也包括以工代赈等形式；既包括生活资料和生活费的救助，也包括生产资料和生产资金的救助（如对农村灾民提供种子、化肥等生产资料，提供生产性扶贫免息贷款）。

根据社会救助的性质和特点，社会救助具有缩小居民收入差距的作用。它是通过对完全无收入来源或收入不足以满足生存之需的居民提供援助而发挥作用的。居民在获得政府救助下，收入水平得以提高，有利于居民的生存保障。社会救助的这种作用是社会保险、社会福利所不具有或不可替代的。

不过，社会救助对于缩小居民收入差距所能发挥的作用是有限的：①其缩小居民收入差距的功能十分有限。因为社会救助只是对无收入或收入极低的居民施以援助，而且援助的最高水平也只限于满足居民的基本生存需要。②其对机会均等不能发挥有效的调节作用。其既不是要促进劳动力素质的提高，也不是要改进劳动力市场。因此可以认定，社会救助只能作为缩小居民收入差距的辅助性手段。

2. 社会福利

社会福利是指政府为保障居民的基本生活需要或提高居民的物质生活水平而向居民提供的福利性的经济支持的社会保障制度。它包括残疾人福利、老年人福利、儿童福利、妇女福利、住房福利、教育福利、职业福利、家庭津贴、公共交通津贴等具体内容。

同社会救济一样，社会福利也具有权利与义务的非对称性（单向性）的特点。但社会福利是一种更复杂的社会保障制度，与社会保险、社会救助相比，它具有以下主要特点：

（1）既包括面向全民的选择性的福利，也包括只面向特定的有选择性的居民的福利。例如，公共交通津贴是面向全民的福利，而残疾人福利、妇女福利、老年福利等则只面向特定的居民（依次为残疾人、妇女、老年人）。

（2）符合条件的居民享受的福利待遇相同。例如，儿童福利，只要是儿童均可享受；老年福利，老年人均可享受。居民享受的福利待遇既与其缴付的税（费）无关，也与其经济条件无关，只要符合享受条件，均平等地享有权利。从这个方面来看，社会福利是一种平均主义的分配制度。

（3）主要采取免费或低价提供福利设施和服务的形式。尽管社会福利也可采取货币形式，如住房租金津贴或补助、家庭收入补助、服务或商品的价格补助等，但大部分采取向居民免费提供或以低于生产成本或市场价格的方式向居民提供福利设施和服务的形式。例如，城市公共交通福利采取的是政府免费或低价提供公共交通工具和服务的方式；儿童福利采取的是向儿童免费或低价提供幼儿园设施与服务、防疫与保健服务、举办孤儿院等形式；老年人福利采取的是向老年人提供住所、生活及护理服务、保健服务、文化娱乐服务等形式。这一特点，使得政府发展各种福利设施、拥有各种服务能力成为社会福利得以发展的物质基础。

（4）既有完全无偿提供的福利，也有以低于成本或等于成本，或高于成本价而低于市场价格的优惠价格提供的福利。例如，政府举办孤儿院向孤儿提供的就是完全无偿的福利；公共交通福利则属于以优惠价格提供的福利。完全无偿提供的福利项目的多少主要取决于一个国家的经济发展水平。

（5）不只是满足居民的基本生活需要，也在于提高居民的物质文化生活水平。社会保险与社会救济主要是保障居民的基本生活，而社会福利不限于此，它还通过向居民提供经济支持来提高居民的福利水平。

政府的社会福利基金主要来源于政府的一般财政收入，由于福利享受的平均性质以及一些社会福利项目的有选择性，使得社会福利具有收入再分配的性质。同时，无选择性的社会福利是居民人人可以享受的，而有选择性的社会福利只有一部分居民可以享受。一些福利项目如残疾人福利、老年福利等的享受者一般来说都属于无收入来源或收入低的居民阶层，政府提供此类福利可以提高低收入居民的收入；还有一些项目，如儿童福利、教育福利等有利于保障儿童的健康成长和提高劳动力素质，这对低收入居民是有利的，可以起到促进机会均等的作用。因此，社会福利同其他社会保障制度一样可以发挥缩小居民收入差距的作用。

但作为缩小居民收入差距的社会福利政策也有其局限性，这就是虽然社会福利能够缩小居民间的收入差距，但可能对经济效率造成损害。如果社会福利待遇很高，甚至可能因此而滋生一批懒汉，这样不仅会导致劳动力资源利用率的下降，也会使劳动者的劳动积极性下降。这就说明，若要使这项政策的实施不损害效率或使其对效率的损害最小化，就需确定适度的社会福利标准。但在实践中，这一点很难做到。

（七）制定和实施反就业歧视和反工资歧视的法律

政府促进教育发展的政策能不能起到及能在多大程度上起到缩小居民收入差距的作用，受到劳动力市场的制约。劳动力市场的就业歧视和工资歧视是阻碍这种作用得以发挥的重要因素。

就业歧视包括性别歧视、种族歧视、宗教歧视、地域歧视、身份歧视等。其表现在劳动力市场上就是一部分劳动者得不到就业机会，或者只能在低职位、低工资的行业或单位就业。这样，就会造成居民的劳动收入差距或导致居民劳动收入差距的扩大。

工资歧视就是劳动贡献相同，劳动报酬不同，简言之，即同工不同酬。具体表现为：被歧视的劳动者的劳动贡献与不被歧视的劳动者的劳动贡献相同，但所得的报酬要比后者少；或者被歧视的劳动者的劳动贡献超过不被歧视的劳动者，但所得报酬并不比后者多。工资歧视源于多种因素，如性别、种族、宗教信仰、地域、身份等差异。无论是何种因素造成的工资歧视，都会导致或扩大居民劳动收入的差距。

由就业歧视和工资歧视所引起的收入差距，不仅会损害机会均等，而且会严重损害经济效率的提高。由政府来制定和实施反就业歧视和反工资歧视的法律，对于消除或缩小由此引起的收入差距是十分重要和必要的，也是政府提供教育服务这一收入调节政策发挥作用的重要保证。其作用是其他调节手段所不可替代的。

不过，这种手段的主要作用是促进机会均等，并由此而促进经济效率的提高。作为一种收入调节手段，其局限性也是明显的：①其作用范围主要限于劳动收入差距的调节，而对于缩小居民之间的非劳动收入差距，并不能发挥有效的作用。②其是一种"事前调节"而非"事后调节"，因此，其并不以结果平等作为目标。这样就难以避免出现这一现象，即一方面政府采取促进劳动力市场公平竞争的政策，但另一方面居民之间仍然存在着较大的或很大的收入差距。③虽然实施反就业歧视和反工资歧视法律，能促进就业机会均等、同工同酬，可以消除或缩小由就业歧视、工资歧视所导致的收入差距，但是它并不能消除由劳动力素质的差异、劳动力市场总供求关系的变化、劳动需求结构的变化以及由其他因素所导致的劳动收入差距，它对劳动收入的结果平等所能发挥的作用是有限的。

二、政策手段的协调配合

（一）政府配合使用各种缩小居民收入差距政策手段的必要性

前文论述了政府可以运用的缩小居民收入差距的各种手段的优点及缺陷，论述表明没有任何一种单一的手段能够同时满足缩小居民收入差距的各项目标。也就是说，就缩小居民收入差距的目标而言，不存在某种单一的最优手段。这样，要在能够实现缩小居民收入差距目标的条件下缩小居民收入差距，政府就只能将各种手段配合运用，否则就会要么无法实现平等，要么损害效率。

（二）各种手段应是一种互相补充的关系

各种手段在功能上存在着差异，在适用范围等方面也存在差异，这就表明政府不能以一种手段去替代另一种手段。同时，各种手段又都存在着各自的缺陷，从而就要求用其他手段来弥补。也就是说，各种手段之间是一种互相补充的关系。它们之间的这种相互补充的关系，要求政府在调节居民收入差距时采用多种多样的手段，同时建立起调节居民收入差距的完整体系。

（三）收入调节手段的运用应实现法治化

政府运用何种政策手段以及各项政策手段的具体内容，无论如何都应该经过立法程序。政府应依法行使征收所得税等法律所赋予的权力，以避免收入调节过程中的随意性、乱收费等问题。如果收入调节手段的运用不纳入法治化的轨道，收入调节必然会陷入无序的混乱的状态，其结果不仅会损害经济效率，而且也会损害社会公平。

（四）收入调节手段的运用要受到不同因素的限制

政府能够运用何种手段来调节居民收入差距要受到众多经济与非经济因素的限制。首先，其要受到经济发展水平的限制。虽然兼顾效率与公平的目标要求政府将各种手段配合运用，但政府实际能够使用哪些手段是受到多种因素制约的，经济发展水平是基本的制约因素。经济发展水平越低，政府实际能够使用的手段越少。例如，在前工业化时期，政府不可能通过举办基础教育，建立社会保险制度等手段来缩小居民收入差距。经济发展水平越高，政府实际能够使用的手段越多，手段运用的效果越大。因此，政府应根据经济发展水平的变化，增加调节居民收入差距的手段。其次，其受到政府能力的限制。例如，对存款利息征收累进税虽然是缩小居民收入差距的一种手段，但在政府没有能力弄清存款人的真实身份的条件下，纳税义务人完全可以以假名存款而逃避征税。在这种情况下，累进性的利息税是不能有效地发挥缩小居民收入差距的作用的。最后，收入调节手段的运用还要受到立法制度、居民接受能力等许多因素的限制。

（五）各种调节手段的组合应力求优化

各种调节手段都有其缺陷，因此政府在运用这些调节手段时应避免各种调节手段组合的劣化，而应力求实现优化组合。为达到这一目的，应依循以下几项原则：①根据收入调节领域的不同和收入调节目标的不同相机选择合适的收入调节手段。例如，要增加低收入居民的绝对收入，当使用社会福利政策；要降低高收入居民的收入，当使用征收所得税和遗产税的手段；要增加劳动者的收入，当采用发展教育和提高劳动力市场竞争性的政策手段。②任何一种政策手段的运用都不应损害另一种政策手段的优越性，而应该是对另一种政策手段缺陷的弥补。③调节手段的组合应以促进社会公平和效率的提高为目标。

二十大专栏 10-1

增进民生福祉与促进社会公平

党的二十大报告将"增进民生福祉，提高人民生活品质"单独成章，强调了"必须坚持在发展中保障和改善民生，鼓励共同奋斗创造美好生活，不断实现人民对美好生活的向往"，指出"要实现好、维护好、发展好最广大人民根本利益，紧紧抓住人民最关心最直接最现实的利益问题，坚持尽力而为、量力而行，深入群众、深入基层，采取更多惠民生、暖民心举措，着力解决好人民群众急难愁盼问题，健全基本公共服务体系，提高公共服务水平，增强均衡性和可及性，扎实推进共同富裕"，这为理解新时代新征程新使命下的促进社会公平提供了基本的民生保障逻辑。在民生保障逻辑下，政府通过以下方面促进社会公平。

首先是完善分配制度，通过优化分配制度，提高低收入者的收入水平，扩大中等收入群体，实现收入分配的公平性。政府完善分配制度促进社会公平的重点主要有以下几点：一是坚持按劳分配为主体，构建多种分配方式并存的制度体系，按劳分配是一种公平的分配原则，能够根据个体的付出和贡献来确定收入，激励个体更加努力工作。同时，多种分配方式并存可以满足不同群体的需求，进一步提高分配的公平性。二是提高居民收入在国民收入分配中的比重，增加低收入者收入，扩大中等收入群体，通过提高低收入者的收入水平和扩大中等收入群体，可以缩小贫富差距，实现收入的公平分配。这样做可以使更多的人分享到经济发展的成果，增加社会的整体公平性。三是加大税收、社会保障、转移支付等的调节力度，通过税收政策的调节，可以从高收入群体中收取更多的税收，然后用于社会公共服务和社会保障，实现财富再分配和社会公平。同时，转移支付等措施可以帮助低收入群体获得更多的福利和支持，提高社会的整体公平性。

其次是实施就业优先战略，通过加强就业政策和就业服务体系建设，促进高质量就业，提高就业机会的公平性。政府实行就业优先战略促进社会公平的重点主要有以下几点：一是强化就业优先政策，健全就业促进机制，政府通过制定就业优先政策和建立健全的就业促进机制，将就业置于经济社会发展的优先位置。这意味着政府将更多的资源和政策支持投入到促进就业上，从而为广大劳动者提供更多的就业机会，实现就业机会的公平分配。二是健全就业公共服务体系，完善重点群体就业支持体系，政府通过建立健全的就业公共服务体系，提供全面、多样化的就业服务，包括职业培训、就业指导、创业支持等。同时，针对重点群体，如毕业生、农民工、残疾人等，政府加强就业支持和帮扶，确保他们能够享有平等的就业机会，实现公平就业。三是破除就业体制和政策弊端，消除就业歧视，政府通过改革就业体制和政策，破除就业中的弊端和歧视现象，确保就业机会的公平性。例如，消除性别、年龄、户籍等方面的歧视，推动平等就业机会的落实。政府还加强劳动法律法规的制定和执行，保障劳动者的权益，维护公平就业环境。

再次是健全社会保障体系，建立全民、统筹城乡、公平统一的社会保障体系，确保社会保障的普惠性和公平性。政府健全社会保障体系促进社会公平的重点主要有以下几点：一是建立全民、统筹城乡、公平统一、安全规范、可持续的多层次社会保障体系，政府通过建立全民覆盖的社会保障体系，确保每个人都能享受到基本的社会保障待遇。同时，统筹城乡和公平统一原则可以消除地域差异和待遇差异，确保社会保障的公平性。安全规范和可持续原则则能够保障社会保障的长期稳定性和可持续性，进一步增强公平性。二是完善基本养老、基本医疗保险制度，政府通过完善基本养老和基本医疗保险制度，为广大人民提供养老和医疗保障。这可以减轻个体的经济负担，提高社会保障的公平性。无论是在养老还是医疗方面，每个人都能够享受到基本的保障待遇，实现公平的社会保障。三是加快完善社会保险公共服务平台，政府通过加快完善社会保险公共服务平台，提供便捷、高效的服务，使广大人民能够方便地享受到社会保障。这可以消除信息不对称和服务不平等的问题，提高社会保障的公平性。四是健全分层分类的社会救助体系，政府通过建立分层分类的社会救助体系，根据不同人群的需求和情况，提供相应的救助措施和支持。这可以确保社会救助的精准性和公平性，帮助最需要帮助的人群获得必要的救助和支持。

最后是推进健康中国建设，加强医疗卫生体制改革，提高医疗资源的均衡性，保障人民享有基本健康的公平性。政府实施健康中国战略促进社会公平的重点主要有以下几点：一是完善人民健康促进政策，政府通过完善人民健康促进政策，提供全民健康服务和健康教育，使每个人都能够享受到基本的健康权益。这可以消除健康信息不对称和服务不平等的问题，提高健康资源的公平分配。二是优化人口发展战略，降低生育、养育、教育成本，政府通过优化人口发展战略，降低生育、养育、教育成本，为广大家庭提供更好的生育和养育环境。这可以减轻家庭的经济负担，提高生育和养育的公平性。三是发展养老事业和养老产业，政府通过发展养老事业和养老产业，提供养老服务和养老保障，为老年人提供更好的生活条件和福利待遇。这可以减轻老年人的经济负担，提高养老的公平性。四是深化医药卫生体制改革，促进医保、医疗、医药协同发展，政府通过深化医药卫生体制改革，建立健全的医疗保障体系，提高医疗资源的配置效率和公平性。同时，促进医保、医疗、医药的协同发展，使人民能够享受到高质量、可及性的医疗服务，实现医疗保障的公平性。五是加强重大疫情防控救治体系和应急能力建设，政府通过加强重大疫情防控救治体系和应急能力建设，提高公共卫生服务水平和应对突发公共卫生事件的能力。这可以保障人民的生命安全和健康权益，增强社会的公平性。

➡ 关键概念

社会保险　社会救助　社会福利　商品税　财产税　所得税

➡ 复习思考题

1.导致收入分配不公平的原因有哪些？

2.政府调节收入分配的必要性有哪些？

3.政府调节收入分配的原则有哪些？

4.可供政府选择的调节收入分配的手段有哪些？

5.政府利用征收商品税来缩小居民收入差距有哪些局限性？

6.试述政府利用向居民提供教育的方式来缩小居民收入差距的优越性。

思政专栏10-1

把为人民造福事业推向前进

即测即评10

第十一章　政府失败及其规避

◆ **本章学习目标**

　　了解不同类型政府公共决策的目标，掌握公共决策的方式，理解公共决策最优规则的选择，理解投票悖论现象的内容及消除方法；理解官僚主义产生的必然性，掌握政府低效的原因，了解利益集团与政策操纵的内容；理解寻利与寻租的内涵和区别，了解租金的来源，理解寻租活动的危害后果，理解腐败的特点和危害，掌握腐败的具体表现形式，掌握寻租与腐败的区别和联系，掌握寻租和腐败的治理方法；了解政府失败论的启示。

◆ **本章知识结构**

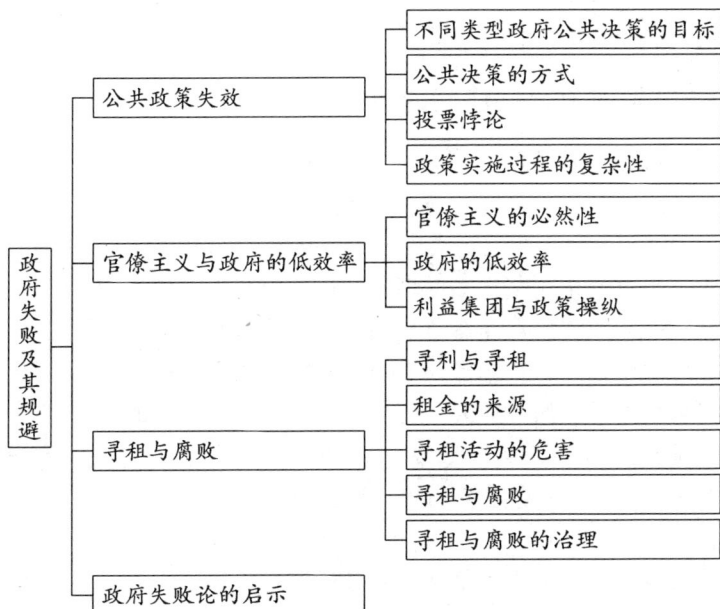

```
                            ┌─ 不同类型政府公共决策的目标
                 ┌─ 公共政策失效 ─┤─ 公共决策的方式
                 │               │─ 投票悖论
                 │               └─ 政策实施过程的复杂性
                 │
                 │               ┌─ 官僚主义的必然性
  政  ┌──────────┤─ 官僚主义与政府的低效率 ─┤─ 政府的低效率
  府  │          │               └─ 利益集团与政策操纵
  失  │          │
  败  ┤          │               ┌─ 寻利与寻租
  及  │          │               │─ 租金的来源
  其  │          │─ 寻租与腐败 ───┤─ 寻租活动的危害
  规  │          │               │─ 寻租与腐败
  避  └──────────┤               └─ 寻租与腐败的治理
                 │
                 └─ 政府失败论的启示
```

　　市场经济是一种由市场机制来配置社会资源的经济体制或经济运行方式。但是纯粹的市场经济或完全竞争的市场是不存在的，现代市场经济可以说是一种混合经济，它"不是纯粹在市场与政府间的选择，而是经常在两者的不同结合间的选择，以及资源配置的各种方式的不同程度上的选择"。也就是说，在市场经济发展的任何阶段，政府都必须发挥其作用，履行其社会经济职能，只不过在不同的国家，在市场经济发展的不同阶段，政府干预的范围、内容、方式及力度有所不同而已。为了纠正市场失灵的现象，政府充当了公共物品的提供者、外部性的消除者、市场秩序的维护者、宏观经济的调控者，还充当了收入、财富的分配者的角色。市场失灵只是政府干预经济的必要条件，而非充分条件，还需要对政府干预经济的效果进行考察。公共选择理论把经济人假设引入政府行为的分析中，指出政府在进行决策和执行决策过程中的失误以及官僚追求个人利益的行为会导致政府失败。政府失败是在现代市场经济国家由政府干预所产生的一种普遍现象，是一个重大的理论与实践课题。在这一章里，我们将对政府失败问题进行深入分析。

第一节　公共政策失效

政府对经济生活干预的基本手段是制定和实施公共政策，以政策、法规及行政手段来弥补市场缺陷，纠正市场失灵。与市场决策相比，公共决策是一个更复杂的过程，存在着种种困难、障碍和制约因素，使得政府难以制定并执行好的或合理的公共政策，导致公共政策失效。而公共政策一旦失效，非但不能起到补充市场机制的作用，反而加剧了市场失灵，带来更多的资源浪费，甚至引发社会灾难。这是非市场缺陷及政府失败的一个基本表现。

按照公共选择和政策分析学者的看法，公共决策失误或政策失效的主要原因来自公共决策过程本身的困难和复杂性以及现有公共决策体制和方式的缺陷。

一、不同类型政府公共决策的目标

有一种观点认为，如果政治市场的代理人——政治企业家——具有较高的决策水平，从而可以区别帕累托有效点与非有效点，那么加总的困难就会由于政治企业家的英明决策而得到解决。但是，由于在既定的生产可能性边界上存在多个帕累托有效点，因此，当政治企业家不知道真实的社会福利无差异曲线（由个人偏好加总而形成）时，他所选择的帕累托有效点并不一定是最优的。

与上述观点相反，以公共选择为主的更多的人倾向于这样一种看法：由于政治企业家也是追求个人私利的普通人，再加上委托代理所造成的政治企业家权力的实际扩大，使得他们致力于谋取个人的利益，而不是合乎全体选民利益的公共决策。这样就可能产生以下结果：①在实行民主政治体制的国家中，政府官僚的偏好就是全体选民的偏好；②在集权制国家中，统治者的偏好就是全体人民的偏好；③在专制国家中，独裁者的个人偏好就是整个社会的偏好。也就是说，在上述假设的基础上，不同类型的政府在进行公共决策时有着不同的目标。下面我们对其进行具体分析，如图11-1所示。

我们假定有一个经济系统，它由政府部门和非政府部门组成。社会的生产要素（劳动力）一定（OO′线段）。政府部门的产出，即公共物品有助于提高非政府部门的产量。曲线ACO′描绘出劳动力在两部门分配对产量（国民收入）的影响。无政府时，产量为OA。政府规模最大时，产量为零，因为此时物质生产部门的投入为零。曲线OGR为政府税收收入。显然，它是生产部门产量的函数。曲线FE为提供公共物品的成本，即支付政府雇员的工资等。在G点，政府税收收入与支出相抵，公共物品的提供、政府的规模均达到最佳值。现在让我们区分出四种政府，并分析它们各自在图11-1中的均衡点。

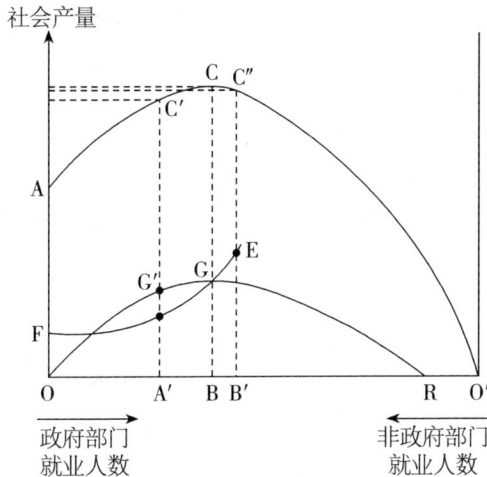

图11-1　不同类型政府公共决策的目标

（1）柏拉图式的政府，即无私的、只为全民利益服务的公仆政府。该政府向经济的生产部门课税以支付雇员的工资，同时根据社会偏好（假定无加总困难）向社会提供"法律"和"秩序"等公共物品，结果其均衡将在G点达到。在这一点上，政府的税收收入与支出相等，社会产出极大（C点），政府部门的规模为OB。由此可见，柏拉图式的政府是有效率的。

（2）专制君主政府。与公仆政府相反，这是一种自私自利的国家机器，其目标函数是使统治者的收入为最大，即使税收收入与政府雇员工资支出之间的差额为最大（G′点），结果这类政府由于不能提供足够的公共物品（OA′<OB）而导致社会产出的下降（A′C′<BC），而这最终也使得这类政府的税收收入少于柏拉图式的政府，即OG′<OG。所有这些均意味着专制君主政府是低效率的。

（3）官僚政府。这类政府的目标函数是整个官僚机构的工资收入的极大化。这一目标函数决定了这类政府有扩大政府规模（即使政府就业人员超过OB）的倾向，结果其均衡点可能为图中的E点。在这一点上，政府部门的就业人数OB′>OB，社会产出B′C″<BC（但高于A′C′）。社会产出之所以会下降，是因为政府的支出OE超过了政府的税收收入OG。由此可见，此类政府的效率低于柏拉图式政府，但却高于专制君主政府。

（4）所谓的"民主"政府。这种政府像支票清算中心。社会的各种利益集团通过各种渠道影响议会决策，因而政府的决策是利益集团相互对抗、讨价还价的结果。由此产生的均衡点处于柏拉图式政府与官僚政府之间。至于这一均衡点更接近图中的 G 点还是 E 点，这将取决于利益集团的竞争所占用的经济资源。

二、公共决策的方式

（一）一致同意规则

1.一致同意规则的含义

所谓一致同意规则，是指一项集体行动方案，只有在所有参与者都同意或者至少没有任何一个人反对的前提下才能实现的一种表决方式。此时每一个参与者都对将要达成的集体决策享有否决权。

在现实生活中，我们有不少机会运用或感知一致同意规则。假如赵、钱、孙、李四人倾其所有合办了一家小公司，公司的生存、发展对于每一个人自然都十分重要，因此在涉及该公司的利润分配与风险承担等重大问题上，需要四人协商以达成一致意见。只要有一个人不愿意甚至反对，事情恐怕就不好办了。这里所需要的就是一致同意规则。

再举一个典型的例子，联合国安理会的决议。任何决议的实施都必须事先得到安理会五个常任理事国——美国、俄罗斯、英国、法国、中国的一致认可（这里的认可指不反对，下同）。如果有一个常任理事国反对，就意味着相关议案被否决。1990 年海湾战争爆发时，联合国安理会曾就是否出兵干涉进行过投票表决，结果决议以四票赞成，一票弃权（不同意，但也不反对）而获一致通过。

2.一致同意规则的特点

一致同意规则有利也有弊，它的特点可以归纳为四点：

第一，由一致同意规则得出的集体行动方案，对于所有参与者来说都具有一个特点：对该方案的任何改动，都不可能在不损害任何一方利益的前提下使参与者中某些人受益。也就是说，这时行动方案的任何变化，在使一部分人受益的同时，至少会使某一个参与者的利益受到损害。

第二，在一致同意规则下，由于每一个参与者都享有否决权，个人选择对集体选择至关重要，任何成员都不能把自己的意愿强加给他人，也不能将自身的利益凌驾于他人的利益之上。因此，所有参与者的权利在一致同意规则下，能够绝对平等地得到保障，个人意愿也可以获得满足，每个个体都有很强的激励去表达真正的个人意愿。

第三，可以避免"免费乘车行为"的发生。在一致同意投票规则下，每个参与者都会清楚地意识到，自己的行为不仅会影响与此相关的其他成员的行为，而且还直接关系到集体方案能否进行的问题。假如某项集体决策方案能够使部分成员不付任何代价地从中获益，那么，这种决策将因损害了其他成员的利益而被最终否决。

第四，为了得到一个大家满意的、对大家来说是最好（即帕累托最优）的行动方案，通常需要全体参与者一而再、再而三地协商和讨价还价。原因在于，每一名参与者都享有否决权，因此每项集体决策结果都必须顾及各人的利益与偏好。这是一致同意规则的一个最大弱点。在一致同意规则下，一次性协商的结果通常并不能达到让大家都感觉最满意的状况，即不能实现帕累托最优，因而需要大家基于一致同意规则进行一系列的协商。以欧盟理事会的前身——欧共体部长理事会的决策过程为例，部长理事会是欧共体的决策制定机构，它对一切重要决策的制定均按照一致同意规则进行，其基本程序是：先由各成员国和欧共体的官员就不同主题提交各种拟订的方案。由于利益差别的存在，提交部长理事会讨论的方案自然十分庞杂。为了照顾各方面的利益关系，避免某一方的反对，部长理事会通常要经过通宵达旦的马拉松会议和一系列复杂的讨价还价过程，才能勉强达成全体一致认可的折中方案。其结果是，原来准备对某个成员国实行重点援助的计划，经过讨价还价，却变成了各成员国平分这笔援助，与初衷相反。

俗话说：众口难调。主妇要做一顿适合家中每个人口味的饭菜，也不是件容易的事，更别说在人数众多的团体中统一所有人的意愿了。每个人的爱好各有差别，如果每人都充分自由地表达自己的意愿，要达到一致同意自然比较困难，有时甚至是不可能的。因此，在现实中，人们通常退让一步，寻求一种能按多数人意愿来进行集体决策的多数投票规则。

（二）多数投票规则

1. 多数票制与简单多数制

多数票制，是指这样一种投票规则，在此规则下，一项集体行动方案，必须由所有参与者中超过半数或超过半数之上的某一比例，如2/3、3/4等多数人的认可才能实施。所谓认可，是指赞同或至少不反对。如果我们以参与者中刚好一半的人数为取舍标准，规定所有参与者中有一半以上的人同意或者反对的人数低于所有参与者的一半，某议案就作为集体决策结果付诸实施，那么我们就称该项集体决策是按照简单多数制做出的。类似地，我们可以定义2/3、4/5多数制等。以高于半数以上的比例为取舍标准的多数投票规则，又可称为比例制。例如，民主选举班长，全班41人中有21人选了小刘，其他人得票数都不到21票，结果小刘当选班长，这就是简单多数制的运用。

2. 多数投票规则的特点

多数投票规则不同于一致同意规则的特点有：

（1）在多数投票规则下，一项决策通过与否，取决于能否得到某一多数比例的参与者的支持，因此，最终的集体决策结果所体现的只是参与者中多数派的利益，属于少数派的参与者的利益则被忽略了。最终决策的实施，将使多数派成员的福利得到改善，而少数派成员的福利则可能受到损害。仍以前文民主选举班长为例，另一个班长候选人小陈假如正好得到20张选票，全班41人中有21人选了小刘，小刘的当选反映了这21人的愿望，但其余20人的愿望就无法体现了。

（2）多数票制选择出的每一项集体行动方案都具有内在强制性。因为最终的集体决策是由多数派成员的意愿决定的，而决策结果又要求全体成员服从，这就意味着，多数派成员无形中将自身的意愿强加给了那些投票选择遭到否决的少数派成员。小刘当选班长，支持小刘的21人实际上把他们的意愿强加给了另外20个其他候选人的支持者。

（3）由于单个参与者的选择行为在多数投票规则下具有可忽略性，它无形之中助长了选民不重视选举权的行为。有人可能会这样想：既然我的选票对最后的选举结果几乎没有什么影响，那我何必劳神费力地去投票呢？当许多人都这么想并这么做时，便会出现一种危险倾向：选举结果为利益集团所操纵。所谓利益集团，又称压力集团，它是指为了某种利益而运用各种手段影响政府决策的团体，像商会、财团、工会等。利益集团可以通过一定的代价，收买那些不重视自己的选举权而打算投弃权票的选民，让他们按利益集团的意愿投票，从而使利益集团拥有更强的能力显示自身偏好。这是多数投票规则中值得引起重视的"收买选票"行为。在实行民主政治的初期，这种行为更值得关注。

这里我们用一个简单的模型来说明选民在什么时候会理智地选择弃权，什么时候又会接受利益集团的"收买"。为了参加选举，选民需要花费一定的时间与精力去了解候选方案（人），这记为成本C。一项集体行动方案的实施，又能给大家带来某些好处，譬如选出一名班长组织班级活动，会对全班同学都有利，这种共同的收益记为D。特定候选人当选，对个人的收益影响不一样。如，小刘喜欢文艺活动，她当选之后准备每周组织一次舞会或卡拉OK，恰巧这些小李都不喜欢，反倒是小陈的体育活动方案更合小李意。小陈当选给小李个人带来的不同于共同收益的额外收益，记为B。但是小陈能否当选，小李没有把握，只能估计其可能性，这记为P（0<P<1）。综合以上的各种情况，小李能从这次选举活动中得到的净收益为：R=P·B+D-C。由于每个人都是经济人，此时小李会精明地进行计算，只有在净收益R≥0时，小李才会参与投票，否则宁可弃权。当小李面临R<0而打算选择弃权时，如果班上的文艺活动积极分子们告诉小李，只要小李投票选小刘，他们就请小李上馆子"撮"一顿。上馆子"撮"一顿不仅足以补偿小李选小刘而不选小陈的损失，并且使小李此时的净收益增加到大于零，小李自然就接受"收买"而选小刘了。

（4）多数投票规则下，集体决策要比全体一致同意容易做出。因为顾及大多数人的偏好，总比照顾全体人的偏好要相对好办些，所以人们在多数投票规则下，做出集体决策所需花费的时间、精力等代价（即集体决策成本）被大大降低。但是单个选民，特别是那些预期到自己的选票可能被否决的参与者，因为集体决策结果与其个体的偏好差异很大，从而使多数投票规则强加给他的外在成本（即集体决策结果与个人愿望不一致时导致的个人损失）增加了。

（三）加权投票规则

简单的一人一票的投票规则，强调的是各参与者之间的平等权利，然而它在有的情况下就显得不够合理了。例如，世界各国拥有的海岸线长度不同（有的国家是内陆国），各国对海洋资源的依赖程度自然有高低之分；在保护世界海洋资源的问题上，承认各国之间的利益差别才是合乎情理的。加权投票规则正是对一人（或一国）一票制进行了适当更改，以适应这类"利益差别"而提出的一项选择规则。

加权投票规则的基本特点是，根据利益差别将参与成员进行"重要性"程度分类，然后凭借这种分类分配票数，相对重要者，拥有的票数较多，否则就较少。最后各个候选方案实际得到的是赞成票数的多少，而不是实际赞成人数或国数的多少。假设拥有海岸线的国家只有3个，长度分别为200万、160万与40万海里，而且，它们各自对海洋资源的依赖程度完全取决于所拥有的海岸线长度。在这种情况下，在涉及海洋资源的保护问题时，我们可以通过分别赋予20票、16票与4票的办法来承认这三个国家之间的利益差别。这时总票数为40票，以此为基础，再用多数规则选择方案。

加权投票规则在实际中的应用较为普遍。过去由9个国家组成的欧共体曾经采用过这一规则。英国、法国、联邦德国、意大利各持10票，比利时与荷兰各持5票，丹麦和爱尔兰分别拥有3票，卢森堡拥有1票。这时总票数就不是9票而是57票。一项议案的通过，如果采用2/3多数规则，所需的赞成票数将至少为38票。如果进一步限制赞成国数，要求同时有至少2/3的国家投赞成票，那么，一项议案的通过就必须同时具备6个国家赞成且总赞成票数不低于38票。另外，世界银行也是依据各国提供的财政援助份额来分配不同比例选票的，美国比中国提供的援助多，自然在世界银行的发言权也大。

（四）否决投票规则

春天来了，5个朋友周末想出去郊游，究竟去哪儿还未确定。有人建议：每人提出3个可去游玩的地点，把所有方案集中，然后去掉有人不愿去的地点。由于出现方案重复的情况，因此5个人共提出了10个不同地点。去掉那些有人不喜欢的地点后，最后只留下3个可以选择的地点。如果此时没有其他反对意见，就说明这3个地点对大家来说都是可行的，可以选择其中任何一个。这种春游地点的选择采用的实际上就是否决投票规则。

否决投票规则首先让参与投票的每个成员提出自己认为可供选择的一整套建议或行动方案，汇总之后每个成员再从汇总的方案中否决掉自己最不喜欢的那些方案，此时各个成员投票的次序可以随意确定。这样一来，最后剩下的没有被否决掉的方案就成为全体成员可以接受的集体选择结果了。

否决投票规则具有以下好处：

（1）由于每个参与成员都有机会表达自己的偏好情况，同时又有权否决对自己最不利的供选方案，因此参与选择的每位成员都会抱着这样的动机：不要提出会遭到其他成员强烈反对的方案，而且还应积极考虑其他成员的利益。相对于其他投票规则，否决投票规则更有利于参与成员之间的沟通和各成员真实愿望的表达。

（2）在否决投票规则下，每一个成员都能充分选择自己认为合适的供选方案，所有供选方案中最不为某一个或若干个成员所喜好的方案又在选举过程中被否决了，因此，除了留下来没被否决掉的方案有可能外，其他任何改进方案都不可能是帕累托最优的。以前述郊游地点的选择为例：帕累托最优方案只可能在留下的3个方案中，但对这种帕累托最优方案的选取，若有不止一个方案留下的情形，还得借助于其他投票规则，比如在一致同意规则的基础上进行协商等。

（3）否决投票规则的实施，要求所有参与集体行动的个体，在利益与兴趣上有某种共同性。比如上述郊游地点的选择，如果5个人的兴趣差异太大（有的喜好现代风格，而有的则独好传统、历史；有的喜好爬山，有的则喜好玩水），所有供选方案可能最终都被否决，从而无法做出集体决策。也就是说，当参与决策的人数众多，而所要解决的问题比较繁杂或各方的利益冲突较大时，实行否决投票规则可能得不出集体选择结果。

（五）需求显示法

我们用一个例子来说明需求显示法的含义与使用过程（见表11-1）。

表11-1　　　　　　　　　　　　需求显示法的含义与使用过程　　　　　　　　　　单位：元

	A	B	C	税款
王	30	10	5	20
李	10	40	20	0
张	25	5	10	15
社会价值	65	55	35	35

假定有王、李、张三个人，被要求在A、B、C三个方案中选取一个作为集体行动方案，这三个方案可能是对应于某种公共物品的三种不同的供给数量。

需求显示法按如下几个步骤进行：

第一步，让这三人分别说出，若三个方案付诸实施，每一方案所能给他带来的收益值是多少元（折合成货币）。假设王认为A、B、C三方案对于他分别值30元、10元、5元，李对应地为10元、40元、20元，张为25元、5元、10元。

第二步，加总各方案的价值量，所得到的合计值称为各方案的社会价值。在这里，A、B、C三个方案的社会价值分别为65元、55元、35元。A方案对应最高的社会价值额，因而我们可以认为它是对社会最有利的。于是，集体决策结果是A方案。

第三步，比较某个选民弃权时集体选择结果的变化，并根据该选民的参与对最终结果的影响程度，计算出每个参与者所应支付的税款。具体计算方法是：首先，计算出只有其他人参与时各方案的社会价值，并由此找出最大社会价值所对应的方案；然后，加进所考虑的选民的货币选举结果。如果这时最终的集体方案并不因他的加入而发生改变，那么，他的税款为零。如果由于他的加入，集体选择结果发生了变化，那么，比较他加入前后两个集体选择结果所对应的社会价值额，两者之差即为该选民所应支付的税款。请注意，这一税款通常并不等于他所声称的该方案对他的价值。

在上述例子中，当王没有参加时，李、张二人所确定的集体行动方案不是A而是B，此时B的社会价值为40+5=45（元）；而当王加入时，集体行动方案变为A，

A的社会价值为65元。这两者之差20元即为王应支付的税款。对于李,无论他是否参加,集体行动方案都是A,因此李所应支付的税额为零。类似地计算出张所应付的税款为15元。这时三人所应支付的税款总额为35元。

第四步,根据实施集体行动方案所实际需要的成本,譬如安装一盏路灯或开办一个幼儿园的实际成本,来确定每一个参与者实际应支付的税款。

在第三步中,我们计算出的只是一种名义税额。名义税额为零,并不意味着不需要分担成本。而对于具体的实际成本分摊,还需经过一个较为复杂的计算过程才能确定。

需求显示法的优点是:这种机制能使所有参与集体选择的个体都获得充分的激励,使他表达出对某一公共物品的真实需求状况,从而使投票者得到的公共物品的数量与质量,最大限度地接近投票者的实际偏好结构,因此它将大大提高制定集体决策的社会效率。缺点是使用起来比较复杂,特别是当参与集体选择的人数较多时。

三、投票悖论

在集体决策中,多数票制或修改过的多数制,如加权投票制,运用较为普遍。基于这种投票制,集体决策结果是否存在?在什么情况下存在?如果存在,结果是否唯一?下面我们将分别讨论这些问题。

(一)投票悖论现象

首先我们来看一个在简单多数制下,集体选择结果不存在的例子。这个例子所描述的现象在公共选择理论中十分著名,被称为"投票悖论现象"或"周期多数现象"。这是指在运用简单多数制进行集体选择时,容易出现投票结果随投票次序的不同而变化的情况,即大部分甚至全部供选方案在规定的分步骤的方案比较过程中都有机会当选的循环现象。

现在举例说明周期多数现象。假设有同属一个系统的三家企业正准备合并成一家大公司,新组建公司的总经理将从三家企业的厂长中产生。这三位厂长老牛、老杨、小马都赞同存在三种可供选择的方案:职工普选(A)、上级主管部门任命(B)、按各自拥有的资金额决定权力分配(C)。问题是要由三位厂长从三种供选方案中挑出一个作为最终决策方案。由于牛厂长、杨厂长、马厂长分别拥有职工规模大、与上级关系好、资金丰厚的相对优势,他们对三种选择方案的偏好次序自然不同:

牛厂长:A>B>C (A优先于B,B优先于C)

杨厂长:B>C>A (B优先于C,C优先于A)

马厂长:C>A>B (C优先于A,A优先于B)

如果从A、B、C三个方案中任意挑选两个,按照简单多数制,即三人中有两个或两个以上的人支持某方案,该方案就当选。将此方案与余下的第三个方案相比较,并依据同样的简单多数规则产生最终结果,这时便出现了一个奇怪而有趣的现象。若先比较 A 与 B，相对来说，老牛与小马更偏爱 A，故 A 方案当选。然后将 A 与 C 比较，因为老杨与小马更偏好 C，最后 C 方案当选。若从对 A 与 C 的比较开始，最终获胜的将不是 C 而是 B；从 B 与 C 的比较开始，最终当选的方案又变成了 A。这些过程中的投票悖论现象如图 11-2 所示。

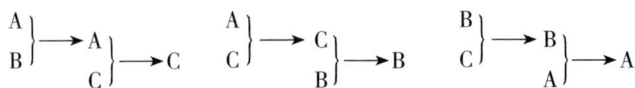

$$A \atop B\Big\} \longrightarrow {A \atop C}\Big\} \longrightarrow C \qquad A \atop C\Big\} \longrightarrow {C \atop B}\Big\} \longrightarrow B \qquad B \atop C\Big\} \longrightarrow {B \atop A}\Big\} \longrightarrow A$$

图 11-2　投票悖论现象

由此我们看到，这时的最终投票结果完全取决于各方案的排列次序，而不是方案本身的优劣。如果排出简单多数制下集体对三个供选方案的偏好次序，就会产生 A>B>C>A 的循环或称周期，这就是"周期多数"一词的来源。

（二）投票悖论现象的消除

投票悖论现象表明，在三个参与者同时投票选择三种供选方案时，集体决策的结果不存在；如果分步骤地进行两两比较，这时虽然存在集体决策结果，但结果却并不唯一。按照经济学术语，这两种情形分别被称为"选择的均衡不存在"和"虽存在均衡，但不唯一"。周期现象的存在，令众多研究民主政体运行的政治学家们感到苦恼。为了避免周期现象的出现，公共选择理论家们从两个角度寻找解决办法。

首先，从理论上寻求保证均衡存在而且唯一的条件。人们发现，当每个人的偏好排列都呈单峰状态时，周期多数现象就不会出现，如果总参与人数为单数，简单多数规则可以产生唯一的集体选择方案，这一方案正好与处于中间状态的选民的偏好一致。

下面我们用一个例子来说明上述结果以及与之相关的一些概念。

假定现在有三个人（可以扩充为 2n+1 个人，n 为正整数），要从三种可能的供选方案 X_1、X_2、X_3 中，运用简单多数规则选出一种方案作为集体决策结果。这里的供选方案，既可以指对某一部门的三种不同投资额，也可以指某一单位领导的三个不同候选人等。每一个体对这些供选方案的偏好排列，是该个体根据自己的判断或感觉，而做出的一种相对顺序排列，正如前面例子中老牛、老杨与小马对 A、B、C 方案的排列一样。而单峰状态，则是指个体的偏好排列如同一座只有一个峰顶的高山，它只有最多一个上坡和最多一个下坡，而不能像群山那样起伏不断；如果有上坡又有下坡时，也必须是先上坡后下坡，不能是盆地般先下后上。若我们仍用 $X_1>X_2$ 来表示对 X_1 的偏好强于对 X_2 的偏好（反之则为 $X_1<X_2$），那么在只有三个供选方案的情况下，所有个体呈单峰状态的偏好排列次序只可能是 $X_1>X_2>X_3$、$X_1<X_2>X_3$ 或 $X_1<X_2<X_3$ 三者中的一个。

假定三个参与者的偏好序互不相同，即他们每人各对应于三种偏好排列中的一个，没有重复，于是产生了如图 11-3 所示的情况。在简单多数制下，集体选择的结果将是 X_2，因为此时第 2 人和第 3 人都认为 $X_2>X_1$，第 1 人和第 3 人都认为 $X_2>X_3$，

集体偏好便成为 $X_2 > X_1$ 和 $X_2 > X_3$，当然最终是 X_2 当选。这种结果是唯一的，并不因两两比较的顺序不同而不同，而且分步骤进行与一次进行的结果是一样的。

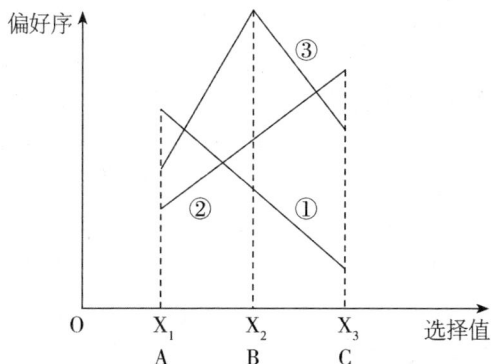

图 11-3　投票悖论的消除

比较一下三人的偏好序，我们发现第1、第2两人都认为 X_2 属于中间方案，同时又意见相反，分别把 X_1 和 X_3 当作是好的，与此对应 X_3 和 X_1 就成了最差的。而第3人的偏好序正好处于这两种极端情形的中间地段，他认为 X_2 是最佳方案，X_1 与 X_3 均比 X_2 差。最终的集体决策结果与他作为中间选民的选择一致。

将 X_1、X_2、X_3 分别对应于前面三厂合并公司例子中的 A、B、C，那么，老牛相当于图 11-3 中的①，老杨相当于③，小马的偏好序是先降（A>B），后升（B<C），呈盆地状。这违反了所有参与者偏好序呈单峰状态的条件。当然，这并不意味着，周期多数现象只有在所有偏好序都呈单峰状态时才不会出现。所有偏好序是单峰状态是一个充分条件而非必要条件。

虽然我们只分析了三人三种方案这个最简单的例子，但得到的结论适用于任何不少于三人的奇数选择情形。

其次，分析现实选举行为中周期多数出现的可能性。坎普贝尔与塔洛克用计算机进行仿真，得出了这样的结论：周期多数出现的可能性与投票者的人数和可供选择方案的个数成正比。参与投票的人数越多，或供选方案个数越多，出现周期多数的可能性就越大。在三人三种方案情形中，有 5.7% 的可能性出现周期多数现象；而当参与投票的总人数增加到 15 人，供选方案的个数增加到 11 个时，周期多数出现的概率猛增到约 50%，也就意味着每进行两次这样的选举，大概有一次会出现周期多数。当候选方案固定在三个，参与者人数不少于 27 人时，出现周期多数的概率基本上稳定在 11.1%。进一步的分析结果表明，影响周期多数出现概率的因素主要是候选方案的个数。对于某个固定的供选方案，当投票者的个数大于 10 人时，改变参与者人数规模对周期现象出现的概率基本上没有影响。

四、政策实施过程的复杂性

政策的有效执行依赖于各种因素或条件。美国政策科学家史密斯（T.B.

Smith）在《政策执行过程》一文中认为，理想化的政策、执行机构、目标团体、环境四者是政策执行过程中所涉及的重大因素。具体来说，政策的形成、类型、渊源、范围及受支持的程度，社会对政策的印象，执行机构和人员、主管领导的方式和技巧，执行者的能力与信心，目标团体的组织或制度化程度，接受领导的情形以及先前的政策经验，社会的政治、经济和文化环境的不同等都是影响政策执行成败所需考虑和认定的因素。这些因素中的任一方面或它们之间的配合出现问题，都可能导致政策的失效。例如，政策执行依赖于强有力的执行组织及各部门或单位的密切配合，如果执行机构不健全、各部门不合作或执行不力，必将引起政策失效。下面我们具体分析一下政策实施的复杂性是如何造成公共政策失败的。

第一，政策的制定和实施本质上是一个"瞄准"和"射击"目标的过程。有一位经济学家曾经形容说，政府调控宏观经济时所要瞄准的目标是一个快速移动的目标，而且是在云雾之中飘忽不定的。而政府用来射击目标的"枪"又是十分粗糙难用的。"瞄准镜"很不精确，因为现代的经济预测手段还很不完美。"瞄准"、扣动扳机后，"子弹"要等一会儿才会出膛，因为从政府决策到付诸实施需要有个过程。例如，在中国近年来的经济发展过程中，发生过若干次经济过热、通货膨胀失控的危险。决策部门的工作人员可能有这样的体验，往往在问题初现端倪时，很难确定问题的性质和严重性。等到政府决定了收紧银根、调整步伐的政策措施时，问题已经相当严重。而这些政策措施的实行和发生成效，又要经过一个过程。当紧缩政策效应充分发挥时，常常是经济增长已经出现滑坡，不再需要"泼冷水"降温。

第二，政策实施的效果有很大的不确定性。在宏观经济学中，有政策"时滞"的说法，就是政策从实施到见效，要有一个过程。另外，一些经济政策是否有效果，取决于经济当事人能否看穿政府的意图，并做出相应的对策。所谓"上有政策，下有对策"，各国社会都是如此。高明的政策要能够出其不意，使人没有空子可钻，是非常不容易的。

第三，政府和民间企业之间，常常存在信息不对称的情形。政府管制私营企业的官员对业务的熟悉程度往往不如私营企业的经理人员，所掌握的信息往往是第二手的，所以在和私营企业经理的交手时，常居下风。

第四，管制民间企业的官员虽然代表的是国家和社会的利益，但他们很容易被私营企业所"捕获"。一种可能是官员直接地被腐蚀拉拢，收贿赂、开后门。另一种可能是，虽然官员没有直接贪污腐化，表面上廉洁奉公，但他们与其管理的行业有着千丝万缕的关系。管理某个行业的官员往往是这一行的专家，与私人企业的同行常有同窗校友之谊或其他私交，同其在业务上的接触也比同消费者代表的接触要多，所以官员对于私人企业的诉求更容易理解和接受。许多私人企业也喜欢雇用曾经在政府有关部门工作过的退休官员做顾问，是因为在职官员很不愿意和私营企业的同行搞坏关系。

第二节 官僚主义与政府的低效率

一、官僚主义的必然性

从经济人的角度，政府中出现官僚主义在某种情况下是不可避免的。官员和政府工作人员与普通人一样，在行动的时候，行为准则也是要求个人利益最大化。他们追求个人利益最大化的方式与市场上的个人不同，表现为通过政治程序为自己的部门争取最大预算、为个人争取连任等。在这种行为动机的指引下，官员和政府工作人员的行为有可能不代表公共利益，而只代表官员的利益。

政府行为并非永远代表公共利益。政府官员和民选的立法人员不是经济上的"圣人"，他们在参与公共决策时有自私的动机，因此不必拔高他们政治行为的动机。政治家和官员作为个人，不管其头衔有多高，他们首先都不是为了追求正义，而是为了追求个人的利益而参与政治的。"公共利益""最大多数人的最大幸福"等都不可能永远成为政治家竞选和行为的最高标准。他们在有的时候可能不代表公共利益，而只代表自己或自己集团的利益。在这个时候，官员按自己的利益对待公共政策，对于那些利于己方的事项，尽早安排并高效率完成；而对于那些于己不利的或关系不大的事项，则拖延应付。因此，没有必要把政府的行为理想化。退一步讲，政治家和官员的理性和知识是有限的，他们也有着人类所共有的弱点。政治家和官员的知识可能是不完备的，信息可能是不充分的，理性能力是有限的；即使他们的动机是公共利益，行为的结果也仍可能是适得其反的。布坎南曾指出，在"公共选择"的透视下，社会目标、国家目标和社会福利函数之类是不存在的。

首先，在政府决策过程中也存在着类似市场中的"双边垄断现象"。作为民意的代表，立法机构是公共物品的唯一买方，政府机构则是公共物品唯一的卖方。公共物品的供给被这两类机构所控制。在这种机制中，民众对公共政策的制定与执行并无决定权，而是只能按立法和政府所规定的质量、数量和价格享用公共物品[①]。政府部门是公共物品的唯一提供者，公众作为服务对象，无法用"退出"的方式对抗垄断。公众作为公共物品的"顾客"，无法退出这个"市场"，只能"抗议"。而向政府"抗议"的成本太高，收益极为不确定，公民一般不愿意采用。政府官员有可能利用垄断地位，有意抬高服务价格、降低服务质量，变相地谋取个人利益。这是官僚主义的典型表现。

其次，选民对政府官员的监督常常是无效的。作为监督者的选民掌握被监督对象（政府及官员）的信息不足，信息被政府部门所垄断。在官员与立法机构组成的双边垄断结构中，双方对于公共物品的信息也是不对称的。作为公共物品唯一的提供者，官员掌握着关于公共物品的成本的真实情况，而立法机构则缺乏了解这些信息的渠道。在关于公共物品的决策中，官员实际上处于优势地位。"要把一个最终

---

① 史蒂文斯. 集体选择经济学 [M]. 杨晓维，等译. 上海：上海三联书店，1999：340.

表明是一个'失败'的'好'决策与一个坏的决策区分开来，即使不是不可能的，也是非常困难的。我们或者不能完全了解获得的信息，或者不能完全了解必须与决策前获得更多信息这一要求相联系的那种价值"①。这种信息的不对称使得立法机构很难对官员实行有效监督。

选民的监督无效是因为他们在监督时对官员行为无明确的考核指标。出于公共部门的非营利性，政府所提供的公共物品一般不是按价出售的，官员也没有为政府增加利润的任务。因此对官员的业绩难以按"成本-收益"的方式进行评价。由于政府是唯一的，也无法对公共部门进行比较，这更加大了监督的难度。民众作为政府的监督者不一定是被监督者提供服务的消费者。作为普通公民，一个人并非在每一时刻都是每一个公共部门的直接服务对象。当某个公共部门与他没有直接关系时，这个公民对鉴别政府的工作质量就缺乏热情。另外，由于普通公民对政治程序缺乏了解，没有参与政治过程的经验，又无法确定参与政治的成本，因而多数情况下处于"理性的无知"状态。

最后，官员为了降低个人成本而采取相应行为也是官僚主义的一个来源。官员行为的另一个动机是避免错误、减少风险。从最大最小原则出发，作为一个"经济人"，当官员无法为自己谋取最大利益的时候，便退而求其次，即把不得不支付的成本减少到最少。官员避免错误的方式是故意把决策的程序复杂化，以便一旦错误发生，责任不是由特定的个人承担，而是由官员阶层承担，实际上最终是由社会来承担。"在试图避免明显错误的同时，他们忽略了必须由公众承担的各种成本。"②这种明哲保身的态度符合官员的个人利益，但不符合公共利益。

二、政府的低效率

不同的国家或同一个国家在不同时期或不同条件下，并不总是在主动促进经济发展和提高国民福利，低效的经济和不良的政府可能同时存在。其原因主要有：

第一，官员的行为没有竞争含义。官员花的是纳税人的钱，就像美国自由主义经济学家弗里德曼所说的"用他人的钱，为别人办事"。由于没有产权约束，官员行动时根本不必担心成本问题。官员行事时无成本压力，自由度比市场中的私人企业家还大，导致不计成本的政府行为不断产生。另一个重要的原因，则是财政制度。一般说来，政府部门的年度财政结余不能自留，必须上缴国库。因此，降低成本不能给部门带来直接收益。不仅如此，当政府制定下一个年度预算时，这个部门的预算还会因此被减少，也就是说降低成本反而可能造成部门损失。这种结果使政府部门想方设法地尽量扩大开支，而不是减少开支。这样，成本不但不会降低，而且会越来越高。这种行为逻辑导致官员越是进行合理的行动，政府预算的膨胀越严重。

---

① 阿特金森，斯蒂格里茨. 公共经济学 [M]. 蔡江南，许斌，邹华朗，译. 上海：上海三联书店，1994：396.
② 史蒂文斯. 集体选择经济学 [M]. 杨晓维，等译. 上海：上海三联书店，1999：340.

第二，官员的行为也没有利润含义。政府善于做表面文章，以追求自己利益最大化为目的的政治家在进行政府决策时的着眼点不在于增进公众的实际利益，而是扩大自身的影响。他们看重的是政策的宣传效果，而不是实际效果。"一场大肆渲染的为节省几个美元而取消政府高级官员轿车待遇的运动在政治上获得的好处可能超过为纳税人节省百万美元的复杂的政治机构改组计划。"对于官员，政策的舆论效果大于实施效果。政治家的利益与公众的情绪一致，而不首先考虑公众的利益，因为公众的情绪易受舆论左右。官员在决策时往往从个人的得失出发。为追求政绩，他们尽量满足来自方方面面的要求，而不考虑其中的每一项要求是否真正需要，各项要求是否会重复，结果使公共物品往往超量供应，社会福利费用因此而过高，造成资源的浪费。还有，官员的权力是垄断的，有"无穷透支"的可能，他们一旦决策失误，由此所造成的资源浪费可能远远大于一个企业家的投资失误。实际上，在政府部门工作的个人最有可能恣意追求个人利益最大化。

第三，政府决策达不到帕累托最优。在立法过程中，政治家首先从自己的集团利益和个人利益出发，因而立法的依据不是帕累托最优。民众对政府，进而立法机构对行政部门的权力制约也是无效的。民众无法直接参与政府的行政过程，立法也只涉及政府的决策规则。这与企业中的委托代理关系类似。民众通过立法机构提出自己的需求，政府官员以政策的公共物品来满足，民众及立法机构处于委托方的地位，政府及其部门则算是代理人。由于政府处在行政的第一线，很多事项由它直接处理，立法机构不可能直接参与行政过程，立法机构很难确定官员在行政中的政策是否符合帕累托最优。

第四，官员决策的出发点是部门利益，动机是扩大权限、提高待遇、扩大影响和势力、减轻工作负担。这些都要通过扩大自己机构的规模和提高预算来实现，因此，官员的目的是机构规模的最大化和预算的最大化。官员总是在与立法部门讨价还价，争取更多的拨款，政府开支因此而扩大，其结果只有利于部门，公共福利却因此而受损。

第五，政府各部门之间缺乏竞争。政府对内部的垄断程度是很高的，私人部门"进入"政府十分困难。政府在提供公共物品时处于垄断地位，不但政府是公共物品的唯一提供者，而且政府中的各个部门也分别处于各类公共物品的垄断生产者地位，相互之间没有竞争。政府的这种"双重"垄断地位使各部门缺乏降低成本和提高质量的压力，导致衡量社会成本和社会收益变成一件很困难的事。关于某项政策的边际社会成本在哪一点等于边际社会收益往往难以确定，政府无法断定自己行为的效率高低。

三、利益集团与政策操纵

在现实的公共选择过程中，政府机构往往受到利益集团的控制，少数特殊利益集团的利益因而得到不成比例的满足，政府丧失了公共利益代表的身份。

在现行的公共选择程序下，作为经济人的公民参与政治过程的热情不高。比如，在需要投票表决的时候，选民持"合乎理性的无知"的态度，参与程度较低。这实际上是公民对利益集团操纵投票结果的一种放纵。由于相当一部分人放弃了投票，使得投票结果不公正的可能性大大增加了。听任利益集团操纵政治的另一种原因来自公民自身的限制。在投票过程中，由于公民缺乏应有的专业知识，对议案难以了解，所以无从选择，公民不得不被政治家牵着走。

集团操纵政策导致不公平结果的一个重要原因是其具有分利化倾向。一般来说，集团有两种增进成员利益的途径：一种是通过努力增加全社会的总体利益，从而使自己在总利益中的份额随之增加；另一种是通过努力使自己的成员在社会总利益中得到更多的份额。一般经验表明，集团均倾向于后一种方式为自己的成员谋利。其原因在于，采取第一种方式时集团的成本与收益不符。

假设有一个利益集团希望改进税收制度以提高经济效益，它需组织有效的援外活动来达到这个目标。比如改进税制：若采取降低税率的方法，波及面可能很广，甚至可能遇到既得利益者的反对，若想获得成功，要付出很高的成本。而一旦成功，社会的经济效率提高，该集团的成员只能从社会利益增加的部分中得到一小部分，社会中绝大部分成员也将获得同样的利益。或者说，"一个组织为全社会提供某种利益即为全社会创造公共商品相当于为某一集团提供集体商品……个体要负担这种行动的全部代价，然而仅能获得其成果的一小部分。"①

出于"成本－收益"原则的考虑，集团在为成员谋利时，倾向于通过扩大自己在社会利益分配中的份额的方式。与第一种方式相比，集团把本可以用于增加社会总收入的成本用来为自己集团争取更大的份额，自己集团的收入确实增加了，社会总收入却减少了。奥尔森把集团的这种行为倾向称之为"分利"。集团的分利行为将改变国民收入的分配结构。集团只代表自己的成员，不会为增加全社会的利益而自我牺牲，而只会为自己的成员从总利益中争得更大的份额。在任何集团为本身争取社会总收入的更大份额时，该集团不会关心此种分配对全社会造成的任何数量的损失。从这个意义上说，"分利集团"实际上等于"特殊利益集团"。集团行为的这种分利倾向使社会总收入下降。一个集团的分利行为成功后，影响其他集团的积极性，会在更大的范围引起生产水平下降。

利益集团操纵政策的结果是不存在根据公共利益进行决策，而只有相互冲突的特殊利益。没有代表公共利益的集团，使得公共选择变成了各种特殊利益集团之间的缔约过程。

首先，立法官员并不是"中立"的。他们的当选受了特殊利益集团的赞助，必须设法回报。立法代表成了特殊利益集团的代言人。官员的背后也是特殊利益集团，比如在美国，国防部与军火商关系密切，教育部的服务对象是学校，农业部则是农场主的靠山。前者支持后者，前者的目标是得到更多的预算；后者代表前者，使政策有利于它们。

---

① 奥尔森. 国家兴衰探源［M］. 吕应中，陈槐庆，吴栋，等译. 北京：商务印书馆，1993：31.

利益集团操纵政策难以实现资源的有效配置。由于政治参与的程度低，投票缺乏代表性，投票的结果不一定公正，因而存在着"倒霉的少数"。集团政治造成政策缺乏代表性。"不存在这样的国家，其中所有具有共同利益的人群都可能组成平等的集团，并通过全面协调而获得最优的结果。"①首先，有组织的集团由于承担了影响政策的成本，自然使政策偏向自己，而忽视大部分其他成员的利益。如果所有的人群都有能力使自己的集团利益进入决策，就不会出现不平等问题。但事实上，大批社会成员无法组织起来，无力影响政策。

其次，有些集团对政策的影响力明显高于其他人群。有时，尽管在决策时会强调公平，但在决策过程中仍难免会被特殊利益集团操纵。比如，在制定个人所得税制、医疗保险制的决策时迎合大众，执行时则受少数利益集团的操纵。"在众所周知的政治上有争议的最大政策问题上迎合享受医疗福利的广大群众心理，而在制定执行医疗计划所需的许多细节方面，则主要照顾所提供医疗条件的组织中的一小批人的利益。"②这也可以说明集体物品的供给为什么总是达不到最优水平。正是由于总有一部分人被排除在集团政治之外，所以无法通过全社会所有集团的相互协商而使全社会的活动达到效率最优的水平。

第三节　寻租与腐败

一、寻利与寻租

政府干预经济活动的另一个社会代价是围绕政府活动可能产生的寻租活动。那么什么是寻租活动呢？寻租与腐败的关系如何？带着这些问题我们来对本节的内容进行深入的学习。

（一）生产性与非生产性活动

从社会福利的角度来看，人类追求自身经济利益的行为大致可以分为两大类：一类是生产性的增进社会福利的活动。例如，人们从事的生产活动、研究与开发活动，物质资本和人力资本的投资，技术和制度安排的创新，以及在正常市场条件下的公平交易买卖等。这类活动把生产可能性曲线向外推移，增加全社会商品和劳务的供给量。没有这样的利润追求，国民经济就不可能增长。另一类是非生产性的有损社会福利的活动。这类活动非但不能增进社会财富，反而白白地消耗了社会经济资源。比如说，偷盗活动的直接后果是社会财富在个人之间的转移，绝不会使社会财富有任何增加。更糟糕的是，偷盗活动不光耗费了偷盗者本身的时间精力等资源，也耗费了被偷盗者的资源。偷盗、抵制和防范偷盗，对整个社会来说，都是一种非生产性的资源损耗。这类活动没有生产出任何商品和劳务，反而白白地消耗了社会的经济资源，从而使生产可能性曲线向内推移，它导致的是经济停滞而不是经济增长。

---

① 奥尔森. 国家兴衰探源 [M]. 吕应中，陈槐庆，吴栋，等译. 北京：商务印书馆，1993：42.
② 奥尔森. 国家兴衰探源 [M]. 吕应中，陈槐庆，吴栋，等译. 北京：商务印书馆，1993：31.

对于大多数现代社会而言，更为常见且影响更广的非生产性经济活动，是那种涉及钱与权交易的活动，即个人或利益集团为了牟取自身经济利益而对政府决策或政府官员施展影响的活动。在一些发展中国家，个人或社会利益集团对政府施加影响的活动不仅体现在官吏的腐败行为上，还可能导致社会的不稳定和动荡。在西方社会，所谓的院外利益集团的游说活动以及各种社会势力在竞选活动中的明争暗斗，也耗费了大量的人力和物力。

(二) 寻利 (profit-seeking) 活动

在研究寻利活动和寻租活动之前，我们引入"租"这个概念。"租"，或者叫"经济租"，在经济学里的原意是指一种生产要素的所有者获得的收入中超过这种要素的机会成本的剩余。所谓"机会成本"，就是一种生产要素从事于某种生产活动时，所放弃的其他生产活动所能带来的最高收益。

在有秩序的市场结构中，经济租金的潜在吸引力使资源所有者和生产企业家之间产生了寻利。寻求利润的企业家始终力图找到新的机会赚取经济租金和更充分地利用现有机会。例如，一位潜在的企业家发现了一种资源或若干资源结合的新用途，而那是以前未曾被发现的，经济中没有另外的人知道这一潜在的机会。该企业家组织生产，并开始销售新的商品或服务。根据定义，他在初期是一个纯粹的垄断者，从而赚得了超过他在任何其他可供选择的工作中所能获得的报酬（即租金）。正是这种获得租金的前景，激发了经济人的行动。这里的租金反映了经济中新增价值的形成，而不是已经存在的价值的转移。

创新的企业家会得到租金这一事实，向其他未进行创新但潜在地进行模仿新产品或服务的生产者发出了信号。除非存在着限制市场进入的公开障碍，否则，其他生产者也将进入市场，并且出售该新产品或相近的替代品。市场上的商品将会增多，价格将会下跌，创新者最初的垄断地位会被动摇，因而其经济租金下降。这对一般消费者有利，在均衡状态下，消费者会获得新产品带来的充分利益。在竞争性市场调整的动态过程中，生产者得到的租金消失了，资源逐渐在新产品的生产与经济中的其他用途之间实现了有效的配置。

在这个过程中有两点值得注意：第一，在市场体系中，当通过时间进行调整时，所有经济租金势必减少或者消失。对任何企业家或资源所有者支付超过成本的款项，必定吸引其他寻求利润的人进入相同或密切相关的行业。当进入开始后，最初赚得的租金被迫下降，最终完全消失。在市场调整的概念化的均衡中，经济租金消失，包括那些具有企业家才能的一切资源所有者都将获得在整个市场体系中按照竞争方式所确立的报酬率。第二，充满生气的调整过程当然不会达到模式化的均衡状态，在这一过程中，经济租金可能是正的，也可能是负的。资源所有者和企业家在他们的预见中出了差错，或者过分热衷于并未实现的明显机会，都可能挣得比机会成本要少。这种负的租金或损失的存在，给调整过程增加了对称性，当然就加快了资源的再配置速度。

在上面的例子中，当一个企业家成功地开发了一项新技术或新产品，其企业就能享受高于其他企业的超额收入。这种活动可以称为"寻利活动",或者可称为"创租(rent creation)活动"。当其他企业家看到应用这一新技术或生产这一新产品有(超额)利可图,就会纷纷起而效之,涌入这一市场,从而使产品价格降低,超额利润(租)渐渐消散。后者的行为,也属"寻利"范畴。在有秩序的市场结构中,寻求利润作为一种活动所产生的后果,是任何单个市场参与者既不能预见到也不能理解的。人们力图使根据自己的能力或机会所得到的报酬最大化的行为有利于社会。寻求利润在有秩序的市场结构中会造成外在经济,用庇古的术语来说,就是寻求利润的社会边际产品超过私人的边际产品(即正和博弈)。总之,寻利活动是正常的市场竞争机制的表现,其作用是降低成本和开发新产品。寻利活动的特征是对新增社会经济利益的追求,对整个社会来说是生产性的,有利于社会资源的合理配置,因而会增进社会的经济福利。

(三)寻租(rent-seeking)活动

当人们的活动不是追求新增社会经济利益,而是追求既得的社会经济利益时,其活动的性质就变成了"寻租",或"寻求直接的非生产性利润"(directly unproductive profit-seeking,DUP)。DUP是对寻租概念的进一步完善。

从这个意义上说,偷盗和抢劫作为对财产所有权的直接侵犯,可以算是最原始的寻求对社会的既得经济利益实行再分配的寻租活动了。在现代社会中更为常见的,也是更为高级的寻租方式则是利用行政法律的手段来维护既得的经济利益或是对既得利益进行再分配。这类寻租行为往往涉及采用阻碍生产要素在不同产业之间自由流动、自由竞争的办法来维护或攫取既得利益。比方说,当一个企业家开拓了一个市场后,他可能寻求政府的干预来阻止其他企业加入竞争,以维护其独家垄断的地位,确保他创造的"租"不致扩散。这时,他的行为已不再能增加社会福利,反而阻止了社会从市场竞争中获益。同时,阻止其他企业加入竞争的活动本身也消耗了社会的经济资源。另一个寻租活动的例子是,一个企业或企业群体,明知另一些企业(比如其他地区的企业)拥有比它们更先进的管理和技术,不是下功夫去向后者学习,而是想方设法诱使政府采取保护政策,阻止那些先进企业加入竞争,以维护自身的既得利益。还有同样糟糕的事例是,一部分企业施展种种手段使政府以特殊政策对它们"优先照顾",通过税收和补贴的办法抽东补西,使社会的既得经济利益在企业间做重新分配,让这部分企业享受其他企业的"输血",从而获得一种经济租。

这些寻租活动的共同特点是:第一,它们造成了经济资源配置的扭曲,阻止了更有效的生产方式的实施;第二,它们本身白白耗费了社会的经济资源,使本来可以用于生产性活动的资源浪费在这些于社会无益的活动上;第三,这些活动还会导致其他层次的寻租活动或"避租"活动。如果政府官员在这些活动中享受了特殊利益,政府官员的行为会受到扭曲,因为这些特殊利益的存在会引发一轮追求行政权力的浪费性寻租竞争;同时,利益受到威胁的企业也会采取行动"避租",与之抗衡,从而耗费更多社会经济资源。

在经济学界，寻租活动被称作人类社会的"负和游戏"，即一场就社会整体而言损失大于利得的竞赛。从理论上讲，在均衡状态或从长远看，寻租者本身也捞不到什么便宜。因为既然有寻租者，就必然有避租者与之抗衡，到头来的结果是社会经济的"内耗"，资源的浪费，落得两败俱伤，谁都不赢。这就是寻租理论家们常说的"租的消散"。为什么租会消散呢？因为寻租作为竞争，就像一场赌博，虽说有租可寻，但花费了血本未必能在众多寻租者中获胜。于是，一方面，寻租者愿意花在寻租活动上的成本不会超过他渴望从寻租竞赛中得到的收益预期值，但另一方面，为了寻租的成功，他又不得不继续下注。不少学者认为，在均衡状态，寻租竞争的结果将使寻租的成本刚好等于从事寻租活动的预期收益，从而使寻租者只能获得与从事其他经济活动一样的利润水平。这样，寻租者们的出发点是寻求超额利润（租），但他们之间的竞争又使这一超额利润消散了。

就广义而言，寻租活动是指人类社会中非生产性的追求经济利益活动，或者说是指那种维护既得的经济利益或是对既得利益进行再分配的非生产性活动。狭义的寻租活动，是现代社会中最多见的非生产性追求利益行为，即利用行政法律的手段来阻碍生产要素在不同产业之间自由流动、自由竞争来维护或攫取既得利益的行为。

（四）寻利与寻租的区别

综上所述，寻利与寻租虽然同出于经济人的逐利动机，但其结果却是截然不同的，由此构成了二者的区别：①寻利是作为生产者的经济人通过自身的市场竞争力而获取高于生产成本的收入的活动，不需要借助政府的干预，是"看不见的手"引导经济人去从事有利于自己也有利于社会的活动；寻租则是力图使"看不见的手"不起作用，或利用"看得见的手"去抑制"看不见的手"的损人利己的活动。如果离开了政府的干预，没有政府干预所提供的特殊垄断地位，租金便无从寻求。②寻利是物化在生产过程之中的，是以商品和服务的增多为基础的；而寻租则游离于社会生产之外，充其量也只是简单地以生产或商品为媒介。③寻利是在创造物质财富的基础上实现的；寻租则是在既定财富量下的分配与再分配。④寻利由于以生产过程为基础，因而就必然对决定生产的科学技术、现代管理、创新等极为器重；寻租成功的基础在于"差额"和特惠等，因而凭借的就是宣传、吹嘘、奉承、说服、哄骗、走"后门"和贿赂等。⑤寻利在创造财富的过程中既实现了自己获利的目的，又增加了全社会的物质产品和服务；寻租则是在"你多我少"的不良规则中煞费心机，只能有益于寻租者和给租者，对整个社会来说是有害的，影响了人们创造物质财富的积极性和投入量。⑥寻利是公平竞争条件下的正和博弈，具有正的外部效应；而寻租则是在不完全竞争条件下的负和博弈，具有负的外部效应。

与其他经济理论一样，寻租理论的出发点是经济人对于自身经济利益的追求。无论是寻利还是寻租，作为经济利益的当事人或独立的经济主体，都在追求其个人经济利益的最大化；其行为从个人角度看都是合乎理性的，并不存在谁好谁坏、谁对谁错的问题。寻利与寻租这两大类活动之所以对社会产生截然不同的社会福利效应，是因为产生这些活动的社会经济制度环境不一样，而不是因为寻利者的行为动机比寻租者高尚、纯洁。同一个经济人在某种经济制度环境中是寻利者，从事生产性的活动而增进社会福利；在另一种经济制度环境中又可能会变为寻租者，从事非生产性的活动而造成社会资源的浪费和社会福利的损失。总之，经济人寻利是"看不见的手"作用的结果，而寻租是"看得见的手"作用的结果。本书将与政府有关的垄断所带来的超额利润称为租金，如政府对价格的行政管制、政府的特许权和优惠政策、政府的关税和进出口配额以及对政府订货的垄断等，而将除此之外的原因（如创新）形成的租金称为利润，寻租与寻利由此区分。

二、租金的来源

在市场经济下，租金主要来源于政府对社会经济生活的干预，即政府对经济的管制。租金的来源主要有以下三种情况：

一是政府的"无意创租"。无意创租即政府为弥补市场的不足而干预经济生活时产生的租金。由于干预的方式方法不当，导致协调失灵，使该租金无法消散，可以说是"好心办坏事"，是一种主观与客观相脱离的表现。例如，在计划经济时期，我国政府执行农产品的统购统销政策，通过扩大工农业产品之间的价格剪刀差的方法，从农业部门提取了大量的积累资金；1954—1978年，从农业部门提取的资金累计达5 100亿元。又如，改革中推行的"先试点，后推广"的措施，在试点时由于有相应的优惠政策，如税收、信贷、外贸等，使试点单位获得了额外收益，因此效果较好。但当全面推广政策时，由于取消了相应的优惠政策，往往导致推广效果并不理想。

二是政府的"被动创租"。被动创租发生在市场经济的发达阶段。在民主政体下，政府受利益集团的左右，通过并实施一些能给特殊利益集团带来巨额租金的法案，客观上为这些利益集团服务。例如，美国实行的农业补贴法案使得美国的农场主每年能够获得300亿美元的巨额租金。

三是政府的"主动创租"。在市场经济的不发达、不成熟阶段，政府官员利用行政干预的办法来增加某些行业或企业的利润，人为地制造租金，诱使寻租企业向他们进贡（准赞助）以获取这种垄断租金。同时，政府官员还会故意提出某项会使一些企业利益受损的政策或规定作为威胁，迫使企业割舍部分利益输送给政府官员（准摊派、抽租），以请求政府官员放弃制定或实施政策或规定，使自身的利益不再受损，这实质上是一种权钱交易。

自寻租理论提出后，人们注意到政府在寻租活动的过程中未必只是扮演一个被利用的角色，尤其是在我国市场经济的初级阶段，常有一些政府官员利用行政干预的办法来人为地制造租金。从政府主动创租的角度来看，在转型期我国经济领域里的寻租活动至少有如下10种主要表现。

（1）在党政机关中，一些手握大权的领导干部和管理人员甚至是他们的子女和亲属，利用掌管财金、采购、供销、调度、进出口等方面的便利，趁经济管理制度不严和权力缺乏监督之机,与本单位、本系统人员或社会上的不法分子及不法外商相勾结,大肆侵吞国家和集体财产,中饱私囊;或利用掌握的审批权索要巨额"提成"或者"回扣";又或者霸占、套购国家短缺物资,转手倒卖;抬高物价,牟取暴利。

(2)在商品流通领域中,一些分管购销工作的主管干部及业务人员,利用职权及职务便利,一方面通过各种手段谋取国家计划内紧缺物资,捞取"双轨制"中的价差,另一方面以帮助推销滞销产品或调剂余缺等手段,捞取大量"回扣"或"提成"。这也是社会上假冒伪劣商品得以大肆泛滥的一个重要原因。

(3)一些单位分管基建、材料的主管干部和工作人员,以工程承包权为交换条件,向承包单位敲诈勒索;或与包工头相勾结,在签订合同时,采取虚列材料、加大工程预算、提高承包费用等手段,合伙侵吞国家集体钱财,损公肥私。

(4)银行信贷部门的一些主管干部和工作人员,利用职权和职务之便,或从贷款发放中索取巨额"回扣"、参与分成;或成立明脱暗控的投资公司、房地产开发公司,以国家和人民的钱"借鸡下蛋";或将贷款、公款作为私人资金参与股票及期货投机、炒房地产等;或将国家、集体资金以个人名义存入银行攫取利息;或将救济、扶贫等专用低息贷款移至沿海经济发达地区,参与炒买炒卖等投机活动,赚取巨额利润;或私自吸收存款,再以个人名义放贷等。

(5)一些国有大中型企业的主管干部和管理人员,趁国家法律和经济管理制度不完善之机,利用手中的权力和职务上的方便,大肆攫取公有资财。有的将行政划拨的财产如办公用房、土地等推向地下交易,提取巨额"回扣"或交易收入,不仅造成国家每年蒙受数百亿元的损失,而且造成国有土地特别是可购地的迅速减少;有的任意提高国有股为主体的股份制企业中个人部分的"分红"比率;有的利用公有资金炒"法人股"获利分给个人;有的将公有资产以悬殊低价处置给私人,或在中外合资过程中与不法外商相互勾结侵吞国有企业资产;有的利用"承包制"存在的负盈不负亏的缺陷,从中舞弊,搞假发票,化公为私。凡此种种,均造成国有资产的大量流失。

(6)一些在关系国计民生和人民日常生活的"要害"部门(如水、电、煤气、住房等)工作的管理干部和工作人员,凭借职权处处创租,据以要挟,公开吃、拿、卡、要,索取贿赂。一些"水霸""电霸""气霸",利用生产单位和居民日常生活盼水、盼电、盼气的急切心情,在关键时刻断水、断电、断气,借以敲诈勒索。

(7)运输部门,特别是铁路运输部门的部分干部和管理人员,在客货运输紧张之际,利用计划、审批、调度等权力,以车(票)谋私。

(8)工商和财税管理部门的干部和工作人员,以职权和工作情况做掩护,四处创租、寻租,或私自设卡,滥收滥罚;或公开白吃、白要、白占;或在税收减免及优惠等方面擅作主张,慷国家之慨,在中饱私囊的同时,造成国家财税的大量流失。

（9）国家执法机关即公检法部门的腐败分子，滥用人民赋予的权力，在批准出国、农转非过程中及审查案件、调查、审批等活动中以权创税，贪污受贿，执法犯法。

（10）一些医疗卫生部门的领导干部和医务人员，置救死扶伤的人道主义精神于不顾，采取滥开药方、公活私揽、出具假证明、提高药价、推销假冒伪劣药品的方式，趁病人之危敲诈勒索。一些享有公费医疗福利的领导干部和职工，则将病历卡转借给亲朋好友使用，造成国家医疗费用的恶性膨胀。

除上述例子之外，其他如新闻记者搞"有偿新闻"；出版界高价出卖书号、隐瞒印数、盗印；高等院校硕士点、博士点甚至博士后流动站申报中弄虚作假、收买评委等。凡此种种，不一而足。几乎社会各行各业都存在利用特权和职权竞相创租、寻租的行为。

三、寻租活动的危害

寻租活动的后果之一是社会资源的浪费。这主要表现在三个方面：一是寻租者进行游说所花费的时间与精力，以及为疏通层层关系而支出的礼品与金钱；二是政府官员为使寻租者支付的贿金达到自己满意的水平以及为掩人耳目而付出的时间、精力与资源；三是政府为对付寻租者的游说与贿赂而进行反游说、反贿赂所耗费的时间、精力与资源。

寻租活动的后果之二是经济效率的下降。人们为了争夺租金，耗费了大量的社会经济资源，却不会为社会创造出任何财富。寻租造成了资源配置的扭曲，阻止了更有效的生产方式的实施，提高了社会的生产成本，使经济在生产可能性曲线以内运行。获得政府特许的垄断企业往往没有强烈的激励去改进技术、提高产品质量、降低成本、改善服务、增强市场竞争力，由此造成了"X-无效率"现象的出现，从而降低了经济效率。所以当寻租者得逞时，由于政府管制而形成的垄断将使社会付出福利代价。

寻租活动的后果之三是社会财富的分配不公。在寻租社会中，生产者未必能够多劳多得，而没有从事生产活动的寻租者却可能大发横财。这对努力工作的生产者来说，是很不公平的，削弱了发展生产的激励。

寻租活动的后果之四是造成社会公害。它腐化了党风、政风、社会风气，破坏了社会的正当价值观念，破坏了社会公平的基本原则，腐蚀了干部队伍，引致政府官员的腐败，造成了部门与行业的不正之风，破坏了社会稳定。

寻租活动的后果之五是对实现现代化造成致命的障碍。寻租活动产生了社会上的既得利益集团，这些靠寻租起家的利益集团正是社会变革、经济发展的巨大障碍，它们将阻挠我国经济体制和政治体制改革的进程。虽然这些人并不希望回到命令经济中去，但是，它们也反对进行彻底的改革，而愿意保持类似于重商主义时代或原始市场经济的混乱无序的状态，以便自己浑水摸鱼，放手寻租。

总之，寻租活动是社会交易成本极高的负和博弈，具有巨大的外部负效应，是政治、经济生活中的"艾滋病毒",具有极强的传染力,一旦扩散到国家的整个肌体,必将引致无法收拾的恶果。

专栏 11-1

斩断"权力寻租"的黑手

湖南省长沙市委市政府和市纪委调查发现,长沙市不动产登记中心工作人员通过微信收取好处费,从而有针对性地提高业务办理速度。据调查,该中心审核一科原副科长廖某、审核二科工作人员彭某、受理二科主持工作的原副科长刘某、受理二科工作人员李某等人微信转账金额最高达40余万元,最低也有5万元。

"有时候是谁拿钱,谁就优先办;谁拿钱多,谁就最快办;谁不拿钱,谁就等着。"长沙市不动产登记中心工作人员的这种"给钱优先办""给钱多快办""不给钱等着办"的生财之道,说白了,其实就是"权力寻租"的表现,他们形成的给钱办事的工作习惯,念歪了为人民服务的经。

权力寻租就是我们通常所说的权物交易、权钱交易、权权交易、权色交易等。党的十八大以后,随着作风建设的深入推进,我们窗口工作人员的服务意识增强了,服务窗口的门好进了,脸好看了,事也好办了。可是,长沙市不动产登记中心的工作人员却利用手中的权力胆大妄为、丑态百出,办起了"加快业务",真的是"生财有道"。"群众利益无小事!"令人欣慰的是,长沙市委市政府和市纪委不护短、不遮丑,对该中心工作人员通过微信收取好处费,从而有针对性地提高业务办理速度的窝案,市纪委迅速成立专案组进行了立案查处,令人拍手称快。

"莫伸手,伸手必被捉"

众所周知,发生在长沙市不动产登记中心"见钱眼开"的权力寻租窝案并非个案,在人民群众办事的过程中,类似的案例太多了。据媒体报道,前不久在南京雨花台区政务服务中心,一位市民到该中心办理变更公司注册资本和经营范围的业务。因对办理流程不熟悉,连续跑了三趟都没办成。就在他着急时,有人告诉他只要交上 2 000 元的代办费、加急费,就可特事特办,原本需要 10~15 个工作日办结的事,一两天就办完了。可见,"给钱快办""给钱特办"的权力寻租损害的是人民群众的利益,败坏的是党风、政风,我们必须举起执纪监督问责的利剑,斩断"权力寻租"的黑手。

动员千遍,不如问责一次

斩断"权力寻租"的黑手就要对给"好处费"就"特事特办"的工作人员严肃问责。《中国共产党廉洁自律准则》第二条规定我们国家工作人员必须"坚持崇廉拒腐,清白做人,干净做事"。对"给钱优先办""给钱多快办""不给钱等着办"的工作人员,我们必须发现一起就从严从重从快处罚一起,绝不手下留情,遮丑护短。

权为民所用,利为民所谋

长沙市不动产登记中心变着花样进行权力寻租,本该廉洁高效、为民服务的窗口单位，却变身成为伸手要钱、为"人民币"服务的窗口，本该高洁的工作人员，却为了金钱堕落了自己的灵魂，真的是令人扼腕叹息。全面从严治党向基层推进正当时，我们要吸取长沙市不动产登记中心工作人员的前车之鉴，斩断"权力寻租"的黑手，杜绝在为民办事时"留一手"、索拿卡要"露一手"的"招财"黑手的现象发生。

资料来源　何晓军. 斩断"权力寻租"的黑手［EB/OL］.［2017-09-20］. http: //news.nen. com.cn/system/2017/09/20/020099642.shtml.（作者有删改）

四、寻租与腐败

曾经，随着我国改革开放的启动和经济市场化的深入，腐败现象也日益蔓延泛滥。在一片反腐倡廉声中，腐败现象不但没有收敛，反而愈演愈烈。自从20世纪80年代后期西方寻租理论传入我国以来，人们便很自然地将寻租与腐败联系在一起了。那么腐败与寻租之间究竟是什么关系呢？寻租理论对治理腐败有指导作用吗？这些是我们将要研究的主要问题。

（一）腐败的特点及其危害

腐败作为一种社会历史现象，它存在于历史上各种阶级社会和各种不同社会制度的国家之中。在转型期经济中，腐败表现为具有经济人特征的代理人凭借委托人授予的权力，用非法的手段满足自己的私欲，即利用公权牟取私利。这既是一种政治行为和法律行为，也是一种经济行为。国内外学者对腐败做了各种不同的定义。所谓腐败，最简单的定义就是利用公权牟取私利。

一般来说，在西方国家中常出现的是利用财富换取政治权力的权力性腐败。也就是说，在发达国家中，占主导地位的腐败是以钱谋权（先导型）；在发展中国家则是利用权力谋取金钱（后发型），权与钱交易的主从关系不同。前者是被动腐败，后者则是主动腐败。正如亨廷顿所言："有富人的腐败，也有穷人的腐败。后者用政治权力换取金钱，前者则用金钱购买政治权力。"腐败现象离不开公共权力的运作。就我国的现状看，公共权力体系由执政党体系、行政体系、经济管理（含企业管理）体系和社会管理（含事业管理）体系这四个基本部分构成。每一个体系都由错综复杂的高低职位阶梯构成。这是公共权力全面性和总体性的骨架。这四大体系分解了公共权力，公共权力具体体现在每个职位上，通过成千上万个职位来控制和分配社会资源价值。牟取私利者只要处在其中一个职位上，无论这个职位是高还是低、是大还是小，就有了进行腐败活动的客观条件或外因。腐败最终是否发生，还取决于内因，即进行腐败活动的主观条件——经济人的成本-收益计算。只有当腐败活动的预期收益大于预期成本时，腐败才有可能变为现实。正可谓"外因是变化的条件，内因是变化的根据，外因通过内因而起作用"。

腐败带来的危害是不言而喻的，它无论对国家、对社会还是对个人都是贻害无穷的，其主要体现在：首先，腐败不利于社会政治稳定。权力的腐败将导致社会公众利益受损，使得人民容易产生对政府的怀疑和不信任，从而破坏政府在人民心中的形象，加剧人民心中的不平衡，容易引起社会的混乱，影响国家政治秩序的稳定。其次，腐败破坏社会资源的优化配置，导致国有资产大量流失。从计划经济到市场经济，核心在于资源配置方式的变化。市场应该起主导作用，资源配置应回归市场。但实际上，腐败扭曲了市场以及资源的配置，使得大量的资金、物质还是通过政府这个最大的买主和卖主进行非市场交换。其中，腐败者往往借此不惜牺牲国家和人民利益以换取一己私利。这样，势必降低经济效率，破坏经济增长速度，使国家和人民付出沉重的代价，特别是国有资产的大量流失。再次，腐败加大了贫富差距，影响了社会公平。改革开放以来，随着我国国民收入的不断提高，我国的贫富差距也在逐步扩大，已呈现出严重的两极分化现象。由于政府拥有无上的权力及对社会资源的分配权，再加上各利益集团为争取各自利益而进行的各种活动，使得政府工作人员从中获得了巨大的利益，造成了社会的不平等。最后，腐败导致了对公共信用的淡漠及社会道德日益下降。腐败的泛滥，直接导致公共信用的危机、社会投机心理的泛化、价值认知的扭曲、精神文明的沦丧。腐化了官吏，也就腐化了百姓，同时也腐化了社会。腐败激起了人们的道德虚无感，这会导致社会的普遍堕落。因此说，腐败带来的不光是经济、物质、资源的流失，更有党和政府的权威流失以及对道德、法律、信念的冲击。

（二）腐败的具体表现形式

由于腐败现象具有复杂性，现阶段存在着五花八门的腐败现象。关于腐败的具体表现形式，《反腐败：中国的实验》这一专著从行为指向、发生领域、取向形式、主要对象、主要方式和主要手法等多个方面做了比较公认的解释。

从行为指向来看，腐败现象有七种类型：①拜金型。腐败行为的主要目的在于扩大金钱收入。腐败者利用职权，通过各种手法取得不义之钱款，如贪污、受贿、索贿、敲诈勒索、吃回扣、兼职等。②拜物型。这类腐败行为主要以取得实物（如各种家用电器及住房等）为目的，或者将国家财产占为己有，盗用侵吞公共财产；或者将他人财产占为己有，利用职权取得不义之财。③聚宝型。这类活动以收集和占有珍宝、文物为主要目的。参与者不直接取得金钱，也不取得较为显眼的生活用品，而是以价值连城的珍宝文物为对象。④享受型。这类活动一般不以财富最终落入个人腰包为目的，却以追求个人或几个人的享受为目标，如挪用公款用于个人的吃、穿、住、行，挥霍浪费公共财产，享受职务规定之外的待遇等。⑤徇私型。它与帮带关系和熟人关系有密切联系，如决策及服务中的利益偏向、为亲朋好友谋取额外私人利益、任人唯亲、搞裙带风、开后门等。这类活动涉及多种层面，有些与金钱或实物有关，有些则涉及机会、职位、权限等。⑥徇情型。这类腐败行为由男女恋情引起。一方徇情，慷国家之慨，给对方多种利惠，结果损害了公共利益，如养情妇等。⑦贪色型。贪色与徇情的共同点在于它们都以男女不正当关系为前提，是一种腐化堕落的行为。但贪色不是一种恋情，而较多的是出于纯粹的肉欲。为满足个人肉体的欲望，参与者不惜牺牲国家利益和社会利益，而想获得利益的另一方则往往以色相勾引有关公务人员，以达到目的。

从发生领域来看，以下四个方面是腐败现象的多发区：①政府管理领域。其包括政府对立法、执法、财政、税收、工商、金融、房地产、外贸、能源、交通、资源、产品等各领域的管理。从事这些活动的政府部门往往拥有政策制定、资源分配、法规调控、审核批准、调拨供给等实权，一些人便利用这些权力来达到私人目的。②企业管理领域。由于该领域也属于社会公共利益和公共权力的组成部分，企业中的内部人也可能运用它达到私人目的。③事业管理领域。这一领域包括文化、教育、艺术、科研等各类管理部门，其中的一部分人也拥有一些公共权力，以各种形式表现出来的不正当活动也不同程度地存在。④社会管理部门。其包括上述领域之外的其他各种以公共权力为基础的管理活动，主要涉及普通公民的社会生活。"三乱"现象和部门不正之风多发生于该领域中。

从取向形式来看，腐败现象又可分为四种形式：①个人取向，主要为腐败者本人谋求直接的利益和好处，如个人的贪污受贿、弄权勒索等。②裙带取向，主要为腐败者的亲属谋求直接的利益和好处，如徇私舞弊、任人唯亲、提供便利、假公济私、优先照顾等。③朋辈取向，主要为腐败者的熟人或朋友谋求直接利益，其本人也可能从中获得直接或间接的利益回报，如提供优惠、编织关系网、开后门等。④集体取向，主要为一定的群体（如公司、机关、党派、企业、团体等）谋求直接或间接的利益，这实际上是放大了的私人利益，如"官倒"、翻牌公司等。

从主要对象来看，腐败的对象大体集中在下列八个方面：①钱款。直接以钱款为对象的不法活动，主要表现为将钱款占为己有，如贪污、受贿、索贿、吃回扣等。此外还有行政管制中的权钱结合，民主选举中的票钱结合，舆论监督中的报钱结合，司法审判中的法钱结合等。②资源。供不应求的物资在价格双轨制下也是可以被用来牟取私利的对象。③批文。倒卖进出口物资批文是牟取私利的基本手段。④权限。运用手中掌握的有关权限牟取私利，行业、部门不正之风的弄权勒索是其主要表现形态。⑤合同。通过泄露标底、高估冒算、提供方便以使有关一方获得合同来达到索贿、受贿的目的。⑥财政。这个方面的违法活动表现为挪用公款，或直接动用公款达到个人目的。⑦职位。通过提供和取得职位来换取个人利益，买官卖官、任人唯亲便是其主要表现形式。⑧机会。利用职权管辖范围内的机会，如出国、晋升、加薪、贷款、就业、升学、取得执照、农转非等方面的机会，牟取私利，将公共权力作非公共运用。此外，女色亦是腐败的对象之一。

从主要方式来看，腐败活动主要采取以下五种方式：①索贿受贿。通过对上述对象的控制，向有关方面索取财物。②贪污侵吞。这种方式主要是将自己调配权下的上述对象直接占为己有，或者通过占有来取得其他利惠。③弄权勒索。这种方式主要是依据手中掌握的权力强制性地获取私利，这在税收、公安等部门发生较多。④徇私舞弊。这种方式是指向裙带关系和朋辈关系提供利惠，或者通过他们来间接地获得好处。⑤以权倒卖。这种方式主要指在双轨制下国家机关或有关主管部门依据权力获得资源倒卖,从中获利的行为。

从主要手法来看,腐败活动中所采用的手法主要有如下六类:①单据加工,包括开假发票、伪造合同、伪造存单、不入账、打白条、盗用支票,以及代开、虚开增值税专用发票等。②巧立名目,如假造中间商收取费用、滥发钱物等。③以职谋私,包括高估冒算、泄露标底、"雁过拔毛"、以职诈骗、"开绿灯"、出售指标等。④内外勾结,如"飞过海"、跨国串通、反馈钱物、"外向型"等。⑤明争暗夺,包括"打秋风"、私自动用或挪用公款、拖欠公款、"全家福"、假花名册、多拿少付等。⑥利用职权,如"卡脖子"、平转议、串换、转手加价、套汇走私、假出口、联营分成、"两块牌子"等。

(三)寻租与腐败的区别与联系

通过以上介绍,我们不难看出,腐败不完全等价于寻租。腐败首先是一种政治腐败,即公职人员在运用权力过程中的不法行为;其次是经济腐败,即用政治权力换取金钱;最后是作风腐败,即用政治权力实现个人超常的享乐。腐败与寻租的共性在于,经济人运用公共权力主动创租与寻租。有人认为,行贿(第三方支付)者才属于寻租者,受贿官员不属于寻租者,而作者认为,受贿的官员既是创租者或给租者,又是寻租者。因为,贿金无非两种:一是事前支付(预付)的租金;二是事后支付的租金。行贿者绝不会支付超过所寻租金(期望值)的贿金去购买租金,贿金最终必须从所寻租金中出,即贿金来源于租金。官员主动创租、给租的目的是分享租金,所以受贿官员就是受租官员,也就是寻租官员。换句话说,寻租实际上是政府官员与政府以外的利益主体之间"双向寻租"。政府官员利用特权的供给和分配创租,目的在于寻租,而其他想获取特权或想购买特定生产要素产权的利益主体便以与政府官员分享租金为条件,从政府官员处获取租金,政府官员所给的租金中有一部分又会返还回来,成为官员的寻租收入。可以说没有受贿官员与行贿者的"合谋",租金是无法寻觅的。至于说到"没有支付行为的寻租活动是经常发生的",事实的确如此——如大量的游说活动。即使伴随支付的寻租活动也未必向个人支付,如政治捐款。但此时不存在官员受贿问题,也就不存在受贿官员是不是寻租者的问题。只有明确了受贿官员是寻租者,才能说明其主动创租和给租的动机。总之,由于腐败是有权者的专利,而有权者独自一方是无法寻租的(制度规定使然),所以只有官员在有"合谋"者的条件下的主动创租、寻租才与腐败是一致的,否则,就不一致。腐败与寻租二者的行为主体都是握有公共权力者,且行为一般说来都是非法的,这是它们的相同之处,不妨称之为"寻租性腐败"。

相比之下,腐败与寻租的异要大于同。例如,所有无权者的寻租都不在腐败之列,所有合法的寻租(如游说活动等)也都不在腐败之列。腐败者皆为掌权者,而寻租者中有权者、有钱者、有关系者兼而有之。腐败的内涵十分宽泛,而寻租的内涵比较集中。寻租的目标仅限于租金,而腐败的目标则广泛得多。除租金外还有权力、名位、女色等非货币性对象。腐败皆为非法，而寻租则合法与非法兼而有之。腐败与寻租之间有一个交集，如图11-4所示。

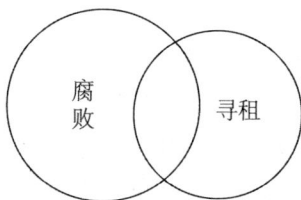

图11-4　腐败与寻租的关系

腐败和寻租之间不能直接画等号。虽然它们之间存在一定的交集，但区分它们有助于有针对性地解决问题。将腐败直接定义为寻租，或将寻租等同于腐败，在理论上可能导致误区，并在行动上产生盲点，不利于对腐败和寻租进行有效治理。界定腐败和寻租的异同对于加深我们对寻租活动的认识，并借鉴治理腐败的经验来治理寻租活动非常有益。人类与腐败做斗争的历史要远远超过与寻租做斗争的历史，因此我们已经积累了丰富、行之有效且可供借鉴的经验。

腐败涉及公职人员的滥用权力、贪污受贿等行为，其目的是谋取个人私利。而寻租是指追求非生产性资源的获取，通过政治、经济或社会手段从其他人或组织中获取利益，而不考虑资源的生产或创造。治理腐败的经验可以为我们理解和应对寻租活动提供有益的启示。例如，建立透明、负责任和有效的监管机制，加强法治和执法能力，提高公众参与度，都是治理腐败时采取的一些有效措施。这些经验可以帮助我们更好地识别、防范和打击寻租活动。

专栏11-2

五年来，党中央反腐取得了哪些成就？

五年来，党中央以史无前例的力度和决心，重拳打击腐败犯罪，反腐败斗争形成压倒性态势，"不敢腐"的目标初步实现，"不能腐"的制度日益完善，"不想腐"的堤坝正在加紧构筑，党内政治生活呈现出一片新的气象。党的十八大以来，党中央对腐败毒瘤打出重拳。截至2016年底，中央纪委共立案审查中管干部240人，并打破了所谓"刑不上大夫"的猜想。特别是周永康、令计划、郭伯雄等一批"大老虎"被绳之以法，更是坚定了人民群众对党的信心和信任。这一系列的伟大成就不仅让全国人民拍手称赞，也得到了全世界媒体的高度关注和好评。

（一）"打虎""拍蝇"表现"刮骨疗毒"式的反腐决心

改革开放以来，我国国民经济获得快速发展，国家实力迅速增强，但腐败现象也呈现出易发多发的势头。2012年11月17日，在十八届中共中央政治局第一次集体学习会上，刚当选为中共中央总书记的习近平同志就指出："近年来我们党内发生的严重违纪违法案件，性质非常恶劣，政治影响极坏，令人触目惊心。"正因如此，党和国家着眼于新的形势任务，把反腐败斗争作为全面从严治党的重要内容。

反腐惩恶，正风肃纪，着力构建不敢腐、不能腐、不想腐的体制机制。

2012 年 12 月 6 日，四川省委原副书记李春城涉嫌严重违纪接受调查。这是党的十八大以后落马的第一位省部级干部，当时就引起舆论高度关注。然而，这仅仅是一个开端。2014 年 6 月 14 日，苏荣涉嫌严重违纪违法接受组织调查；2014 年 6 月 30 日，中央政治局会议给予徐才厚开除党籍处分；2014 年 7 月 29 日，中央决定对周永康严重违纪问题立案审查；2014 年 12 月 22 日，令计划涉嫌严重违纪接受组织调查；2015 年 7 月 30 日，中央政治局会议给予郭伯雄开除党籍处分……

五年来，党中央"刮骨疗毒"式的反腐决心和勇气，一次次刷新了人们的认识。从给予党纪政纪处分人数和审查高级干部人数看，连年创下改革开放以来的历史新高。从分布地域看，查处的高级干部覆盖了 31 个省、自治区、直辖市。周永康、薄熙来、徐才厚、郭伯雄、令计划、苏荣、周本顺、白恩培、蒋洁敏……一群"大老虎"纷纷落马。他们有的曾经位居党政军要职，野心膨胀，广植党羽，排斥异己，成为党内政治生活的污染源，严重危害党和国家政治安全；有的长期主政一方、盘踞一域，苦心经营"独立王国"，上下勾连；有的在关系国民经济命脉的部门和企业搞"领地""家天下"那一套，老虎屁股摸不得。

不断深入的反腐败斗争震撼人心。随着周永康、徐才厚、令计划、苏荣等人落马，人们看到了猛药去疴、重典治乱的决心。习近平总书记表示，"不是没有掂量过。但我们认准了党的宗旨使命，认准了人民的期待"。

（二）"猎狐"让腐败分子无所遁形

在追逃海外腐败分子方面，近年来，党中央布下"天罗地网"，战果卓著。目前已从 90 多个国家和地区追回外逃人员近 3 000 人，释放出"天网恢恢，虽远必追"的强烈信号。

仅 2016 年一年，中国检察机关就从 19 个国家和地区劝返、遣返、引渡、缉捕潜逃境外职务犯罪嫌疑人 44 人，其中有"百名红通人员"15 人，涉案金额 5.5 亿元人民币。2016 年 11 月 16 日，"百名红通人员"头号嫌犯、潜逃海外 13 年之久的杨秀珠回国投案自首，具有里程碑意义。迄今为止，中国已追回"百名红通人员"40 人，其中大部分是被劝说投案自首的。此外，随着中国政府加强对官员护照等方面的管理，过去 4 年腐败分子逃离中国的情况大幅减少，2014 年外逃 101 人，2015 年外逃 31 人，2016 年外逃 19 人。

同时，监察部部长黄树贤于 2016 年 5 月在国际反腐败峰会上透露，中国与 89 个国家和地区建立反腐败合作关系，对外缔结 44 项引渡条约和 57 项刑事司法协助条约，与 35 个国家和地区签署金融情报交换合作协议，构建了追逃追赃的国际合作网络。在 G20 杭州峰会中，二十国集团合力推进追逃追赃工作成为一大亮点，并达成重要反腐成果。

相对于"远在天边"的"老虎"，群众对"近在眼前"嗡嗡乱飞的"蝇贪"感受更为真切。2015 年 1 月，中央纪委五次全会做出部署，要求加大对群众身边腐败问题的查处力度。当年 4 月，中央纪委监察部召开强化监督执纪问责深入纠正"四风"电视电话会议,强调要着重解决发生在基层和群众身边的生冷硬推、吃拿卡要、与民争利、欺压百姓等"四风"问题,严肃查处"小官巨贪"等基层腐败问题。同年5月初,中央纪委专门印发《2015年查处发生在群众身边的"四风"和腐败问题专项工作要点》。

2015年6月19日,中央纪委监察部网站开设《群众身边"四风"和腐败问题监督举报曝光专区》,每月通报曝光群众身边的"四风"和腐败问题,形成持续震慑和警示作用。2015年7月至2016年9月,中央纪委先后16次共通报1 884起侵害群众利益的不正之风和腐败问题。数据显示,该专区仅开通6个月,就点名道姓通报1 355人,其中527人移送司法机关。据中纪委官网统计,仅2015年1月1日至2015年12月20日期间,全国查处群众身边的"四风"和腐败问题就有80 516起,共查处人数达91 550人。对那些官职不高、案值不菲的"小官巨贪"严加查处。

此外,各级纪检监察机关开展专项活动,治理基层腐败问题,对吃拿卡要、"雁过拔毛"、与民争利、侵吞国家和集体财产等典型问题快查严处。

(三)反腐败斗争压倒性态势已经形成,不敢腐的目标初步实现

随着一大批"老虎"被绳之以党纪国法,厚植了党执政的政治基础。过去几年间,曾有人说未来的打虎力度必将减弱,然而这一预言终究落空了。中央打出的反腐"组合拳"让腐败分子闻之胆寒且无所遁形。这场反腐败战役并没有随着时间的消逝而丧失动力。

2016年党中央全面从严治党深入推进,正风反腐利剑高悬、力度丝毫不减,制度的"笼子"越扎越紧。据中央纪委监察部网站通报,2016年,全国纪检监察机关共接受信访举报253.8万件次,处置问题线索73.4万件,谈话函询14.1万件次,立案41.3万件,处分41.5万人(其中党纪处分34.7万人)。处分省部级干部76人,厅局级干部2 700余人,县处级干部1.8万人,乡科级干部6.1万人,一般干部7.6万人,农村、企业等其他人员25.6万人。截至2017年6月底,全国累计查处违反中央八项规定精神问题17万多起,处分13万多人。平均每天因违反中央八项规定精神被查处的问题超过100起。

通过数据分析可以发现,在截至2016年12月查处的15.53万起违反中央八项规定精神问题中,违纪行为发生在2013年、2014年的占78.2%;违纪行为发生在2015年的占15.1%;违纪行为发生在2016年的仅占6.7%。同时,2016年,全国纪检监察机关接到的检举控告类信访举报比2015年下降17.5%,实现党的十八大以来首次回落。2016年,在高压之下,有5.7万名党员主动向组织交代了自己的问题。

2016年底,中央对反腐形势做出最新判断,"反腐败斗争压倒性态势已经形成,不敢腐的目标已经初步实现"。

资料来源　佚名. 喜迎十九大 | 五年来,党中央反腐取得了哪些成就 [EB/OL]. [2017-09-15]. https://www.toutiao.com/a6465920126687379982/。

五、寻租与腐败的治理

(一)寻租的治理

寻租的原因从根本上说,是因为有大量制度租金存在。经济人从生产性的寻利向非生产性的寻租转变,并不是因为其道德观念发生了变化,从而改变了他们为自己谋取利益的行为方式,而是因为制度结构发生了变化,即个人选择的环境改变了。为什么成千上万的经济人选择了寻租,这就要从制度上找原因,因为"制度好可以使坏人无法任意横行,制度不好可以使好人无法充分做好事,甚至走向反面"。在我国,寻租现象的产生主要根源在于制度缺陷,即从计划经济向市场经济转型过程中的制度缺陷。有了这种制度,连那些正直诚实的人们一旦条件成熟,也会堕入寻租者的行列,成为制度性寻租的俘虏。因为这种制度改变了寻租与寻利的相对价格,从而改变了经济人的激励结构与偏好。经济人具有自利性动机,在某种约束下以寻求自身利益最大化作为行为准则,这是很正常的,但仅有自利性动机还不足以构成寻租行为。问题的关键在于形成租金的制度,谁在这个位置上谁就会有寻租的机会和激励,只要制度上存在这个租,就会产生寻租现象。唯一的解决办法是制度创新:根据经济人行为的成本-收益分析规律,建立新型现代制度,取消这块租,从制度上抑制寻租,保证改革开放与经济发展的顺利进行。

以制度创新抑制寻租,就是要建立这样一项制度:它能加大寻租的成本,减少寻租的收益,使寻租的净收益小于寻利的净收益,从而把经济人的寻租行为引导和转变为寻利行为,这是治本之术。具体地说,要从制度上全面、有效地抑制寻租,就必须做到"四不",即使经济人不能为、不敢为、不必为和不愿为。所谓"不能为",是指通过制度创新消除租金存在的基础,使经济人无租可寻,或者以拍卖的形式将寻租过程公开化,把租金收归国有;所谓"不敢为",是指在经济人头上时刻悬着两把"利刃",一是监督,二是严惩,使他们片刻不能忘记一旦有非法的创租、寻租行为,就会身败名裂,前程尽毁;所谓"不必为",是指为经济人寻利铺平道路,确保他们能按其贡献大小获得相应的利益,过上体面的生活,从而不必去冒险寻租;所谓"不愿为",是指对经济人进行思想教育,帮助他们积累意识形态资本,从而改变其偏好体系,不再追求寻租。在这四个方面的制度创新中,"不能为"是硬约束,是治本,也是一种理想的境界;"不敢为""不必为""不愿为"是软约束,是治标,这四个方面的制度创新是建立在经济人成本-收益分析的基础上的。受信息不完全和实施成本的限制,这四个方面的制度创新中的每一个都不可能是完美无缺的,不能指望仅靠一条途径就可以治理寻租。由于一种制度安排是"嵌在"制度结构中的,所以它的效率还取决于其他制度安排实现其功能的完善程度,加之寻租活动的复杂性,上述四个方面的制度创新必须相互配合,综合实施,缺一不可。

(二)腐败的治理

腐败是一个历史性、世界性、现实性的问题。腐败自人类社会出现剥削以来就一直存在，延续至今。有腐败就必然有反腐败，可以说，人类社会从来没有停止过反腐败的斗争。对腐败的治理是一个国际性的课题，需要世界各国共同研究，同时必须加强相互学习和借鉴。我们下面就介绍一些国家和地区比较典型的、成功的腐败治理方法。

1. 官吏任免制度和程序

西方国家反腐败的制度建设，是从人事制度的改革开始的。西方国家的官吏分为三种：政务官员、事务官员、司法和监察官员。政务官员是指政府首脑、政府内阁成员、议长及议员、军队的首脑等国家高层领导人物。事务官员也称文官，它是指除政务官员之外，在政府里担任公职的官员或公务人员。西方的文官是经过严格的考核和选拔后任用的。司法和监督官员是担任法律实施和对政府工作检查监督的官员。国家官吏的正确选举和任用，是争取反腐败胜利的第一关口。因为官吏素质的高低，关系着整个国家官吏的大局。通过严格而公开的选举、考任制度，把最优秀的人才吸收和集中到管理队伍中来，对于巩固国家政权，提高国家管理水平，有极其重要的意义。同时，西方国家的这三种类型国家官吏的选举、任用制度，对于防止腐败也有很重要的作用。从政务官员来说，政务官担任国家高级领导职务有一定的任期，到期轮换。这种流动性，降低和减少了掌握国家政权的高级管理者营造自己的关系网以及以权谋私的可能性和机会。而且政务官离开政治舞台后，有的国家规定定有1~2年的"冷却限制期"，即不能利用自己过去担任官吏的影响，参与谋利的活动。对事务官员来讲，考任工作本身就很严格，很有透明度，如果公务员的道德品行不端，就不可能加入到公务员队伍中来。而就司法和监察人员来说，他们都经过专业考核，具备职业忠诚性，拥有独立的职权和优越的待遇，自律性很强，相对来说，这一类型的人参与腐败的案例要少得多。

2. 公务员权力制约和程序

西方在国家管理和公务员行使职权方面逐步形成了一种权力制约的机制，这种机制对于在国家管理中预防权力过分集中或权力行使的隐蔽性而带来的腐败行为有着重要的意义。

政务官员管理的权力结构，主要是通过"三权分立"来实现的。资产阶级议会通过立法权和财政权来监督政府的管理，并通过质询、不信任投票、弹劾等三种形式，来监督和纠正政府首脑及内阁成员的违法失职行为。而对事务官或文官来说，建立权力制约机制是防止腐败的重要外部条件。例如，实行政务公开，以增强管理的透明度；在政府部门内部设立监督系统；注意处理中央政府和地方政府的权力制约关系；规定严密的、公正的、对权力有制约的办事程序以及群众监督机制等。

西方国家的管理和公务员制约制度的特点是：权力的职责范围划分明确，相互之间的制约性比较突出，而且制约的层次也较多，形成一个比较系统的监督和制约网络。这对于预防腐败有极大的威慑作用，同时对于提高政府工作效率、改善管理、防止某个垄断集团损害整个资产阶级利益、巩固资本主义制度来说，意义重大。

3.公务员个人收益权利的制约制度和程序

（1）"阳光法案"，就是国家公务人员个人财产申报制度。该法案规定，国家官吏不论政务官、事务官还是司法监督官员，在担任国家公职之前和任职届满时，都必须定期公开申报登记其财产，并通过档案馆向民众公开，主动接受社会的监督。

（2）实行金融实名制，就是与金融机构发生资金往来时须用真实姓名的制度。实行金融实名制的目的，是为了更加准确地掌握公民个人的财产收入状况，防止逃税和私债等地下市场的猖獗，消除行贿、受贿等腐败行为。

（3）严禁国家公务人员从事第二职业。

（4）不得随意收受礼品和礼金。美国《从政道德法》规定，公职人员一次接受超过30美元或一年内接受累计超过100美元的礼品和馈赠，必须进行申报，否则以受贿论处。

4.政治领袖权利的制约制度和程序

政治领袖的行为和活动始终是西方新闻界关注的焦点。西方新闻机构通过对政治领袖的行为和活动进行跟踪和监督性的评价来吸引读者，以提高报纸的知名度和效益。这样，政治领袖的一言一行都暴露在公众的监督之下。因此政治领袖为了维护自己的良好形象，一般都必须注意自己的行为，防止舆论对自己不满而被反对派抓住口实。

此外，在西方，高级的事务官及法官、检察官，由于组织人事体制各不一样，不从属于政治领袖的组织管理和控制，因而也能对政治领袖的行为起某种限制作用，使政治领袖在违法犯罪之前得到善意的忠告。

专栏 11-3

决心坚如磐石！十九大释放八大重磅反腐信号

党的十八大以来的这五年，我们党正风肃纪、反腐惩恶，如今反腐败斗争压倒性态势已经形成并巩固发展。党的十九大之后，反腐败将如何推进，反腐工作重点在哪里？从党的十九大报告到十九大新闻中心举行的首场记者招待会，八大重磅反腐信号已经明确。

（一）夺取反腐败斗争压倒性胜利成为明确目标

"腐败是我们党面临的最大威胁。"党的十九大报告阐述了对反腐问题的清醒认识，指出只有以反腐败永远在路上的坚韧和执着，深化标本兼治，保证干部清正、政府清廉、政治清明，才能跳出历史周期率，确保党和国家长治久安。

下一步反腐如何推进？党的十九大报告明确指出，当前，反腐败斗争形势依然严峻复杂，巩固压倒性态势、夺取压倒性胜利的决心必须坚如磐石。要坚持无禁区、全覆盖、零容忍，坚持重遏制、强高压、长震慑，坚持受贿行贿一起查，坚决防止党内形成利益集团。

（二）群众身边腐败问题整治力度将加大

"凡是群众反映强烈的问题都要严肃认真对待，凡是损害群众利益的行为都要坚决纠正。"党的十九大报告明确提出的这个论述让许多人振奋不已。中央纪委副书记杨晓渡在党的十九大期间的首场记者招待会上透露："我们在巡视过程中，要大量接触群众，听群众对干部的反映。我们的派驻监督是不走的巡视组，天天都在接触群众，听群众对监督对象的反映。"党的十九大后，基层腐败将得到进一步打击。党的十九大报告明确提出，要在市县党委建立巡查制度，加大整治群众身边腐败问题力度。

（三）三种情况同时具备的腐败高官将重点严查

从严治党，关键是抓住领导干部这个"关键少数"。党的十九大后，中央纪委打击腐败高官的重点仍然是党的十八大以来不收敛不收手，问题线索反映集中、群众反映强烈，现在重要岗位而且可能还要提拔使用的领导干部，三种情况同时具备并且政治腐败和经济腐败相交织的，是重中之重。

（四）"四风"问题、特权思想将继续整治

党的十九大后如何反"四风"？党的十九大报告明确提出，要坚持以上率下，巩固拓展落实中央八项规定精神成果，继续整治"四风"问题，坚决反对特权思想和特权现象。整治"四风"问题的重点是要巩固、拓展落实中央八项规定精神的成果。我们在整治奢靡浪费方面已经取得了很大成效，要进一步下功夫纠正官僚主义和形式主义。

（五）监督执纪问责将进一步强化

过去五年，纪律成了带电的高压线。党的十九大后，如何抓纪律、守底线？党的十九大报告提出四点：

第一，要重点强化政治纪律和组织纪律，带动廉洁纪律、群众纪律、工作纪律、生活纪律严起来。

第二，坚持惩前毖后、治病救人，运用监督执纪"四种形态"，抓早抓小、防微杜渐。

第三，赋予有干部管理权限的党组相应纪律处分权限，强化监督执纪问责。

第四，加强纪律教育，强化纪律执行，让党员、干部知敬畏、存戒惧、守底线。

（六）为官不为要么改造要么撵走

"为官不为"是一种消极腐败。如果是既想要身居高位又不想为人民服务的，我们就要把他"请"下来，把他从干部队伍中撵走，或者把他改造过来，让他重新好好地为人民服务。具体如何做？中组部副部长齐玉介绍了几点：

一是对思想观念不适应的，加强教育引导。

二是对于能力不适应的，强化学习培训和实践锻炼。

三是对于作风不适应的，加大治庸治懒力度，加大监督检查和考核问责的力度，及时调整不胜任、不称职干部。

最重要的是树立正确的用人导向，大力提拔重用那些忠诚干净担当的干部，让那些不想干事、不干实事的干部没有市场，同时还要受到惩戒。

（七）依法反腐将进一步推进

反腐败国家立法来了！党的十九大报告提出，要推进反腐败国家立法，建设覆盖纪检监察系统的检举举报平台。这是在法治轨道上深化反腐败斗争的一大重要举措。

报告还提出，要制定国家监察法，依法赋予监察委员会职责权限和调查手段，用留置取代"两规"措施。专家指出，制定国家监察法用留置代替"两规"，是依法反腐的重要手段。这意味着依法反腐站上了新台阶。

（八）监督体系将进一步健全

党的十九大报告提出，要构建党统一指挥、全面覆盖、权威高效的监督体系，把党内监督同国家机关监督、民主监督、司法监督、群众监督、舆论监督贯通起来，增强监督合力。

具体怎么做？其中有两点值得关注：

第一，深化政治巡视，坚持发现问题、形成震慑不动摇，建立巡视巡察上下联动的监督网；

第二，深化国家监察体制改革，将试点工作在全国推开，组建国家、省、市、县监察委员会，同党的纪律检查机关合署办公，实现对所有行使公权力的公职人员监察全覆盖。

在党委领导下，纪委和监察委合署办公，反腐败的力量会更集中，反腐败覆盖面会更广，纪委和监察委的责任更重了，纪委的工作也会更加有效。

资料来源　岳小乔. 决心坚如磐石！十九大释放八大重磅反腐信号 ［EB/OL］. ［2017-10-24］. http://www.china.com.cn/19da/2017-10/24/content_41781355.htm.（作者有删改）

第四节　政府失败论的启示

公共选择和政策分析学者的非市场缺陷论或政府失败论，是现代西方市场经济发展的产物，是对西方市场经济发展中政府与市场关系实践尤其是20世纪30年代和40年代之后政府全面干预经济生活实践的一种理论反思。它成为当代西方市场经济国家处理政府与市场关系的一种新理论或新模式，特别是成为20世纪80年代以后西方各市场经济国家政府行政改革的理论指导。当代西方政府改革的市场化、社会化和私有化取向体现了非市场缺陷论或政府失败论的基本精神。20世纪90年代初，美国人D.奥斯本和T.盖勒布写了一本在西方颇有影响的书，书名叫《改革政府：企业精神如何改革公营部门》。作者根据对过去二三十年美国政府改革经验的研究以及他们自己的思考，提出了政府改革或重塑政府的十大原则：①起催化作用的政府——掌舵而不是划桨；②社区拥有的政府——授权而不是服务；③竞争性政府——把竞争机制引入提供服务中去；④有使命感的政府——改革照章办事规则；⑤讲究效果的政府——按效果而不是按投入拨款；⑥受顾客驱使——满足顾客需要，不是官僚政治的需要；⑦有事业心的政府——有收益不浪费；⑧有预见的政府——预防而不是治疗；⑨分权的政府——从等级制到参与和协作；⑩以市场为导向的政府——通过市场力量进行变革。这些原则既反映了当代美国政府改革的新趋势，也体现出公共选择和政策分析学者的非市场缺陷或政府失败论所提出的改革思路。

应该说，公共选择和政策分析学者对于非市场缺陷及政府失败的政治经济学分析建立在西方发达市场经济和西方政治体制的基础之上，因而不可避免地带有西方政治及意识形态的色彩。但是，他们的确也指出了市场经济条件下政府与市场关系的一般特征或共性、政府干预行为的局限性，并提出了某些防止或纠正政府失败的有效措施。我国目前正处于由计划经济向市场经济的转轨时期，公共选择和政策分析学者所指出的政府失败现象，如公共政策失效、政府机构膨胀、效率低下、寻租及腐败行为在当前也是存在的，有的还相当严重。因此，公共选择和政策分析学者对于非市场缺陷以及政府失败问题的讨论，对于我们在社会主义市场经济的发展过程中，处理好政府与市场的关系，合理确定、发挥或转变好政府职能，完善宏观调控机制及手段，避免政府失败具有一定的启发意义。它提醒我们：

第一，必须高度重视市场经济条件下政府干预行为的局限性问题。既然政府在履行其职能、干预市场运行时并不总是起到弥补市场缺陷或纠正市场失灵的作用，市场解决不好的问题政府也不一定能解决好，那么在建立和完善社会主义市场经济的过程中，必须确定好政府干预的范围、内容、方式及干预的程度；在市场机制能起较好作用的地方，应尽量让市场去发挥作用，政府应当补充而非取代市场机制。

第二，必须随着市场经济的发展及经济体制的变革及时进行政治行政体制改革（尤其是转变政府职能）。按照公共选择和政策分析学者的观点，经济过程与政治过程是相互联系的，政治制度是经济过程的内生变量。因此，为了使市场经济能更好地发展与运行，必须进行政治行政体制改革，特别是及时转变政府职能，由直接、微观地干预过渡到间接、宏观地调控。在当前体制转轨时期，要特别防止用计划经济的手段来管理市场经济。

第三，必须在政府机构中引入竞争机制，用市场的力量来改进政府的工作效率。公共选择和政策分析学者所提出的这方面的建议特别值得我们思考和借鉴。例如，政府的某些活动如许可证、牌照的发放可以采用拍卖的方式；可将某些公共物品及服务的生产和供应委托给私人企业，或同一种物品及服务可由几个公共部门来提供（形成竞争）；可以在政府机关内部确立节约成本、提高效益的激励机制。这些办法有助于克服或防止政府失败，提高政府工作效率，减少浪费。

第四，必须加强公共决策和政府管理的法治化建设，尽快实现依法行政、依法治国。公共选择学者强调立宪改革，注重宪法、法律和制度建设尤其是公共决策规则的改革，这有合理性。市场经济是法治经济，现代社会是法治社会，市场经济秩序的确立、运行必须靠制度来保证，政府的决策和管理活动也必须靠法律来规范。因此，在转轨时期，必须加强法制建设，重视制度规则的选择和创新，尤其是将政府的公共决策和行政管理纳入法治化轨道，改善公共决策系统，提高公共政策质量，加强行政立法和行政执法，依法约束政府行为，将政府机构规模、人员及经费开支的数量以法律的形式固定下来，实现政府管理过程的程序化，提高依法行政水平。

第五，反腐败必须釜底抽薪，从体制及制度的创新上下功夫，从根本上消除寻租及腐败滋生的土壤与条件。依照公共选择学者的"寻租理论"，行政权力对市场的干预和管制是寻租的根源。因此，抑制寻租及反腐败必须从制度或体制创新方面入手，消除腐败和寻租产生的土壤和条件。这就要求我们在加快经济体制变革、完善市场经济体制，推进政治和行政体制改革的同时，形成一整套制约行政权力的行政法规和办事制度，建立起一个灵活、高效、廉洁的政府管理体制。

总之，西方公共选择和政策分析学者的非市场缺陷论或政府失败论，为我们正确处理好政府与市场的关系、完善政府的干预行为、防止政府失败提供了一些有益的理论、方法和值得进一步研究的问题，这正是我们研究这一理论的意义之所在。最后必须强调的是，我们分析探讨非市场缺陷或政府失败问题，并不是要否定政府在市场经济中的必要作用，而仅仅是要指出政府行为的局限性，提醒人们确定好政府干预行为的范围、内容、方式及力度，避免干预不当或过度干预所产生的政府失败现象，使政府更好地履行其社会经济职能。

二十大专栏 11-1

全面从严治党如何规避政府失败

党的二十大报告将"坚定不移全面从严治党，深入推进新时代党的建设新的伟大工程"作为终章，强调了"要落实新时代党的建设总要求，健全全面从严治党体系，全面推进党的自我净化、自我完善、自我革新、自我提高，使我们党坚守初心使命，始终成为中国特色社会主义事业的坚强领导核心"，这为中国语境下如何规避政府失败提供了根本指引，具体包括"坚持和加强党中央集中统一领导""坚持不懈用新时代中国特色社会主义思想凝心铸魂""完善党的自我革命制度规范体系""建设堪当民族复兴重任的高素质干部队伍""增强党组织政治功能和组织功能""坚持以严的基调强化正风肃纪""坚决打赢反腐败斗争攻坚战持久战"等方面。

新时代全面从严治党帮助中国有效规避政府失败，主要体现在以下几个方面：

第一，强化党的集中统一领导。全面从严治党要求党的领导必须全面、系统、整体加以落实，健全总揽全局、协调各方的党的领导制度体系。这使得党中央能够统一指导国家各项工作，避免了政府部门之间的利益冲突和分散行动，确保了国家决策的科学性和有效性。

第二，创新和发展党的执政思想。习近平新时代中国特色社会主义思想是党的创新理论，为国家治理提供了科学指导。党的执政思想凝聚了全党智慧，统一了党员干部的思想认识，使党的工作更加务实、有效。党的执政思想的不断发展，使中国政府能够及时应对国内外形势的变化，推动国家发展进步。

第三，完善党的内部治理制度。全面从严治党要求坚持制度治党、依规治党，完善党内法规制度体系，增强党内法规的权威性和执行力。这有效防止了腐败现象的发生，确保了党员干部廉洁从政。同时，全面从严治党还要求建立健全党的监督体系，推进政治监督具体化、精准化、常态化，加强对党员干部的监督，让权力在阳光下运行。这样的治理制度确保了政府的廉洁和高效运行。

第四，建设高素质干部队伍。全面从严治党要求全面建设社会主义现代化国家，必须有一支政治过硬、适应新时代要求、具备领导现代化建设能力的干部队伍。党坚持德才兼备、以德为先的原则，选拔任用忠诚干净担当的高素质专业化干部，确保干部队伍的政治过硬和能力过硬。这样的干部队伍能够在各种复杂情况下勇于担当，做出正确的决策，有效规避了政府的失败。

第五，从严强化党风党纪和坚决进行反腐败斗争。全面从严治党要求严明党的纪律和规矩，加强党内政治生活的政治性、时代性、原则性、战斗性，保持党的先进性和纯洁性。同时，坚决进行反腐败斗争，从源头上净化党内政治生态，保证党员干部的廉洁从政。这有效提高了政府的公信力和执行力，避免了腐败问题对政府的破坏和失败。全面从严治党的不断推进，为中国政府有效规避失败提供了坚强的保障。

◆关键概念

一致同意原则　外在成本　决策成本　寻租　寻利　腐败　投票悖论

◆复习思考题

1.公共决策有哪些原则？各原则的主要内容是什么？

2.什么是投票悖论？如何消除？

3.造成政府行为低效率的原因有哪些？

4.寻利与寻租活动之间的关系是什么？

5.权力腐败的具体表现有哪些？

6.简述寻租与腐败的区别与联系。

7.寻租问题应如何治理？

8.腐败问题应如何治理？

9.政府失败论对我国发展社会主义市场经济有何启示？

思政专栏11-1

肃纪正风反腐

即测即评11

不断提高自身免疫力

主要参考文献

［1］庇古. 福利经济学［M］. 朱泱，张胜纪，等译. 北京：商务印书馆，2006.

［2］波蒂特，詹森，奥斯特罗姆. 共同合作：集体行为、公共资源与实践中的多元方法［M］. 路蒙佳，译. 北京：中国人民大学出版社，2013.

［3］布坎南，马斯格雷夫. 公共财政与公共选择：两种截然对立的国家观［M］. 类承曜，译. 北京：中国财政经济出版社，2000.

［4］布坎南. 公共物品的需求与供给［M］. 马珺，译. 上海：上海人民出版社，2017.

［5］布坎南. 民主财政论：财政制度和个人选择［M］. 北京：商务印书馆，2015.

［6］布坎南. 寻求租金和寻求利润［J］. 陈国雄，译. 经济社会体制比较，1988（6）.

［7］布朗，杰克逊. 公共部门经济学［M］. 张馨，译. 北京：中国人民大学出版社，2000.

［8］蔡昌. 税收原理［M］. 北京：清华大学出版社，2010.

［9］蔡立辉，王乐夫. 公共管理学［M］. 北京：中国人民大学出版社，2018.

［10］曹堂哲. 公共管理研究方法——基于公共管理问题类型学的新体系［M］. 北京：北京大学出版社，2014.

［11］陈共. 财政学［M］. 9版. 北京：中国人民大学出版社，2017.

［12］陈桂生，徐彬，等. 政府经济学［M］. 天津：天津大学出版社，2009.

［13］陈庆云. 公共政策分析［M］. 2版. 北京：北京大学出版社，2011.

［14］陈振明，等. 社会管理：理论、实践与案例［M］. 北京：中国人民大学出版社，2012.

［15］陈振明. 公共政策分析［M］. 北京：中国人民大学出版社，2011.

［16］海曼. 财政学：理论、政策与实践［M］. 张进昌，译. 北京：北京大学出版社，2015.

［17］邓大松，刘昌平. 社会保障管理［M］. 北京：中国人民大学出版社，2011.

［18］邓伟志. 和谐社会与公共政策［M］. 上海：同济大学出版社，2007.

［19］弗兰克. 达尔文经济学：自由、竞争和公共利益如何兼得？［M］. 谢朝斌，刘寅龙，译. 北京：世界图书出版公司，2013.

［20］高春芽. 理性的人与非理性的社会［M］. 北京：中国社会科学出版社，2009.

［21］高鸿业. 西方经济学（宏观部分）［M］. 7版. 北京：中国人民大学出版社，2018.

［22］高鸿业. 西方经济学（微观部分）［M］. 7版. 北京：中国人民大学出版社，2018.

［23］高培勇，杨志勇，杨立刚，等. 公共经济学［M］. 北京：中国社会科学出版社，2007.

［24］高培勇，马珺. 国家治理与财政学基础理论创新［M］. 北京：中国社会科学出版社，2017.

［25］高培勇，崔军. 公共部门经济学［M］. 3版. 北京：中国人民大学出版社，2011.

［26］郭守杰. 中国的积极财政政策：理论与实践［M］. 北京：经济科学出版社，2006.

［27］郭小聪. 政府经济学［M］. 4版. 北京：中国人民大学出版社，2015.

［28］公共财政概论编写组. 公共财政概论［M］. 北京：高等教育出版社，2019.

［29］海曼. 财政学理论在政策中的当代应用［M］. 张进昌，译. 北京：北京大学出版社，2010.

［30］韩康. 公共经济学［M］. 北京：经济科学出版社，2010.

［31］韩仁月. 税制结构变迁、效应及优化研究［M］. 北京：经济科学出版社，2011.

［32］郝凤霞，阮青松. 公共财政学［M］. 2版. 北京：清华大学出版社，2018.

［33］胡怡建，曾军平，徐曙娜. 深化改革 构建公平、正义现代财税体制研究［M］. 北京：经济科学出版社，2015.

［34］胡怡建. 税收学［M］. 3版. 上海：上海财经大学出版社，2012.

［35］黄桦. 税收学［M］. 6版. 北京：中国人民大学出版社，2022.

［36］胡志平. 非均衡走向均衡：农村公共服务供给的政治经济学［M］. 北京：法律出版社，2012.

［37］黄恒学. 公共经济学［M］. 3版. 北京：北京大学出版社，2021.

［38］霍尔库姆. 公共经济学：政府在国家经济中的作用［M］. 顾建光，译. 北京：中国人民大学出版社，2012.

［39］贾冀南. 财政学［M］. 2版. 北京：电子工业出版社，2015.

［40］蒋洪. 公共经济学［M］. 3版. 上海：上海财经大学出版社，2016.

［41］蒋文莉. 就业促进型经济增长模式研究［M］. 武汉：湖北人民出版社，2010.

［42］金戈，赵海利. 公共支出分析［M］. 杭州：浙江大学出版社，2011.

［43］贾. 现代公共经济学［M］. 杨志勇，译. 北京：清华大学出版社，2017.

［44］李冬妮. 公共经济学［M］. 广州：华南理工大学出版社，2007.

［45］李培林. 和谐社会十讲［M］. 北京：中华书局，2009.

［46］李晓西，等. 中国货币与财政政策效果评析［M］. 北京：人民出版社，2007.

［47］李裕. 我国改革开放以来财政政策和货币政策的配合研究［M］. 上海：上海财经大学出版社，2008.

［48］李珍. 社会保障理论［M］. 4版. 北京：中国劳动与社会保障出版社，2018.

［49］特里西. 公共部门经济学［M］. 薛涧坡，译. 北京：中国人民大学出版社，2014.

［50］凌岚. 公共经济学原理［M］. 武汉：武汉大学出版社，2010.

［51］刘伯龙，竺乾威. 当代中国公共政策［M］. 2版. 上海：复旦大学出版社，2009.

［52］刘霞，向良云. 公共危机治理［M］. 上海：上海交通大学出版社，2010.

［53］罗尔斯. 正义论［M］. 何怀宏，译. 北京：中国社会科学出版社，2001.

［54］科斯. 企业、市场与法律［M］. 盛洪，陈郁，译. 上海：格致出版社，2014.

［55］罗森. 财政学［M］. 郭庆旺，译. 10版. 北京：中国人民大学出版社，2015.

［56］麻宝斌. 公共行政学［M］. 大连：东北财经大学出版社，2012.

［57］坎贾诺，克里斯汀，拉扎尔. 公共财政管理及其新兴架构［M］. 马蔡琛，张慧芳，赵铁宗，等译. 大连：东北财经大学出版社，2017.

［58］马斯格雷夫. 比较财政分析［M］. 董勤发，译. 上海：上海三联书店，1996.

［59］马斯格雷夫. 美国财政理论与实践［M］. 邓子基，邓力平，译. 上海：中国财政经济出版社，1984.

［60］马云泽. 规制经济学［M］. 北京：经济管理出版社，2008.

［61］麦克纳特. 公共选择经济学［M］. 梁海音，译. 长春：长春出版社，2008.

［62］毛程连. 财政学［M］. 上海：复旦大学出版社，2009.

[63] 米勒, 诺思. 公共问题经济学 [M]. 冯文成, 译. 北京: 中国人民大学出版社, 2014.

[64] 闵琪. 从公共品需求到公共品供需均衡: 理论与现实 [M]. 北京: 经济科学出版社, 2011.

[65] 缪勒. 公共选择理论 [M]. 杨学春, 译. 北京: 中国社会科学出版社, 1999.

[66] 牛雄鹰. 全球化背景下我国失业人员再就业问题研究 [M]. 北京: 中国经济出版社, 2010.

[67] 庞凤喜. 税收原理与中国税制 [M]. 7版. 北京: 中国财政经济出版社, 2023.

[68] 潘明星, 韩丽华. 政府经济学 [M]. 4版. 北京: 中国人民大学出版社, 2015.

[69] 裴育. 公共经济学 [M]. 大连: 东北财经大学出版社, 2011.

[70] 史东辉. 产业组织学 [M]. 上海: 格致出版社, 2010.

[71] 孙光德, 董克用, 等. 社会保障概论 [M]. 7版. 北京: 中国人民大学出版社, 2024.

[72] 斯蒂格里茨. 公共部门经济学 [M]. 郭庆旺, 译. 3版. 北京: 中国人民大学出版社, 2013.

[73] 索贝尔. 经济学: 私人与公共选择 [M]. 王茂斌, 吴宏, 夏冰, 译. 12版. 北京: 机械工业出版社, 2010.

[74] 税收学编写组. 税收学 [M]. 北京: 高等教育出版社, 2021.

[75] 唐任伍. 公共经济学 [M]. 2版. 北京: 科学出版社, 2018.

[76] 王宾, 赵阳. 农村税费改革对中西部乡镇财力影响实证研究: 基于4省8县抽样调查数据的分析 [J]. 管理世界, 2006 (11).

[77] 王丛虎. 社会管理如何创新 [M]. 北京: 新华出版社, 2012.

[78] 王雯. 地区间外溢性公共品供给研究——以环境治理为例 [M]. 北京: 经济科学出版社, 2017.

[79] 王伟, 曹丽媛. 公共管理案例分析 [M]. 北京: 中国经济出版社, 2014.

[80] 王学栋. 公共行政学 [M]. 北京: 清华大学出版社, 2011.

[81] 王雪云, 董云展. 财政学概论 [M]. 3版. 大连: 东北财经大学出版社, 2018.

[82] 王雅莉, 毕乐强. 公共规制经济学 [M]. 北京: 清华大学出版社, 2011.

[83] 王雍君, 童伟. 公共财政学 [M]. 北京: 北京师范大学出版社, 2006.

[84] 吴俊培. 公共经济学 [M]. 武汉: 武汉大学出版社, 2009.

[85] 吴晓燕. 公共经济学基础 [M]. 北京: 科学出版社, 2012.

［86］希尔曼. 公共财政与公共政策：政府的责任与局限 ［M］. 王国华，译. 北京：中国社会科学出版社，2006.

［87］希瑞克斯，迈尔斯. 中级公共经济学 ［M］. 张晏，译. 上海：格致出版社，2011.

［88］肖兴志. 产业经济学 ［M］. 2版. 北京：中国人民大学出版社，2016.

［89］谢明. 公共政策导论 ［M］. 4版. 北京：中国人民大学出版社，2015.

［90］徐德信. 公共经济学 ［M］. 合肥：中国科学技术大学出版社，2011.

［91］徐晓雯，丛建阁. 行政管理学 ［M］. 2版. 北京：经济科学出版社，2008.

［92］徐衣显. 转型期中国政府经济职能研究 ［M］. 北京：中国财政经济出版社，2007.

［93］薛进军. 中国的不平等：收入分配差距研究 ［M］. 北京：社会科学文献出版社，2008.

［94］杨红娟，尹小俊，张春华. 社会管理创新25题：社会学与社会管理 ［M］. 北京：中共中央党校出版社，2011.

［95］杨晓华. 中国财政政策效应的测度研究 ［M］. 北京：知识产权出版社，2009.

［96］杨燕绥. 社会保障 ［M］. 北京：清华大学出版社，2011.

［97］杨燕绥. 社会保障管理 ［M］. 北京：人民出版社，2015.

［98］杨志勇，张馨. 公共经济学 ［M］. 4版. 北京：清华大学出版社，2018.

［99］张创新. 公共管理学概论 ［M］. 2版. 北京：清华大学出版社，2015.

［100］张光，曾明. 公共经济学 ［M］. 武汉：武汉大学出版社，2009.

［101］张荐华，马子红，马桑. 地方政府视角的公共经济学研究 ［M］. 北京：人民出版社，2010.

［102］张军涛，毕乐强. 公共管理学 ［M］. 北京：中国商业出版社，2008.

［103］张思锋. 公共经济学 ［M］. 北京：中国人民大学出版社，2015.

［104］张维迎. 博弈论与信息经济学 ［M］. 上海：格致出版社，2004.

［105］张小平，王迎春. 转型时期我国收入分配问题研究 ［M］. 北京：科学出版社，2008.

［106］赵建国，吕丹. 公共经济学 ［M］. 北京：清华大学出版社，2014.

［107］赵哲伟. 环境与资源法教程 ［M］. 北京：对外经济贸易大学出版社，2008.

［108］曾军平. 公共选择与政治立宪 ［M］. 上海：上海财经大学出版社，2008.

［109］郑秉文. 中国社会保障制度60年：成就与教训 ［J］. 中国人口科学，2009（5）.

［110］郑功成. 从企业保障到社会保障：中国社会保障制度变迁与发展 ［M］.

北京：中国劳动与社会保障出版社，2009.

[111] 吴敬琏，樊纲，刘鹤，等. 中国经济50人看三十年——回顾与分析 [M]. 北京：中国经济出版社，2021.

[112] 范从来. 中国货币政策 [M]. 南京：南京大学出版社，2020.

[113] 国家市场监督管理总局行政学院. 市场监督法律法规24讲 [M]. 北京：中国工商出版社，2020.

[114] 李青. 中国反垄断十二年：回顾与展望 [M]. 北京：中信出版社，2020.

[115] 李实，万海远. 中国收入分配演变40年 [M]. 上海：格致出版社，2018.

[116] 曼昆. 经济学原理微观经济学分册 [M]. 梁小民，梁砾，译. 8版. 北京：北京大学出版社，2020.

[117] 孙荣，许杰. 政府经济学 [M]. 上海：复旦大学出版社，2020.

[118] 王东京. 王东京经济学讲义 [M]. 北京：中信出版社，2021.

[119] 王晋斌. "大摩擦""大调整""大变局"的世界经济 [M]. 北京：中国社会科学出版社，2019.

[120] 闫坤. 新中国财政学研究70年 [M]. 北京：中国社会科学出版社，2019.

[121] 余永定. 九十年代以来中国宏观调控研究 [M]. 北京：中国社会科学出版社，2019.

[122] 植草益. 微观规制经济学 [M]. 朱绍文，译. 北京：中国发展出版社，1992.

[123] ATKINSONAB.Public economics in action [M]. Oxford：Clarendon Press，1995.

[124] AUERBACH，FELDSTEIN.Handbook of public economics [M]. Dutch：North Holland，1987.

[125] BAKER，ELLIOT.Readings in public sector economics [M]. Lexington：D.C.Health and Company，1990.

[126] BANKSJS，DUGGAN.Probabilistic voting in the spatial model of elections：the theory of office motivated candidates [M]. New York：Springer，2005.

[127] BAUMOL.On the social rate of discount [J]. American Economic Review，1968（55）.

[128] BLINDER，et al.The economics of public finance [M]. Washington D.C.：Brookings Institution，1974.

[129] COASE.The lighthouse in economics [J]. Journal of Law and Economics，1974（2）.

[130] DAVIS，DEMPSTER.A theory of the budgetary process [J]. American Po-

litical Science Review, 1966 (9).

[131] DOTTI, VALERIO.The political economy of publicly provided private goods [J]. MPRA Paper, 2014.

[132] EPPLE, ROMANORE.Public provision of private goods [J]. Joural of Political Economy, 1996 (1).

[133] FELDSTEIN, INMAN.The economics of public services [M]. London: Macmillan, 1977.

[134] HARE.Survey in public sector economics [M]. Oxford: Basil Blackwell, 1988.

[135] LAFFONT.Fundamentals of public economics [M]. Cambridge MA: MIT Press, 1988.

[136] LEVYG.The politics of public provision of education [J]. The Quarterly Journal of Economics, 2005 (4).

[137] MARGOLIS, GUITTON.Public economics [M]. London: Macmillan, 1969.

[138] MELLO, TIONGSONER.Income inequality and redistributive government spending [J]. Public Finance Review, 2006 (34).

[139] MILLWARD, et al.Public sector economics [M]. London: Macmillan, 1983.

[140] MYLES.Public economics [M]. Cambridge: Cambridge University Press, 1995.

[141] MYRDAL.Against the stream: critical essays on economics [M]. New York: Random House, 1974.

[142] PREST, TURVEY.Cost-benefit analysis: a survey [J]. Economic Journal, 1955 (65).

[143] SANDER, TSCHIRCHART.The theory of clubs: a survey [J]. Journal of Law and Economics, XVIII, 1980 (12).

[144] SEN.Isolation, assurance and the social rate of discount [J]. Quarterly Journal of Economics, 1967 (87).

[145] STARRETT.Foundations of public economics [M]. Cambridge: Cambridge University Press, 1988.

[146] WILDAVSKY.The politics of the budgetary process [M]. Boston: Little Brown, 1964.